やわらかアカデミズム・〈わかる〉シリーズ

よくわかる
社会心理学

山田一成・北村英哉・結城雅樹 編

ミネルヴァ書房

はじめに

■よくわかる社会心理学

　本書は「はじめて社会心理学に出会う人たち」のために，入門用の教科書として企画されました。読者の多くは大学生だと思いますが，知的好奇心にあふれる高校生にも理解できるように，また，社会人としてさまざまな経験を積まれた方にもご納得いただけるように，何度も議論しながら作られました。

　私たちは人と人とのつながりのなかで，どのように感じ，考え，振る舞っているのでしょうか。また，私たちは，そうしたやりとりを通して，どのような集団や社会を作り上げているのでしょうか。

　本書を読み進んでいただければ，社会心理学が，こうした「身近にある深い問い」に取り組んでいる学問領域であることが見えてくると思います。

　また，そうした解説を行う際には，どうしたら「よくわかる」のか，いろいろと工夫しました。〈わかる／わからない〉という言葉はいろいろな意味で使われますが，本書では特に以下の5点を重視しました。

- 説明されていることがらについて，具体的なイメージを持つことができる。
- 初めから終わりまで，筋を追いながら読み進むことができる。
- 何についてどこまで明らかであるのかが明確である。
- 研究が必要とされた理由に共感できる。
- 知ることを楽しめる。

　もちろん，こうした目的がどれくらい達成されたかについては，読者のご判断を待つしかありませんが，少しでも多くの方々に，社会心理学の「大切さ」と「面白さ」が伝わることを願っています。

　なお，本書は，それぞれのテーマだけを読んでも理解できるように構成されています。そのため，必ずしも最初から順番に読み進む必要はありません。みなさんの興味関心にしたがって，それぞれに読みつなげ，さまざまに読み広げていただければと思います。

　そして，本書を読み終えたあと，社会心理学のさらなる広がりや体系性について知りたいと思われた方は，是非，書店や図書館で「次の1冊」を探してみてください。多くの良書がたくさんの読者を待っているはずです。

2007年3月

山田一成

北村英哉

結城雅樹

もくじ

■よくわかる社会心理学

はじめに

I 社会的認知

1 印象形成の2過程 …………… 2
2 自動性とコントロール ……… 6
3 対応バイアスと特性推論 …… 10
4 責任帰属 …………………… 14
5 素朴な現実主義 …………… 18
6 自己中心性バイアス ……… 22
7 対人認知における期待の確証 … 26
8 態度の理論 ………………… 30
9 社会的認知：展望と読書案内 … 34

II 社会的影響

1 態度変化 …………………… 36
2 説得の2過程 ……………… 40
3 依頼と説得 ………………… 44
4 勢力と服従 ………………… 48
5 社会的比較 ………………… 52
6 多数派と少数派 …………… 56
7 社会的スティグマ ………… 60
8 社会的影響：展望と読書案内 … 64

III 対人行動と対人相互作用

1 自己呈示 …………………… 66
2 マインド・リーディングと透明性の錯覚 ………… 70
3 社会的排除 ………………… 74
4 社会的交換 ………………… 78
5 援助行動 …………………… 82
6 ソーシャル・サポート …… 86
7 攻撃行動 …………………… 90
8 葛藤解決 …………………… 94
9 対人行動と対人相互作用：展望と読書案内 ………… 98

IV 個人と集団

1 集団の生産性 ……………… 100
2 リーダーシップ …………… 104
3 集団意思決定 ……………… 108
4 内集団ひいきと集団間葛藤 … 112
5 囚人のジレンマ …………… 116
6 社会的ジレンマと協力 …… 120
7 個人と集団：展望と読書案内 … 124

V　マスコミュニケーションの影響

1　フレーミング効果 …………… 126
2　議題設定機能とプライミング … 130
3　培養理論 …………… 134
4　沈黙の螺旋 …………… 138
5　第三者効果 …………… 142
6　ニュースとうわさの伝播 …… 146
7　知識ギャップ仮説と
　　デジタルデバイド …………… 150
8　マスコミュニケーションの影響：
　　展望と読書案内 …………… 154

VI　ソーシャルネットワーク

1　組織のネットワーク構造と
　　地位・役割の分化 …………… 156
2　3者閉包と構造的バランス …… 160
3　弱い紐帯の強さと
　　構造的すきま …………… 164
4　普及とネットワーク …………… 168
5　閾値モデルと
　　クリティカル・マス ………… 172
6　スモールワールド・
　　ネットワーク …………… 176
7　社会関係資本 …………… 180
8　ソーシャルネットワーク：
　　展望と読書案内 …………… 184

VII　社会心理学を理解するために

1　研究を理解するための視点 …… 186
2　実証研究の方法 …………… 190
3　社会心理学の広がり …………… 196
4　新しい社会心理学 …………… 200

引用文献 …………… 204
人名さくいん …………… 223
事項さくいん …………… 225

やわらかアカデミズム・〈わかる〉シリーズ

よくわかる
社会心理学

Ⅰ 社会的認知

1 印象形成の２過程

1 印象形成の２過程

　私たちは，ある人を判断するときに「女性だから……」「ドイツ人だから……」と考えてしまうことがある。頭ではこうした判断をしてはいけないと理解しているにもかかわらず，なぜこうした判断をしてしまうのだろうか。

　人の性格や能力を判断する印象形成にはふたつの異なる過程がある（Brewer, 1988 ; Fiske & Neuberg, 1990）。ひとつはカテゴリー依存処理（category-based）による印象形成である。この過程では，対象人物をある集団やカテゴリーの一員と見なして，その集団やカテゴリーと結びついている知識や感情に基づいて印象を形成する。「女性だから家庭的だろう」「ドイツ人だから勤勉だろう」というように，**ステレオタイプ**や**偏見**を使用して対象人物の性格や能力を判断することは，この一例である。

　もうひとつは個別化（individuation）による印象形成である。この過程では，対象人物の独自の属性を検討し，それらの情報を統合して印象を形成する。「やさしい」「思いやりがある」などの対象人物に関する情報をひとつひとつ考慮して，その人物を「好ましい」と判断することは，この一例である。

　カテゴリー依存処理による印象形成は，既存の知識をそのまま使用するので時間や心理的な労力を必要としない（Macrae, et al., 1994）。ただし対象人物の独自の属性を検討しないので，誤った判断をする可能性がある。それに対して個別化による印象形成は，対象人物の属性をひとつひとつ検討し，それらを統合するので，時間や心理的な労力を必要とする。

　それでは，これらのふたつの過程は，どのように関係しているだろうか。フィスクとニューバーグ（Fiske & Neuberg, 1990）は，どのような条件で，どちらの印象形成過程が行われるかを記述した印象形成の連続体モデル（continuum of impression formation）を考えている。次に，このモデルを説明しよう。

2 印象形成の連続体モデル

　印象形成の連続体モデル（図Ⅰ-1-1）では，まずカテゴリー依存処理による印象形成から始まり，対象人物の属性に注意を向けながら，徐々に個別化による印象形成に移行すると考えている。モデルの順序に従って，説明しよう。

　まず対象人物に遭遇すると，すぐに初期カテゴリー化が行われる。初期カテ

▷1　カテゴリーとは，ある基準によって，ひとつにまとめられたものことをいう。たとえば，「女性」「ドイツ人」はカテゴリーである。

▷2　ステレオタイプ，偏見
特定の集団やカテゴリーの人たちがみんな持っていると考えられている特徴のことをステレオタイプ，特定の集団やカテゴリーの人たちに対して抱く否定的感情を偏見という。

▷3　ブルーワー（Brewer, 1988）の２重処理モデル（dual-process model）もほぼ同じ考えに基づいた印象形成に関するモデルである。

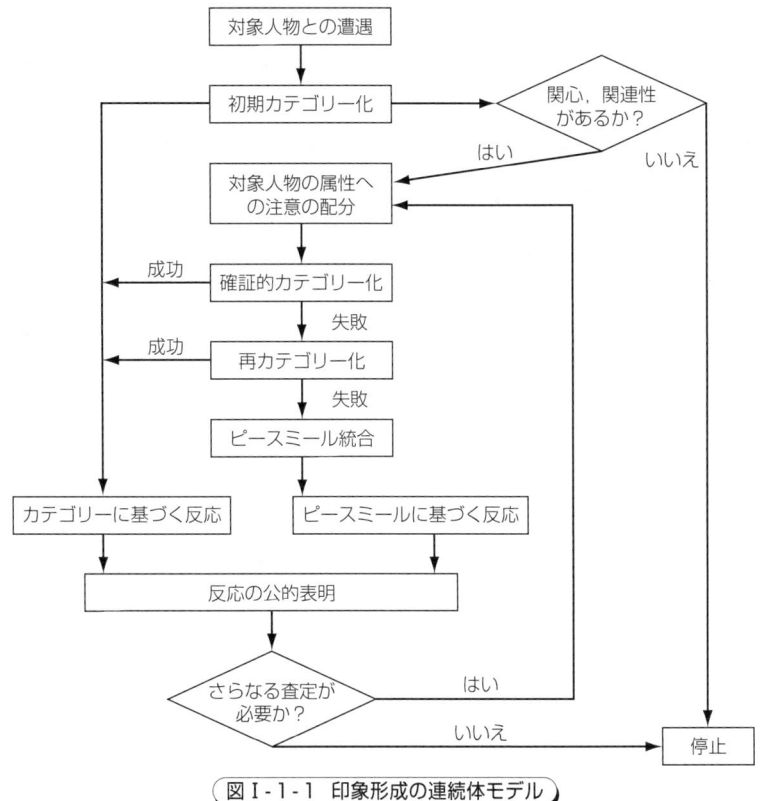

図 I-1-1　印象形成の連続体モデル

出所：Fiske & Neuberg (1990) より作成。

ゴリー化とは，カテゴリーを使用して対象人物を一瞬のうちに知覚する段階である。たとえば，対象人物を見た瞬間「女性である」と認識することである。

このときに知覚者が対象人物に関心がない，または対象人物は自分に関連した人ではないと思うと，印象形成は停止する。一方，少しでも関心がある，または自分に関連している人だと思うと，対象人物の属性に注意を向け，確証的カテゴリー化の段階に進む。

確証的カテゴリー化とは，初期カテゴリー化で使用したカテゴリーと対象人物の属性が一致しているかどうかを解釈する段階である。たとえば，女性カテゴリーを用いて対象人物を知覚したときに，対象人物の属性が女性カテゴリーに一致しているかどうかを解釈することである。もし一致していると解釈できれば，そのカテゴリーに基づいて印象を形成する。もし一致していないと解釈すると，次の再カテゴリー化の段階に移行する。

再カテゴリー化は，確証的カテゴリー化で使用したカテゴリーとは別のカテゴリー，**サブカテゴリー**▷4，実例などを使用して，それらと対象人物の属性が一致しているかを解釈する段階である。もし一致していると解釈できれば，再カテゴリー化で使用したカテゴリー，サブカテゴリー，実例に基づいて印象を形成する。もし一致していないと解釈されると，次の**ピースミール**▷5統合の段階へと進む。

▷4　サブカテゴリー
階層的にみて，上位カテゴリーの下位に位置づけられるカテゴリーをサブカテゴリーという。たとえば，女性カテゴリーの下位カテゴリーとしてはキャリア・ウーマンカテゴリー，主婦カテゴリーなどがある。

▷5　ピースミール
ピースミールは日本語で「断片」を意味する。印象形成の連続体モデルのなかでは，対象人物のひとつひとつの属性がピースミールである。

ピースミール統合とは，対象人物が持つ独自の属性をひとつひとつ検討し，それらを統合する段階である。つまり個別化による印象形成が行われる段階である。

印象形成の連続体モデルでは，こうした一連の段階を経て対象人物の印象が形成されるが，必要があればこれらの段階は繰り返され，最終的な印象が決定されるまで続く。また対象人物の印象は，カテゴリー依存処理または個別化のどちらか一方の過程だけで形成されるとは考えない。カテゴリーだけに基づいて形成された印象と，対象人物の属性だけに基づいて形成された印象を両極にした連続体のどこかに位置づけられると考えている。

③ 結果依存性と印象形成過程

印象形成過程に影響を及ぼす状況要因として，フィスクとニューバーグ（Fiske & Neuberg, 1990）は結果依存性（outcome dependency）を挙げている。

結果依存性とは，自分が何らかのかたちで他者の行為に影響を受ける状態にあることを指す（山本，1998）。たとえば，ある人物との共同作業の結果に基づいて報酬が決まる状況は，自分の報酬がパートナーの作業結果に影響されるので，結果依存性が高いといえる。つまり，結果依存性が高い状況では，自分に影響を与える他者は，自分にとって重要な人物になる。逆に，個人の作業結果に基づいて報酬が決まるような状況は，他者の行為に影響されないので，結果依存性が低いといえる。

結果依存性が高い状況では，自分にとって重要な人物について正確に判断し，その人物の行動を予測することが必要になる。共同作業のパートナーであれば，その人物の作業の遂行能力を正確に判断し，行動を予測することが必要である。したがって結果依存性の高い状況では，対象人物の属性に注意を向け，個別化による印象形成が行われる。逆に結果依存性が低い状況では，対象人物を正確に判断する必要はないので，カテゴリー依存処理による印象形成が行われる。

ニューバーグとフィスク（Neuberg & Fiske, 1987）は，結果依存性が印象形成過程に及ぼす影響を検討するために，大学生に**統合失調症**の既往歴のある人物のプロフィールを読ませて，その人物に対する印象形成をさせるという実験を行った。

実験参加者の大学生は，「統合失調症の既往歴のある人とペアで共同作業をする」という実験に参加した。半数の実験参加者（結果依存性あり条件）は，共同作業の成績に基づいてふたりにそれぞれ20ドルを与えると伝えられた。残りの半数（結果依存性なし条件）は，共同作業の成績に対する貢献を独立に評価し，貢献をした人に20ドルを与えると伝えられた。

共同作業を始める前に，実験参加者にペアを組む相手のプロフィールを読ませた。半数の実験参加者（無関連情報条件）には，統合失調症カテゴリーとは無

▷6　統合失調症
統合失調症とは妄想や幻覚を主な症状とする精神疾患のことである。ニューバーグとフィスクの予備調査では，統合失調症カテゴリーは否定的な印象（神経質，短気，うたぐり深い，むらがある）を持たれていることが確認されている。

▷7　この実験目的はカバーストーリー（Ⅶ-2を参照）である。

▷8　実験参加者とペアを組む相手の作業成績を比較して，どちらかが報酬をもらえるというわけではなく，他のペアのひとりの作業成績と比較をして，報酬がもらえると説明された。

表Ⅰ-1-1　プロフィールを読む時間と対象人物の印象

	結果依存性なし条件		結果依存性あり条件	
	無関連情報条件	不一致情報条件	無関連情報条件	不一致情報条件
プロフィールを読んでいる時間	74.83	94.58	91.62	96.83
対象人物の好ましさ	10.08	12.04	11.27	11.83

出所：Neuberg & Fiske (1987) より作成。
注：プロフィールを読んでいた時間は秒数。対象人物の好ましさの評定の範囲は1～15。値が大きいほど対象人物を好ましく評定していたことを意味する。

関連で，かつ好ましさが中程度のものを読ませた。残りの半数（不一致情報条件）には，統合失調症カテゴリーとは不一致な内容で，かつ好ましいものを読ませた。このときに実験参加者がプロフィールを読む時間を測定し，それを対象人物の属性に注意を向ける程度の指標とした。

プロフィールを読ませた後に，実験参加者に対象人物の好ましさの評定を行わせたところで，実験は終了した。

実験の結果は表Ⅰ-1-1の通りであった。ここでは特に，結果依存性なし・無関連情報条件と，その他の3つの条件の差に注目してもらいたい。この条件は，その他の3つの条件と比較してプロフィールを読む時間が短かった。さらに対象人物の好ましさの評定も最も低くなっていた。結果依存性なし・無関連情報条件では，対象人物の作業結果が自分の報酬に影響しないので，その人物を正確に判断する必要がなかった。さらに対象人物の属性は，統合失調症カテゴリーと矛盾していなかった。その結果，対象人物の属性に注意を向けず，統合失調者カテゴリーを対象人物に当てはめて印象形成を行ったと考えられる。

その他の3つの条件は，対象人物の作業結果が自分の報酬に影響する，または，統合失調症カテゴリーと対象人物の属性が矛盾しているので，対象人物の属性に注意を向ける時間（プロフィールを読む時間）が長くなったと考えられる。その結果，対象人物の属性（プロフィール）に応じて，対象人物の好ましさを評定したと考えられる。

このように結果依存性が高いと，対象人物の属性に注意を向けて，個別化による印象形成が行われる。逆に，結果依存性が低いと，カテゴリー依存処理による印象形成が行われる。こうした結果依存性の影響は，統合失調症カテゴリー以外のもの（たとえば女性カテゴリー）でも同様に見られる。

印象形成の連続体モデルは，私たちがステレオタイプや偏見に基づいて他者を判断しがちであることを示した。しかしそれ以上に重要なのは，「結果依存性が高い状況であれば，ステレオタイプや偏見に基づいた判断を避けられる可能性がある」ことを示している点である。このモデルは，印象形成過程を説明するだけではなく，現実社会で問題視される「ステレオタイプや偏見に基づく判断」を抑制・低減することに関しても示唆を与えてくれるものなのである。

（佐久間勲）

▷9　実験には，結果依存性（なし条件／あり条件）×プロフィールの内容（無関連情報条件／不一致情報条件）の4つの条件があった。
▷10　ペアを組む相手（統合失調症の既往歴がある人）は実際にはいないので実験中に顔を合わせることはない。また実際に共同作業は行われなかった。
▷11　実験参加者に対して偽の目的が伝えられた場合，必ず最後にデブリーフィング（Ⅶ-2を参照）を行い，実験の真の目的や実験手続きなどを十分に説明しなければならない。

I　社会的認知

 自動性とコントロール

　1999年2月5日未明，ニューヨーク市のブロンクス地区で，西アフリカ移民の黒人青年が白人警察官4人によって射殺された。報道によれば，警官の指示に従わずに逃げようとした青年は，振り向きながら，右手をポケットに入れて黒い物を取り出しかけた。それはサイフだったのだが，警官達はそれを拳銃と誤認した。また，ひとりの警官が後ずさりをして，後ろ向きにひっくり返ったことも，「撃たれた」という同僚警官の誤認を招き，41発が発射され，19発が青年を撃ち抜いた。どうして，このような誤認が生じるのだろうか。ここでは，人が意識するより早く動いてしまう，その自動的な反応プロセスについて取り上げる。

1　情報処理システムとしての人間

　社会的認知研究30年の大きな成果のひとつは，人の判断，思考，行動について，自動的な過程と統制的な過程（コントロール過程）の絡まり合いがあることを示したことであろう。物事を決めるとき，人は意識的にきちんと考えているとは限らない。しかも驚くべきことに，決定を意識して考えているようでいながら，実は自分では自覚できない影響を受けて判断が導かれていることもある。「なぜこれを選んだのですか？」とたずねられたときに思い浮かぶ理由は，本当に自分を理解した回答なのだろうか。ニスベットとウィルソン（Nisbett & Wilson, 1977）は，人は自分の内的過程にしばしばアクセスすることができないことを指摘している。

　認知研究では，研究を進めていく上で，人の意識的，主観的な思考に重きを置いた人間観ではなく，人をシステムとして見ていく人間観を用いる。人はさまざまな環境に適応して，課題を解決していくことができるように形成されてきた生物システムである。また，それと同時に，環境と複雑なインタラクションを行っていく情報処理システムでもある。環境や状況，刺激として人が遭遇，経験するものを「情報」ととらえ，人がそれをどう処理していくかを検討していく。このように，人という生体が情報を処理していくのだという見方は非常に重要なものである。つまり，最も基本的な概念として「処理」という概念を用いることで，日常的な言葉としての「意識」や「思考」や「判断」という概念ではとらえられない心的過程を想定することができるからである。

　「思考」と言ってしまうと意識して心のなかでものを考えるということを想像しがちになる。ところが脳の働きを考えると，情報処理を行っているときに

脳神経が何をしているか，私たちはしばしばそのプロセスにアクセスできない。このような非意識的なプロセスに支えられて，私たちの最終的な判断は生み出されている。そして，そのプロセスのほんの一部の意識できる部分について，私たちは心のなかで主観的に「思考」という活動を行っているのだ。そして，それは本当に進行しているプロセスをきちんと反映しているのか，もしかすると幻想的なものではないのかといった観点から研究がなされている（Wegner, 2002; Wilson, 2002）。

このように「思考」よりも広い見方ができる「情報処理」という目で人の認知プロセスを見ていくと，どういうことがわかってくるだろうか。ここでは，ステレオタイプや偏見についての認知プロセスの研究と，目標伝染の研究を取り上げる。まず最初にこれらの研究の基礎となっているプライミングと呼ばれる現象を説明しておこう。

2 プライミング効果と活性化

プライミング効果とは，事前に経験した概念と関係する概念の認識が促進される効果である。人の記憶のなかでは，関係の深い情報，概念どうしはネットワークのように密接につながっていると考える意味ネットワークモデルが基盤となっている。そして，あること（たとえば，「消防車」）を考えたり，思い出したりすると，その概念が「活性化される」と考えて，さらに連結している他の概念（「火」「赤」「救急車」など）にも活性化が及んでいく。そして，「火」→「たき火」→「落ち葉」などと，結びついている他の概念の活性化を連鎖的に引き起こす。このプロセスを活性化拡散と呼ぶ。

プライミング効果では，事前に遭遇した刺激によって，関連する概念が活性化されて，そのアクセスが速められるために，関連する語の認識スピードが速まる。それは20分の1秒程度の促進であるが，これが何らかの脳内のプロセスを反映していると考えられるわけである。

社会的認知研究で行われる実験では，事前に活性化された概念が用いられやすくなったり，その概念と関係する評定が極端になったりする現象が扱われてきた。たとえば，スラルとワイヤーの実験では，語を並びかえる課題によって，「主張的」「攻撃的」などの敵意性に関わる特性概念を活性化された実験参加者は，その後，別の実験であると称された印象判断実験において，人物プロフィールを読み，印象の評定を行った（Srull & Wyer, 1979）。敵意性概念を活性化されることがなかった統制群の実験参加者の抱いた印象と比べてみると，敵意性概念を活性化された実験群の方が，対象人物についてより敵意的であるとの印象を報告した。事前に活性化された特性概念へのアクセスしやすさが向上したために敵意性評定が高まったと説明され，これをアクセシビリティ効果と呼んでいる。◁1

▷1 評定値が高くなる効果を，活性化の高まりによって説明するのとは別の説明も提案されている。たとえば，敵意的だと評価する一連の心的プロセスの働きがスムーズになることによって，再びそのプロセスが駆動しやすくなるという考え方も提案されている（Smith, 1994）。

さらに，事前に提示した単語の及ぼすアクセシビリティ効果は，意識的には見えないようなきわめて短時間の提示であっても有効であることが示されている（Bargh & Pietromonaco, 1982 ; 池上・川口, 1989）。

③ ステレオタイプの活性化と抑制

ドゥバイン（Devine, 1989）は，白人が黒人に対して抱く「暴力的で敵意的である」などというステレオタイプについて，その活性化プロセスの検討を行った。世の中には，偏見の強い人も，偏見の少ない人もいる。人種間や民族間の偏見をなくして，多様な民族が平和に共生していける社会形成は現在きわめて重要な政治課題になっている。偏見を解消していく仕組みがわかってくれば，子どもたちへの教育上の施策や，大人に向けた社会教育，啓発活動などにおいてもたいへん役立つだろう。

残念ながら現在では，とりわけ欧米社会において，「黒人は敵意的である」「貧しい」などの偏見が知識として多くの人に持たれている。差別を行わない人でも，黒人についてのステレオタイプがどのようなものであるか，世間一般に広がっているステレオタイプの内容についての「知識」は記憶内に持たれているようだ。▷2 このことを示した実験を紹介する。

ドゥバインの実験では，80ミリ秒という短い提示時間で，黒人に関連する単語（ジャズ，バスケットボールなど）を無関連な語と混ぜて実験参加者にランダムな順で提示した。条件は2種類あって，提示する単語の80％が黒人関連語である場合と，20％が黒人関連語になっている場合を設けた。その後，この課題とは無関係な課題として，スラルとワイヤーが用いた人物プロフィールと同じ記述を実験参加者に示して，その対象人物についての印象を尺度で回答してもらった。すると，黒人関連語80％提示条件の実験参加者では，20％提示条件群と比べて，より敵意的な方向で印象評定がなされていたのである。

黒人関連語による意味的な記憶の活性化拡散によって敵意概念のアクセシビリティが高まり，このことが対象人物の印象形成に影響を及ぼしてしまったのである。さらにこの実験の興味深い点は，質問紙の尺度で測定した偏見の強い人だけでなく，偏見の少ない実験参加者であっても，同様のアクセシビリティ効果が示されたことである。これをもって，ドゥバインは，どんな人も自動的な活性化プロセスを抑制することは困難で，偏見の少ない人も自分の持っている知識に従って敵意性への自動的活性化拡散が現れると論じた。▷3 このことから，ドゥバインは，偏見的な知識が自動的に活性化しても，偏見の少ない人はそれを抑制，コントロールして，対人認知をしているのだと考えている。このように，現在では，自動的に進行していくプロセスに対して人はどのように調整を行って，コントロールすることが可能かが重要な検討課題となっている。

冒頭の事件に表れた自動的反応プロセスについて，同様のプライミングを用

▷2 I-8で取り上げている IAT（潜在連合テスト）という手法を用いて，潜在的に持っている態度を測定した研究によると，日本人も十分に黒人への偏見的態度を有していると考えられる。

▷3 この後の研究で，偏見的知識の活性化も他の課題を同時に行っているなど認知的なリソース（心的資源）が減少しているときには生じないこと，さらに，個人差として，自動的な活性化があまり生じない人もいることが指摘されてきている（Gilbert & Hixon, 1991; Moskowitz et al., 1999）。

いて詳細な検討を試みたペインらは（Payne, 2001 ; Payne et al., 2002），白人あるいは黒人の顔写真を200ミリ秒提示した後，第2刺激に銃あるいは道具（ペンチなど）のいずれかを提示し，正しく見分ける反応ができるかどうか検討を行った。結果として，黒人の顔写真の後に提示されたものが銃であると誤認される誤りが，白人の顔写真の後で提示された場合に比べて多いことを白人実験参加者において見出しており，さらにその誤りは速く反応しようと思っている状況で強まることが示された。◁4 このような時間が制限されたなかでのステレオタイプに基づく行動は，意識的にコントロールするだけでなく，自動的な防止・改善のための工夫が必要になってくると考えられる。

❹ 目標の伝染

　これまで概念の活性化の影響としては，目標概念の活性化による行動への影響，行動プライミングとも言える現象がバージらによって示されてきた（Bargh et al., 2001）。協調目標をプライミングすると協調行動が促進され，達成目標が活性化されると課題に熱心に取り組む行動が示されるとした。◁5 しかし，アーツら（Aarts et al., 2004）は，目標概念の直接的な活性化にともなうプロセスとは異なり，他者の行動から自動的に推測される目標—動機のセットが人のシステム内で高まることを指摘した。類似した目標を示すシナリオの事前提示によって，同じ目標追求の高まりが伝染的に生じ得ると考えている。

　アーツらは，最後の文だけが休暇中に「アルバイトを行う」と「ボランティア活動を行う」と異なったふたつのシナリオのいずれかを実験参加者に読ませた上で，次のコンピュータ課題を早く終了できれば，残りの時間に金銭を獲得することができる課題に進めるとの説明がなされた。すると，「アルバイトを行う」という「稼ぐ」目的を示すシナリオを読んだ参加者は，「ボランティア活動を行う」シナリオを読んだ参加者よりも積極的に追加の課題に取り組み，すばやく課題をこなすという影響が見られた。◁6

　このように目標を示唆するようなシナリオに事前に接触していることで，その後の行動選択が影響を受け，類似した目標追求行動を取りがちになることがわかった。ところが，実験参加者自身は，実験のなかに含まれる誘導には気づいておらず，自分の行動は純粋に自分自身の意思的な選択であると考えていた。

　自動的—統制的という対比は，印象形成や説得，態度の領域などを含んで，近年，社会心理学のなかに広く見られる2過程モデルのひとつであり（Chaiken & Trope, 1999），意識的アクセスが困難な自動的プロセスと，それをコントロールするふたつのプロセスを働かせつつ，日常的な課題に対処している様子を描いている。◁7 このプロセスの理解によって，不適切な反応や誤操作による事故などを防ぐ手だてを考案していくこともできるだろう。

　　　　　　　　　　　　　　　　　　　　　　　　　　（北村英哉）

▷4　ラーセンら（Larsen, Chan, & Lambert, 2004）は，このプロセスに脅威や怖さに対する自動的警戒感が関与していると考え，ヘビやクモなどの怖い動物とウサギや子ネコなど怖くない動物の対を用いて，この銃／道具パラダイムの実験を行い，脅威を感じる第1刺激の後，道具を銃と誤認することがより多いことを確認している。

▷5　4語の文章をつくる課題で support, helpful などの協調関連語が含まれる条件と含まれない統制群を比較する。ことば探しパズルから win や succeed などの高遂行関連語が見つかる条件とそうでない条件を比較するというような設定が取られている。

▷6　現実にお金に困っているかどうかによって群分けし，困っている者において顕著に差が見られた。アルバイト群はボランティア群よりもおよそ3秒早く課題にとりかかり，画面に現れる箱をクリックしていく作業をよりスピーディーに行った。

▷7　近年では，各プロセスをさらに分類し，コンリーら（Conrey et al., 2005）のように，自動的な活性化，反応のバイアス，正確な反応の形成，バイアスの乗り越えという4つのプロセスを区分し，潜在的測定のエラー率から各プロセスの貢献を算出するような方法も見られる。

I 社会的認知

対応バイアスと特性推論

1 帰属

「ある会社員が社長に命令されて違法行為をしてしまった」という事件がときどき起きる。こうした事件を聞いて，なぜ，その会社員は違法行為をしてしまったのか，その原因を考えることがあると思う。このように他者の行為を見聞きし，その原因を考えることを帰属（attribution）と言う。

他者の行為の原因として考えられるものはさまざまであるが，それらは大きくふたつに分けられる（Heider, 1958）。ひとつは行為者の性格，能力，態度，意図といった行為者本人に関するものである。行為者本人に原因があると考えることを，内的要因または属性要因に帰属すると言う。もうひとつは行為者以外，たとえば状況や環境に関するものである。行為者以外に原因があると考えることを，外的要因または状況要因に帰属すると言う。

2 対応バイアス

それでは，冒頭で取り上げた「ある会社員が違法行為をした」ことの原因は何であると考えられるだろうか。「社長の命令があったから」と考えるだろうか。

帰属に関する研究では，事件を知った人が「社長の命令があったから」と考えるよりも，「この会社員は本当に悪いやつだから違法行為をしたのだ」と考えてしまうことがあると指摘されている。つまり，人はある行為が状況要因に帰属できたとしても，その行為に対応した内的特性（たとえば，性格，能力，態度）を行為者が持っていると推論してしまうのである。この現象は対応バイアス（correspondence bias）と呼ばれている（Gilbert & Malone, 1995）。

このバイアスは，多くの実験で繰り返し確認されている。その代表的な研究として，ジョーンズとハリス（Jones & Harris, 1967）の実験を紹介しよう。

彼らは，実験参加者に，キューバの政治指導者であるカストロを支持する内容，ないしは支持しない内容のいずれかの文章を読ませた。半数の実験参加者（自由選択条件）には，その文章は書き手が自分で支持または不支持の立場を選んで書いたものであると説明した。残りの半数（強制条件）には，書き手がどちらかの立場で書くように強制されて書いたものであると説明した。そして文章を読ませた後，その文章の書き手が，実際にどの程度カストロを支持しているかを判断させた。

▷1 帰属には，事件のような否定的な行為の原因を考えることだけではなく，肯定的な行為（たとえば，高齢者に席を譲る）の原因を考えることも含まれる。

▷2 同じ現象を基本的帰属のエラー（fundamental attribution error）と呼ぶこともある。

▷3 実験条件は，文章の内容（カストロを支持／カストロを不支持）×書き手の立場の選択方法（自由選択条件／強制条件）の4条件であった。

結果は図Ⅰ-3-1の通りであった。まず自由選択条件（図の左側）の結果を見てもらいたい。この条件では，カストロを支持する文章を読んだ実験参加者は，支持しない文章を読んだ実験参加者よりも，書き手がカストロを支持していると判断していた。書き手は自分で立場を選択して文章を書いているので，文章の内容に応じて書き手の態度を推測したことは当然の結果である。

一方の強制条件（図の右側）では，書き手は強制的に支持または不支持の立場で文章を書かされたと説明されていたので，書き手がカストロをどのくらい支持しているかはわか

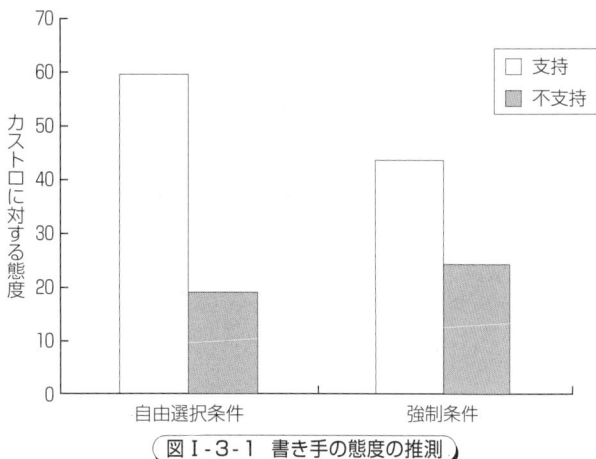

図Ⅰ-3-1　書き手の態度の推測

出所：Jones & Harris (1967) より作成。
注：範囲は0～70。値が大きいほど，書き手がカストロを支持していると判断されていたことを意味する。

らないはずである。それにもかかわらず，自由選択条件と同じように，カストロを支持する文章を読んだ実験参加者は，支持しない文章を読んだ実験参加者よりも，書き手が実際にカストロを支持していると判断していた。つまり，対応バイアスが生じていたのである。

それでは，対応バイアスが生じるという結果は，いったい何を意味するのだろうか。この結果は，私たちが，他者の行為を観察したときに，その行為の原因を考える前に，その行為に対応した内的特性を自発的に推論している可能性を示している（たとえば，Winter & Uleman, 1984）。つまり，ある人の行為を観察すると，自動的にその行為に対応した性格，能力，態度を持っていると判断してしまう可能性があると考えられるのである。

3　特性推論のメカニズム

○ギルバートの特性推論のモデル

対応バイアスに関する研究結果を踏まえた上で，ギルバート（Gilbert, 1995）は，他者の行為の観察から，自動的に行為に対応した内的特性を推論するモデルを考えた（図Ⅰ-3-2）。モデルの順序に従って説明しよう。

まず，ある人の行為を観察したときに，同定（identification）が行われる。同定とは，観察した行為がどのようなものであるかを認識することである。たとえば，電車のなかで，ある若者が高齢者に何かをしている姿を観察し，その若者の行為を「高齢者に席を譲った」と認識することが同定である。

同定に続いて，自動的な特性推論（automatic dispositional inference）が行われる。自動的な特性推論とは，行為と対応した内的特性を行為者が持っていると自動的に思ってしまうことである。たとえば，ある若者が「高齢者に席を譲った」ときに，その行為と対応した「やさしい」という特性を若者が持っている

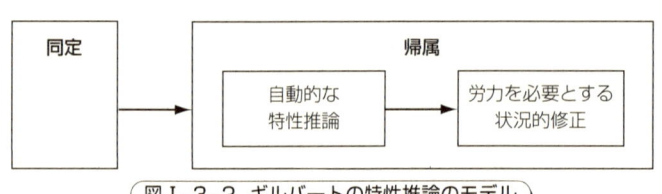

図Ⅰ-3-2 ギルバートの特性推論のモデル

出所：Gilbert (1995) より作成。

と思ってしまうことである。

そして最後に，労力を必要とする状況的修正（effortful situational correction）が行われる。労力を必要とする状況的修正とは，行為が行われた状況に関する情報を考慮して特性推論を修正することである。たとえば，ある若者が「周囲の人に言われて高齢者に席を譲った」という状況に関する情報があったときに，それを考慮して，その若者がそれほどやさしい人ではないと判断を変えることである。

この3つの段階のうち，同定と自動的な特性推論は相対的に**認知資源**◁4を必要としない自動的過程であり，一方，労力を必要とする状況的修正は相対的に認知資源を必要とするコントロール過程であると考えられている。◁5

ギルバートのモデルでは，自動的な特性推論が行われた後に，労力を必要とする状況的修正が行われないので，対応バイアスが生じると説明される。◁6

○ギルバートらの実験

ギルバートら（Gilbert et al., 1988）が行った次の実験は，上記の特性推論のモデルが妥当なものであることを示している。その実験を紹介しよう。

実験は，「実験参加者に，ある女性が見知らぬ人と会話をしているビデオを見せて，その女性の印象を評定させる」というものであった。◁7 ビデオのなかで，女性は不安そうなしぐさをしていた。ビデオの音声はカットされていたので実際の会話は聞こえなかったが，その場面で何を話しているか，その会話のトピックをビデオの画面にテロップで表示した。

この実験ではふたつの要因が操作された。ひとつは認知資源の要因である。ビデオを見せる前に，半数の実験参加者（単独課題条件）には，あとで登場人物の女性の印象を評定してもらうと教示した。残りの半数（複数課題条件）には，印象評定に加えて，画面に表示した会話のトピックをすべて思い出してもらうと教示した。◁8

もうひとつは状況に関する情報の要因である。すべての実験参加者には同じ内容のビデオを見せたが，画面に表示した会話のトピックが変えられていた。半数の実験参加者（不安トピック条件）には，トピックが「性的な妄想」のような女性を不安にさせるものを，残りの半数（日常トピック条件）には，「ファッション」のような日常的なものを表示した。◁9

いずれかの条件でビデオを見せた後，実験参加者に，登場人物の女性の特性不安（不安になりやすい性格）の程度を評定してもらって，実験は終了した。

結果は図Ⅰ-3-3の通りであった。まず単独課題条件（図の左側）を見てもらいたい。会話のトピックの条件によって，女性の特性不安の評定に差が見られていた。日常的なトピックに関する会話をしているにもかかわらず不安な し

▷4 認知資源
推論や思考などを行うエネルギーのこと。

▷5 自動的過程とコントロール過程については Ⅰ-2 を参照。

▷6 対応バイアスが生起する原因には，本文中に指摘した「特性推論の不十分な修正」以外に，「状況要因についての意識の欠如」（観察者は他者の行為に影響する状況要因に気づきにくい），「行動についての非現実的な期待」（たとえば「社長に命令されたとしても違法行為は行わない」というように，観察者は状況要因が行動に与える影響が強くないと考える），「行動の過剰な同定」（たとえば，葬儀に参列している人のあいまいな表情を悲しみととらえてしまい，その人は泣き虫だと判断するように，状況要因を強く意識すると，あいまいな行動が状況に沿って解釈され，さらに過剰な特性推論が起きる）がある（Gilbert & Malone, 1995）。

▷7 ビデオには女性の姿だけが映されていて，会話の相手は映されていなかった。

▷8 複数課題条件の実験参加者は，実験のなかでふたつの課題（印象評定，トピックの記憶）をしなければいけないので，単独課題条件と比較して，認知資源が乏しくなると考えられた。

▷9 実験条件は，課題の数（単独課題条件/複数課

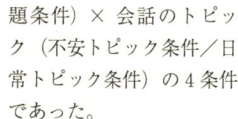

I-3 対応バイアスと特性推論

題条件）×会話のトピック（不安トピック条件／日常トピック条件）の4条件であった。

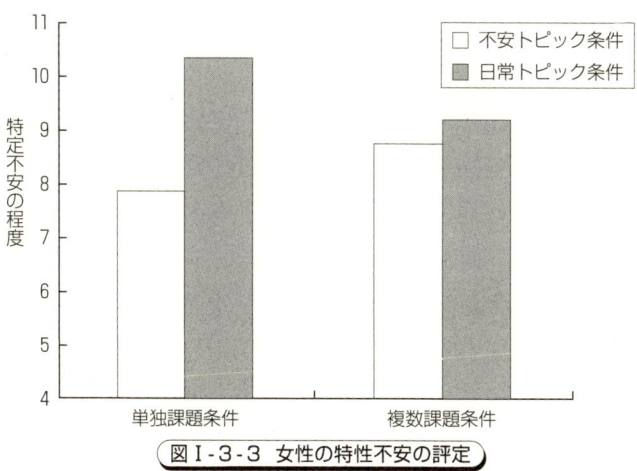

図I-3-3 女性の特性不安の評定

出所：Gilbert et al. (1988) より作成。
注：範囲は1〜13。値が大きいほど登場人物の女性の特性不安を高く評価していたことを意味する。

ぐさを見せていた女性は，不安なトピックに関する会話をしていた女性よりも不安になりやすい性格であると判断されていた。単独課題条件の実験参加者は，不安なしぐさをしていた女性を見て自動的に不安になりやすい性格であると判断したが，その後，会話のトピックの内容を考慮して，女性に対する判断を修正したと考えられる。

一方の複数課題条件（図の右側）では，トピックの内容にかかわらず，女性の特性不安の評定に差は見られなかった。複数課題条件では，不安なしぐさをしていた女性を見て自動的に不安になりやすい性格であると判断したが，認知資源が乏しいので，会話のトピックの内容を考慮して，女性に対する判断を修正することができなかったと考えられる。

ギルバートらの実験から，自動的な特性推論が行われることと自動的な特性推論を修正するためには認知資源が必要であることが確認された。つまり，ギルバートの特性推論のモデルが妥当なものであることが示されたのである。

現実の社会のなかでは，私たちは，他者の内的特性を推論するのはもちろんのこと，その推論に基づいて，他者に対する反応を決めているだろう。たとえば，違法行為をした会社員をどのように判断するかによって，その会社員を非難すべきかどうかを決めるのではないだろうか。したがって，他者の特性推論にバイアスがあるという結果は，その他者に対する反応が不適切なものになってしまう可能性があることを意味するのである。このように考えると，特性推論のメカニズムを明らかにし，さらにはこの推論に関わるバイアスの原因を特定するという研究の重要性を理解できるだろう。

（佐久間勲）

I 社会的認知

 責任帰属

① 原因帰属と責任帰属

　強盗・殺人，企業の不祥事，医療ミス，工場火災，交通事故など，事件や事故のニュースは毎日のようにテレビや新聞で報道されている。こうしたニュースを聞いたとき，当事者はもちろんのこと，一般の人たちも，なぜこうした事件や事故が起きたのか，その原因を考えたり，誰にその責任があるのかを考えたりすることがある。

　このように，自己や他者の行為，またはある出来事を見聞きしたときに，その原因がいったい何であるか考えることを原因帰属（causal attribution）と言う。また，事件や事故などの否定的な出来事を見聞きしたときに，誰にその責任があるか，さらにはどの程度の責任があるかを判断することを責任帰属（attribution of responsibility）と言う。[1]

　外山（2005）によれば，原因帰属と責任帰属は密接に関連しているが，それらは必ずしも同一のものではないと言う。たとえば，バスの運転手が運転中に居眠りをして，停車中の車に衝突したという交通事故を考えてみよう。この場合，事故を起こした原因は運転手（の居眠り）にあると判断されるだろう。しかし，事故の責任も運転手にあると判断されるとは限らない。もしこの運転手が，会社から毎日のように長時間勤務をさせられ，非常に疲れていたのであれば，この運転手だけの責任ではないと判断される可能性がある。つまり運転手に長時間勤務をさせた会社（経営者）にも事故の責任があると判断される可能性があるだろう。

② 公正世界仮説

○公正世界仮説とは？

　事件や事故の責任は，加害者だけに求められるわけではない。現実には，その責任が，被害者に求められることもある。上述の交通事故の例でも，バスの運転手や会社に責任を求めるのではなく，「あんなところに車を停めていた人が悪いのだ」というように，車をぶつけられた被害者に責任を求めてしまうこともある。それでは，なぜ加害者だけではなく，被害者に責任を求めるという現象が起きるのであろうか。

　こうした現象は，ラーナー（Lerner, 1980）の公正世界仮説（just world hypo-

▷1　外山（2005）も指摘している通り，英語では，"responsibility" はよい結果，悪い結果の両方に使用される言葉であるが，日本語では，「責任」は悪い結果に限定して使用されている。ここでも悪い結果に限定して責任を使用する。

thesis）を用いて説明することができる。この仮説によれば，私たちは，自分の住む世界が，よい人にはよいことが，悪い人には悪いことが起きる公正な世界であるという信念（公正世界信念）を持っていると言う。この信念に従い，悪いことが起きた被害者には，その被害を引き起こす何かがあると考え，被害者に責任を求めるのである。

公正世界信念に従って責任を判断することは，一見すると当然のことのように思える。しかし，この信念にしたがって責任を判断することで，非難すべきところのない被害者を傷つけてしまうことにもなる。以下，この点について，説明しよう。

●公正世界信念に対する脅威への対処方法

世の中には，非難すべきところのない被害者が存在する。こうした被害者の存在は，公正世界信念に脅威をもたらす。ラーナーによれば，この脅威に対処する方法には，大きく分けて合理的な対処方法と非合理的な対処方法の2種類があるという。このうち，後者の対処方法が，特に非難すべきところのない被害者を傷つけてしまうことにつながる可能性が高いと考えられる。それぞれの対処方法について説明しよう。

まず合理的な対処方法であるが，この方法は，実際に世の中が不公正であるという事実を受け入れるところから始まる。そこから，次のふたつの方法を用いて対処すると考えられている。

第1に，予防と回復である。これは，社会に被害者が生まれないように予防策を講じたり，実際に被害者がいる場合は，社会や個人が何らかの手段を用いて，被害者を援助したりすることである。

第2に，限界を知るという方法である。これは，社会や個人は助けたいと思っていても，経済的資源，人的資源などが足りないために，どうしても助けることができない被害者が現実にいると認識することである。

一方，非合理的な対処方法は，世の中が不公正であるという事実を受け入れずに，次の4つの方法を用いて公正世界信念を維持しようとするものである。

第1に，被害者を否定・無視するという方法である。もし世の中に非難すべきところのない被害者がいたとしても，そのような人は存在しないと考えたり，そのような人を見て見ぬふりをしたりすることである。

第2に，結果の再解釈である。たとえば，ある人が被害を受けたときに，「被害を受けたことにより，その人はよい人間に生まれかわるだろう」と考えるように，事件や事故の結果がもたらす意味を解釈し直すことである。

第3に，原因の再解釈である。これは，被害者の行為をもう一度考えて，非難すべき原因があったのではないかと考えることである。たとえば，冒頭の交通事故の被害者に対して，「本当は被害者が車のドアを開けたから，バスとぶつかったのではないか」というように原因を考え直すことである。

第4に，被害者の特徴の再解釈である。これは，被害者が被害にあっても仕方がない特徴を持っていたと考え直すことである。たとえば，「そのような被害にあう人は，いやなやつに違いない」というように，被害者に対する評価や考えを変えることである。

こうした非合理的な対処方法は，非難すべきところのない被害者に対して責任を求めることで，一時的であるかもしれないが，われわれの公正世界信念を維持するものと考えられる。

3 ラーナーとシモンズの実験

「被害者は被害にあっても仕方がない人だ」と考えて被害者に責任を求めることは，被害者を傷つけてしまう酷い行為である。多くの人は，「自分なら絶対にこうした酷いことをしない」と思ったことだろう。しかし，残念ながら，次に紹介するラーナーとシモンズ（Lerner & Simmons, 1966）の実験は，私たちが，こうした酷い行為をしてしまうことを明らかにしている。

実験参加者は少人数のグループになり，「ある問題を解いている女性を見て，その女性の情動を判断する」という実験に参加した。まず，「この女性が問題を間違えると，強い電気ショックを受ける」と説明された。次に，実験参加者は，この女性が問題を間違えるたびに強い電気ショックを受ける様子を，モニターを通して見た。その後，情動判断に関する質問，およびこの女性に対する魅力と好意を評定する質問に回答した。

それでは，女性に対する魅力と好意の評定の結果はどのようになっただろうか。結果は表Ⅰ-4-1の通りであった。同じ女性を見ていたにもかかわらず，6つの実験条件によって，女性に対する評定は大きく変わっていたのだ。ひとつひとつ説明してみよう。

女性に対する評定が最も低かった条件は，殉教者条件であった。この条件は実験が始まる前に，「この女性は実験参加者のために電気ショックを受ける」と知らされていた。つまり実験参加者にとって，この女性は非常によい人間だったのである。非常によい人間が被害者となることは，公正世界信念にとって大きな脅威をもたらす。そこで，この条件では，「非常に悪い人間であるから，強い電気ショックを受けるのだ」というように，女性に対する評定を非常に低めることで，公正世界信念を維持しようとしたと考えられる。

殉教者条件と同じような結果は，継続条件でも見られた。この条件は，問題を解く様子を見た直後に，「この女性は，この後も問題を解き，間違えるたびに強い電気ショックを受ける」と知らされていた。非難すべきところのない被害者が存在することは，公正世界信念に脅威をもたらすので，女性に対する評定を低めたと考えられる。

最も女性に対する評価が高かったのは，報酬決定条件であった。この条件で

▷2 カバーストーリー（Ⅶ-2を参照）である。
▷3 実験参加者が見ていた女性の様子は実際には録画されていたものであった。しかし，実験参加者には，現在行われている様子を映したものであると説明されていた。

この実験では，「非難すべきところのない被害者」を作り出すために，ある女性が問題を間違えただけで強い電気ショックを受けるという状況設定をしている。しかし，実際には，この実験のなかで女性は電気ショックを受けていなかった。

▷4 実験参加者は，「情動を判断する実験」に参加することによって，大学の授業単位認定の条件を満たすことになっていた。もし女性が電気ショックを受けることをいやがって問題を解くことをやめた場合，「情動を判断する実験」ができないので，実験参加者の単位認定の条件は満たされないことになる。つまり，女性は実験参加者の単位取得のために，問題を解いたり，電気ショックを受けたりしていたと考えることができる。

表Ⅰ-4-1 女性に対する魅力と好意の評定

	殉教者条件	継続条件	報酬決定条件	未決定条件	終了条件	録画条件
魅力[a]	−34.00	−25.78	−5.07	−25.18	−12.85	−11.10
好意[b]	14.11	14.71	19.21	15.27	17.00	18.70

出所：Lerner & Simmons (1996) より作成。
注：a の値は女性に対する魅力の評定から実験参加者自身に対する魅力の評定を減じたものである。値が大きいほど，相対的に女性の魅力を高く見ていたことを意味する。b の値の範囲は 5 から 30。値が大きいほど女性を好意的に見ていたことを意味する。

は，問題を解く様子を見た直後に，実験参加者に電気ショックを受けた女性を援助する機会が与えられた。具体的には，実験参加者の投票によって，「この女性は，この後，問題に間違うと強い電気ショックを受けず，問題に正解すると金銭的報酬を受けることができる」と知らされた。つまり，報酬決定条件では，公正世界信念への脅威に対処するために，合理的な対処反応（予防と回復）が使用されたと考えられる。その結果，女性に対する評定を低めなかったのだろう。

ただし，同じように被害者を援助する機会があっても，実際に援助をすることができるかどうかわからなかった未決定条件では，この後も，この女性が電気ショックを受ける可能性があるために，女性に対する評定を低めたと考えられる。

終了条件と録画条件では，殉教者条件，継続条件，未決定条件と比較して，女性に対する評定が高かった。問題を解く様子を見た直後に，終了条件では「この女性は，この後，問題を解くことはない」，録画条件では「今見た映像は録画されたもので，電気ショックを受けていた女性は現在元気である」と知らされていた。つまり，いずれの条件も，この後さらに女性が電気ショックを受けることはなかったのである。これ以上被害を受けることがなかったので，女性に対する評定を低める必要がなかったと考えられる。

以上の通り，この実験では，非難すべきところのない被害者の評価を低めて，被害者に責任を求めることが確認されたのである。

このように，私たちは事件や事故の加害者だけではなく，その被害者にも責任を求めることがある。被害者にとっては，被害にあった上に，さらに周囲からその責任を求められたり非難されたりするのである。つまり，被害者は 2 次被害を受けることになるのだ。こうした 2 次被害を受けることで，被害者に対する心理的なダメージはますます深刻なものになってしまうだろう。

現実社会では，性的被害やいじめなどの被害者が，責任を求められたり，非難されたりして苦境に立たされることがある。こうした非難すべきところのない被害者の 2 次被害を防ぐためにも，われわれは「公正世界仮説」を理解しておく必要があるだろう。

(佐久間勲)

▷5 未決定条件では，報酬決定条件と同じように実験参加者が投票をしたが，その結果は知らされなかった。

I 社会的認知

 **素朴な現実主義**

　1951年11月のある日，ダートマス大学とプリンストン大学はフットボールの試合を行った。この試合は，警告が飛びかい，ケガ人もでる荒れたものだった。後日，この試合の映像を双方の大学の学生が視聴した。同じ映像を見たはずなのに，各大学の学生の反応は異なる映像を見たかのようだった。プリンストン大学の学生は，ダートマス大学の学生の残虐さとプリンストン大学のやむを得ない報復を，映像から見いだしていた。他方，ダートマス大学の学生は，互いのチームの勇猛さを，同じ映像から見いだしていたのである。さらには，いずれの大学の学生も，相手の大学の学生にも「真実」は明白なはずだと考えていたのである◁1（Hastorf & Cantril, 1954）。

　ふたつの集団で解釈が異なる理由としては，**内集団ひいき**◁2や**期待の確証**◁3などが考えられる。他方，自分たちの解釈が「真実」であり，相手側もそれが分かっているはずだと考えるのはなぜだろうか。この背後には，さまざまな認知バイアスに支えられた素朴な現実主義（naive realism）が存在している。

　素朴な現実主義は3つの信念からなる（Ross & Ward, 1995, 1996）。そのうち，最初のふたつの信念は次のようなものだ。第1の信念は，「自分は，刺激，対象を客観的現実そのままに見ており，自分の態度，信念，好み，優先順位などは，手に入る情報や証拠を，本質的に何かに仲介されず，冷静で，歪みがないように理解した結果である」というものである。第2の信念は，「自分と同じ情報にアクセスした上で，筋道を立てて熟慮し，偏りなく吟味できれば，他者も自分と同じ反応，行動，意見にいたる」というものである。

　これらふたつは，「他者は自分の観点や主観的経験を共有する」と，暗黙のうちに仮定してしまう傾向と関連する。そして，このような信念の証拠となる認知バイアスが存在する（Griffin & Ross, 1991）。視点取得の失敗，合意性推測の誤り（false consensus），判断における自信過剰（overconfidence）である。

1 視点取得の失敗

　私たちは，自分の視点から手に入る情報と相手の視点から手に入る情報とが異なることに気づかず，自分の視点は相手にも共有されているものとして判断してしまうことがある◁4。この傾向は，素朴な現実主義における第1の信念と関連していると考えられる。

　ニュートン（Newton, 1990, cited in Griffin & Ross, 1991）は，次のような実験を

▷1　これに類似した現象はさまざまなスポーツの試合で頻繁に生じていることだろう。たとえば，2002年のサッカーW杯におけるイタリア vs. 韓国の試合も激しい試合であり，ファンの間で本文と非常によく似た論争を呼んだ。
▷2　内集団ひいき
Ⅳ-4 を参照。
▷3　期待の確証
Ⅰ-7 を参照。

▷4　Ⅰ-6 も参照。

行った。簡単な実験なので，友人と実際に行ってみるとよいだろう。この実験では，大学生が「送り手」と「受け手」に分かれて参加した。送り手は，非常に有名な25曲の歌から1曲を選び，机を指でたたいてその歌のフレーズを受け手役の実験参加者に伝え，その曲が受け手にきちんと伝わった可能性を10～100％で推測した。受け手は，机をたたく音を頼りに，その曲が何かを解答した。その結果，送り手の推測の平均値は50％であったが，実際の正解率は2.5％であった。さらに，あらかじめ正解を教えられた受け手が，何も知らない受け手が正解する可能性を推測した。その推測の平均値は送り手の推測と同じ50％であった。その一方で，正解を知らない受け手だけが，実際の正解率に近い推測をすることができた。

　送り手や正解を知っていた受け手の頭のなかでは，机をたたく音とともに，曲のフレーズや伴奏などが鳴り響いていたことだろう。他方で，何も知らない受け手ではそのような経験は生じない。推測を行う際，このような経験の違いを，送り手や正解を知っていた受け手は認識できなかったのだと考えられる。

❷ 合意性推測の誤り

　私たちには，自分の信念や選択が周囲の人に合意されている度合いや標準的である度合いを，実際よりも高く見積もる傾向がある。このことを合意性推測の誤りもしくはフォールス・コンセンサス効果という。この傾向は，素朴な現実主義における第2の信念と関連していると考えられる。

　ロスら（Ross, Greene, & House, 1977）の実験では，大学生が「説得と態度変化」という名目の実験に参加した。実験参加者は，「悔い改めよ」と書かれた看板を胸と背中につけてキャンパス内を30分歩いてくれる大学生がどれくらいいると思うか，その割合を推測した。さらに，自分ならその依頼を引き受けるかどうかにも回答した。

　その結果，自分なら引き受けると回答した実験参加者は全体の51％で，引き受けないと回答した実験参加者は49％だった。問題となるのはそれぞれの立場の実験参加者による推測である。引き受けると回答した実験参加者が行った他の人が引き受けるかどうかの推測の平均は，引き受ける人が58.3％，引き受けない人が41.7％であった。他方，引き受けないと回答した実験参加者が行った他の人が引き受けるかどうかの推測の平均は，引き受ける人が29.7％，引き受けない人が70.3％であった。つまり，自分なら引き受けると回答した実験参加者の方が，自分なら引き受けないと回答した実験参加者よりも引き受ける人の割合を高く見積もっていた（58.3％ vs. 29.7％）。そして，引き受けない人に関しては逆の結果となっていたのである（41.7％ vs. 70.3％）。

③ 判断における自信過剰

私たちには，判断結果の実際の正確さが，その判断の主観的正確さ（すなわち，確信度）よりも低くなってしまう傾向がある。この傾向を，自信過剰効果（overconfidence effect）と呼ぶ。当初，自信過剰効果は，世の中の出来事に関する一般的知識に関して検討されたが（Lichtenstein & Fischhoff, 1977），人の行動のような社会的出来事においても検討が行われるようになった。この傾向は，素朴な現実主義のふたつの信念いずれにも密接に関連している。

ダニングら（Dunning, Griffin, Milojkovic, & Ross, 1990）の研究では20項目からなるさまざまな二者択一の質問項目が用意され，実験参加者は予測する側か，予測される側か，いずれかの役をおった。▷5 予測する側の実験参加者は，予測される側の実験参加者が各質問でいずれを選択するか予測し，その予測が正確である確率を評定した。この主観的確率評定を確信度の指標とした。

予測する側の実験参加者には，予測される側の実験参加者に関する知識を得る機会が与えられていた。ある実験では，予測する側の実験参加者は，予測される側の実験参加者にインタビューをする機会が与えられた。もうひとつのある実験では，予測する側と予測される側がルームメイトであるように工夫されていた。前者の実験では，予測の実際の正確さは63.0％であったのに対し，確信度は74.5％であった。つまり，11.5ポイント分，自信過剰な予測であった。後者の実験結果も類似しており，予測の実際の正確さは68.0％であったのに対し，確信度は77.7％となり，9.7ポイント分，自信過剰な予測となっていた。このような自信過剰傾向は，判断の確信度が高くなるほど強くなる。また，ベースレート情報▷6と反する予測をしたときに顕著となる（Dunning et al., 1990）。

④ 自分の観点が他者と共有されないと分かったとき

ここまでは，素朴な現実主義の3つの信念のうちのふたつに関連する認知バイアスを紹介した。これらは，自分の観点がいかに客観的で現実的と信じているかを示すものだった。最後の第3の信念は，自分の観点が他者と共有されないときどう考えるかに関するものである。私たちは，他者や他の集団が自分の観点を共有できなかったとき，次の3つの理由のうちのひとつだと考える傾向にある（Ross & Ward, 1995）。

ひとつめは，「他者は自分と異なる情報に接触した」という理由である。ふたつめは，「他者は怠惰で，理性的でない。客観的証拠から筋の通った結論を導く規範的方法をとることをしない，もしくはできない」という理由である。いずれの理由にも，相手を「啓蒙」することで，自分の観点を共有してもらえるという考えが暗示されている。しかし，多くの交渉場面では，これらの理由は短命に終わる。なぜなら，交渉の場にいるいずれの側も自らの素朴な現実主

▷5 具体的には，「Playboy と New York Review of Books のどちらを定期購読するか」，「学生食堂の床に5ドル落ちていたら，拾うか，そのままにするか」，「自分の講義ノートはきれいか，汚いか」といった質問が用意されていた。

▷6 ベースレート情報
事前確率・基準確率とも言う。ダニングらの研究の場合，過去の実験における各質問項目への実際の回答比率がベースレート情報となる。正確な予測を望むのであれば，特定の個人情報だけではなく，大きなサンプルの統計的情報も考慮すべきである。彼らの研究では，二者択一において，回答比率が高かった方に予測した場合よりも，低かった方に予測した場合の方が自信過剰傾向が大きかった（Dunning et al., 1990, Study 3）。

義に基づいているため，相手への「啓蒙」は失敗してしまうからである。

　その結果，最後の理由が選ばれやすくなる。それは，「社会的信条，利己主義，他の歪んだ個人的価値，個性によって，解釈や論理的思考が歪んでいる」というものである。この理由は，自分の観点を共有しない相手を否定的に見ることや，対応バイアスを維持，助長することにつながる。

　ワードとロス（Ward & Ross, 1991, cited in Ross & Ward, 1995）は，湾岸戦争を題材に上記のことを検討している。湾岸戦争に賛成，もしくは反対の態度にある実験参加者が，最初に自分の態度を支持するエッセイを読んだ。そのあと教示に従って，「湾岸戦争のことを知らずに旅行から帰ってきたアメリカ人が，同じエッセイを読んでも特に態度が変わらなかった」という状況を想像した。その結果，実験参加者は，そのアメリカ人旅行者に対して否定的な属性帰属を行い，心が狭く，敵意的で，頭の悪い人物だと見なすようになっていた。他方，エッセイを事前に読まない条件に割り当てられた実験参加者もいた。この実験参加者は，件のアメリカ人旅行者に対し否定的な属性帰属を行わなかった。この結果は，実験参加者が，アメリカ人旅行者が実験参加者の立場を支持しなかったことを問題にしたのではなく，自分たちが納得した具体的な刺激に「適切な」反応をしなかったことを問題にしたことを示している。

　さらに，ロビンソンら（Robinson, Keltner, Ward, & Ross, 1996, Study 2）は，「ハワードビーチ事件」を題材に，現場で起きた出来事の解釈に関する，黒人擁護派と白人擁護派との実際の違いと，それぞれの側による差異の推測とを比較した。その結果，黒人擁護派，白人擁護派のいずれの実験参加者も，それぞれの立場の人々が現場で起きた出来事を自分たちの主張に沿って偏った解釈をする度合いを過大推測していた。つまり，いずれの立場においても，実際の解釈の差異よりも推測された解釈の差異の方が大きかった。しかし，彼らは，自分たちの解釈の偏りは相手側の解釈の偏りよりも小さい，と考えていた。さらには，自分自身の解釈は，自分と同じ立場の人たちのものよりも，偏っていないと考えていたのである。この研究は，人が，素朴な現実主義に基づいて，自分は客観的，論理的であると考えていること，その一方で，自分の観点と異なる他者は信条によって偏った見方をしているのだと考えていることを示している。

　素朴な現実主義は，自分の解釈，判断を正当化する一方，自分と異なる他者の解釈，判断を不当なものとしてしまう。これは，葛藤解消の障害物となりうる。さらに，素朴な現実主義は，認知バイアスの存在を「啓蒙」するだけではその解消には至らない可能性を示唆している。自分も他の人と同程度にさまざまな認知バイアスを持っていることを認めないのである（Pronin, Gilovich, & Ross, 2004）。このように，素朴な現実主義は，私たちの認識と対人関係に重大な問題を与えている。

（藤島喜嗣）

▷7　ハワードビーチ事件
1986年11月に10代の黒人男性マイケル・グリフィスが，ニューヨークのハワードビーチ近郊の白人グループに追いかけられている途中で，不運にも自動車にひかれてしまった事件。事件の詳細はよく分かっておらず，人種問題も絡んで大きな注目となった。

I　社会的認知

 6　自己中心性バイアス

　新しいメイクや髪型，新しい洋服で人前に出るとき，内心ドキドキすることだろう。周りの人たちが自分の容姿の変化に気づいて，いろいろ言うにちがいない，と思うからだ。けれども多くの場合，思っていたほど自分の容姿の変化には気づいてもらえない。さらに，自分の格好はひどく目立ちすぎて，周りの人から場違いと思われているのではないかと心配になるかもしれない。しかし，ほとんどの場合，周囲の人はそのように考えていない。このような推測と実際とのズレの正体は，自分の心的状態をもとにして他者に関して推測するという，自己中心性バイアス（egocentric bias）であると言われている。

1　スポットライト効果

　自分の装いや振る舞いが，実際よりも周囲の注目を集めていると推測することをスポットライト効果（spotlight effect）という。この効果の存在を示すために，ギロヴィッチら（Gilovich, Medvec, & Savitsky, 2000, Study 1）は，ユニークな手続きの実験を行っている。この実験の実験参加者の大学生は，アメリカ人歌手バリー・マニロウのTシャツを着せられ▷1，別室に連れて行かれ，5人の人物の目の前に座らされた。座った直後，すぐに実験参加者はその部屋から退出させられ，「Tシャツの人物を部屋にいた5人のうち何人が正確に言えるか」を推測させられた。彼らを行為者役の実験参加者と呼ぶことにしよう。なぜなら，実は，部屋の中にいた5人の人物も観察者役を担った実験参加者であったからだ。観察者役の実験参加者は，行為者役が着ていたTシャツの人物が誰だったかを回答した。

　さらに，上記の一連の様子はビデオ撮影されており，この映像を見る**統制条件**▷2役の実験参加者もいた。彼らは，実際にTシャツを着たわけではないが，実験状況について行為者役の心境以外の情報をすべて獲得したことになる。統制条件役の実験参加者のうち，半数の人は，何人の観察者が行為者役のTシャツの人物を見分けることができたかを推測した（統制条件1）。残り半数の人は「何人がバリー・マニロウのTシャツを着ていたと知っていたか」を推測した（統制条件2）。

　結果は図I-6-1が示す通りである。Tシャツを着た実験参加者は，実際よりも多くの割合の観察者が気づくと推測していた。他方，実験状況をよく理解しているはずの統制条件役の実験参加者は，2つのうちいずれの条件であって

▷1　日本文化に生きる私たちにはよくわからないが，当時のアメリカの大学生にしてみればバリー・マニロウのTシャツを着ることは相当格好悪いことだったらしい。しかし，スポットライト効果は，格好悪いことからくる恥ずかしさの問題ではない。他の実験（Gilovich et al., 2000, Study 2）では，実験参加者が格好いいと思うTシャツを用いて検討したが，ここでもスポットライト効果は見られている。

▷2　統制条件
実験操作した要因の効果をみるために比較対照として用意される条件のこと。実験条件に複数の要因が含まれる場合には，単一の要因の効果を検討できるように統制条件が複数用意されることがある。

も、実際に気づいた観察者の割合と近い推測をしていた。つまり、行為者役の実験参加者でのみスポットライト効果がみられたのである。

スポットライト効果は、上記の実験のような「容姿」以外でも生じる。議論における自分の発言のインパクト（Savitsky, Gilovich, Berger, & Medvec, 2003）、団体競技における自分の働き（Gilovich, Kruger, & Medvec, 2002）など多様な行為、側面で見られることが分かっており、非常によく見られる現象なのである。

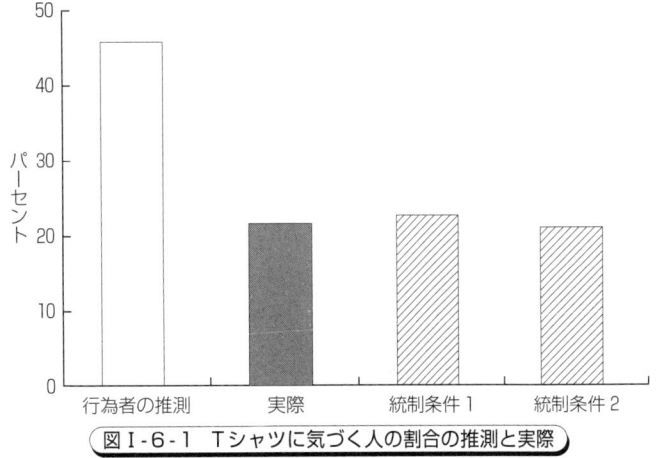

図 I-6-1 Ｔシャツに気づく人の割合の推測と実際

出所：Gilovich, Medvec, & Savitsky, K. (2000, Study 1) より作成。

それでは、スポットライト効果はなぜ生じるのだろうか。先ほどの実験結果における行為者役の推測と統制条件役の推測の違いから、実際に行為に及んだことによる行為者の心的状態が推測基盤になっていることが読み取れる。つまり、私たちは自分の心的状態を基に他者についての判断、推測（ここでは気づく観察者の人数判断）を行っていると考えられるのである。

ギロヴィッチら（Gilovich et al., 2000, Study 5）は、この点を検討するためにさらに実験を行った。実験参加者は、再びバリー・マニロウのＴシャツを着せられた。半数の実験参加者は、Ｔシャツを着た直後、観察者がいる部屋に向かった。残り半数の実験参加者は、Ｔシャツを着て15分が経過してから観察者がいる部屋に向かった。

この２つの実験条件の違いに注目してほしい。いずれの条件も同じＴシャツを着ており、行為それ自体に違いはない。異なるのは、観察者の前に出るまでの時間経過のみである。Ｔシャツを着た直後と比べ、15分経過すると、実験参加者はＴシャツに慣れてしまい、気にしなくなるだろう。つまり、行為それ自体は同じであっても行為者の心的状態はふたつの実験条件間で異なると考えられる。もし行為者の心的状態をもとに観察者の人数を推測しているのであれば、実験条件間で推測人数に違いが生じるだろう。

結果は予測通りであった。Ｔシャツを着た直後に推測した場合と比較して、15分後に推測した場合では、推測した人数が減少していたのである。これらの実験から、スポットライト効果は、自分の心的状態から他者に関する判断、推測を行ってしまうことによる判断の歪みであり、**自己中心性バイアス**のひとつであることがあきらかにされている。

② 否定的評価の過大推測

スポットライト効果は、場合によっては、さらなる影響を及ぼすことがある。

▷3 自己中心性バイアス
自己中心性バイアスはスポットライト効果や、後述の否定的評価の過大推測に限らない。Ⅲ-2 で紹介される透明性の錯覚も自己中心性バイアスの好例である。さらには、二者において、互いに自分の貢献を大きく見積もった結果、ふたりの貢献の合計が100％を超えてしまうというバイアスも存在する（Ross & Sicoly, 1979）。このバイアスも、出来事が肯定的であれ否定的であれ、生じることが分かっている。

たとえば，映画館内で携帯電話を鳴らしてしまったときや，フォーマルウェアが必要なパーティにTシャツ，サンダルで出かけてしまった場合を考えてみよう。自分がやけに目立つと感じると同時に非常に場違いで，周囲の冷たい目にさらされていると感じるのではないだろうか。その一方で，他の誰かがそのような行為を行った場面を考えてみて欲しい。必ずしもその人物を否定的に評価せず，「何か理由があるのかもしれない」と好意的に考えるかもしれない。サヴィツキーら（Savitsky, Epley, & Gilovich, 2001）によると，私たちには，自分がしてしまった失敗や勘違いなどについて，周囲の人からの否定的な評価を実際よりも過大に推測する傾向がある（否定的評価の過大推測）。

サヴィツキーら（Savitsky et al., 2001, Study 1）は，**場面想定法**◁4を用い，否定的評価の過大推測が存在することを示している。彼らは，大学生の実験参加者に，図書館の警報装置を鳴らしてしまう，パーティの招待に手ぶらで参加する，激安スーパーの袋を下げて買い物していたところを見られる，の場面を次の3つ◁5のいずれかの立場で想像させ，評定を求めた。

(1) 行為者条件：自分がこれらの行為をしてしまったと想像し，周囲の他者からどのように評価されると思うかを推測した。
(2) 観察者条件：自分以外の他の誰かがこれらの行為をしたと想像し，自分はこの人物をどう思うか評定した。
(3) 第三者条件：自分以外の他の誰かがこれらの行為をしたと想像し，その周囲の人はその行為をした人をどう思うかを評定した。

結果は，いずれの場面においても，行為者条件の参加者による否定的評価の推測は，観察者条件ならびに第三者条件の参加者の評定を上回っていた。つまり，行為者は，自らの行為への評価を実際よりも否定的に推測したのである。

場面想定法によるこの検討では，行為者役が実際に行為を行ったわけではないし，行為者，観察者，第三者の条件間で想定した場面が細部で異なるかもしれない。これらは先ほどの実験結果の信憑性を下げることになる。そこで，サヴィツキーら（Savitsky et al., 2001, Study 2）は，実験室実験でも検討している。

大学生30名が，互いに面識のないふたり組で実験に参加し，ひとりが行為者役，もうひとりが観察者役となった。最初にお互い自己紹介を行い，その直後，観察者役の実験参加者は行為者役の印象評定を行った。行為者役の実験参加者は観察者役による印象評定を推測した。その後，行為者役は「容易である」と説明された課題を解答し，観察者役はその様子を観察した。この課題は**アナグラム課題**◁6であったが，実は非常に難易度の高い課題が選ばれており，行為者役はほとんど解答できなかった。この課題の後，再び観察者役は行為者役の印象評定を行い，行為者役は観察者役による印象評定を推測した。

結果は，図Ⅰ-6-2が示す通りである。課題と関連した特性において，観察◁7者役の評定は課題の前後で変化しない一方で，行為者役の推測は，課題前より

▷4　場面想定法
シナリオを読んでもらい，それが描写する場面に自分がいると想定して回答してもらう実験方法。実際に事象を生起させることが困難な場合に有効であるが，本文にあるような欠点もある。

▷5　3つの場面のうち，後者ふたつは否定的な行為なのかどうか，私たちには分かりかねるところがあるが，ここでは否定的行為の典型例として用いられている。また，藤島（2004）では，映画館で携帯を鳴らす，ファーストフード店でトレーを落とす，といった場面を用い，サヴィツキーらの研究を追試しているが，彼らと同様の結果を得ている。

▷6　アナグラム課題
文字を並べ替えることで意味のある単語を作り上げる課題をアナグラム課題というが，この研究で用いられたアナグラムは "roasting" を "organist" に，"senator" を "treason" に，"cocaine" を "oceanic" に変えるといった難解なものであった。

▷7　課題と関連した特性としては「頭の良い」「聡明な」「知的な」などが用いられた。その一方，課題に無関連な特性としては「誠実な」「きちんとした」「おしゃれな」などが用いられた。

も課題後の方が否定的に変化していた。また、課題に無関連な特性ではこのような結果は見られなかった。課題がうまくできなかったという行為に着目した場合、行為者は、自分の行為が観察者から否定的に評価される度合いを実際よりも過大に見積もっていたことになる。否定的評価の過大推測が実際の行為においても見られたのである。

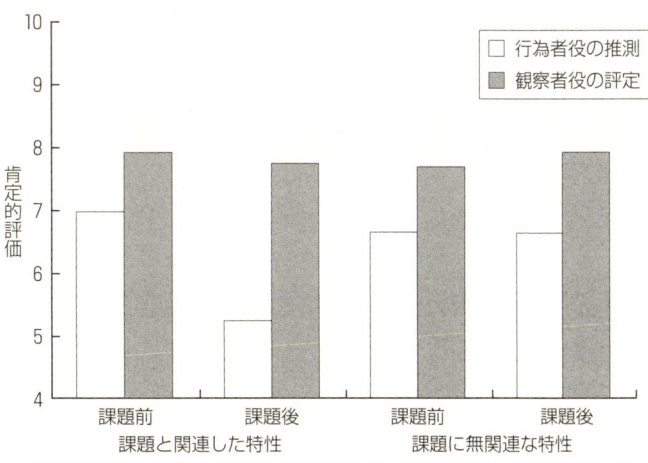

図Ⅰ-6-2 行為者役による否定的評価の推測と観察者による実際の評定
出所：Savitsky, Epley, & Gilovich (2001, Study 2)

　否定的評価の過大推測も、スポットライト効果と同様、自己中心性バイアスであると考えられる。否定的な行為をしてしまった行為者は、その行為という特定の要因に過度に注目し、他の要因（たとえば、その場の様子、課題の困難度など）を無視してしまう（Gilbert & Wilson, 2000）。そして、この自分独特な注目の仕方や自分の感情状態をもとに、他者の判断過程を推測するのである。他方、観察者である他者は、行為者と異なる注目をし、異なる判断過程を経る可能性がある。その結果、否定的評価の過大推測が生じてしまうのである。

　サヴィツキーら（Savitsky et al., 2001, Study 3）は、実験室実験からこれを支持する証拠を得ている。この実験で、行為者役である実験参加者の一部には、他者からの評価を推論する前に、観察者役の判断に影響しそうな他の要因を考える機会が与えられた。その結果、このような機会を与えられた行為者役の実験参加者では、この機会が与えられなかった行為者役の実験参加者と比べて、否定的評価の過大推測が弱まっていた。さらに、観察者役の判断に影響する要因として課題の困難度を思いつくことができた行為者役では、思いつかなかった行為者役と比べて、否定的評価の過大推測が弱まっていたのである。

3 対人関係に及ぼす影響

　スポットライト効果、否定的評価の過大推測は、自分の心的状態をもとに他者に関する判断をするため、実際と異なる判断をしてしまうという自己中心性バイアスであった。これらは、対人関係に否定的影響を及ぼしうる。自らの行為を過度に目立つと感じ、悪く思われていると考えることは、対人不安を高めたり、被害者意識を不必要に高めたりするかもしれない。他方、対人関係に肯定的な影響をもたらすこともあるだろう。自らの否定的な行為が目立っていて、悪く思われていると過剰に考えることが、自己改善や向社会行動をより迅速に、より強く動機づけるかもしれない。これによって、**社会的排除**を未然に防ぐ役割を果たしているかもしれない。

（藤島喜嗣）

▷8　社会的排除
Ⅲ-3参照。

I 社会的認知

 対人認知における期待の確証

「私は血液型性格診断は信用ならないと思っていた。ところが、あるパーティでF氏と談笑していたとき、ふと血液型性格診断に話が及び、彼がB型だと知った。その後、パーティでの彼の振る舞いを観ていて、飽きっぽくて、自由奔放で、気分屋な側面が目についた。これらはB型の性格特徴だ。ひょっとしたら血液型性格診断は正しいのかもしれない。」

これに類似する体験談は血液型性格診断に関してよく報告されるし、あなたも同様の経験があるかもしれない。しかし、私たちには、「相手はこうかもしれない」という期待を抱くと、それを支持する情報を選択的に探索し、支持しない事例を無視する傾向がある。◁1 このため、多くの場合、期待は支持されたように思われ、「正しい」と考えてしまうことになる。しかも、私たちは、多くの場合、こうしたことに気づいていない。

▷1 期待や仮説を支持する証拠のことを確証情報、支持しない証拠のことを反証情報という。そして、期待や仮説の確証情報ばかりを集めて、反証情報を無視してしまう傾向のことを確証バイアス (confirmation bias) という。

▷2 期待
期待（expectancy）という言葉は、日常的には相手に対する願望のような感情的要素を含んでいるが、社会的認知研究においては必ずしもそうではない。「相手がこうするかもしれない」といった仮説や、他者から与えられた事前情報のような感情的要素がないものも含んでいる。

1 曖昧な期待を与えられるとどう認知するのか？

私たちが他者を見て判断する際に抱く**期待**◁2 には、2種類ある。ひとつは、根拠があって信頼できる情報に基づく、妥当な期待である。このような期待は、そのまま他者判断に利用できる。たとえば、センター試験の結果によってその人物の学力に対して抱く期待は、ある程度妥当で信頼できるので、大学入試判定で用いられている。他方、根拠が不十分で信頼性の低い情報に基づく曖昧な期待もある。先述の血液型性格診断をはじめとして、偏見やステレオタイプと呼ばれるものがこれにあたる。このような曖昧な期待を与えられたとき、私たちは相手をどう認知するだろうか。

ダーリーとグロス（Darley & Gross, 1983）は、曖昧な期待がある場合、他者判断は2段階の過程を経ると考えた。第1段階は、期待をそのまま用いないようにする過程である。私たちは、曖昧な期待からは直接的に他者判断をしないよう抑制する。この意味では、私たちは理性的な存在である。第2段階は、期待の検証である。対象人物を観察する機会があると、私たちは、曖昧な期待を検証しようと試みる。ここでも、私たちは理性的な存在であるように思える。しかし、その検証方略は妥当だろうか？ ダーリーとグロスはこの点を明らかにするために次のような実験室実験を行った。

実験参加者は、小学4年生の女の子「ハンナ」のビデオを見て、彼女の学力を評価するように求められた。ビデオでは、最初に彼女の社会的経済的な背景

が示された。ある参加者は，彼女が貧困層出身だと暗示する映像を見た。他の参加者は，彼女が富裕層出身だと暗示する映像を見た。当時のアメリカ合衆国では，貧困層の子どもよりも富裕層の子どもの方が学力が高いと思われていた。つまり，ビデオによって，実験参加者は，ハンナの学力に関して肯定的もしくは否定的内容の曖昧な期待を抱くことになった。

　この後，半数の実験参加者はビデオを見続けるよう求められ，残り半数の実験参加者は見るのをやめるように言われた。▷3 ビデオの続きには，ハンナが課題を行う場面が録画されていた。ハンナは，2年生レベルから6年生レベルの問題25問を真剣に解答したり，やる気なく解答したりした。さらには，簡単な問題を正答したり，誤答したり，難しい問題を正答したり，誤答したりした。▷4 ビデオの内容がどうであれ，ビデオを見続けた実験参加者は，ハンナが問題に解答するところを見たのだから，曖昧な期待を検証する機会が与えられたことになる。他方，ビデオの後半を見なかった実験参加者は，期待検証の機会が与えられなかったことになる。実験参加者はハンナをどう判断しただろうか。ビデオ視聴後，すべての実験参加者はハンナの学力（教養，読解能力，数的能力）について何年生レベルかを評定した。結果は，図Ⅰ-7-1に示す通りである。

　3つの学業領域とも類似した結果となっている。ハンナが問題に解答する場面を見る機会がなかった場合，曖昧な期待の影響は見られなかった。肯定的期待を抱いた実験参加者も否定的期待を抱いた実験参加者もハンナの学力を小学4年生レベルと評定したのである。これは，ダーリーとグロスが主張する，曖昧な期待をそのまま用いない努力がなされたのだと考えられる。

　興味深いのは，ハンナが問題に解答する場面を見る機会があった場合である。ここでの実験参加者は，曖昧な期待を検証する機会を得たことになる。ビデオによれば，ハンナの成績は良くも悪くもなかった。このことからすれば，期待は支持も不支持もなく曖昧なままであり，期待に基づいた判断はできないはずである。しかし，得られた結果はこの予測と異なった。期待が肯定的内容であったときにはハンナの学力は高く評定され，否定的内容であったときには低く評定されていた。このことは，実験参加者が曖昧な期待を検証するとき，期待を支持する情報に特に注目し，期待を支持しない情報を無視した可能性を示している。▷5 私たちは，曖昧な期待を検証する機会が与えられると理性的に検証しようと試みるのだが，その検証過程，情報収集は偏って

▷3　期待の内容が肯定的，否定的であることと組み合わせて，2×2の4条件が設定されたことになる。ここでは説明しないが，実際にはビデオの後半部分のみを見る条件もあり，5条件で実験が行われた。

▷4　ここで，ダーリーとグロスは，ハンナの能力に関して矛盾した一貫しない情報を提供し，実のところ，ビデオだけではハンナが優秀なのかどうかは判断がつかないような操作を試みている。これは功を奏し，ビデオの後半部分のみを見た実験参加者は，ビデオではなく，ハンナの学年を頼りに能力評定するしかなかったことが示唆されている。

▷5　つまり，肯定的内容の期待では，ハンナが誤答する場面よりも正答する場面に注目し，否定的内容の期待では，ハンナが正答する場面よりも誤答する場面に注目したことを意味する。

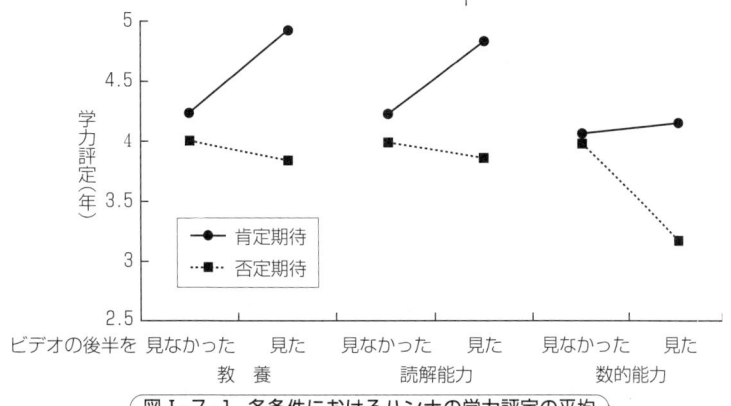

図Ⅰ-7-1　各条件におけるハンナの学力評定の平均

出所：Darley & Gross (1983) より作成。

▷6 **職業ステレオタイプ**
職業ステレオタイプとは，たとえば「セールスマンは押しが強い」といった，特定の職業に関する固定化されたイメージである。本文でも述べた通り，これらは妥当なこともあれば，そうでないこともあり，曖昧な期待となりやすい。

▷7 たとえば「オリビアは，スチュワーデスをしていて，魅力的で，まじめだ」。

▷8 無意識的な自動的過程とその意識的コントロールの問題については，I-2を参照するとより興味深いことがわかる。

いるのである。

　この情報収集の偏りをもう少し詳しく見てみよう。ハミルトンとローズ (Hamilton & Rose, 1980) が，**職業ステレオタイプ**◁6を用いた実験を行っている。実験参加者は，3種類の職業の人たちに関する情報文を24人分見た。ひとり分の情報文には，その人の職業と性格特徴ふたつが含まれていた。◁7 一方の性格特徴はその職業に特徴的だと思われるもので，他方の性格特徴はその職業に特徴的でないものであったが，それぞれが同頻度含まれていた。つまり，情報文全体からすれば，職業と性格特徴との間には何の関連もないようになっていた。すべての情報を見終わった後，実験参加者は，それぞれの職業でそれぞれの性格特徴が何回示されたかの頻度推定を行った。その結果，実験参加者は，職業ステレオタイプと一致する性格特徴が，他の性格特徴よりも多く示されたと報告したのである。この結果は，私たちが個別情報を見るとき，曖昧な期待を支持する情報に注目してしまうことを示している。

　さらにコーエン (Cohen, 1981, Experiment 2) は，ステレオタイプの内容に一致した情報の方が一致しない情報よりも思い出しやすいことを示した上で，それが，ステレオタイプによって情報を思い出しやすくなることよりも，ステレオタイプに沿った情報収集によっている可能性を示している。ある人物に関する映像を見せる前にステレオタイプを与えた場合と，映像を見せた後にステレオタイプを与えた場合とを比較すると，後者の場合よりも前者の場合の方が，ステレオタイプと一致した情報を正確に記憶していたのである。

❷ 選択的注目に対する無自覚

　もし期待を支持する情報への選択的注目を自覚できるのであれば，自らの意識的努力によって統制し，偏った情報使用を修正できるかもしれない。◁8 たとえば，血液型性格診断をまったく信じていない人ならば，仮に血液型情報を得て曖昧な期待を抱いてしまったとしても，「血液型で人を判断してはいけない」と考え，期待に従った選択的な情報探索を意識的に修正することができるかもしれない。

　しかし，工藤 (2003) は，血液型性格診断をまったく信じていない人でも選択的な情報使用が生じてしまう可能性を示している。工藤 (2003, 実験1) は，実験参加者に，架空の女子短大生の血液型がある特定の型（A型，B型，O型，AB型のいずれかの4条件）であるかを判断するよう依頼した。実験参加者は，この架空の女子短大生の行動記述文を2分間読んだ。行動記述文には，A型，B型，O型，AB型の各血液型と関連していると言われている特徴が3つずつ含まれていた。その後，実験参加者は，架空の女子短大生の印象評定と，行動記述文の特徴それぞれについて血液型判断の根拠としての重要性評定を行った。そして，架空の女子短大生が何型かを判断した。最後に血型型性格診断を信じ

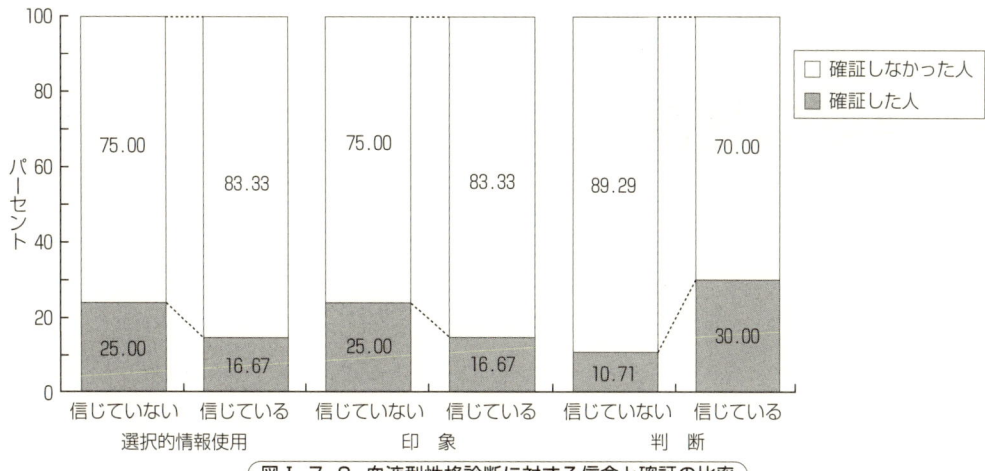

図Ⅰ-7-2 血液型性格診断に対する信念と確定の比率

出所：工藤（2003, p.11）より作成。

ている度合いに関して回答した。

結果として，まず全般的に選択的情報使用が認められた。つまり，判断するよう求められた血液型を支持する情報が，他の情報よりも重要だと判断されたのである。問題は，血液型性格診断を信じている度合いの影響である。選択的情報使用は，信じる度合いの影響を受けたのであろうか。その結果は図Ⅰ-7-2の通りである。確かめようとした血液型であったかどうかの判断に対しては，血液型性格診断を信じていない人の方が信じている人よりも「そうでない」と判断していた。つまり，判断の最終結果に関しては，血液型性格診断を信じないことによる統制の効果が及んでいた。その一方で，選択的情報使用や印象においては，血液型性格診断を信じる度合いの影響は見られなかった。つまり，意識的な統制が及んでいなかったのである。この結果は，期待確証情報の選択的使用について，私たちは自覚していないことを示唆している。

3 期待の確証傾向とどう付きあうか？

期待は，曖昧であっても私たちに影響を及ぼす。曖昧な期待を検証するとき，情報収集に偏りをきたしてしまうのである。もし自分なりに客観的な判断を行いたいとき，個人的な経験をそのまま根拠としてよいだろうか。実は誤った結論を導くことがありうるのである。そして厄介なことに，私たちは検証方法の偏りに多くの場合，無自覚なのだ。血液型性格診断の真偽に関する論争など，私たちの周りでは「真実」に関する論争が絶えない。このとき，自らの経験を語るだけではなく，他の検証手段を考えることは，解決に対する真摯な態度ではないだろうか。

（藤島喜嗣）

Ⅰ 社会的認知

8 態度の理論

1 態度とは

　私たちは日常生活で「態度」という言葉をさまざまな場面で用いている。たとえば，ある人がゼミで積極的に発言している姿を見て，私たちは，その人が「ゼミ」に対して積極的な「態度」を持っていると考える。また，憮然たる面持ちの人を見て，「ふてくされた態度だ」という表現を使うこともある。このように，日常的には「態度」を，表明された言葉や動作など，外面に現れた振る舞いとしてとらえることが多い。しかし，社会心理学で言う「態度」は一般的な「態度」とは意味が異なっている。

　よく知られている古典的な「態度」の定義にオルポート（Allport, 1935）によるものがある。彼は，態度を「関連する全ての対象や状況への個人の反応に対して，直接的かつ力動的な影響を及ぼす，経験に基づいて組織化された，精神的および神経的準備状態のことである」と定義した。このように定義された態度概念は，行動の予測を目指した社会心理学において，基盤となる概念として期待されていた。たとえば，ある人がA社のパソコンについて肯定的な態度を持っているならば，その人はA社のパソコンを買うであろうと予測できる。すなわち，人の態度が事前に分かるのであれば，その後の行動も予測できるというわけである。

　しかし，後に述べるように，態度が必ずしも行動と一貫しないことが徐々に指摘されるようになり，さまざまな議論を経て，現在では，かつてとは異なる意味で「態度」という言葉が使われるようになっている。ここでは態度の古典的な考え方をまず取り上げ，次に，態度と行動との関係で重要な「態度のアクセシビリティ」という考え方，そして，**潜在的な態度測定**について見ていくことにしよう。

2 態度の3成分

　「態度」という概念そのものは目に見えるものでもなければ手で触れることも出来ない。それは，あくまで**仮説構成概念**である。このような対象を研究する際には，特定の理論的視点から検討することになる。ここでは，まず，かつての古典的な態度理論における3成分説（three-component view）を紹介する。

　3成分説では態度を，感情，認知，行動という3つの成分に区別する。感情

▷1　潜在的な態度測定
「潜在的な測定」とは，自分では必ずしも明確に自覚していない，非意識的なプロセスを測定すること。これに対し，自覚しており，自らで言語報告も可能な測定を「顕在的な測定」と言う。

▷2　仮説構成概念
直接観察して測定することが困難な心理学的な現象を説明するための概念的なしくみのこと（Ⅶ-1を参照）。

成分は，特定の対象についての好き嫌いという感情である。認知成分は特定の対象についての信念（belief）に関わり，主に真偽や「賛成」「反対」に関わる評価である。行動成分は，特定の対象についての行動の準備状態のことで，肯定的な対象に近づこうとする「接近」と，否定的な対象から遠ざかろうとする「回避」のことである。たとえば，「献血」という対象について，献血は好ましいという気持ちが感情成分であり，「献血は多くの人に役に立つ」という信念が認知成分，積極的に献血を行うことが行動成分に相当する。この3成分説は「態度」という概念の大枠を示すものであり，態度研究の足がかりとなった。

3 態度の機能

次に，態度がどのような機能を持っているのかを考えてみよう。そもそも態度を持ち続けるのにどのような利点があるのだろうか。

カッツ（Katz, 1960）は態度の機能として知識機能，功利的機能，自我防衛機能，価値表出機能の4つを挙げている。知識機能とは，情報をまとめあげる枠組みを提供し，判断基準や情報を集約する機能のことである。これにより，複雑な世界を単純化し，理解を容易にすることができる。功利的機能とは，環境への適応に関わる機能である。この機能を通して，快や報酬を最大にし，苦痛や罰を最小にする。たとえば，他者から好意的に見られること（報酬）を得ようとし，その他者と同じ態度を示す行動をとることは，広い意味での適応的な行動である。自我防衛機能とは，自らを傷つけるような劣等感や不安から自我を防衛する機能である。たとえば，他者を否定的に評価することで自らの劣等感をやわらげることは，その機能の一例である。価値表出機能は，自らの立場を表明することで，自己概念の妥当性を確認する機能である。この機能を通してアイデンティティを確立し，自尊心を高めるのである。

こうした態度の機能的視点は，現在では，進化適応的な視点からの態度理解へと発展している（Ⅶ-4 参照）。すなわち，人という生き物が社会のなかで生存を保っていくために必要な機能が何であるかという観点からの態度理解である。

4 態度のアクセシビリティ

冒頭で述べたように，態度研究においては「態度がそれに続く行動の予測因となるか否か」が重視されてきた。たとえば，ブレックラー（Breckler, 1984）は，評価や行動などが一貫する傾向を見いだしている一方，ラピエール（LaPiere, 1934）は，言語報告の態度と実際の行動が一貫していないことを報告している。このような研究の流れのなかで，次第に態度研究は「態度が行動を予測するのか」という問いではなく，「どのような場合に態度が行動を予測するのか」という問いに変わってきた（Fazio & Olson, 2003）。

さらに，近年では情報処理過程を導入した考え方が研究の方向を形作ることになる。この考え方によれば，態度は記憶内の特定の対象と評価のつながり（連合）のことである。そして，そのつながりが強く，想起しやすい場合（たとえば，たずねられてすぐに答えられるなど），態度のアクセシビリティが高いと言う。アクセシビリティとはその概念への接近しやすさである（ I-2 参照）。

　ファジオとウィリアム（Fazio & Williams, 1986）は，1984年の大統領選挙の投票について研究を行っている。はじめに，研究参加者は事前に選挙の調査という名目で25の言明に賛成か反対かを回答した。それぞれの言明は15秒の間隔でカセットテープから流され，自らの意見に基づいて「非常に賛成」から「まったく反対」までの5つのボタンをなるべく素早く押すように教示された。

　練習の5試行を終えた後，本番の最初の5つは事実に基づく言明（たとえば，「インディアナ州の州都はテレホートである」）に回答した。続く15の言明では銃規制や原子力発電所の問題などに加えて，「次の大統領はレーガンがふさわしい」，「次の大統領はモンデールがふさわしい」という言明が含まれていた。このふたつの言明に対して賛成・反対という反応が速いほど，対象（レーガン，またはモンデール）と評価（賛成，または反対）へのアクセシビリティが高いということになる。

　このようにして反応を計測した後，この日の調査は終了となる。そして，後日，この研究参加者に対して，テレビ討論での大統領・副大統領の評定や，実際にどちらの大統領に投票したかをたずねて研究は終了した。

　その結果，事前の支持についての回答で反応の速かった人（つまり，大統領の支持の言明にすばやく賛成・反対の答えを出した人）を高アクセシビリティとし，反応の遅かった人を低アクセシビリティとして分析したところ，全体的に見て，高アクセシビリティの人の方が態度と投票行動の一致が大きい傾向にあった。このことは，態度のアクセシビリティが態度と行動の一貫性に重要な役割を果たしていることを示すものだろう。

❺ 潜在的な態度の測定

　近年では，従来の研究方法とは違った方法で態度をとらえようとする動きが見られるようになった。この背景には，顕在的な態度ではなく，潜在的な態度が，偏見に基づく態度や自己に対する態度などの研究に有用ではないかとの見方が広まってきたことがある。そこで，潜在的な態度の測定例として IAT（Implicit Association Test, 潜在連合テスト）と，AMP（Affect Misattribution Procedure）と呼ばれる手法について紹介する。

　IAT はグリーンワルドら（Greenwald, McGhee, & Schwartz, 1998）を中心とした比較的新しい手法である。基本的な手続きは，呈示される単語のカテゴリー分類を行っていくものである。実験参加者は，単語をどちらかのブロックに分

▷3　IAT のより詳細な解説は，潮村・小林（2004）を参照。

類することを求められる。◁4

　たとえば、「ばら」「ハチ」などの単語を「花」か「虫」かに分類する。また、「幸運」「災害」などの単語を「快語」か「不快語」に分類するという作業を行う。分類自体は簡単なこれらの作業を十分行った後で、ふたつのカテゴリーを結びつけた4種類の語の分類作業を行う。それは、組み合わせによって、スムーズに分類しやすい一致ブロックの場合（花と快語、虫と不快語という組み合わせ）と不一致ブロックの場合（花と不快語、虫と快語という組み合わせ）とがあり、練習をはさみつつ研究参加者は両ブロックの試行を行うことになる。◁5

　そして、一致ブロックと不一致ブロックでの反応時間の差を測定することで、対象概念（たとえば、花・虫）と属性（たとえば、快・不快）の潜在的な連合の強さを推し量るというものである。◁6

　AMPはペインら（Payne, Cheng, Michelle, Govorun, Stewart, 2005）が開発した手法である。この手法は見慣れない文字や図形などの新奇な対象に対する解釈の多様さを利用し、社会的認知研究でよく用いられるプライミング手続き（ I-2 参照）を応用したものである。

　基本的な手続きは、実験参加者に肯定・否定といった一定方向の感情価を持つ態度対象を提示し、直後に評価が曖昧な対象を判断させる。たとえば、否定的な感情価を持つと考えられる「へび」を提示した後に、それ自体では感情価を持たない抽象的な象形文字のようなターゲットについて、それが肯定的か否定的かを判断させ、パソコンのキー押しによって回答させる。直前の刺激が喚起する感情をターゲットに誤って帰属することで、象形文字などを否定的に評価してしまう。このようにして、態度対象（ここでは「へび」）への潜在的な態度を測定することができるというものである。◁7

　これらの手法には、偏見や自己といった社会的望ましさの影響を受けやすい測定を改善し、社会的望ましさの影響が入らないようにする利点がある。なぜなら、この測定は、反応の際の意識的なコントロールが及びにくい潜在的で非意図的な態度を反映するものと考えられているからである。

　このように、潜在的な測定による態度研究は、現在の社会心理学で徐々に広がりつつある。これらの研究は、態度の「評価」側面を重視し、認知的な働きを詳細に検討している。そのような認知的志向と符合するように、イーグリーとチェイクン（Eagly & Chaiken, 1993）は、態度を「好悪の程度を伴う特定の存在の評価によって表される心理的な傾向である」と定義している。ただし、この新しい流れのなかで、態度の「評価」側面だけを強調してよいのかといった課題は今も残る。しかし、評価自体が、偏見や好悪、嗜好といった重要な問題に関わっており、そのような研究が、私たちの認知と行動との関係を詳細に検討する上で非常に重要であることは言うまでもない。

（大久保暢俊）

I-8 態度の理論

▷4　通常はパソコンを用いてディスプレイ上に単語を提示し、左右のキーを押すことによって分類を行う。

▷5　具体的には、「花、または快語」、「虫、または不快語」の一致ブロックで、「ばら」や「幸運」の単語は前者の「花、または快語」ブロックに分類すると正解となる。また、「ハチ」や「災害」を分類する場合では後者が正解ということになる。逆に、「花、または不快語」、「虫、または快語」の不一致ブロックでは、「ばら」や「災害」を分類する場合には前者が正解となり、「ハチ」や「幸運」を分類する場合には後者が正解となる。

▷6　もし、「花」—「快語」のブロックでの反応時間が「花」—「不快語」よりも速いのであれば、「花」と「快」の潜在的なつながりは相対的に強いと言える。

▷7　AMPのユニークな点は、それまでの潜在プライミング手法と違い、意識的に直前の刺激の影響を排除するように教示しても影響が認められるということである。ペインらの実験では、直前の刺激（すなわち感情価を持つ刺激）の影響を意識的に排除するようにとの教示を行っても、実験参加者は直前の刺激の感情価の方向にバイアスのかかった評定をする傾向にあった。

I 社会的認知

9 社会的認知：展望と読書案内

　社会的認知研究は，情報処理的アプローチを社会心理学に取り入れる研究上の視点を提供した。当初，対人認知などの社会的知覚研究を中心に，認知過程をより詳細に情報処理的な観点から描くことから始まった。しかし，その扱う領域は，対人認知や自己過程などの比較的基礎的な過程にとどまらず，態度過程，集団過程，政治心理学，消費者行動研究など多岐にわたって影響を及ぼした。「社会的認知」の語は，社会心理学研究において古くは，「対人知覚」と同じ意味を有する語であったが，このような社会心理学における認知革命を経て，情報処理的なアプローチに基づく社会心理学研究全般を指し示す研究スタンスを表すものとなったのである。

　I章では，このような社会的認知研究の中心をなしている，対人認知，集団認知，自己，態度の代表的研究を取り上げた。これらの研究の多くは，人は日常的なさまざまな場面において，いかにバイアスのかかった思考や判断を行っているかを示してきた。いわば，「間違える人間像」である。このような誤りが生じる基盤として，社会的認知研究の中心的な存在であるフィスクとテイラー（Fiske & Taylor, 1984）は，「認知的倹約家」という人間像を根底的なモデルとして提示した。つまり，人間は，西洋の研究者たちが想定していたほどには，常に合理的，熟慮的に問題解決を行うわけではなく，一部の情報を無視したり，十分考慮しなかったりする。そのような「思考の手抜き」をする背景として，「人は労力のかかる認知的作業をできるだけ避けて，認知的負担の少ない情報処理過程をとるのだ」というのである。

　そして，どのような「手抜き」を行うかについては，期待を確証したり，自分に都合のよい解釈をしたり，自分の貢献を過大視したりなど，きわめて人間的な欲求，動機づけに基づいて，人が情報処理を行っていることが明らかにされ，人間は単なる情報処理するコンピュータではないことがわかってきた。

　人はより快適な感情を経験し，自尊心を保ち，この世界で適応を達成するために情報処理をしているのであり，必ずしも「正しく計算する」ために生きているわけではない。また，適応を達成するためには，いつも「手抜き」をするわけでもない。自分の立場を保つために原因・理由についての思考をひねり出したり，ステレオタイプのサブタイプを構成したりなど，より手間のかかる技も用いるし，環境が不利な状況では苦境を脱するために，より丁寧な情報処理を行う。このように状況に応じて情報処理のスタイルを変えていく人間のあり

方をフィスクら（Fiske & Taylor,1991）は，「動機づけられた戦術家」と呼んだ。

情報処理のあり方への探索は，多くの2過程モデルを生み，そのなかで非意識的な過程への関心を高めた。現在では翻って，「それでは意識は何をしているのか」という問いから自己制御などのコントロール過程への関心も高まりつつある。

技法的にも非意識的な測定方法の開発や，そのプロセスを観察するfMRI▷1などを用いた脳神経生理的アプローチにも広がりを見せつつある。また，進化的観点からは，必ずしも「バイアス」や「誤り」は不適応ではなく，意味を持った適応的なプロセスであったことが見直されつつある。

人の認知的な過程を詳細に検討していくことは，人間の性質に合致したモノづくり，社会づくり，制度設計へと結びつき，また，対人関係的な問題を解決する理論的基盤を提供し得るだろう。

（北村英哉）

▷1　fMRI
脳内の神経活動を測定し，画像化する技術で，脳を磁場に入れることで陽子が反応することを利用して，その電磁波の変化を測定して画像化する。課題を行っている際，どのような脳部位の神経活動が高まっているか知ることができるので，認知的な研究においては，現在積極的な活用が進んでいる。

読書案内

I章の各節に共通

山本眞理子・外山みどり（編）（1998）．社会的認知　誠信書房
山本眞理子・原奈津子（2006）．セレクション社会心理学6　他者を知る　サイエンス社
上瀬由美子（2002）．セレクション社会心理学21　ステレオタイプの社会心理学——偏見の解消に向けて——　サイエンス社
山本眞理子・外山みどり・池上知子・遠藤由美・北村英哉・宮本聡介（編）（2001）．社会的認知ハンドブック　北大路書房
池田謙一・村田光二（1991）．こころと社会　東京大学出版会
ウィルソン，T.　村田光二（監訳）（2005）．自分を知り，自分を変える——適応的無意識の心理学——　新曜社
大島尚・北村英哉（編著）（2004）．ニューセンチュリー社会心理学3　認知の社会心理学　北樹出版

I-1
岡隆（編）（2004）．社会的認知研究のパースペクティブ——心と社会のインターフェイス——　培風館

I-2
池上知子・遠藤由美（1998）．グラフィック社会心理学　サイエンス社

I-3
亀田達也・村田光二（2004）．現代の社会心理学　放送大学教育振興会
蘭千壽・外山みどり（編）（1991）．帰属過程の心理学　ナカニシヤ出版

I-4
菅原郁夫・サトウタツヤ・黒沢香（編）（2005）．法と心理学のフロンティア1巻——理論・制度編——　北大路書房

I-6
白樫三四郎・外山みどり（編）（2003）．社会心理学　八千代出版
コワルスキー，R.M.・リアリー，M.R.　安藤清志・丹野義彦（監訳）（2001）．臨床社会心理学の進歩——実りあるインターフェイスをめざして——　北大路書房
広田すみれ・増田真也・坂上貴之（編著）（2002）．心理学が描くリスクの世界——行動的意思決定入門——　慶應義塾大学出版会

I-7
沼崎誠・工藤恵理子・北村英哉（1997）．誤りから探る心理学　北樹出版
ギロヴィッチ，T.　守一雄・守秀子（訳）（1993）．人間この信じやすきもの——迷信・誤信はどうして生まれるか——　新曜社
池田謙一（1993）．セレクション社会心理学5　社会のイメージの心理学——ぼくらのリアリティはどう形成されるか——　サイエンス社

I-8
安藤清志（1995）．態度と態度変容　安藤清志・大坊郁夫・池田謙一　社会心理学　岩波書店

II 社会的影響

1 態度変化

態度変化の研究は，理論的な関心だけでなく，実践的な関心からも注目される領域である。その例として，ホヴランド（Hovland, C. I.）の研究を挙げることができる。彼は，第２次世界大戦中にアメリカ軍のマスコミュニケーションプログラムに研究者として参加していた。そのプログラムでは，戦争に貢献するように兵士たちを教化する映画の効果について研究されていた。

もちろん，兵士たちのなかには，必ずしも戦争に肯定的な態度を示している人ばかりではなかったであろう。生々しい話ではあるが，そのような人たちに対し，いかに軍の命令を遂行させるかは，戦争を指示する立場の人からすれば重大な関心事だったのである。

上記は戦争という例だが，私たちは日々の生活のなかでもさまざまな影響を他者から受けている。そのなかで自らの信念や態度が変わることもある。戦争終了後，ホヴランドは大学に戻り，説得研究としてこれらの研究を続けた。

近年では，説得研究は情報処理の考え方を基本にして議論することが多い。説得と情報処理については II-2 で説明することにし，ここでは，まず，態度変化に関する代表的な研究を紹介することにしよう。

① 強化論の立場

この立場は，態度を，対象と評価の「学習された結びつき」と見なす。学習にはさまざまな種類があるが，**パブロフの犬**のように，ある刺激と一緒に提示した無条件刺激によって反応を形成する古典的条件づけと，自発的な反応に報酬を与えることで行動の生起を変容させる**オペラント条件づけ**が有名である。

このうち，古典的条件づけと態度の関係を扱った研究にスタッツとスタッツ（Staats & Staats, 1958）の実験がある。この実験では，実験参加者にある人物の名前をスクリーンで提示した後，肯定的な言葉か，または否定的な言葉を声に出して発することを求めた。その結果，直後に肯定的な言葉が続いた人物のほうが，否定的な言葉が続いた人物に比べて好意度が高かった。その他の研究では，人物以外にも，幾何学的図形や政治的なスローガン，音楽などでも同様の結果が確認されている。まさかと思われるかもしれないが，たったこれだけのことが，態度に影響を及ぼすのである。

ただし，このような古典的条件づけによる過程は，すでに何らかの態度を保有している対象よりも，新奇な対象で見られることが多い（Visser & Cooper,

▷1 前述のホヴランドもこの立場である。

▷2 パブロフの犬
古典的条件づけで有名な実験に「パブロフの犬」と呼ばれるものがある。この実験では，唾液を出させるような無条件刺激（肉粉）を与える際に，メトロノームの音を一緒に聞かせることを繰り返すと，メトロノームの音だけで唾液が出るようになることが観察された。つまり，無条件刺激に対する反応である唾液の分泌が，メトロノームの音によって引き起こされるようになったのである。

▷3 オペラント条件づけ
オペラント条件づけの例として，次のような例を考えてみよう。レバーを押したときにえさが出るような装置にネズミを入れると，ネズミは盛んにレバーを押すようになる。このとき，自発的な行動である「レバー押し」に，「えさ」という報酬が与えられることで，レバー押し行動の頻度が上がったのである。

2003)。つまり、古典的条件づけによる立場は、態度変化よりも態度形成に重点があると言える。

また、オペラント条件づけと態度の関係を扱った研究にヒルダムとブラウン（Hildum & Brown, 1956）の研究がある。この研究では、学生に学校運営についての意見を電話インタビューでたずねた。ひとつの条件では、インタビュアーが学生の言ったどんな意見にも肯定的な相槌を打ち、もう一方の条件では、どんな意見でも否定的な相槌を打ったのである。その結果、肯定的な相槌を打たれた学生は、その意見に対してより肯定的であった。これは、インタビュアーの肯定的な相槌が、ひとつの報酬として作用したと考えられる。

２　認知論の立場

上記の強化論的な立場は、態度変化に関わる初期の研究では中心的な位置を占めていた。しかし、1950年代から60年代にかけて、社会心理学の研究に認知的な要素を重視する立場が台頭してくることになる。そのなかでも、フェスティンガー（Festinger, 1957）やハイダー（Heider, 1958）などは、認知間の整合性に着目し、これらの理論が大きな影響を与えることになった。ここでは、フェスティンガーの認知的不協和理論を紹介することにしよう。

認知的不協和理論の仮定は、認知間の不協和の存在は心理的に不快であり、その不協和を低減、または回避するように動機づけられているということである。たとえば、煙草が健康に悪いと知りながらも吸い続けている人は不協和の状態にあると言えよう。したがって、その人は、そのような矛盾を低減しようとする心理的な圧力に晒されることになる。

さて、ここでフェスティンガー（Festinger, 1957）に従って用語の整理をしよう。まず、「認知（cognition）」であるが、これは、環境、自分自身、自分の行動に関するあらゆる知識である。このなかには意見、信念、態度なども含まれる。これが次に述べる協和、不協和の要素である。

このような要素の関係は、協和関係と不協和関係に分かれる。このとき、他の要素を一切無視して２要素間の関係を取り出してみる。そして、ひとつの要素から、もう一方の要素が当たり前のように推論される場合は協和となる。他方、ひとつの要素から、もう一方の要素を推論すると矛盾する場合は不協和となる。たとえば、「煙草を吸う」という要素から「健康に悪い」は当たり前に推論できる。つまり、「煙草を吸う」と「健康に悪い」は協和関係にある。一方、「煙草を吸う」から「健康に良い」は、矛盾していると考えられる。つまり、「煙草を吸う」と「健康に良い」は不協和関係にある。◁4

このような不協和は、それが大きいほど低減させようとする圧力も大きくなるとされている。◁5 したがって、そのような要素を変えようとする試みが行われる。不協和な要素のうち、一方が自らの行動に関する知識で、もう一方が環境

▷4　フェスティンガーは、このような不協和は論理的な矛盾だけでなく、文化的慣習、認知要素の複合性（複数個の要素間の関係）、過去経験などによって決まると考えている。

▷5　不協和の大きさはふたつの要因で決定される。ひとつは、要素の重要性である。個人にとって重要な要素ほど不協和が大きいとされている。先ほどの煙草の例で考えると、健康を重視している人のほうが、そうでない人よりも不協和が大きいということになる。もうひとつは、不協和の総量である。これは、不協和な関係にある要素の数が多いほど不協和が大きくなることである。

に関する知識である場合，このどちらかの知識を変えることで不協和を低減しようとする。たとえば，自らは煙草を吸っているが，煙草が健康に悪いと考えている人は，煙草を吸うのをやめるか（自らの行動に関する知識を変える），煙草は健康に悪くないと考える（環境に関する知識を変える）といった方法で不協和を低減する。また，どちらの要素も変えられない場合には，新たな要素を加えることも考えられる。たとえば，先ほどの例で，「煙草は精神的には良い」といった論説を積極的に信じることなどがあてはまる。

このように，認知的不協和理論は，さまざまな社会的行動の源泉に「不協和を低減しようとする人間」を見いだした。そして，当時は態度変化（ここでは認知の変化と同じ意味）もこの枠組みでとらえられることになったのである。

③ 認知的不協和の実験

フェスティンガーの認知的不協和理論は，比較的単純な前提から多くの仮説を導き出せる理論である。この理論の発表後，さまざまな研究が行われたが，ここではフェスティンガーとカールスミス（Festinger & Carlsmith, 1959）の古典的な研究を紹介する。

この研究では，公的に強制された行動が私的な意見の変化を導くことが，認知的不協和理論の枠組みによって説明される。そこでの論理の展開は次のようになる。まず，ある人が「私的な意見」を持っていたとする。しかし，何らかの強制力で公的に「私的な意見」とは反対の意見を述べてしまったとする。そうなると，この人は，「私的な意見」と，「私的な意見とは反対の意見」を同時に所有することになる。これは，互いに矛盾する意見をひとりの人間が持つことであり，不協和である。このとき，合理化できるような他の要因（たとえば，「これはあくまで強制されたことで，建前で述べたに過ぎない」などのいいわけ）が無い場合には，さらに不協和は大きくなる。不協和は心理的に不快であるため，これを低減しなければならない。そのひとつの方法として，「私的な意見」を，公的な場で述べた「私的な意見とは反対の意見」に変えることが考えられる。これにより，個人内での矛盾はなくなり，不協和が解消される。

次に，このような不協和による態度変化が生じやすい状況を考えてみよう。先に述べたように，不協和が大きくなる要因として，合理化できるような他の要因がないことが挙げられる。ここから，不協和による意見の変化は，報酬（たとえば金銭など）が大きい場合よりも，少ない場合で顕著であることが考えられる。なぜならば，報酬が大きい場合，私的な意見とは反対の意見を公的な場で述べたとしても，「それは，報酬が大きかったため」と「いいわけ」が可能だからである。つまり，「報酬が大きい」という認知があることで，大きな不協和を経験せず，私的な意見を変えずにすむのである。このような論理に基づいて，彼らは報酬の大きさを変えて，私的な意見とは反対の意見を述べた際

の態度の変化を実験したのである。

実験はスタンフォード大学の男子学生71名を対象に行われた。まず，実験参加者は，トレーに糸巻きを入れ，全部入ったらトレーを空にして初めから入れ直す作業と，釘を回転させる作業を行った。これは，とても退屈な作業であり，実験参加者は約1時間その作業を行った。

作業が終わると，実験者は実験の目的を参加者に説明した。しかし，その説明は真の実験目的ではなかった。実験者は参加者に対して，この実験は「作業についての予期」の影響を調べるものであると述べ，「あなたは事前に作業について何も知らされていない条件であった」と知らせた。◁6

その後，次の実験参加者のために予期を与える「サクラ」の役をやって欲しいと依頼した。このとき，もし依頼を引き受けてくれるなら報酬が出ることを実験参加者に伝えた。報酬は1ドル（または20ドル）であった。◁7

この依頼を承諾した実験参加者は，次の参加者に対して「作業はとても面白かった」と「言わされる」ことになった。◁8 その後，実験参加者は別室で作業の面白さ等の評定を行い，実験は終了した。

その結果，報酬が少ない1ドル条件では，作業の面白さ，この研究の科学的な重要性，同様の実験に参加したいと思う程度の評定が他の条件よりも高かった。これは，20ドル条件では「高い報酬のために行った」という認知があるために，「つまらない作業であった」という自らの意見と，「面白い作業であった」という公的に述べた意見の不協和が少なかったのに対し，1ドル条件では「高い報酬のため」という認知は存在せず，不協和が大きかったと解釈できる。したがって，自らの意見を公的に強制された意見に変化させたと考えられる。

❹ 強化論と認知論の行方

このように，態度変化の初期の研究では，当時の心理学の中心的な考え方を反映して，強化論と認知論が交互に台頭することになった。最初に述べたように，近年の態度変化の研究は，情報処理という視点からの研究が主流である。そこでは，認知論で重視される主体の認知プロセスがより重要となる。◁9

なお，認知的不協和の実験結果が示しているのは，「行動を強制されると，それが意に反するものであっても，強制された行動に従って，態度の方が変わってしまう」ということである。こうした知見は戦争との関係を考えると大変恐ろしいものであるように感じられるが，環境保護や省エネルギーに関するキャンペーンとの関係を考えると貴重な示唆に富んでいるようにも思われる。こうした2面性をどう考えるかということも「態度変化」に関わる重要な問題である。

（大久保暢俊）

▷6 実際には，すべての実験参加者がこの教示を受けた。

▷7 1ドル条件と20ドル条件の他に，退屈な作業を行った後，すぐに作業の面白さ等の評定をする統制条件があった。

▷8 次の実験参加者は本当の「サクラ」であり，実験参加者が「課題は面白い」と言った場合に「この課題はつまらないと聞いている」と述べることになっていた。これにより，実験参加者は「課題は面白い」という意見を真剣に主張しなければならなくなる。

▷9 現在も議論が盛んである潜在認知や，その神経生理学的な基盤を探る試みは，それまで並列に扱ってきた認知論と強化論を統合する可能性がある。たとえば，強化論で議論された評価対象と評価の結びつきは，神経生理学的な知見とも親和性があり，今後はより密接にそれらの関係を論ずる必要がある。

II 社会的影響

2 説得の2過程

　節電などの公共キャンペーンでタレントが広告に出演して視聴者に節電を呼びかけることがある。なぜタレントを起用するのか。メッセージの中身で説得をするよりも，好感度の高いタレントが語る方が，人は耳を傾け，影響されやすくなると考えられているのだろう。

　他者の考えを変化させるように影響を与えることを意図してコミュニケーションを行う場合，これを説得的コミュニケーションという。ここでは，説得的コミュニケーションの代表的な2過程モデルである精緻化見込みモデル（ELM：Elaboration Likelihood Model）とヒューリスティックーシステマティックモデル（HSM：Heuristic-Systematic Model）を紹介する。

　まず最初に精緻化見込みモデルを示し，次に，ヒューリスティック-システマティックモデルを理解する基盤となる「ヒューリスティック（heuristic）」という思考方法について解説を行った上で，モデルの説明へと進む。最後に両モデルを比較し，この領域の展望について論じる。

1 精緻化見込みモデル

　これまでの説得研究では，説得的メッセージの送り手の魅力や信憑性の効果，メッセージの形式の効果などが個別に研究されてきた。それらをひとつの枠組みで説明できるようなモデルが探究されてきたが，ここで紹介する2過程モデルは，そのような複数の要因の働きを統合的に理解し得るモデルとして提案されたものである。また，2過程モデルは，受け手がどのようにメッセージを情報処理していくか，情報処理的アプローチの観点を取り入れて，処理のプロセスに着目した。この点もこれまでの説得研究と異なる新たな特徴であった。

　ペティとカシオッポ（Petty & Cacioppo, 1981）が提示した精緻化見込みモデルは，受け手が「どの程度よく考えるか」に着目したモデルであり，メッセージの処理過程を，内容をよく考える場合とあまり考えない場合とに分けている。考える場合は，受け手はメッセージ内容を熟慮し，その理解に基づき説得を受け入れるかどうかを決定する。これを「中心ルート」による説得と呼ぶ。

　これに対して，あまり考えない場合は，メッセージ本体よりも，誰がそのメッセージを述べているか，どのくらいの人数の人たちが賛同しているか，あるいはメッセージが長いか短いかなどの周辺手がかりに影響を受ける。このような説得の受容プロセスを「周辺ルート」による説得と呼ぶ。人は常にメッ

▷1　ペティらは，神経過程の働きになぞらえて命名しているので，中心ルート（central route）を中枢ルート，周辺ルート（peripheral route）を抹消ルートと呼ぶこともある。

セージの内容をきちんと読みこなし，熟慮するとは限らない。人はしばしば本来のメッセージとは無関係の要素，たとえば好きなタレントがキャンペーンをしているということからメッセージの影響を受けたりするのである。

❷ ヒューリスティック

　受け手がメッセージを情報処理していく2種類のプロセスの要点は，よく考えるのか，それとも，簡便な考え方や結論の出し方をするか，という違いにある。説得を受け入れていくプロセスを考えるには，受け手の思考方法に注目する必要がある。簡便なものの考え方については，これまでに重要な研究蓄積がなされてきており，それが，**ヒューリスティック**◁2と呼ばれる思考方法である。

　ヒューリスティックとは，問題を解決するにあたって簡便な方略を用いることを言う。すべての可能性や道筋を徹底的に計算的に考えるのではなく，少数の手がかりを利用して，いくぶん直観的に思考する方法である。元来多様であったヒューリスティックと呼ばれる思考方略を大きく取り上げて，数学的・統計学的に正当な思考方法との対比を浮き彫りにしたのが，トヴァスキーとカーネマンであった（Tversky & Kahneman, 1974）。

　彼らは，典型的な事柄がよく生じると考えて生起確率を推定する代表性ヒューリスティック，思いつきやすいことが多いだろうと推定する利用可能性ヒューリスティックなどを示して，人が確率の規則を守って考えるという合理的思考を徹底させずに推論を行っている様子を描き出した◁3。

　もともと社会的認知研究では，「人は認知的労力をなるべくかけないで，思考，判断を行う」と想定する認知的倹約家と称される人間モデルが提示されていた（Fiske & Taylor, 1984）。ヒューリスティックという考え方は，この人間モデルに合致して，広く受け入れられるようになったのである。

❸ ヒューリスティック-システマティックモデル

　チェイクン（Chaiken, 1980）は，説得的メッセージに対して，専門性の情報などヒューリスティック手がかりに着目して説得される場合と，メッセージ内容をシステマティックに処理して態度決定する場合のふたつのプロセスを描く，ヒューリスティック-システマティックモデルを示した。この両プロセスは，ペティらの描いたふたつのルートと非常に類似しているが，ペティらがふたつのプロセスの同時生起について明確にモデル化していないのに対して，チェイクンは，両プロセスが並行して進行するような加算効果があることを主張している。これを図Ⅱ-2-1を用いて示してみよう。説得情報を受けて判断を下す際に，「このくらいなら大丈夫」という判断の望まれる確信度があり，これを「**十分閾（sufficiency threshold）**」と呼ぶことにする。図の矢印が右に行くほど確信度が高い状態を示す。説得情報を勘案する動機づけが弱いときには，まず

▷2　**ヒューリスティック**
元来，ヒューリスティックとは，問題解決をする上で，簡便な方略をとることであった。たとえば数学の証明をするのに，成立しているはずの性質を結論から遡って逆向きに導き出して考えてみたり，商品を選ぶ際，その基準としてまずひとつの性質に注目して比べてみたりなど，さまざまな思考上の方略を含むものである。

▷3　たとえば，代表性ヒューリスティックでは，100人の人物のうち80人が弁護士で20人がエンジニアであるという条件とこれを逆にしたエンジニアの多い条件とを設定して，そのなかから取りだしたプロフィールを実験参加者に読んでもらったところ，実験参加者は人数の割合にほとんど影響を受けずに，プロフィールから見られる，その職業に典型的な人物らしさに頼って，その人物の職業を判定した。利用可能性ヒューリスティックでは，rから始まる英単語と3番目がrの単語の数の推定をさせたところ，実験参加者はrから始まる単語の方が多いと回答する傾向があった。実際には3番目がrの単語の方が多い。詳細は，市川（1996）を参照。

```
         現実          望まれる確信度
   A ├────── ヒューリスティック ──────────────→ ┐判
                                              │断
         現実          望まれる確信度          │の
   B ├────── ヒューリスティック │ システマティック →┘確
                                              信
      ←確信度小              確信度大→        度
```

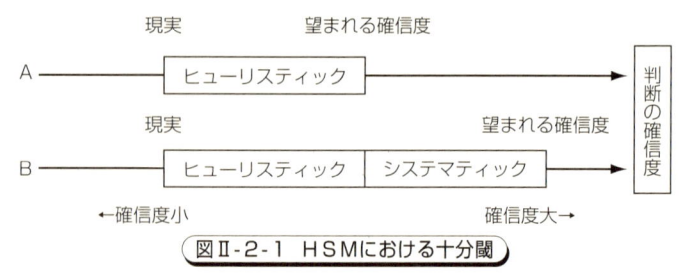

図Ⅱ-2-1　HSMにおける十分閾

出所：Chaiken et al. (1996) を改変。

ヒューリスティック手がかりだけで判断を行おうとする。この手がかり情報だけで図のAのように望まれる確信度（十分閾）に到達していれば，ヒューリスティック処理だけに基づく判断が形成される。それに対して図のBのように，望まれる確信度が高くて，得られたヒューリスティック手がかりだけでは十分閾に到達しない場合には，システマティック処理を加えて十分閾に到達するように情報処理を行うものと考えた。これを十分原理（sufficiency principle）と称している（Chaiken et al., 1996）。

さらに，彼女らは，ヒューリスティック手がかりとシステマティック処理のより複雑な関係についてもモデル化している。チェイクンとマヘスワラン（Chaiken & Maheswaran, 1994）の実験では，実験参加者は商品を評定する課題を行うことになっていた。その際，その商品評定の課題について重要と考える群とそれほど重要でないと感じる群とが設けられた。▷4　説得メッセージには3条件が設けられ，説得力の強いメッセージ，説得力の弱いメッセージ，議論があいまいなメッセージのいずれかが実験参加者に示された。さらに各々においてヒューリスティック手がかりとして情報源の信憑性について高低の2条件が用意された。

課題が重要と感じていない実験参加者は，確信度の十分閾が低いのでヒューリスティック手がかりだけから判断を下し，情報源の信憑性に大きく左右された評価を行った（図Ⅱ-2-2）。課題が重要と感じている実験参加者では，メッセージの説得力が明確に強弱のある場合には，情報源の信憑性というヒューリスティック手がかりよりも，説得力に応じたシステマティックな反応を示した。

注目すべきは，ヒューリスティック手がかりによってシステマティック処理の方向づけが与えられるという相互作用が生じている点である。課題が重要で，メッセージがあいまいだった条件の結果に着目してほしい。この条件では，情報源の信憑性の効果が大きく現れているが，これは送り手の信憑性というヒューリスティック手がかりがメッセージ内容の解釈に方向づけを与えたものと考えられる。つまり，メッセージが信用できるというポジティブな構えを持っている実験参加者ではあいまいなメッセージ内容の情報を商品の長所が大きいように好意的に解釈し，信憑性が低いだろうというネガティブな構えを持つ参加者では商品の情報がよくないものように解釈されて，それが商品の評

▷4　説得メッセージは，商品（留守番電話）の宣伝であった。メッセージの内容は他社製品との比較において優れた特長，劣った点などが記載されたものである。信憑性が高い条件では，科学的な商品テストで定評のあるコンシューマーリポートの記事であると説明され，信憑性の低い条件では，ディスカウントストアの販売スタッフが作成した販促用パンフレットの記述という説明であった。
重要性の高い条件では，メーカーがニューヨークでその商品を売るかどうかの決定要素としてこの小規模な調査が行われていて，回答が大きな影響を持つと説明されている。重要性の低い条件では，中西部で販売するための大きな調査をニューヨークで行っていて，データは平均されるので影響が小さいと説明された。実験計画は，2（重要性高低）×2（情報源の信憑性高低）×3（メッセージタイプ：説得力大，あいまい，説得力小）となる。

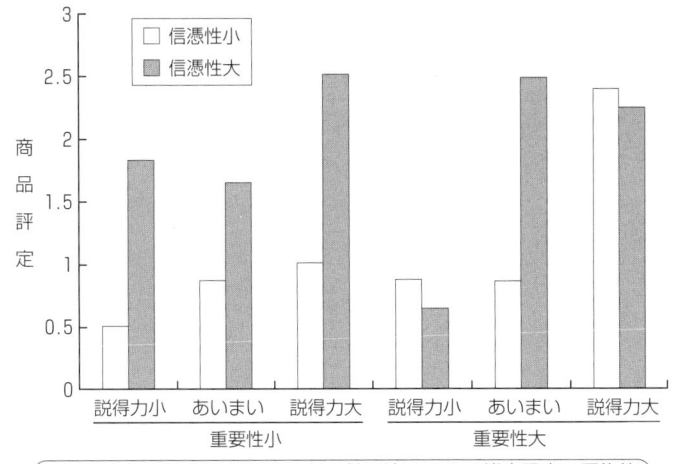

図Ⅱ-2-2 重要性，説得力，信憑性の違いによる態度評定の平均値

出所：Chaiken & Maheswaran (1994) より作成。
注：−4点から4点の9点尺度，高いほど好意的。

定に影響したものと考えられる。このように，HSMでは，ヒューリスティック手がかりがシステマティック処理の方向づけにバイアスを与えるという形で，ヒューリスティック処理とシステマティック処理が密接に関わる情報処理がなされる様子を描き出しているのである。◁5

❹ 2過程モデルの問題点

ペティとカシオッポ，ならびにチェイクンのモデルは，説得的メッセージの情報処理にプロセスモデルを持ち込んだと評価される。しかし，これらのモデルの提示する「ふたつのプロセス」をその実験研究から仔細に見ると，情報処理の方法ではなくて，どのような「情報内容」を処理しているかによって，ふたつのプロセスが分けられているように見受けられる。

すなわち，ELMでもHSMでも，主としてメッセージの中身を問題にしていれば，中心ルート／システマティック処理であり，メッセージの送り手の魅力や専門性など，周辺手がかり／ヒューリスティック手がかりを用いていれば，周辺ルート／ヒューリスティック処理ということになる◁6（Smith & DeCoster, 1999；北村，2005）。情報を処理していく仕方やその流れをプロセスと呼ぶのであれば，**合意性の情報**◁7などを詳細に熟慮，システマティックに処理することもできるし，内容と処理は独立した組み合わせが可能であると考えられる。これらをさらに整理した上で，各要因の効果を特定していくことは，説得的影響のあり方を詳細に理解していく道筋を提供してくれるだろう。　　　（北村英哉）

▷5　チェイクンらはこれを「バイアス効果」と呼んだ。他に，ヒューリスティック手がかりとメッセージ内容の影響が加算的に作用する「加算効果」，両情報が相反する場合に効果を弱めてしまう「減弱効果」と並べて取り上げている。いずれも，ヒューリスティック過程とシステマティック過程の相互作用のあり方を説明するものであり，この点がELMモデルと異なる特徴であると論じている。

▷6　ただし，ELMでは，メッセージの送り手の専門性を中心ルートで処理する場合を理論的には想定していて，送り手がふさわしいか，その立場のメリットなどについて思考するとしている。ただ，それを実証的に扱った研究はないので，事実上，専門性の要因は周辺手がかりとしてしか扱われていない。

▷7　**合意性の情報**
他にどれくらいの数の人が説得的メッセージに賛成しているか，あるいは具体的に誰が賛成しているかなどの情報を言う。

II 社会的影響

3 依頼と説得

　時間つぶしに百貨店の洋服売り場を歩いていた。よい感じのジャケットを見つけたので何気なく試着していると、感じのよい店員がそれに合うシャツ、パンツ、ベルト、セーターなどいろいろな商品を出してくれた。それらも試着したり話をしたりしているうちに店員と気が合い、何か買わないと悪い気がしてきて、ジャケットとセーターとベルトを購入してしまった。

　あなたにはこれに類似した経験がないだろうか。洋服やスーパーでの試食品、電化製品や英会話教材など、店員と話すうちに予定外のものを購入・契約してしまった、あるいは当初はその気がなかった何かの会に勧められるままに登録・入会してしまった、という経験を持つ人は多いのではないだろうか。

　これを影響を与える側から見ると、その方法には論拠を多用しない「依頼」と、論拠を多用し情報量の多いメッセージを用いて働きかける「説得」がある。後者は前者よりも時間をかけ納得させながら相手の考えを意図する方向に変化させる方法である（深田, 2002；今井, 2005）。ここでは依頼と説得で使用されている承諾誘導の技法を示し、その技法に対する防御策を紹介しよう。

1 依頼の技法

　チャルディーニ（Cialdini, 1988）は動物行動学の知見から、人間をはじめとする多くの種の動物（鳥や魚など）には、ある行動を取る際にいくつかの「引き金」に自動的に反応してしまう傾向があることを説明している◁1。承諾の過程には多くの人が承諾をしてしまう「引き金的特徴」が存在し、セールスマンなど承諾誘導のプロは、これらの「引き金」を自らの要請のなかにしのばせ、相手の承諾を取り付ける可能性を高めているのだ。こうした「引き金」にはどのようなものがあるか、以下、具体的に解説しよう。

○返報性のルール

　このルールは、他者から何か与えられたら、受け手は感じた恩義に基づき自分も将来何かお返しをすることを義務づけるというルールである。このルールがあることによって、人が食料や世話などを他者に与えても無駄にならず、人間社会に持続的な人間関係や交流が発達したといえる。

　この方法には2種類ある。ひとつめは相手に贈り物やちょっとした親切などを与えておいて、商品の購入や政治的な支持などのお返しを求めるというものだ。たとえば、アメリカのある家庭用品の訪問販売会社は、試供品の入った

▷1　たとえば七面鳥の母鳥は、ヒナ鳥の外見的特徴や臭いなどではなく「ピーピー」という鳴き声を引き金として、自動的に反応して世話をする。たとえば天敵のイタチの人形を近づけると、母鳥は通常は激怒して鳴き声をあげながらつつついたりするが、その人形に「ピーピー」と鳴くテープレコーダーを埋め込んでおき、鳴き声を流しながら近づけると、母鳥はそのイタチの人形を自分の翼のなかに抱き込んで世話をすると言う。

バッグを「試しに使ってみて下さい」と無料で48時間だけ訪問先の家に置かせてもらい（実際に試しに少し使用する人が多い），回収に戻ってきた際に客が買いたいと思う商品の注文を取るという方法で大成功した。

ふたつめは「拒否したら譲歩」技法という。これは最初に過大な（誰でも断るだろう）要請をしておいて，それを受け手が断ったら今度は中程度の要請（本命の要請）を，譲歩したように見せて行うことである。受け手は，相手が譲歩したのだから，自分も少し譲歩して相手の要求を受け入れなければという義務感を感じ，実際に受け入れてしまうのだ。

カナダでのある研究によると，まず大きな要請（地域精神衛生局で2年間，1週間に2時間ボランティアとして働く）から始め，小さな要請（1日だけ2時間ボランティアで働く）に引き下げた場合の方が，小さな要請だけを最初に与えた場合よりも，承諾する人の割合が多い（前者は76％，後者は29％）ことが明らかになった（Miller, Seligman, Clark, & Bush, 1976）。この技法を使った場合，受け手は「説得技法に反応して承諾した」ことに気づかないばかりか，その承諾について満足し，将来的な要請をも承諾するという。受け手は相手の譲歩を引き出したという意味でその取り決めに対して責任を感じ，また満足感も高まることが実験で確認されている。

○一貫性への圧力を用いる：フット・イン・ザ・ドア・テクニック

社会心理学の古典的な理論に「一般的に人には，自分自身の考えや意見を一貫させたいとする欲求がある」とするものがある。この理論は，人がひとたびある立場を取ると，自分は一貫した人間でありたい，そして一貫した人間だと他者から見てもらいたいという2種類の欲求により，自らその立場にあわせた行動をとるようになるというものだ。

この欲求を利用し，承諾誘導の専門家は，後の要請に合うような方向で，受け手にある立場を表明するよう仕向ける。その立場が本人の意見と違っていたとしても，不思議なことに一旦ある立場を表明した者は，一貫性への圧力によりその立場に対するコミットメントを高め，それにあわせた自己イメージを作り，立場と一貫した要請を受け入れるようになる。

この技法は，朝鮮戦争時に中国・北朝鮮の収容所にいたアメリカ兵捕虜の信念変化の例，公共事業の看板設置率上昇の例，企業が開催する自社製品の「推奨文コンテスト」の例など，さまざまな領域で使用されている。子育てや企業の若手育成においても，子どもや部下に望ましい行動をさせるためには，親や上司から強制させるのでも報酬を与えるのでもなく，自分自身からコミットしたと思わせることが重要だと言われている。

○受け手と類似した他者の承諾反応を用いる

私たちはしばしば，ある状況における適切な行動を判断するのに，他者の行動を参考にする。この判断の傾向は，通常の生活においては間違った行動をと

▷2 「拒否したら譲歩」技法
ドア・イン・ザ・フェイス・テクニックともいう。

▷3 フェスティンガーの認知的不協和理論（Ⅱ-1）を参照），ハイダーのバランス理論などが代表的な理論である。

▷4 非常に穏やかな反アメリカ的な意見を書くことを承諾したアメリカ兵は，段階的にどんどん中国政府に協力する要請を承諾するようになった。
▷5 事前に環境問題に関する小さなシールを自宅に貼ることを承諾すると，大きな看板設置への承諾率が4倍以上に上昇した。
▷6 豪華商品のためであっても，ある商品に対する賞賛を自主的に書いた人は，自分で書いたことを信じてその製品を支持するようになる。

る可能性を減らしてうまく機能する。しかしこの傾向を悪用して利益を得ようとする人たちは，たとえばある製品が「1番の売れ行き」であると強調したり，レストランでわざと行列を長くさせたり，チップや寄付を募る場所であらかじめお金を入れておくなどし，「他の人がやっているから」という理由で，望む方向へ受け手を行動させようとする。この技法の影響力は，適切な行動が明確でないときや他者が受け手と類似した人であるときにより大きくなる。

○好意・友愛の感情を持たせる

人は一般的に，自分が好意を感じる人の言うことを受け入れる傾向がある。特に好意が高まるのは，①その人の身体的魅力が高い場合◁7，②その人と自分の類似性が高い場合，③その人が自分を賞賛する場合，④接触を繰り返すことによって親密性が高まった場合◁8，⑤その人や商品が魅力的なものと連合することが示された場合である。◁9

「友人を紹介するとキャッシュバック」のようなキャンペーンを行う企業，またセールスマンが身だしなみに気を遣う，顧客を褒める，顧客との接点を多く保とうとすることが多いのは，最初から好意を持つ友人の紹介や，好印象の人の勧めであると，その製品購入に対する承諾を引き出しやすいためである。

○希少性を高める情報を出す

人は一般に，今持っている機会を失いかけると，その機会をより価値のあるものと見なす傾向がある（希少性の原理）。さまざまな店舗で「数量限定」や「時間限定セール」が行われ，また実際にそのときに人が商品に群がるのはこのためである。この原理が効果を上げる理由は，実際に，入手することが難しいものは貴重なものであることが多いこと，また手に入りにくいということは，将来それをまた手にできるという自由が制限されるため，**心理的リアクタンス**◁10が起こり，ぜひ今のうちにそれを所有したいと思うようになるからである。

② 説得の技法

他者を説得するにはどうすれば効果的かということは，古くから多くの人や企業，政治家の関心事であった。特に第2次世界大戦時にホブランドがアメリカ陸軍省から兵士教育についての研究要請を受けて以来，説得に関する研究は非常に多く行われてきた（Ⅱ-2 も参照）。説得の効果を規定する要因には，①送り手要因，②メッセージ要因，③**チャンネル**◁11要因，④受け手要因，の4つがある（深田，2002；McGuire，1985）が，ここでは技法として用いられやすい送り手とメッセージの要因について紹介しよう。

○送り手要因

まったく同じメッセージを受けても，送り手の信憑性（専門性，信頼性）や魅力が高い場合，その効果は大きくなることが知られている。人は一般的に権威者の命令に対して簡単に服従する傾向を持つ。そして人はその権威者が本当の

▷7 このように，人物を評価する際に，あるひとつの側面で望ましい（望ましくない）と評価すると，その人物の他の側面も望ましい（望ましくない）方向で評価してしまうという現象を，ハロー効果と言う。この場合は，相手の身体的魅力が高い場合，その人物の誠実さや知性などを高く評価して好意が高まるというわけである。光背効果，後光効果とも言う。

▷8 人は接触回数の多いものやよく知っているものに，より好意を抱くという傾向があるが，これを単純接触効果と言う。小学生から企業組織集団までさまざまな種類の集団において，接触回数の大きさと協力行動が集団間の敵意を低めることが示されている。

▷9 たとえば商品の広告に人気タレントが出てくる場合などはよく見かける例である。

▷10 心理的リアクタンス
心理的リアクタンスとは，人がある意見を強要されるなどして自由を制限されたとき，自由を回復しようという力が働いて，かえって強要された態度とは反対に向かう現象を言う。

▷11 チャンネル
チャンネルとは，メッセージを受け手に届ける媒体のこと。視覚チャンネル，聴覚チャンネルなどの感覚チャンネルと，マスメディアなどのメディアがある。

専門家かどうかという点ではなく，形式的なもの（肩書き，服装，所有物）に影響を受けて承諾する。広告に「○○大学医学博士推奨」などという文句が入ることが多いのはそのためである。

○メッセージ要因

一般的にメッセージの論拠は強い方が受け手は説得されやすく，メッセージは鮮明（具体的かつ身近なもの）である方が印象に残りやすい。たとえば「この洗濯機は少量の水で洗えます」というメッセージではなく「この洗濯機を使うと1年間で浴槽130杯分の水が節約できます」というものである。また同じ宣伝が何度もテレビで流されるのは，人は繰り返し見た物に対して好印象を持つことが分かっているからである。◁12 その他，受け手が十分な情報を持っていない場合や，メッセージについて深く考える余裕がない場合は，長所のみを伝える**一面的なメッセージの呈示**◁13 が有効となる。

③ 人はなぜこれらの「引き金」にひっかかるのだろうか

現代社会において，私たちは何かを決定するとき，利用可能な関連情報すべてを細かく吟味することに貴重な時間や能力を割くということはあまりない。それよりも「よい証拠がひとつでもあれば十分」だと考えて，原始的で簡便な方法を用いて判断してしまうのだ。◁14 この方法をうまく利用したのが依頼・説得技法である。承諾誘導のプロはそれを熟知しており，私たちが自然に反応するようにしむけているのだ。

④ 技法に対抗する方法は？

○依頼に対する抵抗法

①人から向けられた好意や譲歩はとりあえずありがたく受けておき，後で騙しだとわかったときには返報しない。②「時間を戻して考え直せるならば自分は同じ要請に承諾するだろうか」と自問してみる。③自分と類似した他者の行動であっても，明らかに誤った行動でないかどうか敏感になる。④承諾の決定をする場合，要請者についての好意的な感情と，要求そのもの（たとえば，この商品を買うかどうか）を分離する。⑤希少性を含むような状況では，一度頭を冷やし，なぜそれが欲しいのかを問い直す。

○説得に対する抵抗法

①メッセージが主張する点についてコミットメントを高め，鵜呑みにせずよく考える。②「この説得により相手は何を得るか」，「他の選択肢を選ぶとどうなるか」を考えてみる。③普段から自分の考えに対する反対意見に触れておき，説得に対する抵抗力を培う（深田，2002；Pratkanis & Aronson, 1992）。

（小林知博）

▷12 これも単純接触効果である（▷8参照）。

▷13 **一面的なメッセージの呈示**
長所のみを述べたり単純な主張を行うことをメッセージの一面呈示と言い，長所と短所など相対する意見を比較した上でそれを反駁するという呈示方法を二面呈示と言う。受け手がその問題について深く考え，十分な情報を持っている場合は，対立する意見を紹介した上でそれを反駁すると言う方法（二面呈示）が効果的であることがわかっている。しかし大量のメッセージが流されるマスメディアにおいては，一面呈示を行った方が有利であるとされている。

▷14 人は，人物や物について何か決定を下すとき，利用可能な情報すべてを利用するわけではなく，ほんの一部の情報や特徴だけから素早く決断する傾向があるが，この思考方法を簡便法（ヒューリスティックス）と言う。この方法は，判断にかかる時間は短いが必ずしも正しい解決方法ではないことが特徴である。反対に，利用可能な情報をすべて吟味してから決断することをアルゴリズムと呼ぶ。この方法は，時間はかかるが必ず正しい解決を導く方法である。Ⅱ-2を参照。

II 社会的影響

4 勢力と服従

　服従とは他者の命令や意思に従うことであり，それ自体は社会を構成する上で必要な心理的要素でもある。しかし，命令や意思が個人の道徳的良心と反するものであったらどうであろうか。

　これが，ミルグラム（Milgram, 1963）の提起した問題である。ミルグラムは権威者からの「道徳的良心に反する命令」が，いわゆる「善良な」人々にどのような影響を及ぼすのかについて衝撃的な実験を行っている。以下ではこのミルグラムの実験を紹介しよう。

1 服従実験

　ミルグラム（Milgram, 1963）の実験の参加者は，ニューヘブンとその近郊に住む20代から50代の男性40人である。こうした人々は，イェール大学で「記憶と学習の実験」が行われるとの名目で新聞広告やダイレクトメールを通じて募集された。◁1

　実験室に到着した参加者は，もうひとりの参加者とペアで実験を行った。学習における罰の効果として，ひとりが生徒役，もうひとりが教師役で実験を行うと教示され，くじびきでどちらかの役に割り当てられることになった。

　このとき，片方の実験参加者は「サクラ」であり，くじびきで必ず生徒役になることがあらかじめ決められていた。つまり，本当の実験参加者は皆，教師役となるわけである。

　教師役となった参加者は，実験者から生徒役の実験参加者（実はサクラ）が誤答をしたら電気ショックを与えること，◁2 そして誤答の度にショックの程度を強くすることを「命令」された。電気ショックは15ボルトから450ボルトであり，操作版には「かすかなショック」から「危険：すごいショック」，そして「ＸＸＸ」と書かれたラベルがあった（表II-4-1参照）。

　サクラが電気の通った椅子のある別室に移り，45ボルトでの練習試行の後に実験が始まった。◁3 ここでサクラは誤答を続け（おおよそ3回の誤答に1回の正答の割合である），実験参加者は罰の電気ショックのボルトを上げなければならなくなる。しかし，実際には電流は一切流れておらず，すべて生徒役（サクラ）の演技である。サクラは，300ボルト以上で壁をたたいて抗議し，しまいには無反応になるように演技することが決められていた。

　実験は，参加者が最大まで電気ショックを与え続けるか，途中の段階で拒否

▷1　実験参加者は，郵便局員や高校教師，セールスマンやエンジニアなど，さまざま職業の人たちであった。なお，募集の際には，実験の真の目的は伏せられていた。

▷2　実験参加者には，電気ショックは苦痛ではあるが筋繊維を破壊するほどではないと教示した。これは，実験のリアリティを高めるためである。

▷3　学習は単語の対を暗記するものであった。

表Ⅱ-4-1 ミルグラムの実験結果とその予想

電気ショック	実験の結果	精神科医39人の予想	大学生31人の予想	一般の40人の予想
かすかなショック				
15	0	1		
30	0			
45	0			1
60	0	1		1
中程度のショック				
75	0	6	4	7
90	0	1	3	1
105	0	4		1
120	0	4	1	3
強いショック				
135	0	1	3	2
150	0	14	12	9
165	0		1	2
180	0	2	6	3
とても強いショック				
195	0	2		1
210	0		1	
225	0			1
240	0			1
はげしいショック				
255	0			1
270	0			
285	0			
300	5	1		3
とてもはげしいショック				
315	4			
330	2			
345	1			
360	1			
危険：すごいショック				
375	1			
390	0			
405	0			
420	0			
×××				
435	0			
450	26			

注：Milgram (1963, 1974) から作成。精神科医の2名，および一般の人3名は電気ショックをまったく与えないと回答した。

するかで終了となる。ただし，途中で拒否する参加者は，実験者から次のような4段階で実験を続けるように命令された。

　　1：「続けてください」
　　2：「続けることが必要です」
　　3：「続けることが絶対に必要です」
　　4：「続ける以外に選択肢はありません」

そして，実験は，実験参加者がこの4つの段階で進む「命令」を拒否し続け

た場合に終了となった。◁4

これがミルグラムの実験の概要である。実験参加者は途中で実験者の命令を「拒否」したのか，それとも命令に「服従」して最後まで電気ショックを与えたのか。表Ⅱ-4-1は，どのレベルまで電気ショックを与え続けたのかを示している。その結果，最大レベルまでショックを与え続けたのは40人中26人であった。

この結果をどのように考えたらよいのであろうか。後にミルグラム（Milgram, 1974）は，自身の実験結果の「凄さ」を裏づける証拠を挙げている。ミルグラムは実験を受けていない精神科医や大学生，さまざまな職業の中産階級の人々に自らの実験について説明し，自分ならどのくらいの電気ショックを与えるかを調査している。もちろん，実際の1963年の実験結果までは教えない。その結果，表Ⅱ-4-1に見られるように，ほとんど人は300ボルト以下と予想し，実際の実験結果とは大きく外れていた。◁5

2　権威と社会的勢力

ミルグラムの実験は，「権威への服従」という現象を実験室内で再現して見せたと考えられる。ここでは，実験者が「権威」という影響力を持ち，実験参加者に働きかけていたと想定することができる。実験者を「影響」の与え手，実験参加者を受け手とすると，実験者は実験参加者に対して良心に反する行動をとらせる影響力を持っていたということになる。このように，他者（実験参加者）の行動などを影響者（実験者）が望むように変化させうる力のことを社会的勢力（social power）と呼ぶ。すなわち，実験者は実験参加者に対して社会的勢力に基づく影響力を与えていたということになる。

それでは，ミルグラムの実験者はどのような社会的勢力を保持していたのか。この問題について考えるために，フレンチとレイブンの社会的勢力の基盤についての分類を紹介しよう。

3　社会的勢力の基盤

フレンチとレイブン（French & Raven, 1959）は，影響力を受ける側の反応という観点から社会的勢力の基盤を次の5つに分類している。

①報酬勢力：この勢力は，報酬を与えることができる可能性の点から定義される。「XさんがZさんに対して報酬をコントロールできる」とZさんが思っている場合，XさんはZさんに対して報酬勢力を持つと言える。たとえば，「自分の上司が部下である自分の給料をコントロールできる立場にある」と部下が理解している場合，上司は部下に対して報酬勢力を有していると考えられる。

②強制勢力：この勢力は，先ほどの報酬勢力のもうひとつの側面と言える。

▷4　この他にも実験参加者が実験者に質問した場合の受け答えもあらかじめ決められていた。

▷5　しかし，この予測は自らをよく見せようと「見栄」を張ったのかもしれない。そのため，自分ではなく「他の人ならどうするか」という形で同様の質問をしたところ，多くの人は実験者に服従することはなく，最高水準まで電気ショックを与え続けるのは1～2％であろうと予測していた。

すなわち，強制勢力は罰を与えることができる可能性の点から定義される。つまり，「XさんがZさんに対して罰をコントロールできる」とZさんが思っている場合，XさんはZさんに対して強制勢力を持つと言える。

③正当勢力：この勢力は，影響を与える人が正当な権利を持ち，そして影響力の受け手がその影響を受け入れる義務を負っている場合に生じるものである。正当であるかどうかは集団規範や社会的役割と密接に関連する。たとえば，年功序列の厳しい社会風土では，年長者は年少者に対してさまざまな命令をすることができる。この場合，年少者がその規範を受け入れている限りにおいて年長者は正当勢力を持つとされる。

④参照勢力：この勢力は一体感に基づく勢力である。たとえば，XさんがZさんのようになりたいと憧れを抱いている場合などである。この勢力の特徴は，影響を受ける側が積極的にその影響を受けようとする主体性にあると言える（今井，1999）。

⑤専門勢力：この勢力は，相手の持つ専門性に基づく勢力である。たとえば，裁判を行う際に弁護士の意見などは大きな影響力を持つであろう。この場合，弁護士は専門勢力を有していると言える。この勢力で重要なのは，「与え手が知識を持っており，真実を言っている」と受け手自身が考えていることである。

4 再びミルグラムの実験へ

ミルグラムの実験参加者の多くは「権威への服従」をしたと考えられる。それでは，実験者の持つ「権威」とは，これら社会的勢力の基盤のどれに相当するのであろうか。

今井（1996）は，社会的勢力の基盤のそれぞれの関係を検討する上で，ミルグラムの実験の「権威」についても言及し，権威を正当勢力と専門勢力の融合であると述べている。正当勢力は影響の受け手が正当性を認める場合に影響力を持つ。別の言い方をすれば，影響の受け手が正当性を認めなければ影響を受けないといった不安定な側面がある。しかし，大学の研究者という制度化された専門勢力が正当性，すなわち正当勢力を強めることで，多くの人に認められる「権威」となるのである。

最後に，ミルグラムの実験の抱える倫理的な問題について指摘しておこう。問題はふたつある。ひとつは，実験をリアルに見せるために実験参加者に真の目的を伏せていたことである。もうひとつは，実験参加者に強い心理的苦痛を与えていた可能性である。◁6

ミルグラムの実験は倫理面においても公表直後から批判を受け，大きな論争を呼び起こした。しかし，その論争の結果，倫理的問題が少ない研究方法の使用や，デブリーフィングの徹底など，社会心理学の研究法の進展に大きな影響を与えてもいる（Ⅶ-2 参照）。

（大久保暢俊）

▷6 ミルグラムの実験では，実験終了後に参加者とサクラとの関係を友好的にするプログラムなど，実験で生じた心理的苦痛を取り除くような配慮がなされた。

Ⅱ 社会的影響

5 社会的比較

高校生のA君が浮かない顔をしている。数学のテストの点数に満足していないらしい。あなたはA君に何点だったかたずねてみた。するとA君は100点満点で80点だという。あなたは疑問に思う。8割も出来ていたのだから，それほど悪くないのではないか。それとも，A君はとても目標が高くて，満点でないと満足しないのか。あなたはいろいろな可能性を考える。しかし，疑問はすぐに解ける。A君はこうつぶやいた。「クラスのみんなは90点以上なんだよ」。

このように，自らの評価が他人の出来ぐあいによって決まることは日常生活で多く経験される。言い換えると，自分と他者とを比較して自らを評価しているのである。

社会心理学で他者との比較を「社会的比較過程理論」として体系的に論じたのはフェスティンガー（Festinger, 1954）である。フェスティンガーは，人は正確な自己評価を得るために他者との比較を行うと述べている。以下では，まず，社会的比較過程理論の基本仮説を紹介する。

1 社会的比較過程理論の基本仮説

フェスティンガーの社会的比較過程理論は大きく9つの仮説で構成されている[1]。そのなかでも重要なのが，基本仮説である仮説1から仮説3である。仮説1では，人間には自らの意見や能力を評価しようとする動因が存在することが述べられ，仮説2では，客観的な手段で評価が出来ない場合に他者との比較が行われることが述べられている。さらに，自分と他者が類似していないほど比較が行われないという仮説3が提示されている。

初期の社会的比較研究で重要なのは「類似性仮説」と呼ばれる仮説3の検証である[2]。つまり，自らと似た他者が本当に比較対象として選ばれるのかどうかを問題としたのである。

この際，検証の方法として用いられたのが「順位パラダイム（Rank order paradigm）」と呼ばれる手法であった。この手法の概要は以下の通りである。まず，実験参加者は何らかのテストを受けて順位と点数をフィードバックされる。このとき，実験参加者の順位はおおむね中位である。そして，どの順位の他者の成績を知りたいかを実験参加者に回答させるというものである。

もしフェスティンガーの仮説が正しければ，自らに近い順位の他者を選ぶことが予測される[3]。ウィーラー（Wheeler, 1966）はこの手法を用いて，自らの順

▷1 社会的比較で対象とされるものは「意見」と「能力」に大別される。ここでは，優劣を決めることが比較的容易である「能力」について解説する。これは，近年の研究で意見の比較についての論考が相対的に少ないことも関係している。
▷2 具体的には，原典の仮説3の系Aである。
▷3 「他者を選ぶこと」を，「その他者と比較をする」と見なしたのである。

位のひとつ上の他者を選択する傾向があることを報告している。

しかし，上記のウィーラーの結果が必ずしも他の研究では再現されないこと，さらにより重要な点として，「他者と似ている」ということ自体の曖昧さが指摘されるようになった。

このような類似性の曖昧さを解決しようと試みた研究者がゲザルスとダーリー（Goethals & Darley, 1977）である。彼らは「類似性」をテスト得点などの「遂行それ自体」の類似と，「遂行に関連した属性」の類似の2種類に分類した。

「遂行に関連した属性」を理解するために以下の例を考えてみよう。大学生が数学のテストを受けて90点を取ったとする。そして，自らの数学の能力の程度を知ろうとして他者の点数を見たら20点であったらどうであろうか。点数がその人物よりも70点も高い自分の数学能力を高く見ることもできる。しかし，その他者が中学生であったらどうであろうか。

学歴はひとつの関連属性となる。もし同じ大学生が20点であれば，自らの点数（遂行）は数学能力の高さであると推論しやすいであろう。しかし，中学生であった場合には，能力の差であるのか，または学歴の差であるのかを判別できないのである。

このように，初期の社会的比較研究はフェスティンガーの理論がどの程度正しいのかを検証し，その結果，前述のゲザルスとダーリーのように，理論を修正したり拡張したりする研究者も現れるようになった。また，正確な自己評価を得るための比較だけでなく，得点範囲を知ろうとしたり，典型的な人を探したりなど，さまざまな目標の下で比較が行われていることが明らかとなってきた（Wood, 1989）。

2 下方比較と比較の構築

1980年代に社会心理学で「自尊心を維持・高揚する人間観」が注目されるにつれ，**自己高揚**を目的とした社会的比較も注目されるようになった。たとえば，ウィルス（Wills, 1981）は，自尊心が脅威にさらされている場合に，自らよりも劣った他者と比較することで主観的な幸福感を増すことが可能であると述べ，これを下方比較と呼んでいる。

自己高揚に基づく社会的比較は，正確な自己評価を得ようとする社会的比較とは違った側面を強調する。その1つとして，他者がいるという状況で受け身的に比較を行うのではなく，人が積極的に比較を構築していることなどが指摘されるようになった。たとえば，自分より不幸な人など，目の前にいない想像上の他者との比較（Wood, Taylor & Lichman 1985）は，正確な自己評価を得ようとする比較からは導かれない現象である。

▷4　仮説4の向上性の圧力により，ひとつ上の順位を選択することが予測される。

▷5　自己高揚
自己高揚とは，自分にとって肯定的な意味を持つように自らを解釈，または行為することである（Ⅲ-1参照）。

③ 主体の働きかけから認知プロセス志向へ

比較の構築といった主体の積極的な働きかけは，比較他者の情報（自らより優れているか，劣っているかなどの評価も含む）と，比較をする人の認知的，動機的な働きとの双方向の関係である。

この考えを明確に表現したのがウッド（Wood, 1996）である。彼女は社会的比較を認知プロセスの集合ととらえ，それを「社会的情報の獲得」，「社会的情報の思考」，「社会的比較の反応」の主要プロセスと，それを構成する要素プロセスに分けている◁6。

このような認知プロセスへの関心は現在の社会的比較研究のひとつの流れに繋がる。また，それにともない，これまで多くはなかった「比較の結果」としての自己評価への影響も検討されてきている。この背景には，「正確な自己評価を得るため，または自尊感情を維持・高揚させるための比較」という従来の考え方から，「他者の情報が入力され，どのような認知プロセスで自己評価などが出力されるのか」という情報処理的な考え方への変化がある。次に，そのような認知プロセスの考え方をとり入れた研究を紹介しよう。

④ 比較の結果としての自己評価

他者の情報がどのように自己評価に用いられるのか。これを検討した研究にギルバートら（Gilbert, Giesler, & Morris, 1995）の研究がある。

フェスティンガーの理論とそれ以降の多くの研究では，比較他者は自己評価などに有用な特定の人物であると想定されていた。しかし，日常生活において，人はさまざまな他者と出会う。そのなかには，比較による自己評価に有用でない人物も大勢いる。そのような多くの他者は，自己評価にまったく影響がないのであろうか。

ここでふたつの考え方がある。ひとつは，人は一般に特定の他者以外の人との比較は避けているという考えである。もうひとつは，特定の他者以外とも比較は行われているが，「比較には不適切である」として，比較する対象から外し，その他者の情報を勘案しないように認知的に「修正」しているのではないか，という考えである。

ギルバートらは後者の立場から，このふたつの説を対立させるかたちで実験を行っている。もし，比較を避けているのであれば，自らの能力推論に役に立たない他者情報の影響はないはずである。しかし，認知的に修正しているのであれば，そのような認知的な活動を阻害すれば，能力推論に役に立たない他者情報の影響も確認できると考えられる。

実験参加者は，18組の顔写真を見て，それぞれについてどちらの人が統合失調症傾向にあるのかを回答する◁7。その際，課題のやり方の説明として，ある学

▷6 「社会的情報の獲得」は主に比較他者の選択に関わるプロセスである。「社会的情報の思考」は自己に関連して他者の情報を処理するプロセスである。「社会的比較の反応」は，ふたつのプロセスの結果としての認知，感情，行動といった反応である。ただし，ウッドの社会的比較のとらえ方に反対している研究者もおり，必ずしも統一見解ではない。

▷7 実際には顔で統合失調症が判別できるわけではない。この課題は，アロンソンとカールスミス（Aronson & Carlsmith, 1962）が用いたもので，偽りの結果を実験参加者に信じ込ませることを目的としたものである。

生が実際に課題に回答している映像を見せた。半数の実験参加者には，その学生が18問中16問正解している映像（上位他者条件）を，もう半数の実験参加者には4問正解している映像（下位他者条件）を提示した。

そして，上位他者条件では「この学生に統合失調症傾向の顔のパターンを正しく教えていた」と教示し，下位他者条件では「故意に間違えて教えている」と教示した。すなわち，この他者の成績は点数が高くなる，または低くなるように実験者によって誘導されていることが実験参加者にはわかるようになっていた。このようにして，比較他者の点数を自らの能力推論には役に立たないようにしたのである。

さらに，上位他者・下位他者条件のそれぞれの条件の半数の実験参加者は，いくつかの数字を覚えておくように教示した。これにより，認知的な負荷を作り出したのである◁8。

その後，実験参加者は，実際に統合失調症傾向を見分ける課題に回答した。課題を終えた後，すべての実験参加者は18問中10問正解であると実験者からフィードバックされた◁9。その後，実験参加者は統合失調症傾向を見分ける能力について自己評定を行い，実験は終了した。

その結果，認知的負荷がない条件では比較他者が優れていようが劣っていようが自己評価に統計的な差は見られないが，認知的負荷のある条件では，劣った他者を見た場合のほうが，優れた他者を見た場合よりも自己評価が高かったのである。この研究からふたつのことが指摘できる。ひとつは，認知的負荷があるような条件，すなわち，熟考することが妨げられている条件では，どのような比較他者の遂行であっても自己評価に影響してしまうことである。もうひとつは，認知負荷がない条件では適切に比較他者の情報の影響が取り除かれていたことである。このことは，社会的比較による自己評価には認知プロセスが積極的な働きをしていることを示している。

5 社会的比較研究の現在

社会的比較研究においては，このような社会的認知の手法・概念を援用した研究が今後も続くと考えられる。そしてそれは，有益な知見をもたらすことになるであろう。しかし，その研究の進展にともない，社会的比較研究が何を問題とすべきかについての議論も同時に必要となってこよう。

フェスティンガー（Festinger, 1954）は，自身の理論において，社会的比較という現象が集団内コミュニケーションのきっかけとなること，また類似した他者との比較過程が，意見や能力の点で似たような集団を形成することになると述べている◁10。これは，人間関係やより広い社会的な集団の形成に社会的比較が関わっていることを示す。このように，社会的比較については，自己だけでなく，他者や社会を含めた広い観点から考えることが必要である。

（大久保暢俊）

▷8 たとえば，複数のアプリケーションを開いている時のパソコンの状態を想像してほしい。この場合，パソコンはひとつのアプリケーションを開いている状態よりも処理すべき情報が多く，負荷のかかった状態となる。

▷9 実際には1問ごとに正解か不正解かをフィードバック（実験参加者に結果を伝える）する。

▷10 社会的比較過程理論はフェスティンガー自身の1950年のコミュニケーション理論からの発展として提示されたものである。

II 社会的影響

6 多数派と少数派

1 同調実験

　グループで行動しているときに，あなたを除くグループの他の全員があなたとは違う意見を持っていることがわかったら，あなたはどうするだろうか。グループの調和を重んじて表面的にみんなに意見を合わせておく，つまりみんなの意見に同調する人が相当いるのではないだろうか。

　同調行動に関する初期の代表的な実験がアッシュによって行われた。アッシュの実験には8人の実験参加者が1度に参加した（Asch, 1951, 1955）。ここで，自分が8人のうちの7番目の参加者，つまり最後から2番目の参加者として実験に参加していると考えてみよう。実験者はあなた方に図II-6-1に示されているような2枚のボードを呈示する。一方のボードには基準となる線分が1本だけ描かれており，もう一方のボードには3本の線分が描かれている。さて右側のボードに描かれたaからcまでの3本の線分のうち，左側のボードに描かれた基準線と同じ長さの線分はどれになるだろうか。おそらくあなたはとても簡単な実験だと感じたことだろう。実際，実験者が1番の人から順に答えを聞いていくと全員が正解する。すると，実験者は新しい2枚のボードを取り出し，再び同じ作業を行う。それぞれの線分の長さは変えてあるが，やはりどれが基準の線分と同じ長さの線分であるかは簡単にわかる問題で全員が正解した。あなたは退屈な実験に参加したものだと思い始めるかもしれない。

　しかし，3度目はこれまでと様子が違っている。実験者が出したボードに描かれている線分を見ると，やはり同じ長さの線分はすぐに分かるように思われた。ところが実験者が答えを聞くと，最初の人が間違えるのである。あなたはもう1度，2枚のボードをまじまじと見比べてみるかもしれない。実験者が順々に回答を求めていくと，あなたの前の6人全員があなたには間違っているとしか思えない線分を選んだのだ。果たしてあなたはどう答えるだろうか？▷1

　実はこのアッシュの実験では，最後から2番目の参加者だけが本当の実験参加者で，残りは実験者が雇った実験協力者（サクラ）であった。そして上記のような線分の長さの判断を全部で18回繰り返すうち，サクラは事前に決められた12回の判断において全員一致で間違った線分を選ぶように実験者から指示を受けていたのだ。線分の長さの判断自体はとても簡単なもので，ほとんどの参加者はどれが正しい線分かすぐにわかるようになっていた。したがって，多数

▷1　図II-6-1は，実験参加者がどのくらい答えが自明な課題で同調したのかを理解してもらうために，サクラが全員一致で間違えた3回目の判断課題で使われた線分の比とほぼ同じになるように作成してある。この課題の正解はcであるが，サクラはaを選ぶように実験者から指示されていた。

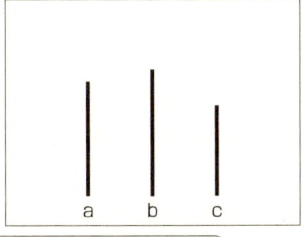

図Ⅱ-6-1　アッシュの実験で用いられた実験刺激の例

派の判断は参加者から見るとどうしても間違っているとしか思えないものであった。アッシュは，この実験により自分の判断が集団の他の全員と食い違う場合に，人々がどの程度多数派の意見に同調するかを調べたのである。

先に述べたように，この実験では18回のうち12回で多数派の判断が参加者の判断と食い違うようになっていた。この12回を通じてサクラに1回も同調せずに自分の意見を通したのは，実験に参加した50人のうち13人にすぎなかった。逆に言えば残りの37人（全参加者の約75％）は少なくとも1回はサクラに同調して誤った回答をしたことになる。同調の回数には大きな個人差があり，12回中1回だけしか同調しなかった人が4人いた一方，12回中11回まで同調したという人もひとりいた。50人が12回ずつ判断をしているので実験全体では600回の判断が観察されたわけだが，同調が観察されたのはそのうち192回（32％）であった。◁2 これらの結果は，自分にはどうしても間違っているとしか思えない意見であっても，集団の多数派がその意見を支持していると，多くの人がその意見に同調してしまう可能性を示している。

2　同調率に影響する要因

アッシュの実験で約75％もの参加者に同調行動をとらせた要因は何だったのだろうか。アッシュはサクラの数が重要なのか，それともサクラが全員一致で間違っていることが重要なのかを検討する実験を行っている（Asch, 1955）。たとえば，上記の実験状況でサクラがたったひとりしかいなかった場合には同調はほとんど起こらなかった。しかしふたりのサクラが一致して間違った判断を行った場合には同調率は13.6％になり，3人のサクラが一致して間違った判断を行った場合には31.8％まで上昇した。そして，それ以上はサクラを増やしても顕著な影響は見られなかった。◁3

次にアッシュは，多数派が全員一致でまったく同じ回答をすることの効果を検討している。たとえば，サクラのうちひとりだけに正しい判断をさせてみた（あるいは，本当の参加者をふたりに増やした）。この操作により，多数派に同調して誤った回答をする参加者は約25％にまで低下した。アッシュはさらに全員一致の効果を調べるために，ひとりのサクラに多数派とは異なる判断をしはするが，間違った線分を選ぶように指示した。つまり，自分以外の全員が間違って

▷2　ここまでで紹介しているデータはアッシュの1951年の報告に基づいている。1955年の論文では参加者数が123人に増えており（実験も7人から9人程度のグループで行ったと記されている），少なくとも1回同調した参加者の割合は約75％，判断全体に占める同調の割合は36.8％と報告されている。

▷3　多数派の人数の効果については，一定の人数に達したら数を増やしても影響が増加しなくなるのではなく，人数を増やせば増やすほどひとり増やしたことのインパクトが小さくなっていくのだと考えられている（Latané, 1981）。

▷4 全員一致が崩れると同調率が下がるという効果については、アレンとその共同研究者によってさらに詳しく検討されている。その結果、課題の種類によっては全員一致が崩れても同調率が下がらないことなどが指摘されている。より詳しくは Allen（1975）を参照のこと。

▷5 この条件の参加者は、全20グループのうちの最も正解率の高い5グループに報酬を出すという説明を受けた。正解率はグループ全員の全判断に占める正しい判断の割合であった。つまり、他の全員が正解しているときにひとりだけ間違っても正解率を下げることになる。また「魅力的な報酬」とは、ブロードウェイの好きな演目のペアチケットであった。

▷6 情報的影響と規範的影響により生じる同調は質的に異なるものではないかと考える読者がいるかもしれない。情報的影響による同調はその意見を受け入れることであるのに対して、規範的影響による同調は他者の意見を表面的に受け入れたように振舞っているだけではないかということである。社会心理学では、前者を私的受容、後者を公的追従と呼ぶことがある。

▷7 情報的影響による同調は相手が正しい判断をしていることが保証される場合には合理的だが、そのことから同調傾向を持つことが合理的であると単純に考えることには問題がある。集団のなかの全員が同調している集団とは、すなわち誰もが自主的な判断を放棄している集団であるから、

いるのは最初の実験と同じであるのに、間違っている人たちが全員一致で同じ線分を選ぶのではない状況を作ったことになる。この場合にも同調率は大幅に低下した。つまり、たとえサクラの数が多くとも、サクラが全員一致でないと参加者から同調を引き出すのは難しいことになる。◁4

③ なぜ同調するのか？：情報的影響と規範的影響

　人はそもそもなぜ多数派に同調するのだろうか？　この問題を考えるにあたって、ドイチとジェラードは多数派が持つ情報的影響と規範的影響を区別する必要があると指摘している（Deutsch & Gerard, 1955）。情報的影響とは他者の判断が自分の判断より正しいと考える結果、他者の意見に影響されることを言う。規範的影響とは多数派から受け入れられたいと思う結果、他者の意見に影響されることを言う。

　ドイチらはアッシュの実験に多少の変更を加えながら、情報的影響と規範的影響がそれぞれ独立に同調に影響することを示している。たとえば、アッシュの実験ではふたつのボードは判断を行うときにも呈示されたままだったが、ドイチらは判断の前にボードを取り去る条件を加えている。ボードがない状況では記憶違いなど自分が間違っているかもしれないという思いは強くなるかもしれない。実際、この条件では同調率が上昇したが、これは他の参加者が正しく線分を記憶していると思うからであろう。つまり、ここで同調率を上昇させたのは情報的影響ということになる。

　ドイチらは、実験全体で最も正解率の高かった5つのグループには魅力的な報酬を出すという条件でも実験を行った。◁5 この条件では、間違った判断をすることに対する他の参加者からのプレッシャーは高まると考えられる。あえて他の人たちと違う判断をして間違ったとしたらみんなからどう思われるだろうか。この条件では他の人たちの判断が正しいかどうかによらずみんなと同じ判断をしている方が無難な選択である。この条件でも同調率は上昇したが、ここで同調率を上昇させたのは規範的影響と考えられる。◁6

　情報的影響と規範的影響はどちらも同調を導くが、そこでの同調がまったく異なる動機に基づくことには注意すべきである。情報的影響により同調する人は「正しくありたい」と考えている。たとえば、どの狩場に行ったら獲物がいそうかについてベテランの狩人に従う初心者は、ベテランの判断が正しいと思っているからこそそれに従うのだろう。◁7 これに対して、規範的影響により同調する場合には、同調する相手が正しいかどうかは問題ではない。アッシュの実験のように多数派が間違っているとしか思えない場合にも、「多数派から拒否されたくない」という理由で多数派の意見への同調が生じるのである。

　規範的影響が働くと考えられる背景には、同調しない者は集団から拒否されるという前提がある。では本当に同調しない人はみんなから拒否されるのだろ

うか。この問題についてはシャクターの実験（Schachter, 1951）が参考になる。シャクターの実験では，集団による討議に次の3種類のサクラが導入された。多数派の意見に一貫して賛成するサクラ。多数派の意見に一貫して反対するサクラ。討議の前半では多数派に反対するが，途中で意見を変えて多数派に賛成するサクラ。討議終了後，集団成員同士での人気投票を行った結果，一貫して多数派に反対したサクラは，他のサクラと比べて人気が低くなっていた。つまり，多数派に一切同調しない者は嫌われるという規範的影響の前提が確認されたことになる。◁8

❹ 少数派の影響

　集団のなかで多数派が強い影響力を持つことは，アッシュの実験や私たちの日常的経験が教えるところである。しかし，少数派が集団を引っ張り，集団を変革していくこともないわけではない。モスコヴィッチとその共同研究者は，最初は少数派の成員にしか受け入れられない革新的なアイデアが徐々に集団に拡がっていく過程に興味を持ち，少数派の影響に関する実験研究に着手した。

　モスコヴィッチらの実験の参加者は，アッシュの実験と似た状況で実験者が呈示するスライドの色について，それが何色かを判断するように求められた（Moscovici, Lage, & Naffrechoux, 1969）。この実験では，6人グループで36種類のスライドの色を判断していったが，どのスライドの色もほとんどの人が青と判断するような色であった。この実験にはふたりのサクラが混ざっており，ひとつの条件では36枚のスライドを一貫して緑だと主張した。別の条件ではサクラは36枚中24枚を緑と判断した。この実験の結果，サクラが一貫して緑と主張した場合に実際の参加者が緑という判断を行ったのは全体の判断中8.42％であったのに対して，サクラが一貫していなかった条件（24回だけ緑と主張した条件）でのそれは1.25％にとどまった。◁9　つまり少数派の一貫性が，少数派の影響力を規定する重要な要因であることが示されたことになる。

　モスコヴィッチらの実験・議論に刺激され，少数派の影響についてさまざまな研究が行われてきた。たとえば，少数派の影響力は「なぜあの人はあんな変な意見を主張するのだろうか」というふうに，当該の問題についてより深く考えるよう促すことを通じて発揮されるため，多数派の影響とは質的に異なるという主張もある（Nemeth, 1986）。他方，多数派と少数派の影響の違いは数の問題として理解することができると考える研究者もいる（Latané, 1981）。多数派の影響と少数派の影響について統合的に理解することで，流行やイノヴェーションなどの社会現象をよりよく説明できるようになると考えられる。

（大坪庸介）

ここで同調することは必ずしも正しい判断を導かない。詳しくは亀田と中西の議論（Kameda & Nakanishi, 2003）を参照のこと。

▷8　規範的影響により同調が生じることを理解するためには，社会的排除が持つインパクトを考慮すると理解しやすくなるだろう。社会的排除については Ⅲ-3 を参照のこと。

▷9　サクラがまったくいない統制条件で参加者が緑という判断を行ったのは全判断中の0.25％であった。

II 社会的影響

7 社会的スティグマ

アメリカ屈指の名門スタンフォード大学に通う黒人の女子学生が，次のような実感を吐露している。

「授業で発言するとき，舞台の上にいるような気がする。まるでみんなが『黒人の女の子が何を言いたいのかな？』って考えてるみたい。だから，授業ではほとんどしゃべらない。たいしたことじゃないって思うようにしてる」(Aronson, Quinn, & Spencer, 1998, p. 83)。

優秀な学生がその才能を活かさず，授業に積極的な関与をしないのは，とても残念なことだ。授業での発言は誰もが緊張することだが，彼女はそれ以上の負担を感じているようにも思える。さらに，講義への積極参加に意義を見いださないようにしているようだ。なぜこのようなことが生じるのだろうか。彼女が黒人であり，**偏見**の対象であることが大きな理由のひとつである。

1 社会的スティグマ

ステレオタイプの影響は知覚する側だけに限らない。ステレオタイプは社会に流布されているものであるため，その対象となっている集団成員は，周囲からのステレオタイプ的な期待を気にせざるを得ない状態にある。特に否定的なステレオタイプの対象となる集団成員は，周囲の偏見に苦しむことになる。このように，否定的なステレオタイプによって価値剥奪された**社会的アイデンティティ**をもたらす特徴を，社会的**スティグマ** (stigma) という。

これまでスティグマの影響は，ステレオタイプの対象となる集団成員がその内容を**内在化**させたり，スティグマが人格に影響を及ぼしたりした上で生じると考えられてきた (Allport, 1954)。近年では，スティグマの否定的影響が，ある特定の社会的文脈や状況のなかで生じ，スティグマが内在化したり人格にまで影響したりしていない人でも生じることが示されている。この具体例として，ステレオタイプ脅威 (stereotype threat) に関する研究を紹介しよう。

2 ステレオタイプ脅威

スティール (Steele, 1997) は，能力に対する偏見があるなかでテストを受ける場面のように，否定的ステレオタイプを自分の特徴として確証してしまうリスクを負うとき，その人物が感じる不快感をステレオタイプ脅威と呼んだ。このような不快感は，課題遂行を妨害するなどの否定的な影響を及ぼす。この悪

▷1 偏見
ある社会集団に対する固定化されたイメージ，認知構造をステレオタイプと言う。これに対し，偏見は，ある社会集団に対して固まった態度で，感情的要素を含む。ステレオタイプは偏見の原因となりうる。

▷2 社会的アイデンティティ
社会的アイデンティティ (social identity) とは，ここでは，所属する社会集団の成員性をもって記述される自己の側面を言う。他方，ひとりの個人として，性格特徴などで記述される自己の側面を個人的アイデンティティ (personal identity) と言う。

▷3 スティグマ
もともとスティグマとは，奴隷，罪人に押した焼き印，烙印のことで，身体上にある否定的意味合いの痕跡のことを指した。

▷4 内在化
内在化 (internalization) とは，表面的な同調とは異なり，自分以外の人物の信念や規範を自分のなかに取り入れて，自分の信念や価値として位置づけていくことを言う。

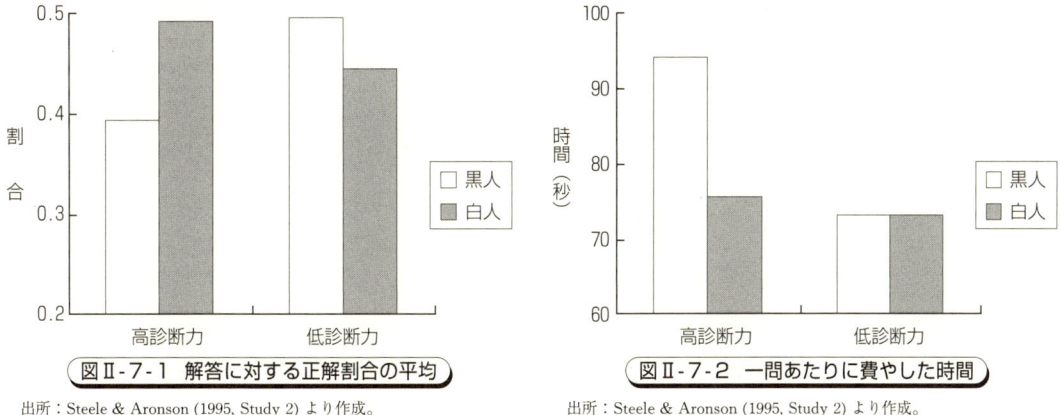

図Ⅱ-7-1 解答に対する正解割合の平均
出所：Steele & Aronson (1995, Study 2) より作成。

図Ⅱ-7-2 一問あたりに費やした時間
出所：Steele & Aronson (1995, Study 2) より作成。

影響は，ステレオタイプが関連する領域を重要視し，成功を望み，そのステレオタイプを反証したいと考える人で特に大きくなる。

スティールとアロンソン（Steele & Aronson, 1995, Study 2）は，人種ステレオタイプを利用してステレオタイプ脅威の影響を検討した。実験参加者は，アメリカ有数の大学に通う黒人と白人であった。アメリカ社会では黒人は白人に比べて知的でないというステレオタイプがあるが，ここでの実験参加者は，人種に関わらず知的水準は一様に高かった。実験参加者は，知的能力を測定するテストを受け，このうち半数の実験参加者は，このテストは個人の能力を明らかにする診断力が高いテストだと告げられた。残り半数の実験参加者は，テストの診断力は低いと告げられた。このようにテストの特徴を教示によって操作し，黒人参加者，白人参加者の成績を比較した。

結果は，図Ⅱ-7-1に示す通りであった。白人参加者では，このテストの診断力の高低による知的能力テストの成績に統計学的に意味のある差は見られなかった。他方，黒人参加者を見てみると，テストの診断力が低いときと比較して，診断力が高い場合には，成績の低下が見られた。さらに図Ⅱ-7-2が示すように，診断力の高いテストを受けた黒人参加者は，診断力の低い黒人参加者や他の白人参加者と比べて，1問を解答するのにより多くの時間がかかっていた。これらの結果は，ステレオタイプ脅威の予測と合致している。つまり，ステレオタイプがあてはまるかどうか検証されてしまう場面でのみ，本来優秀であるはずの黒人参加者の課題遂行は悪化してしまったのである。

診断力の高いテストを受けた黒人参加者は，本当にステレオタイプ脅威を感じていたのだろうか。これを確かめるために，スティールとアロンソンは，類似の手続きを用いて検討している（Steele & Aronson, 1995, Study 3）。ここでも，実験参加者は，アメリカ有数の大学に通う黒人と白人であった。一方の実験参加者は，能力診断力が高い課題を行うと告げられ，他方の実験参加者は診断力が低い課題を行うと告げられた。その後，語句の穴埋め課題（単語完成課題）を行った。実はこの**単語完成課題**は，知的能力を測定するのではなく，人種ス

▷5 単語完成課題
単語完成課題は，"_ _CE"のような，ある単語の空欄部分に文字を埋めて意味のある単語を完成させる課題である（たとえば "FACE"）。ここで用いられた単語は注意深く選ばれており，ステレオタイプに関連する語（たとえば "RACE"）を完成させることもできれば，無関連な単語（たとえば "DICE"）を完成させることもできるようになっていた。もしステレオタイプが活性化していれば，ステレオタイプ関連語が完成しやすくなる。自分の能力に関する疑念も同様に，"W_ _K" などの単語を用いて測定した（"WEAK" や "WEEK"）。

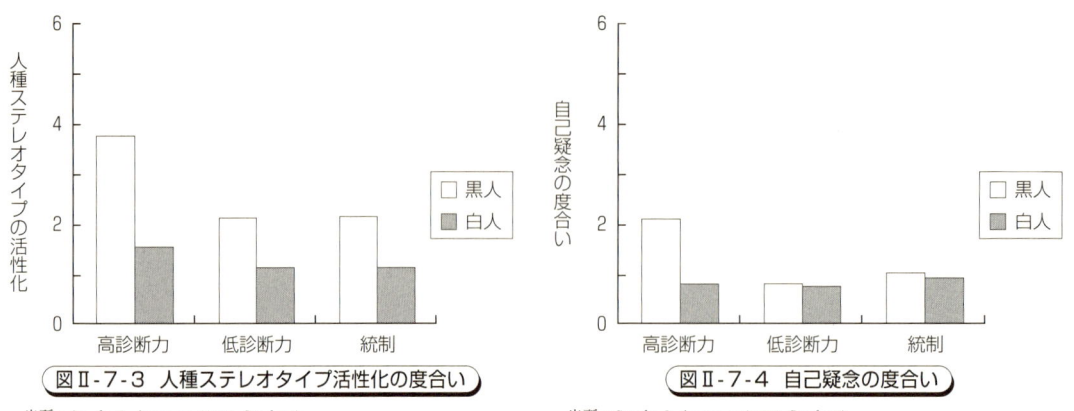

図Ⅱ-7-3 人種ステレオタイプ活性化の度合い
出所：Steele & Aronson (1995, Study 3)

図Ⅱ-7-4 自己疑念の度合い
出所：Steele & Aronson (1995, Study 3)

▷6 このように実験操作を行わないで測定のみを行う条件を統制条件という。この実験は、統制条件を組み入れた結果、2（人種：黒人・白人）×3（教示：診断的・非診断的・統制）の6条件となっている。

テレオタイプ活性化と、自分自身の能力に対する疑念を測定するための課題であった。なお、この実験では、何の教示もなく課題を行う実験参加者もいた。◁6

実験結果は、能力診断力が高いとされた課題を行った黒人参加者だけがステレオタイプ脅威を感じていたことを示していた。人種ステレオタイプの活性化の度合いを比較すると、彼らは、他の黒人参加者や白人参加者よりも強くステレオタイプを活性化させていた（図Ⅱ-7-3）。さらに、他の黒人参加者や白人参加者よりも自分の能力に対して疑念を抱いていた（図Ⅱ-7-4）。

3 ステレオタイプ活性化の影響

ステレオタイプ脅威が生じるのは、能力を診断するテスト場面だけではない。診断力の高いテストがステレオタイプ脅威を生じさせたのは、否定的なステレオタイプの対象となっていることを黒人参加者が意識しやすくなったからだと考えられる。その意味では、自分が所属する集団に対する否定的なステレオタイプが活性化する状況であれば、ステレオタイプ脅威が生じることになる。

このことを明らかにするために、スティールとアロンソンはさらに実験を行っている（Steele & Aronson, 1995, Study 4）。アメリカ有数の大学に通う黒人学生と白人学生が実験に参加し、最初にいくつかの質問に回答した。ある条件では、最後の項目で人種をたずねられた。ある条件では、人種をまったくたずねられなかった。この実験操作は、非常にささやかなものであるが、ステレオタイプを活性化するには十分なものである。人種をたずねられた場合には、人種ステレオタイプが活性化する一方、人種についてたずねられない場合には人種ステレオタイプは活性化しないのである。その後、実験参加者は、特に能力診断力が高いわけではないとされる能力テストを受けた。

その結果、人種ステレオタイプが活性化した黒人参加者は、他の条件の参加者と比べて課題成績が悪かった。つまり、ステレオタイプ脅威の影響が生じていたのである。興味深いのは、この実験で行われた能力テストの診断力が高くなかった点である。これは、ステレオタイプ脅威を生じさせるのは、能力を診

断するようなテスト状況それ自体ではなく、自分が所属する集団に対する否定的なステレオタイプの活性化であることを示唆している。

４ ステレオタイプ脅威の一般性と長期的な影響

ステレオタイプ脅威の影響は、知的能力における人種ステレオタイプだけではない。さまざまな否定的ステレオタイプでその影響が見られている。たとえば、「女性は数学が苦手」というステレオタイプにおいても同様の結果が示されている（Quinn & Spencer, 1996）。数学の成績がよい男女学生に行ったこの研究では、診断力の高い数学テストを受けた女子学生は、他の実験条件の女子学生や男子学生よりも成績が悪くなってしまったのである。さらには、高齢者ステレオタイプにおいても興味深い結果が示されている（Levy, 1996）。「記憶力が悪い」といった否定的な高齢者ステレオタイプが活性化した高齢者は、肯定的なステレオタイプが活性化した高齢者よりも、記憶課題の成績が悪かったのである。

ステレオタイプ脅威を感じている人は、その脅威から逃れるためにどうするだろうか。第１の方法として、ステレオタイプを反証するような行動をとることが挙げられる。たとえば、学業場面でさらに優れた成績を収められれば、否定的ステレオタイプを確証せずにすむ。この方法は社会的に望ましいかもしれないが、限界がある。ステレオタイプ脅威は、その領域で努力し、成果を残すほど大きくなってしまう一方で、成果を残すことは次第に困難になるからである。第２の方法として、否定的ステレオタイプが関連する領域を重要視せず、その領域への個人的関与をなくすことが挙げられる。これは、ステレオタイプを受け入れ、自分の所属集団を否定的に見ることにつながるが、他方で、その領域は自分には関わりがないと考えられるので、自分自身の評価が脅威にさらされなくなるのである。冒頭の黒人女子大学生が授業で発言することに意味を見いださなくなっていたのは、典型的な例である。

日本の働く女性の転職行動に関して興味深い研究がある（金井, 1994）。この研究によると、女性の転職行動を規定するのは、企業の女性差別的環境であった。企業環境が女性差別的であるほど、転職行動は増加する傾向にあったのである。これは、企業組織から差別的な妨害や圧力を具体的、直接的に受けたことによるかもしれないし、仕事と家庭との間に葛藤を感じているのに具体的なサポートを受けられなかったことによるかもしれない。ただしこの影響は、仕事に対するコミットメントが低い人よりも高い人で顕著であった。仕事に対するコミットメントが高い女性は、ステレオタイプ脅威をより大きく感じて職務遂行それ自体に負担が生じてしまい、そのことがストレスを生み、転職行動にむかわせたのかもしれない。ステレオタイプ脅威は、社会的弱者が成功を目指すときに抱える問題の重要な一側面なのである。

（藤島喜嗣）

▷7 このような方法をスティール（Steele, 1997）は、脱同一視（disidentification）と呼んでいる。

Ⅱ 社会的影響

8 社会的影響：展望と読書案内

　従来，社会心理学のミクロ領域の紹介としては，社会的認知，帰属，態度に続いて，対人行動や社会的相互作用，コミュニケーションなどの章が展開されるのが一般的なスタイルであった。しかし，人の認知過程がクローズアップされてきた現在，大きく分けてふたつの領域，あるいはふたつの社会的状況に基づく分類を構成することも可能だろう。

　ひとつは，社会的認知研究の領域で，環境や状況，他者の行動などを認知する側（認知者）とが観察する場合である。これは，決して受け身的なプロセスではなく，認知者は期待を確証したり，自己に有利なように，解釈にバイアスをかけたりする。そこで，人が外部から情報を取り入れるに際して，人の認知メカニズムの働きを詳細に検討していこうという志向を持った研究が行われる。

　もうひとつは，社会的影響研究の領域で，人の認知過程に外部から積極的な働きかけがある場合である。「働きかける他者」は，意図を持って働きかけている場合もあるし，ただそばにいることが影響をもたらしてしまったり，社会的比較のように，他者が行った行動の情報が影響を及ぼしたりなど，あまり意図的でない影響も含まれる（今井，2006）。

　Ⅱ章の「社会的影響」では，主として，研究の焦点を「働きかけられる側」の心理過程においている。つまり，説得，同調，服従などの現象については，条件を操作した上で受け手の反応がどうなるかを測定することが主たる研究方法であった。その点，対人行動の研究とは異なって，説得行動を起こす側の心理過程，人を説得したくなる動機やその原因の解明について問題にされることはほとんどなかった。送り手の専門性や魅力，メッセージの内容，形式についての研究も説得の受け手から見て，メッセージをどう評価するかに影響する要因として取り上げられてきた。

　さらに，近年では，人の働きかけがあった場合にどんなことが生じるか，受け手の認知的プロセスや認知的変化に対して，より詳細な検討が加えられるようになった。これは元々受け手の反応が測定対象であったことが関係して，それをさらに精緻に描いていく方向に研究が進展したと言える。

　たとえば，説得の2過程では，働きかけられる受け手の認知のあり方によって，説得が進んでいくプロセスがふたつに分けられている。周りにひとりの他者（社会的比較）や複数の他者（多数派と少数派）がいるときに生じる変化，他者からの視線を感じるときの認知プロセス（社会的スティグマ）など，以前より

詳細な検討が進んできている。

　このような受け手の認知プロセスに焦点をあてる立場から考えれば，態度の領域においてもふたつのテーマを構成できると考えた。すなわち，外部の態度対象についてどのような態度を形成しているか，その認知的仕組みや測定を研究していくという研究関心がひとつであり，この立場は，社会的認知研究に包摂され得る視点と考えられる。一方，外部の情報の存在によって，それを処理する受け手の認知に生じていく変化を取り扱うような「態度変化」の研究は，影響過程を含み得るだろう。そこで，態度の認知的仕組みを説明する「態度の理論」を I-8 に，「態度変化」を II-1 に配することにした。

　なお，II章では取り上げられなかったが，影響の種類の問題や，また，影響過程と集団過程を結びつける研究として，規範の生成などは重要な社会的テーマであろう。また，II章のテーマは，マスメディアの影響過程やインターネットを通した影響などの問題とも関係している。　　　　　　　　　　（北村英哉）

読書案内

II-1
ハイダー，F., 大橋正夫（訳）(1978)．対人関係の心理学　誠信書房
フェスティンガー，L., 末永俊郎（監訳）(1965)．認知的不協和の理論　誠信書房

II-2
深田博己（編著）(2002)．説得心理学ハンドブック——説得的コミュニケーション研究の最前線——　北大路書房
大島尚・北村英哉（編）(2004)．ニューセンチュリー社会心理学3　認知の社会心理学　北樹出版
榊博文（2002）．説得と影響——交渉のための社会心理学——　ブレーン出版

II-3
チャルディーニ，R. B., 社会行動研究会（訳）(1991)．影響力の武器　誠信書房
アロンソン P., 社会行動研究会（訳）(1998)．プロパガンダ　誠信書房
今井芳昭（2006）．セレクション社会心理学10　依頼と説得の心理学——人は他者にどう影響を与えるか——　サイエンス社

II-4
今井芳昭（1996）．影響力を解剖する　福村出版
カートライト D., 千輪浩（監訳）(1962)．社会的勢力　誠信書房
ミルグラム S., 岸田秀（訳）(1995)．服従の心理（改訂新装版）河出書房新社

II-5
磯崎三喜年（1998）．社会的比較と自己評価の維持　安藤清志・押見輝男（編）　自己の社会心理　誠信書房 pp. 97-116.
高田利武（2004）．「日本人らしさ」の発達社会心理学——自己・社会的比較・文化——　ナカニシヤ出版.
高田利武（1992）．他者と比べる自分　サイエンス社
山口勧（1990）．「自己の姿への評価」の段階　中村陽吉（編）「自己過程」の社会心理学　東京大学出版会 pp. 111-142.

II-6
ブラウン，R., 黒川正流・橋口捷久・坂田桐子（訳）(1993)．グループ・プロセス　北大路書房

II-7
上瀬由美子（2002）．セレクション社会心理学21　ステレオタイプの社会心理学——偏見の解消に向けて——　サイエンス社
柏木惠子・高橋惠子（編）(2003)．心理学とジェンダー——学習と研究のために——　有斐閣

III 対人行動と対人相互作用

1 自己呈示

1 自己呈示とは

　会社員のA君は，友人には「盛り上げ上手なひょうきん者」と思われているが，親や親戚には「しっかりしたお兄ちゃん」だと目されている。また上司の前では「努力家で仕事も早く，機転のきく人材」である自分をアピールしているが，後輩の前では「努力せずとも仕事ができ，余裕のある先輩」という印象を与えている。また付き合っている彼女の前では「やさしく思いやりのある自分」を見せている。このように，人は多かれ少なかれA君と同じように日常的にさまざまな種類の行動をとっている。

　ジェームズが「人には自分についてのイメージを抱く人と同数の社会的自己がある」と述べたように，人は一般的に，相互作用する相手や状況によって異なった自分のイメージを持ち，それらを使い分けて生活している。このように，他者から見た自分の印象が望ましいものになるように，また自分が何らかの報酬を得ることができるような方向で自己に関する情報を伝達することを自己呈示という。

　ジョーンズとピットマン（Jones & Pittman, 1982）やスナイダー（Snyder, 1974）は，自己呈示を，他者によい印象を与えるための意識的な行為だととらえており，自己呈示が行われる相手は常に他者のみだととらえている。他方，シュレンカーら（Schlenker, 1980 ; Schlenker & Weigold, 1992）は，自己呈示は人の社会的行動の基本であり無意識的な行為だととらえている。そのため自己呈示が行われる相手は，他者のみならず自己となることもあり，呈示される情報は本人にとって「真実」であるとしている。

2 自己呈示の機能

　リアリーとコワルスキ（Leary & Kowalski, 1990）は，自己呈示の機能として，①社会関係における報酬の獲得と損失の回避，②自尊心の高揚・維持，③望ましいアイデンティティの確立を挙げている。①の例としては，組織のなかで部下が上司の長所を強調して持ちあげたり，上司のために尽くしたりすることなどがあるが，それは言うまでもなく上司からの評価が自分自身の昇進や昇給などの報酬の獲得に結びついているからである。②の例としては，たとえば時間にルーズな人でも，事務員や公務員として働く場合には，まじめで誠実そうな

▷1　ジェームズは，「自己（self）」には，主体としての「知る自己（I）」と客体としての「知られる自己（me）」の二重性があることを指摘した（James, 1892）。たとえば「私は自分のことを考えた」という状況では，「知る自己」とは「私」，つまり行動し知る主体のことであり，「知られる自己」とは「自分」，つまり意識の対象となるものとしての客体のことである。この「知られる自己」は，さらに「物質的自己」（自分の身体や所有物など），「精神的自己」（自分自身の性格，能力，態度など），「社会的自己」（周囲の他者が自分についてどう認識しているかに基づいて形成される自己の側面）から構成される。

雰囲気に合わせるだろう。逆に内気な人でも，人との上手なコミュニケーションが必要な仕事に就いた場合は，愛想良く振る舞うよう努力するだろう。そのような行動をとると結果的に職場での評価が上がり，他者からも賞賛を得ることによって自尊心が高揚するのである。③の例としては，内向的で運動が苦手だった高校生が大学に進学して華やかな印象のあるテニス部に入り，周囲から外向的な印象を持たれたり交際範囲が広くなったりすることにより，実際に自分自身についてより望ましいイメージが確立される場合などがある。

③ 自己呈示の種類

ジョーンズとピットマン（Jones & Pittman, 1982）は，自己呈示には5種類あるとした（表Ⅲ-1-1）。

取り入りは，他者に好かれるように，また他者に「温かい」「信頼できる」といった印象を与えることを目的とした自己呈示方法である。たとえば，上司や友人の機嫌を取るためにお世辞を言ったり，他者の意見に同調したり，親切な行為をするなどが挙げられる。取り入りには2種類の報酬があると考えられるが，その第1は上述のように人から好かれた方が会社や社会で生きていくために有利になることである。たとえば仕事上の交渉ごとで融通をきかせてもらったり助けがあったりして，社会的成功にもつながりやすいかもしれない。一般に人に好かれるタイプの人が営業職に配属されるのは，こういった理由によるのであろう。報酬の第2は，人から好かれ友人がいることは，本人の所属感を高め，幸福感を高める（Baumeister & Leary, 1995）ということである。このように，人に好かれることには多くの利点があるため，人は自分が好ましい人間であろうとし，また好ましい人間に見えるよう一生懸命になるのだろう。

自己宣伝は，自分は有能な人間であると見られることを目標に行う自己描写である。たとえば，自分が有能であると見られたいために，自分の成績を実際よりも高めに報告する，あるいは逆に失敗を少なめに報告するなどがある。どのような状況のときにこの方略が取られるかは文化によってさまざまであろうが，「われわれの多くにとって，自己宣伝はフルタイム・ジョブである」（Jones & Pittman, 1982, p. 242）とも言われるように，特に北米においては自己を他者にポジティブに見せることは当然のこととされている。また効果的な自己宣伝を行うと社会的に成功するという見解は広く受け入れられている。しかし常に自慢をしていると，重要な分野における有能性の主張に信頼が得られなくなる可能性もあるため，北米では人は比較的マイナーな分野においては無能性を主張するという研究結果もある（Jones, Gergen, & Jones, 1963）。

示範的自己呈示とは，倫理的，道徳的に価値があるというイメージ，つまり「誠実」「寛大」という自己の側面を示すことである。しかし，真に自発的で一貫した示範的自己呈示者は稀であるとされている。

表Ⅲ-1-1 さまざまな自己呈示方法とその目的

	成功した場合の帰属	失敗した場合の帰属	相手に喚起される感情	典型的な行為
取り入り	好感がもてる	追従者・卑屈・同調者	好意	意見同調・親切な行為・お世辞
自己宣伝	能力のある	うぬぼれた 不誠実	尊敬	業績の主張・説明
示範	価値ある 立派な	偽善者 信心ぶった	罪悪感 恥	自己否定・援助・献身的努力
威嚇	危険な	うるさい 無能	恐怖	脅し・怒り
哀願	かわいそう 不幸	なまけ者 要求者	養育 介護	自己非難・援助の懇願

出所：Jones & Pittman (1982) より作成。

　威嚇とは，脅迫したり攻撃的になったりすることにより，相互作用相手に恐怖感を抱かせるような行動である。威嚇は，職場の上司-部下関係，先生-生徒の関係，家族関係など，力関係が異なり，かつ拘束や制限のある人間関係で起こりやすい。しかし，威嚇者が拘束している立場にあることに気づかず，威嚇が強すぎる場合には，人間関係の崩壊とともに職場・学校でのハラスメントやドメスティック・バイオレンスなどの問題行動が起こる可能性がある。また，威嚇が成功するためには，相手が逆らった場合に本当に処罰や制裁を加えられる必要がある。たとえば，賃金や雇用や評価を左右するような権限，立場などである。威嚇は社会的地位が上位の者が下位の者に行いうるだけでなく，下位の者が上位の者に対して行うことも可能である（ハラスメントに対する訴訟など）。

　哀願は，自己の能力や技能を低めに呈示する，あるいは自分が弱い存在であると相手に示すことによって，相手から援助を得ることを目的とした戦略である。たとえば，困ったことが起こった場合に「自分はダメだ」という面を見せたり，わざと能力がないような振る舞いをしたりすることによって，他者から同情や哀れみを引き出して慰めや援助を受けることである。哀願的自己呈示を行うことのリスクは，自分を弱く見せることには成功したとしても，その自己呈示を受け取った人が，呈示者について「能力がない，頼りにならない」など否定的な印象を持つ可能性があることである。なお威嚇と哀願は，習慣的に使用しすぎると対等な対人関係が作れない，親密な関係を築きにくく対人関係が長続きしないなど社会的な不適応状態になるとされている。

④ セルフ・ハンディキャッピング

　テストを受ける前に「昨日テレビを見すぎて勉強できなかった」というようないいわけをすることはないだろうか。人は自己評価に関わる大事な行動に成功できるかどうか不安なとき，わざと自分に不利な行動をとったり不利な条件を付けたりして，あらかじめいいわけを作っておくことがある。これをセルフ・ハンディキャッピングと呼ぶ。たとえば，今まで仕事や勉学でよい成績を

収めてきた人が，次の課題やテストで失敗しそうだと判断したとき，その前にわざと用事やアルバイトを入れたりして準備する時間を少なくし，自分をより不利な状態にする行動のことである。このようないいわけを作っておくことによって悪い結果になっても用事やアルバイトのせいにでき，自分への評価を下げる必要がなくなる。また思いがけずよい結果になった場合には，準備をしていないのに成功した，と逆に自己評価を上げることができる。これは自己の能力に関する評価を守ろうとする心の働きで，自己呈示の一側面である。

5 自己高揚的自己呈示と自己卑下的自己呈示

自分について肯定的な側面を主張することによって高い評価を得ようとする自己呈示のことを**自己高揚**的自己呈示と言い，逆に自分について否定的な側面を主張することや，肯定的な側面をあえて主張しないことによって好意を得ようとする自己呈示のことを自己卑下的自己呈示と言う（Baumeister, Tice, & Hutton, 1989）。

北米では，一般的には自己高揚的自己呈示が行われやすいが，自尊心が高い人は特に自己高揚的自己呈示をし，自尊心が低い人は特に自己卑下的自己呈示をすることが明らかになっている（Baumeister, 1982; Baumeister et al., 1989; Shrauger, 1972）。また自分について自己高揚的な評価や判断をすることは精神的健康につながることも指摘されている（Taylor & Brown, 1988）。

6 日本人の自己呈示

近年の比較文化的研究の結果，西洋人に比べて日本人を含む東洋人は，自己を評価する，また自分の成功について語るにあたり自己高揚傾向が低く自己卑下傾向が高いことが示されている（たとえば Heine, Takata, & Lehman, 2000）。この点については，日本人が本心から否定的な自己評価をしているのか，それとも他者には本心とは異なる自己卑下的自己呈示を行っているのか，という議論があり，双方を支持する研究がある。しかし，成功について語る際に相手との関係が近ければ謙遜せず自己高揚的自己呈示が行われること（村本・山口，2003）や，自己呈示の影響が入らないような，自分では必ずしも自覚していない態度を測定する方法を用いると北米人と日本人の自己評価の差は小さくなること（Kobayashi & Greenwald, 2003）などから，日本人の自己卑下的傾向や北米人の自己高揚的傾向は，それぞれの状況や社会規範に合わせた自己呈示行動である可能性が指摘されている。

このように昔も今も人がさまざまな自己呈示行動を行い続けるのは，状況に合った自己呈示をすることが，他者からの評価を高め，人間関係をスムーズにし，主観的幸福感も高めるというように，社会でうまく生きていくために不可欠な行動だからであろう。

（小林知博）

▷2　自己高揚
自己高揚とは，自己を肯定的にとらえたり示そうとする行為のことで，具体的には自分にとって肯定的な意味を持つように情報を積極的に収集したり解釈する傾向のことを指す。人が自己について評価する際にはさまざまな動機が働いていることがわかっているが，そのうち代表的なものに自己査定動機（自分について正しい評価や知識を求める），自己確証動機（肯定的であれ否定的であれ，もともと持っている自分のイメージを再確認する情報を求める），自己改善動機（自分の能力をより改善したいと望む），自己高揚動機があり，最も重要で頻繁に使用されると考えられているのが自己高揚動機である。

▷3　自己抑制的自己呈示と呼ぶこともある。

▷4　詳細は I-8 を参照。

Ⅲ　対人行動と対人相互作用

2　マインド・リーディングと透明性の錯覚

１　他者の心の読み取り

　「さとり」という妖怪をご存知だろうか。この妖怪には人間が考えていることがなんでもわかってしまう。つまり，マインド・リーディングができるのである。山で「さとり」に出会った旅人が「何とかして逃げよう」と思っていると，さとりは「お前は今『何とかして逃げよう』と思っているだろう」と言ってくる。私たち人間には，「さとり」のように相手の考えを正確に読み取ることはできない。しかし，「目は心の窓」と言うように，目を見ることで相手の考えが多少なりともわかるようにも思われる。普通の人間にはどれくらい正確にマインド・リーディングができるのだろうか？

　この問題に取り組んだイックスとその共同研究者（Ickes, Stinson, Bissonnette, & Garcia, 1990）は次のような実験を行った。まず実験室にはお互いに面識のない男性と女性の参加者がひとりずつ呼ばれた。実験が始まる前に，ふたりの参加者は参加同意書へサインをするよう求められた。ところが実験者は同意書がひとり分しかないことに気づき，参加者ふたりを残して同意書を取りに実験室を出て行ってしまう。残されたふたりの参加者が暇なので挨拶などをしていると，約6分後に実験者が戻ってくる。そして，実は実験者がいない間のふたりのやり取りがビデオに録画されていたことを明かし，この実験では今のやりとりのビデオを見ながら作業をして欲しいのだと告げた。ビデオを実験で使用することに承諾した参加者は，以下のような作業に個別に取り組んだ。

　参加者が行った作業は大きくふたつのパートに分けられる（説明をわかりやすくするために，これ以降は男性参加者の視点から作業内容を説明するが，女性参加者もまったく同じ作業を行った）。①男性参加者は，自分たちのやり取りのビデオを見ながら，その最中に自分が何を考えていたかを思い出すよう求められる。男性は何かを考えていたタイミングでビデオを止め，そのときにどのようなことを考えていたかを報告用紙に記述する。これによって男性がどのタイミングで何を考えていたかがわかる。②次に実験者は，この男性にもう一度同じビデオを見せながら，女性参加者が何かを考えていたと報告した部分でビデオを停止し，女性参加者がそのタイミングで何を考えていたかを推測して回答するよう求めた。このようにして男性は自分が何を考えていたかに関する自己報告と，女性参加者が何を考えていたかに関する推測を行った。

上記の①，②の作業で得られたデータから，男性参加者が女性参加者の考えていた内容をどのくらい正確に推測することができたかを調べることができる。つまり，男性が②の作業で予測した女性の考えが，女性自身が①の作業で報告した考えと同じものであれば，この男性は正確に女性の考えを推測できたということになる。具体的には，それらがまったく異なる内容である場合に0点，いくぶん関係がある場合は1点，完全に同一である場合に2点として推測の正確さが点数化された◁1。男性は女性の考えについて複数のタイミングで推測しているので，それらすべてのタイミングでの点数を平均することで，この男性の予測の正確さが求められた。イックスらは，これを共感の正確さと呼んでいる。

　上記のようにして全参加者について共感の正確さが求められた。分析の結果，正確さのスコアの平均は，各参加者が約6分間のやりとりを通して相手の考えを大まかにでも把握していた（すべての推測で1点をとった）と言うほど高くはなかったが，相手の考えをまったく読み取れない（すべての推測で0点をとった）と考えるほど低くもなかった。このことから，私たちのマインド・リーディング能力はまったく0ではないにせよ，さほど高くはないと考えられる。◁2

2 嘘を見抜く

　イックスらの研究は，他者が考えている具体的な内容を正確に読み取る能力を調べるものであった。しかし，相手が考えている内容を逐一正確に読み取ることは現実的に無理であるし，それができる必要もない。たとえば，相手が何か嘘をついているとしよう。嘘の内容を正確に推測できなくても，相手が何か嘘をついていると見抜くことができれば多くの場合それでこと足りるのではないだろうか。◁3では私たちは他人が嘘をついているときに，それをどれくらいうまく見破ることができるのだろうか？

　エクマンとフリーセン（Ekman & Friesen, 1974；またEkman, 1985も参照）は，まず看護学を専攻する大学の新入生に凄惨な手術の場面が映された映像を見せながら，映像の内容に関するインタビューに答えてもらった。この様子がビデオで撮影され，後の本実験で用いる刺激とされた。インタビューアーは映像の見えない場所から質問をしたが，それに回答するにあたって，看護学生たちはあたかも美しい風景の映像を見ているかのように回答を偽装するよう指示された。看護学生が回答の偽装に真剣に取り組むように，看護師にとっては患者に不安を与えないようネガティブな感情を隠す能力が大事であるなどの説明がなされた。こうして看護学生がインタビューアーに対して回答を偽装しているビデオが収集された。これに加えて，偽装のない状態のビデオとして，同じ看護学生が本当に美しい風景を見ながらそれを正直にインタビューアーに答えている場面も併せて撮影された。これらのビデオを別の実験参加者に見せることで，嘘は一般にどれくらい見破られてしまうのかを調べることができる。

▷1　推測が正確かどうかを調べるために，イックスは6人のアシスタントを雇って，アシスタントたちに男性の推測した内容と女性が自己報告した内容が同じものかどうかについて0点から2点で評定させた。6人のアシスタントはお互いに話し合わずに評定したが，6人の評定は十分に信頼できるレベルで一致するものであった。

▷2　この実験では，約6分間の相互作用の間に非言語コミュニケーションをたくさんとったペアほど正確さスコアが高くなっていた。また別の研究では（Stinson & Ickes, 1992），見知らぬ他人同士よりも友人同士の方が正確さのスコアが高くなることも示されている。このように常識的な予測と合致する結果が得られることから，イックスらは，自分たちの考案した共感の正確さスコアが，人々が他人の考えを読み取れる程度を反映していると見なしてよいと考えている。

▷3　エクマンとフリーセン（Ekman & Friesen, 1969）は，他者が何か嘘をついているかどうかを見破るために使うことができる手がかりを欺瞞の手がかりと呼んでいる。これに対して，隠している内容までつまびらかにしてしまう手がかりを漏洩の手がかりと呼び，概念的に区別している。

嘘を見破る実験の参加者には、それぞれの看護学生が正直に話している場面か嘘をついている場面のどちらかのビデオを呈示し、それが嘘をついている場面か正直に話している場面かを当てさせた。この実験では 2 種類の条件操作が行われた。まず、看護学生の顔だけを見せる条件と、顔を隠して体だけを見せる条件が設けられた。それに加えて、看護学生の普段の振る舞い方について多少の知識を与えるために、それぞれの看護学生が正直に話しているサンプル・ビデオ（2 分間）を事前に見せる条件と見せない条件が設定された。最も正解率の高かった条件は「体のみ・サンプルあり」条件で、正解率は 63.5 % であった。◁4 しかし、全体としては、まったく偶然に正解する確率（50%）とあまり変わらなかった。人々が他者の嘘をどれくらい正確に見抜くことができるのかに関する他の実験研究でも、人々が他者の嘘を見抜くことができる確率は、偶然に正解する確率とほぼ同じ程度かそれよりも若干高い確率でしかないという結果が報告されている（Zuckerman, DePaulo, & Rosenthal, 1981）。

▷4 読者のなかには、顔の表情が身体的動作より欺瞞を示すよい手がかりであると考えた方もいたのではないだろうか。エクマンとフリーセンは、多くの人がこのような信念を持っているために、嘘をつくときに、表情は気をつけてコントロールされやすいと考えた。そして、意図的にコントロールされない身体的動作の方が欺瞞を見破るための良い手がかりを提供すると予測していたのである。

3　透明性の錯覚

ここまで見てきたように、私たちは他者の考えている内容を読み取ること、または他人の嘘を見抜くことが得意とは言いがたい。ところが、面接などで、面接官に自分の考えていることが見透かされているように感じて冷や汗をかいたことがある人は多いのではないだろうか。しかし、実験研究の結果からは、妖怪「さとり」のような能力を持った面接官がいるとは考えられない。それにもかかわらず、自分の心が他人から見透かされているような感覚は、多くの人が日常的に経験しているものではないだろうか。社会心理学では、このような感覚を「透明性の錯覚」と呼んでいる。たとえば、ギロヴィッチら（Gilovich, Savitsky, & Medvec, 1998, Study 1a）は、嘘をついている人は実際には相手にばれていないのに自分の嘘がばれてしまっている（自分の心のなかが相手に見透かされてしまっている）ように感じる傾向があることを実験により示している。

ギロヴィッチらの実験の参加者はお互いに面識のない 5 人 1 組で実験に参加した。参加者は嘘つきを見つけるゲームを行うと教示された。たとえば、「あなたがこれまでに行ったことのある外国はどこですか？」などの簡単な質問に 5 人全員が順々に答えるのだが、毎回 5 人のうちひとりがランダムに選ばれ嘘つき役を割り振られたのである。嘘つき役に当たったことを実験者からこっそり知らされた参加者は、その回にはできるだけ他の参加者にわからないように嘘をついた。5 人全員が質問に回答を終えると、嘘つき役以外の 4 人には、その回に誰が嘘をついたか当てるよう求めた。同時に、嘘つき役の参加者には、4 人のうち何人が自分の嘘を見破ったと思うかをたずねた。このようにして全員が嘘つき役と嘘つきを探す役を経験した。

さて、毎回 5 人中 4 人が嘘つきを探す役を割り振られたが、実験全体での正

解率は25.6％であった。具体的には、各回に4人中ひとりだけが正解した程度の正解率である。それに対して、嘘つき役を割り振られたときには、参加者は平均して4人のうち約ふたりから自分の嘘を見破られたと予測した。実際には、毎回4人中ひとり程度しか嘘つきを見破っていないわけだから、嘘つき役の参加者は実際以上に自分の嘘がばれたと感じていたことになる。

　それでは、透明性の錯覚はなぜ生じるのだろうか？　そもそもほとんどの人は、「自分の心の状態が他人から正確に読み取られることはない」ということを理解している。しかし、嘘をつくときなどには緊張して自分の心の状態に注意が向きやすくなるだろう。その結果、自分自身にとって自分の心の状態が目立ちすぎてしまい、他人にも幾分かは分かってしまうように感じるのだとギロヴィッチらは説明している。◁5

4 応用面での展開

　最後に、ここで紹介したイックスやギロヴィッチらの研究の応用面での展開を簡単に概観したい。

　イックスとその共同研究者は次のような応用面での成果を挙げている。カウンセラー志望の学生にクライアントの実際の心情をフィードバックする訓練をほどこすと、別のクライアントの心情をよりよく理解できるようになることが示されている（Marangoni, Garcia, Ickes, & Teng, 1995）。別の研究では、「避妊具を用いた安全なセックス」のように現実的に重要だが率直に話すのが難しいトピックをカップルで話し合うときには、普段よりもお互いの考えを正確に読み取れなくなることが示されている（Buysse & Ickes, 1999）。さらに、家庭内で妻に暴力的な男性ほど、女性の言動から実際以上に否定的な思考を読み取る傾向があることを示す研究もある（Schweinle, Ickes, & Bernstein, 2002）。

　透明性の錯覚に関しても応用的な研究が行われている。たとえば、人前で話をする時に過度に神経質になるスピーチ不安の者に透明性の錯覚について教えると、不安が緩和されることを示した実験がある（Savitsky & Gilovich, 2003）。また、非常事態に接して動揺しているとき、人は内心動揺していることを自分で思っているよりも上手に隠すことができるという実験結果がある（Gilovich et al., 1998, Study 3）。ギロヴィッチらはこの結果が援助行動における傍観者効果と関わっていると考えている。非常事態に遭遇した人たちは、周りの人たちが動揺しているように見えないことを手がかりにして、それが非常事態ではないと解釈してしまうかもしれないということである。

　私たちはどれくらい正確に他者の心の状態を知ることができるのか、そして自分の心の状態は他者にどれくらい正確に見透かされてしまうと私たちが感じるのかという問題は、理論的に興味深い研究テーマであるとともに、応用可能性も大きなテーマであると考えられる。

（大坪庸介）

▷5　これと似た説明に、自分が知っていることを他者が知らないと想定することの困難さに着目した説明があり、「知識の呪縛（curse of knowledge）」と呼ばれている。ギロヴィッチらは、別の実験に導入した観察者役の参加者に毎回嘘つき役が誰かを教えたが、観察者は嘘を見破った参加者の人数を過剰に見積もることはなかった（Gilovich et al., 1998, Study 1c）。このことから、ギロヴィッチらは単に自分の知識を他者に投影していると考えるだけでは透明性の錯覚の十分な説明にならないと議論している。

III 対人行動と対人相互作用

3 社会的排除

　他者に危害を与える犯罪者や攻撃的な人,あるいは自分自身の行動を律することができない人とは,どんな人だろうか。

　アメリカで1995年から2001年に起きた15件の学校発砲事件のケーススタディを行った結果,13件において加害者はひどいいじめや仲間はずれ,恋愛における拒否を受けていたことがわかった (Leary, Kowalski, Smith, & Phillips, 2001)。また独身男性は既婚男性よりも犯罪を起こしやすいこと (Sampson & Laub, 1990),攻撃的な子どもは友人が少なく仲間から受容されていないこと (Newcomb, Bukowski, & Pattee, 1993) など,対人的ネットワークの少なさと攻撃性の関連について扱った研究は多い。日本においても,強盗事犯少年には社会からの疎外感を感じる者が多く,保護者には放任的な養育態度を取る者が多く,家族間の情緒的交流は乏しいことが指摘されている (法務総合研究所, 2003;警視庁少年育成課, 2000)。

　このように対人的ネットワークの少なさと反社会的行動の関連性は従来より指摘されていたが,観察研究や相関関係を示す指摘は存在しても因果関係を検討した実証研究はなかった。そこに一石を投じたのがバウマイスターである。

1 所属仮説と所属欲求

　バウマイスターとリアリー (Baumeister & Leary, 1995) は,多数の研究をレビューし「人は社会的な絆を形成したいという基本的欲求を持つ」という所属仮説 (belongingness hypothesis) を提唱した。バウマイスターらによると,「所属」は快感情を生み出し,「実際の別離」はもちろん,「別離を想像するだけ」でも私たちは不快感情を経験する。そして人は,現存する人間関係をもはや維持する理由がないときでも,その社会的絆を失うことに抵抗すると言う。

　所属欲求は文化を超えてあらゆる人間に共通して見られるものである。そして,同じく社会的絆についての欲求である愛着とは下記の点で異なる。①所属感や一体感 (belongingness) が向けられる先は特定の人である必要はなく,基本的に誰でもよい (愛着の場合は主に母親など世話をしてくれる人となる)。②一体感はひとりの他者と得られていれば十分であり,人数が増えてもその影響力は小さくなる一方である。③あるひとりとの関係の喪失は,ある程度は別の人で埋めることが可能である。

　このように,人にとって他者と関係を持つことや関係に所属することは,人間の精神的・身体的健康の維持に非常に重要なことだと考えられている。バウ

マイスターらは，他者との関係や所属感が欠如し，所属欲求が満たされない状態を「社会的排除」の状態と呼び，その状態が人の行動にさまざまな悪影響を及ぼすことを実証的に明らかにした。

❷ 攻撃行動の増加

　トゥエンギーら（Twenge, Baumeister, Tice, & Stucke, 2001）は，社会的排除が攻撃行動を引き起こすかどうかを検討するため，5つの実験を行った。参加者は4～6名の同性の参加者とグループになり，自己紹介を含めて15分程度会話をした。その後，参加者はひとりずつ小部屋に分けられ質問紙に回答するが，そのうちのひとつに「最も一緒に課題をしたいと思う人の名前をふたり挙げる」というものがあった。その後全員の回答が回収され，実験者はそれらを取りまとめたものだとして，参加者に下記のいずれかのフィードバックを与えた。それらは，①あなたは，グループの全員から一緒に課題を行いたい人として選ばれました（受容条件），②あなたは，グループの誰からも一緒に課題を行いたい人として選ばれませんでした（拒否条件），であった。従属変数は，その後グループとは関係のない他者とコンピュータゲームを行ったときに，参加者が表出する攻撃行動の度合いである。攻撃行動とは，ゲームで対戦相手より速く反応できたときに相手に与えることができる嫌がらせ（ヘッドホンから流れるノイズ）の強さと長さであった。結果は，拒否条件の参加者は受容条件の参加者よりも，ノイズの強さが1.4倍，長さが2倍となっており，拒否条件の参加者は明らかに高い攻撃行動を示したのである。また拒否／受容条件と攻撃行動との関係は参加者の気分のポジティブさ，ネガティブさを統制しても変わらなかったため，他者から拒否されたことによるネガティブな気分のせいで攻撃行動が高まったのではないことも示されている（第5実験）。

　また別の実験では，受容や拒否を別の方法で操作し，さらに攻撃性も別の方法で測定して同様の結果を得ている。受容／拒否の操作は性格テストの結果として与えられた本人の将来の生活についての予測であり，「結婚は長続きせず人生の後半にはひとりで孤独に過ごすでしょう」という将来孤独条件，「長期的で安定した結婚生活や友人関係を続け，一生にわたって友人たちと楽しく過ごすでしょう」という将来所属条件，「人生の後半で事故にばかりあうでしょう」という将来不幸条件があった。その後，参加者は自分のエッセーについて批判的な評価を受けるが，その評価を下したもうひとりの参加者（実験協力者）が研究室の研究補助職に応募していることを知らされ，その採用に関わる評価をするよう依頼された。従属変数は，その際に参加者が行う評価の低さである。その人のキャリアにも関わる評価において低い評定をし「報復」を行うことは攻撃行動のひとつと考えられるだろう。結果は，孤独条件の参加者は，所属条件，不幸条件の参加者よりも，その他者への評価が有意に低く，半分程度で

▷1　社会心理学の実験では，テストの成績など虚偽のフィードバックを条件操作として実験参加者にランダムに与え，その影響を測定するという手続きを取ることがある。その際に実験者がするべき最も大切なことは，十分なデブリーフィングを行うということである。特に「悪い成績を取った」，「誰からも仲間として選ばれなかった」などネガティブなフィードバックを受けた実験参加者には，そのショックが後々まで残らないように，フィードバックは「実験条件としてランダムに与えられたこと」，「本当の性格とはまったく関係がないこと」を実験目的ともに丁寧に説明し，お詫びし，十分理解してもらう必要がある Ⅶ-2 参照。

▷2　このフィードバックも参加者にランダムに与えられたもので，本人の実際の性格とは関係がない。なお将来不幸条件は，同じように不幸になると言われる条件でも，社会的排除によるものとそうでないものとで反応に違いが出るかを検討するための統制条件として設けられている。

あった。将来が孤独になると考えただけで，人は自分を批判した他者に対して厳しく，攻撃的に対応することが明らかになったのだ（第1実験）。

③ 自滅的行動の増加

社会的排除は他者への攻撃行動のみならず，自身への自滅的行動を引き起こす可能性もある。トゥエンギーら（Twenge, Catanese, & Baumeister, 2002）は，自滅行動の種類をさまざまに変えた4つの研究を行った。

参加者は，将来に関する上述の3種類のフィードバックのうちいずれかを受けた後，自身の健康に関する行動をとる機会を3回与えられた。ひとつめはプレゼントとして渡された菓子の選択，ふたつめは実験中に余った時間の過ごし方，3つめは実験手続きのなかで脈拍を取られる方法の選択であった。3回の選択のうち，健康的な選択を何回行ったかが従属変数である。結果，所属条件の参加者は健康的行動を3回中2.11回選択したのに対し，不幸条件の参加者は1.77回，孤独条件の参加者は0.78回で，孤独条件は他の2条件よりも有意に低い値であることが明らかになった（第3実験）。

次の実験では，自滅行動のひとつとして，参加者が「長期的に見れば行うべき課題を先延ばしにする程度」が取り上げられた。参加者は同様に3種類のフィードバックのうちのいずれかを受けた後，練習により成績が大幅に向上するという「知能テスト」の本番を行うまでの15分間に，どのくらい練習をするかが測定された。結果は，孤独条件は与えられた時間の半分をゲームなどの遊びに費やしており，所属条件，不幸条件の参加者よりも有意に長い時間であった（第4実験）。

④ 認知的能力の低下

上述のような自滅的行動の増加の原因のひとつとして，バウマイスターらは認知的能力の低下を考えた（Baumeister, Twenge, & Nuss, 2002）。認知的能力が低下し，長期的な視野を持って現在の自分の行動の帰結を考えるということができなければ，人は目前の利益に基づいて行動をし，結果として自滅的な行動をとってしまうと言うのだ。そこで社会的排除が認知的能力を低下させるかどうかを確認するため，次のような実験を行った。参加者は先の実験と同様の3種類のフィードバックのうちのいずれかを受けた後，従属変数となる知能テストを受けた。結果は，自滅的行動の実験と同様，孤独条件の参加者の点数は，所属条件や不幸条件よりも，正答数や回答した問題数が低くなっていた（第1実験）。また難易度の低い試験では条件間に差が見られなかったが，難易度の高い試験では孤独条件の参加者の成績が有意に低くなっていた（第2実験）。また，孤独条件の参加者はネガティブ感情はさほど強く報告していない。

この結果を合わせてバウマイスターらは以下のように主張している。社会的

▷3　具体的には，ひとつめが，高脂肪のチョコレート菓子と低脂肪のシリアル菓子のどちらを選択するか，ふたつめが，余った時間を自分自身の健康に関する質問に答えて健康増進のための有意義なフィードバックを得るために使うか，娯楽的週刊誌を読むか，3つめが，脈を静止して取るか，より詳細に健康状態を把握するため2分間走った後に取るか，であった。

▷4　ただし同時に，このような実験で示されている行動が日常的状況においても効果を持つかということについては，今後検証を進めていく必要がある。

排除の予期はネガティブな感情を生起させそうになるが，それを抑制しようと認知の実行機能の資源が使われてしまうために成績が低くなる。その時，単純で自動的な課題は行われるが，能動的でコントロールされた思考過程は悪影響を受けることになる。

5 苦痛反応・情緒反応の抑制

社会的に排除された人には，自分自身の身体的・情緒的苦痛の低下，共感性の低下が起こることを示した研究もある（DeWall & Baumeister, 2006）。

参加者は先の3種類のフィードバックのいずれかを受ける前と後に，皮膚に圧力をかける機械を用いてどの程度の痛みに耐えられるかを測定された。すると，孤独条件の参加者は他の条件の参加者よりも強い痛みを受けて初めて，痛いと感じることが示された（第1実験）。さらに共感性については，失恋した人（第4実験）や骨折した人（第5実験）が書いたとされるエッセーを読み，その人に対する感情を評定した。すると，孤独条件の参加者は，他の2条件の参加者に比べて，エッセーを書いた人への共感性，同情，暖かさ，優しさなどの感情が有意に低くなっていたのだ。非行少年に一般少年よりも共感性が乏しい者の割合が多い（法務総合研究所，2003）ことからも，共感性の低下が反社会的行動を増大させる可能性は否定できないであろう。

このように多数の研究により，社会的排除が反社会的行動に関係するさまざまな要因に直接的な影響を及ぼすことが明らかになっている。トゥエンギーらは，「知的で，社会的に適応し，成功している大学生が，1実験室実験での社会的排除にこれほど攻撃的になるのであれば，現実の社会生活において重要な他者からの拒否や望ましい集団から慢性的な社会的排除を受けている人の攻撃的傾向はいかばかりになるか，考えるだけでも恐ろしい」（Twenge et al., 2001 p. 1068）と結論している。

また，この現象は心理学の研究という枠を超え，現代社会における重大な問題定義にもつながる（Twenge et al., 2001；2002）。つまり，現代社会では人と人とのつながりの希薄化が進行しているが，この対人関係の希薄化が近年の社会問題，たとえば情緒的問題（うつ，不安）の発症率の上昇や，薬物乱用，10代での妊娠，犯罪率の上昇などと大きく関連していると言うのだ。そして，それらに対処する立場にある精神科医や心理学者，教育者，政治家，法律家にとって，社会的排除の影響の大きさについての知見は重要なものになるとしている。しかし，これは一般的な集団や家族のメンバーにとっても有用な知見であることは間違いない。つまり，知的・生産的活動，あるいは養育・教育活動を行うすべての集団にとって，社会的排除の状態を作り出し維持することは，集団の結束，志気や生産性の向上，メンバーの人間形成などあらゆる側面において致命的な結果を招きかねないのである。

（小林知博）

▷5 たとえばアメリカでは，ひとり世帯の割合は1960年は13％，1997年には26％と増加しており（U.S. Bureau of the Census, 1998, Twenge et al., 2002 より引用），日本でも1960年は17％，2000年には28％（厚生労働省，2004）と，同様に増加している。また特に日本では近年の携帯メールやネットでのコミュニケーションの活発化により，以前あったような家族，友人，知人というつき合いの構造は解体し，対人関係は「強く」，「濃く」関わることを避ける方向に変わりつつあるという指摘がある（辻，1996）。

III 対人行動と対人相互作用

4 社会的交換

1 社会的交換とは何か

　私たちは日々，他者と「財の交換」をしている。たとえば，コンビニで買い物をする際には，商品と引き替えに代金を渡す。アルバイト先では，労働力と交換に賃金が支払われる。授業のノートを貸してくれた友人にはお返しにCDをプレゼントし，つらいときに励ましてくれた親友が落ち込んだときには励ましてあげる。家族は互いに助け合い，恋人たちは特別な笑顔と愛情を交換する。私たちは，こうした財の交換をすることなしには，安全で豊かな社会生活を送ることはできない。社会的交換理論は，このように対人相互作用を財の交換ととらえて分析しようとするアプローチであり，いわば社会行動の経済学的モデルだと言える。

2 社会的交換の特徴

　社会的交換理論が注目する交換財の種類は，経済学が分析対象とする財よりも多岐にわたる。この点に関してフォアとフォアは，人が交換する財の種類を，具体性と個別性の2次元で分類している（図III-4-1）。具体性とはそれぞれの財がどの程度具体的なかたちを持つかを指し，個別性とは誰から受け取ったかによって財の価値が変化する程度を意味する。経済学が研究の対象とする交換財は，主に具体性が高く，個別性の低い財（金銭や商品）であるが，社会的交換理論はこれらのすべてを分析対象とする。ちなみに，図III-4-1において，

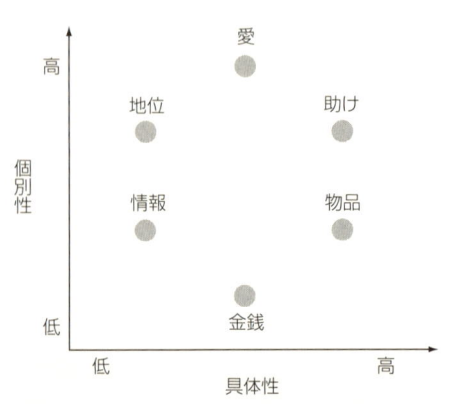

図III-4-1　フォアとフォアによる社会的交換財の分類

出所：Foa & Foa (1976) より作成。

互いに近い位置にある財同士は，遠くにある財同士よりも交換されやすいと言う（Foa & Foa, 1976）。

こうした，具体性が低く個別性の高い財が交換されることは人の社会関係の性質に興味深い帰結をもたらす。それは，財の価値の評価が必ずしも一意に決まらないために，財の提供に対してどの程度のお返しをしたら返済が完了するのかが不明確なことである。もし，金銭と商品のように具体性が高く個別性の低い財同士の交換であれば，交換の完了は明確である。だが，たとえば地位と愛情の交換では，本当に支払いが完了したのかどうかを判断し，合意に至るのは困難である。そのため，こうした社会的交換関係は，長期にわたって継続されやすい。◁1

③ 返報性規範

経済学の主要な理論と同様，社会的交換理論は，「人は基本的に利己主義者であり，自己利益を最大化しようと動機づけられている」との基本的前提をおく。しかし人は同時に，他者から援助を受けたときには，返報によって交換のバランス状態を取り戻すようにも動機づけられている。社会学者のグールドナーによれば，多くの社会には，①自分を助けてくれた人を助けなければならない，②自分を助けてくれた人を傷つけてはならない，という**返報性規範**◁2があると言う◁3（Gouldner, 1960）。

では，利己主義者であるはずの人間が作る社会に，なぜそもそも返報性規範が存在するのだろうか。それは私たちが，自分の利益だけを押し通して非協力的に振る舞うよりも，相手と互いに協力して両者の利益を増やしながら暮らした方が，最終的には自分自身の利益も多くなることを知っているからである。仮に，他者からの援助を受けても絶対に返報しない人を想像してみてほしい。すると相手は，遅かれ早かれ自分だけが援助し続けていることに気づき，その人を助けるのをやめてしまうことだろう。もしその人が相手から援助を受けたことをしっかりと記憶していて，相手が困っているときに恩返ししたとしたら，両者の間には長期的で有益な相互扶助関係が成立するだろう。人はこのように，他人から受けた善意に報いないことから生じる孤立がもたらすダメージの深刻さと，善意に報いることによってもたらされる長期的な利益の大きさを直感的に理解しているのである。さらにこうした事実は，社会の知恵として子どもたちにも伝えられていく。◁4

④ 社会的交換と権力

社会的相互作用を財の交換としてとらえると，対人関係における「持てる者」と「持たざる者」の間の力の差についての考察が可能になる。エマソンによれば，他の人が持っていない貴重な財を持っている人は，それを持っていな

▷1 この点に関連して文化人類学者のルース・ベネディクトは，日本における「恩」の概念は，それを一旦受けてしまうとどんなに相手に尽くしても返しきれないものとして理解されているため，恩に基づく対人関係は長期にわたり続く傾向があると指摘している（Benedict, 1946）。

▷2 **返報性規範**
Norm of Reciprocity の訳語。「互酬性規範」や「互恵性規範」と訳されることもある。

▷3 しかしクラークとミルズは，親密な対人関係においては，人は必ずしも交換のバランスにはこだわらないと主張した。こうした共同体的関係（communal relationships）では，相手が困っている状況が認知されると，損得勘定抜きで即座に援助行動が生じるという。このような無条件の援助は，相手への共感性を媒介として生じるとされる（Clark & Mills, 1979）。

▷4 この点に関するより詳しい議論は，Ⅳ-5 Ⅳ-6 を参照のこと。

い他者に対して有利な立場に立つことができるという。その結果，貴重な財を持つ側は，持たない相手に対して過剰な要求を突きつけることが可能になるのである（Emerson, 1962）。

5 分配公正と衡平

　家族や友人集団，そして企業など様々な集団のなかで，そのメンバーたちは集団に貢献し，そして何らかの経済的・社会的報酬を得ている。たとえば，会社員が企業で働けば給料を受け取ることができるし，子どもが家事を手伝えば親に褒めてもらえ，自治体に税金を納めれば公共施設や道路を整備してもらえる。それでは，どのように報酬を分配をすれば，メンバーたちから「公正だ」と評価され，納得を得ることができるだろうか。こうした分配公正の問題が，社会的交換理論の立場から検討されてきた。

　分配公正原理のひとつを定式化したのが，アダムスの衡平理論である（Adams, 1965）。それによれば，個人が集団に対して差し出す貢献（「投入」と呼ぶ）とそこから得られる報酬の比率がメンバー間で互いに等しいとき，すなわち「衡平」◁5なときに，人はそれを「公正」と見なし，結果を受け入れると言う。一方，投入と報酬のバランスが崩れたとき，つまりあるメンバーの報酬と投入の比が他のメンバーの比よりも大きい，または小さいときには「不衡平」な分配であり，人はそれを不公正なものと考える（図Ⅲ-4-2）。

　人は不衡平な分配に直面すると，さまざまな戦略を用いてそれを是正しようとする（Walster, Berscheid, & Walster, 1973）。人が最も不公正だと感じるのは，自分が得る相対的な報酬が，相手が得ている相対的報酬よりも小さい「過小不衡平」のときである。このとき人は怒りを感じ，それを解消するためにさまざまな方策を講じる。この方策には，現実の投入や報酬の量に変更を加える「実際的対処」と，現実には何もせず，投入と報酬についての主観的解釈を変えることによって納得しようとする「心理的対処」がある。実際的対処の例としては，自分の投入を減らしたり（サボり），集団から報酬を奪ったり（盗み），他のメンバーにより多くの投入を要求することなどが挙げられる。心理的対処の例としては，自分の投入の価値を過小評価したり，他のメンバーの投入を過大評価したりする方法などが挙げられる。

　一方，自分が受け取っている相対的報酬が大きすぎて「過大不衡平」だと感じている人もまた，それを不公正だと考え，実際的，

▷5　衡平
Equity の訳語。「衡」という字は秤が平らになっている状態を指すため，資源交換のバランスを適切に表す語として社会心理学の文献で用いられることが多い（相川，1996）。「公平」と訳されることもあるが，これは一般的な正しさを意味する「公正」と混同されやすいので避けるべきである。ちなみに，様々な意思決定を公正だと判断する基準には，衡平分配や後述の平等分配といった分配原理が守られているかということの他にも，決定過程の公正さに関わる手続き的公正原理などがあり，それぞれが研究の対象となっている。

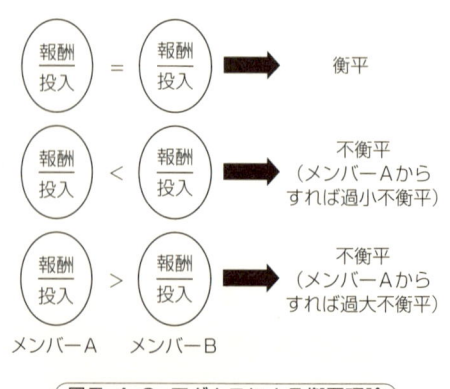

$\dfrac{報酬}{投入} = \dfrac{報酬}{投入}$ → 衡平

$\dfrac{報酬}{投入} < \dfrac{報酬}{投入}$ → 不衡平（メンバーAからすれば過小不衡平）

$\dfrac{報酬}{投入} > \dfrac{報酬}{投入}$ → 不衡平（メンバーAからすれば過大不衡平）

メンバーA　　メンバーB

図Ⅲ-4-2　アダムスによる衡平理論
出所：Adams (1965) より作成。

心理的な対処を試みる。たとえばアダムスらが行った実験では，自分が分不相応に高額の賃金をもらっていると信じ込まされた実験参加者は，分相応な額の賃金もらっていると信じた参加者よりも熱心に仕事をすることが見いだされている (Adams, & Rosenbaum, 1962)。このように，人は，他のメンバーに比べて自分だけが冷遇されていると感じても，自分だけが優遇されていると感じても，それを不公正だと感じ，衡平な状態を取り戻そうとするのである。

❻ 平等と必要：その他の分配公正原理

分配公正の研究が進むにつれ，衡平以外にも，人々が公正と考える報酬分配法があること，そしてこれらの分配法のいずれが選択されるのかは，それぞれの集団が持つ目標の違いによって決まってくる可能性のあることが指摘された (Deutsch, 1975)。まず，集団メンバー間の競争を通じた生産性の向上を第１の目標とする集団では，個々のメンバーの投入量の違いを厳密に査定し，それを報酬額に反映する衡平分配が採用されやすい。一方，メンバー間の長期的な対人関係の調和と協力関係を維持することを目標とした集団では，メンバー間の投入量の差を無視し，全員に等しく報酬を与える平等分配が採用されやすい。給与体系のアナロジーを用いれば，衡平原理は業績に基づいて給付額が決まる能力給に，一方の平等原理は，同期入社であれば業績の多少に関わらず一定額が支給される年功序列給に相当する。◁6

▷6 その他，メンバー全員の生存と福祉の向上を目的とする集団で採用されやすい必要分配（最も資源を必要としているメンバーに多くの資源を与える分配法）もある。

この仮説と一貫する知見が，比較文化研究のなかで得られている。同一集団のメンバー間で報酬分配を行う際，日本をはじめとした東アジア諸国の実験参加者は，アメリカ人参加者と比べて，衡平分配よりも平等分配を好む傾向が強い（たとえば Kashima, Siegal, Tanaka, & Isaka, 1988）。この文化差も，集団メンバー間の競争を通じて生産性の向上を目指すアメリカの集団がとる戦略と，集団メンバー間の調和的相互協力関係を通じて生産性向上を目指す東アジアの集団がとる戦略の違いと解釈されている (Leung, 1988)。

以上のように，私たちが日々繰り広げている社会的相互作用を財の交換の観点からとらえようとするのが社会的交換理論である。この理論的枠組みを採用することによって見えてくるのは，日々他者を助け，そして他者から助けられなければ生きていけないという，私たち人間の本質的な相互依存性である。

社会的交換理論は，本節で扱った諸現象にとどまらず，Ⅲ-5 援助行動やⅣ-4 内集団ひいき，Ⅳ-5 囚人のジレンマ，Ⅳ-6 社会的ジレンマといった幅広い社会心理現象を解明しようとする際の理論的枠組みとして利用されている。さらには，最新の社会心理学研究では，やはり人間の社会性を解き明かすことを目的としている進化心理学や実験経済学など周辺諸領域との統合の試みが進行しているが，そこにおいても社会的交換理論の枠組みが「共通言語」として有効だと考えられている。◁7

（結城雅樹）

▷7 こうした新しい動きについての詳細はⅦ-4 および亀田・村田 (2000) などを参照のこと。

III 対人行動と対人相互作用

5 援助行動

　真夜中の住宅街で帰宅途中の若い女性が暴漢に襲われた。刃物を持った暴漢は，数十分間にわたり彼女を襲い続けた。彼女は悲鳴を上げて周囲を逃げ回ったが，何度も刃物で刺され，自宅アパートの階段にたどり着いたところで絶命してしまった。後に警察が調べたところ，驚くべき事実が明らかになった。実はそのとき38人もの近隣住民が事件に気づき，窓から様子をうかがうなどしていたということであった。しかし，誰ひとりとして，助けに出て来ることはおろか，警察に通報すらしなかったのである。1964年にニューヨークで起きたこの事件は被害者の名前からキティ・ジェノヴィーズ事件と呼ばれるようになり，当時のアメリカの人々に大きな衝撃を与えた。

1 援助行動とは

　人はしばしば，自らの利益を犠牲にして他者を助けようとする。自分の家族や友人など身近な人々を助けることはもとより，道に迷っている見知らぬ人に声をかけたり，献血に協力したり，さらには駅のホームから転落した人を命がけで救おうとする事例まで，私たちが他者を助ける行動は枚挙にいとまがない。こうした，人が他者に利益を与えるために行うさまざまな行動を総称して援助行動と呼ぶ。しかし一方で，人は常に自己犠牲的に他者を助けるわけでもない。たとえば，街で物を落とした人がいても見て見ぬふりをしたり，たった10円の募金を渋ったり，繁華街で血を流して倒れている人を見ても遠巻きにして見ているだけといったようなことは，みなさんにも少なからず経験があるのではないだろうか。それでは，そもそもなぜ人は他者を助けるのだろうか。そしてまたどのような要因が，人の援助行動を促進したり，抑制したりするのだろうか。

2 人はなぜ援助するのか

　人はそもそもなぜ他者を助けるのか。この問いに対しては，さまざまな立場からの解答が提案されてきた。まず，援助行動は人の純粋に他者を思いやる心，すなわち愛他心に基づくものだとの主張がある（愛他心仮説）。愛他心は，特に愛着を感じている相手に対して生じやすく，また相手が危機状態にあることを認知した結果生じる共感に媒介されるものである（Batson, 2002）。他者の不幸を見て心を痛めたり強い同情を感じたりする人は，そうした感情が生じない人と比べて，援助行動を起こしやすい（Amato, 1986）。

一方，こうした援助行動の原因を，あくまでも援助者の自己利益的な関心に基づいた利己心によるものと解釈する立場もある（自己利益仮説）(Schaller & Cialdini, 1988)。それによれば，人は，他者を援助することにともなって生じる損失と，逆にそこから得ることのできる利益を秤にかけ，利益が多い限りにおいて援助をすることになる。なお，人が他者を助けることによって得ることのできる利益には，外的なものと内的なものがある。外的な利益とは，後に被援助者から返される謝礼や，援助行動をしたことで第三者から報賞されることなど，実際的に得られる利益のことである。一方，内的な利益とは，困っている人がいるのを知っていながら放置することによる罪悪感を軽減することや，「心優しい人」という望ましい自己イメージを得ることなどの心理的な利益を指す。

また自己利益仮説に合致した見解として，人は，さまざまな援助行動の規範を守ろうとしているのだとの主張がある。たとえば多くの社会には，「お世話になった人にはお返しをすべきだ」という互酬性の規範や (Gouldner, 1960)，「困っている人を見たら助けるべきだ」との社会的責任規範がある (Berkowitz, 1972)。これらの説明もまた，社会規範を守ることを，社会に適応していくための自己利益的な行動ととらえているという意味で，自己利益仮説に属する。

では，援助行動の説明としては，純粋な愛他心仮説と自己利益仮説のいずれがより適切だろうか。実はこの問いに答えるのは難しい。なぜなら，特に罪悪感の軽減や自己評価の向上といった内的な利益については，人がそれを本当に考慮しているのか否かを厳密なかたちで証明することが困難だからである。ある人の援助行動が，純粋な愛他心に基づくものなのか，それとも実は心の奥底に隠されている打算的な期待に基づくものなのかを完全に分離するのは難しい。

この点に関して，近年隆盛を見せている進化心理学の立場から興味深い説が述べられている。合理的な計算には基づかず，純粋な愛他心に基づいた援助行動はたしかに存在する。しかし，そうした心が人間に備わっている理由は，そこから生じる援助行動が個々人の遺伝子を残すのに役立ってきたからだ。つまり，他者を助ける純粋な心を持つことが，究極的には個々人の利益にかなっていると言うのである。◁1

3 援助行動を促進する要因と抑制する要因

以上のように，純粋な愛他心に基づくものであれ，自己利益の期待に基づくものであれ，人間は援助行動を示す。しかしそれにも関わらず，冒頭に挙げたキティ・ジェノヴィーズ事件の例のように，人々はときに緊急事態にある他者を助けない。それでは，どのような要因が，人の援助行動を促進したり抑制したりするのだろうか。ここでは抑制要因のひとつ，傍観者効果をとりあげる。

この事件が起きたとき，マスメディアはこぞって，「これほど多くの人々が

▷1 援助行動が個人の遺伝子を増やすこと（「包括適応度の上昇」）に役立つ理由として，次の説が提案されている。第1に，血縁者，それも特に自分の子どもや兄弟など遺伝子の共有度が高い他者を援助することは，すなわち自らの遺伝子を増やすことを意味する (Hamilton, 1964)。第2に，互いに血縁関係がなくとも，長期的な付き合いがある身近な他者を助けることは，将来自分が危機状態に陥ったときにお返しの援助を受けることができるという意味でやはり包括適応度の上昇につながる (Trivers, 1971)。最も説明が難しいのが，血縁関係も長期的関係もない見知らぬ他者への援助行動であるが，これについては，血縁者や身近な他者に対して働くべき心理過程が誤って発動してしまっているのだという説や (Boehm, 1999)，無条件に他者に援助行動する個体が多い集団の方が，そうでない集団と比べて，集団全体として相対的に成功しやすかったからだという説 (Wilson & Sober, 1994)，さらには人類が集合的に創造してきた倫理的，宗教的規範にその原因を求める説などがあり (Campbell, 1975)，いずれが正しいのかについて論争が続いている。進化心理学の概要については，Ⅶ-4 を参照。

事件に気づいていたのに，なぜ誰も助けなかったのか？」と驚きを表現した。メディアや学者たちは，その原因を，ニューヨークという都会に住む人々の心の荒廃が生んだ他者への無関心やモラルの低下に求めた。だがそれに対して，社会心理学者のラタネとダーリーは，興味深い反対意見を述べた。彼らは，「多くの人が知っていたのに助けなかったのではなく，多くの人が知っていたからこそ援助行動が起きなかったのだ」と主張したのである（Latané & Darley, 1970）。

周囲に他者がいることによって援助行動が抑制される社会的過程として，ラタネらは次の3つを挙げている。

①注意の拡散：周囲に人がいると注意が拡散するため，緊急事態が発生していること自体に気づかないことがある。

②多元的無知：その事態が起こっていることに気づいたとしても，それが援助を必要とするほど深刻なものであるかどうかが明確でない場合も多い。もし援助が必要ない状況で他者を援助してしまったとしたら，恥ずかしい思いをするかもしれない。こうした曖昧な状況では，人は他者の行動を参照しようとする。だが，そこにいあわせた人全員がこうした傾向を持っていた場合，結局は誰も援助行動を始めないという状況が生じうる。

③責任の分散：明白な緊急事態であるとわかったとしても，同じ状況に気づいている他者が周囲にいることにより，問題の解決に対する個人としての責任感が希薄になってしまう。この傾向は，傍観者の数が増すにつれて強まる。

ここでは，責任の分散仮説を検証した実験を紹介しよう（Darley & Latané, 1968）。被験者は実験室に到着すると，小さな個室に通された。彼らの課題は，他の被験者たちと自分の個人的な問題を話し合うことであった。ただし，被験者はお互いに気まずい思いをしないように，顔を合わせることはなく，インターホンを通じて話し合いをすることになっていた。さらに，実験者は，第三者が聞いていることによって遠慮が生じないようにするため（という名目で），この会話は実験者にも聞くことができないようになっていると伝えられた。話し合いの手順は，各被験者が2分間の持ち時間のうちに代わる代わる自分の話をするというものであった。インターホンは一方通行であり，ひとりが話をしている間には他の被験者が話すことはできなかった。

被験者たちが代わる代わる話をし，ついにサクラが話す順番が来たとき，彼は突然発作を起こした。彼はしどろもどろになり，そして発作が起こったと伝え，苦しんだ（これは実はテープに録音されたものであった）。それが緊急事態であるということは明白であった。発作が始まってから約1分後には，サクラに割り当てられた発言時間が終了し，マイクからの音声がとぎれた。さてこのとき，同じ事態を認識している（と当然考えられる）他者が自分の他に何人いるかによって，被験者が緊急事態を実験者に通報するまでの時間は変化しただろう

か。

　その結果を示したのが，図Ⅲ-5-1である。実験に参加しているのが被験者と発作を起こした病人のみで他の傍観者がいない2名集団条件では，被験者の85％が約1分以内に報告しており，発作から6分（実験終了時）までには全被験者が報告した。一方，他の傍観者が4名いると思った6名集団条件では，発作中の報告はわずか13％にとどまり，実験終了までの報告も62％にすぎなかった。つまり，明白な緊急事態であるとの認識はあったにも関わらず，周囲に同じ事態に気づいている他者が多いほど，援助行動は抑制されたのである。◁2

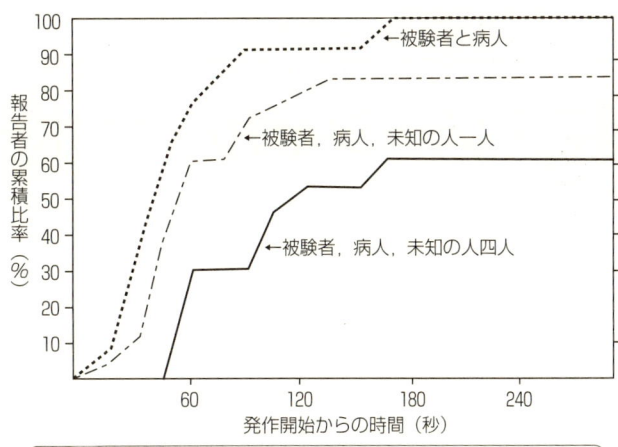

図Ⅲ-5-1　サクラの発作が始まってから被験者が実験者に事態を告げるまでの所要時間
出所：Latané & Darley (1970)

　この実験結果は，責任の分散仮説を支持している。援助を必要としている人の存在を知っているのが自分ひとりだけであれば，「自分が助けなければならない」との責任感を感じるが，自分以外の他者もそれを知っていると思われる状況では，「自分が助けずとも，他の誰かが助けるだろう」と考え，援助行動が抑制されてしまうのである。

④ 援助行動を増やすためには

　最後に，援助行動を増やすために何ができるのかを考えてみよう。上記の援助行動の状況的抑制要因に関する知見に基づけば，まず多元的無知が生じないように，周囲にいる人同士が，それが緊急事態であることをお互いに声を出して確認しあうのがよいだろう。責任の分散が起こらないようにするためには，不特定多数に対する告知という形ではなく，個人的に援助を依頼することが有益だろう。また，援助を受ける側としては，傍観者のひとりを指さして，「あなたに助けてほしい」と援助を呼びかけることが有効だろう。

　また，社会制度的な下支えも可能である。たとえば，特に子どもは一般に重要な他者の行動原理をまねていく（モデリング）傾向があるので，養育者は積極的に愛他的な行動を見せていくのがよいだろう。多くの人が視聴するテレビ番組などでも，非援助的な行動ばかりではなく，援助的な行動も積極的に報道していくことが望ましい。また，自治体などによる報奨制度にも見られるように，援助行動をした人に社会的に報酬を与えるという方法がある。だが，この方法は注意が必要である。**過度の正当化**◁3として知られているように，貢献の量に見合わない大きな報酬を与えすぎると，人はその行動の原因を，自分の愛他性にではなく，報酬をもらえたからだと解釈してしまう可能性があるからである。貢献量に応じた，適正な報酬量を考える必要があるだろう。　　（金児　恵）

▷2　実験後，被験者の興奮状態を抑える手続きが行われた後，実験の真の目的が丁寧に説明された。真の目的を告げられた被験者たちは，全員が納得し，こうした重要な研究のために実験の真の目的を隠す必要について理解を示した。さらに，将来再びこうした実験に参加する機会があれば是非参加したいと述べた。

▷3　**過度の正当化**
自ら進んで行っていた行動に対して必要以上に報酬が与えられると，その行動の原因を「報酬がもらえたからだ」と誤って帰属するため，その行動に対する内発的動機づけが低下し，自発的に行わなくなってしまうこと。

III 対人行動と対人相互作用

6 ソーシャル・サポート

近年，ひとり暮らしの人が誰にも看取られることなく自宅で亡くなる「孤独死」が社会問題化している。家族が久しぶりに独居老人宅を訪問して，死後だいぶ経った状態で発見されるなどの事例がそれにあたり，ひどい場合には死後1年以上誰にも気づかれないこともある。こうした孤独死は，特に人口が集中する都会において，定年退職または失職により職業を持たない独居高齢者に多く見られるが，近年は50代から60代の男性にも増えているという。孤独死の増加の背景のひとつには，核家族化による単身住まいや地域コミュニティとの関わりの薄さ，すなわち「社会的孤立」がある。社会的に孤立していると，体調を崩し，ついには家のなかで倒れていても，周囲の誰にも気づかれない。それどころか，最近の研究からは，社会的孤立自体が，人の精神的，肉体的健康を蝕む深刻な要因であることが明らかにされているのである。

1 ソーシャル・サポート研究の始まり

人間は社会的な動物である。人は日々，周囲の他者と助け合いながら生きている。さまざまな他者と社会的関係を結び，そこで有形，無形の援助を受けることは，人の健康と生存に直結する重要な課題である。他者の存在なしに，人が健康で快適な生活を送ることは困難である。

社会科学者たちは早くからこうした事実に着目し，社会的な結びつきと健康との関係を検討してきた。たとえば社会学者のデュルケムは，種々の統計資料に基づき，社会的結びつきが弱く，明確な社会的規範や価値観や伝統などが欠けている人々（たとえば都市居住者や独居者）は，社会的結びつきが適度に高い人々（たとえば地方居住者や既婚者）と比べて，自殺率が高いことを見いだした(Durkheim, 1951 [1897])。

1970年代になると，精神衛生学や疫学の立場からこうした社会的関係の問題に大きな関心が寄せられ，「ソーシャル・サポート研究」として数多くの実証研究が行われるようになった。最も先駆的かつ有名な研究のひとつは，バークマンとサイム（Berkman & Syme, 1979）によってカリフォルニア州のアラメダ郡で行われた，いわゆる「アラメダ・スタディ」である。彼らはまず1965年に，30歳から65歳の男女7,000人の**確率標本**を対象にした調査を行った。調査では，回答者が，①婚姻関係，②家族・親戚や友人との関係，③教会への所属，④その他の公式，非公式の集団への所属の4種類の社会的結びつきを持っているか

▷1 確率標本
研究者がそれについて情報を得たいと考えている対象（人や物や事象など）の全体（「母集団」と呼ぶ）から，くじびきの原理によりすべての個体が等しい確率で選ばれるように抽出した調査・測定対象（標本）のこと。この手続きにより，標本は母集団の正確な縮図となる。

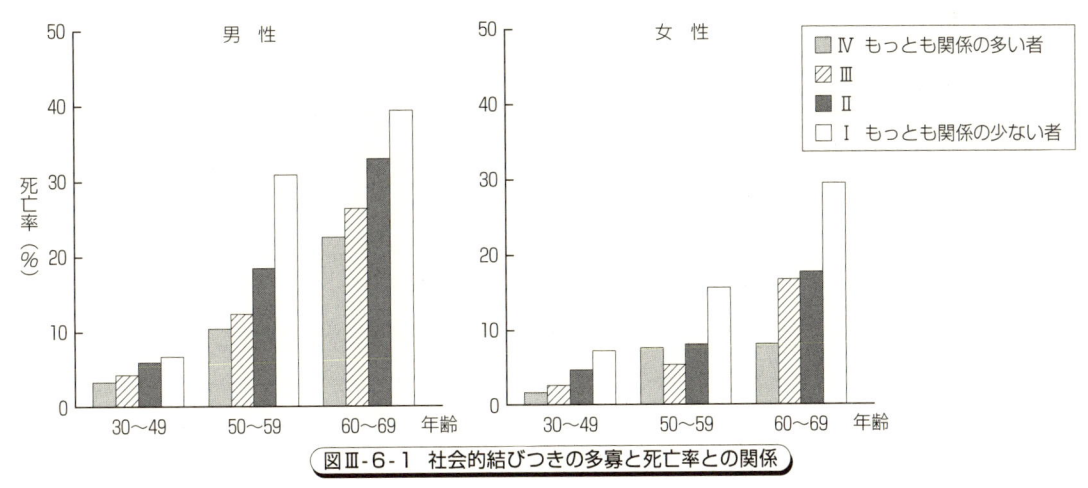

図Ⅲ-6-1 社会的結びつきの多寡と死亡率との関係

出所：Berkman & Syme (1979) より作成。

どうかがたずねられた。また，身体的健康，社会経済的地位，喫煙，アルコール消費，運動量，肥満，人種，人生満足度など健康と関連すると考えられる諸要因も調べられた。そして，その後9年間にわたり，回答者が生存しているか死亡したかが追跡調査された。分析では，1965年時点での社会的結びつきの量や質が，その後の死亡率とどのように関連しているかが検討された。その結果，どのタイプの社会的結びつきについても，それが少ない対象者の方が多い対象者よりも死亡率が高いことがわかった。さらに上述の4種類の関係の有無をまとめた変数として「社会的ネットワーク指標」を作成し，死亡との関連を検討したところ，年代や性別に関わらず，社会的ネットワークが小さい人は，大きい人と比べて，死亡している確率が大幅に高く，全体ではおよそ2倍であることが判明したのである（図Ⅲ-6-1）。1965年時点での健康関連要因の効果を統計的に統制しても，この結果は変わらなかった。

人間関係のあり方が人の生死にまで影響を及ぼすことを示したこの研究は，研究者たちに大きな影響を与え，多くの後続研究を生み出した。たとえば，婚姻の有無や配偶者との離婚・死別の経験と心身の健康との関連についての研究をレビューしたロスらは，結婚していない人（未婚，離婚，死別）は，結婚している人と比べて，死亡率が女性については約1.5倍，男性については約3.5倍高いことに加え，抑うつや不安の程度，あるいは身体的疾患にかかる程度が高いことなどを見いだしている（Ross et al., 1990）。

2 ソーシャル・サポートとは何か

社会的なつながりが他者を支えていることは，ソーシャル・サポートと呼ばれる。しかし，ソーシャル・サポートとは何か，との問いに答えることは，実は難しい。なぜなら，ソーシャル・サポートの定義はいわば乱立状態にあり，研究者間で合意を見ていないからである（浦，1992）。しかし，研究者たちが研

▷2 　操作的定義
操作的定義とは，抽象的な構成概念を，具体的にどのように測定するかに基づいて定義することを指す。例えば，「攻撃性」という概念は，「他者に暴力をふるう回数」や「フラストレーションのたまる課題を遂行したときにどの程度怒りの表情を示すか」などとして操作的に定義することが可能である。

究で用いている**操作的定義**に従って大まかに分類すると，構造的サポートと機能的サポートのふたつに分けられる（Cohen & Syme, 1985）。

　構造的サポートとは，個人が持つ婚姻関係，友人関係，組織への所属など社会的結びつきの有無や他者との接触頻度からソーシャル・サポートを定義するものである。一方，機能的サポートとは，特定の社会的結びつきが，人に対してどのような利益を与えているのかという点から定義されるものである。機能的サポートは，さらに機能の内容によって，道具的サポートと情緒的サポートに大別される。前者は，相手の問題の解決に直接役立つような資源や情報を提供することを指すが，後者は，相手に愛情や信頼感を与えたり，悩み事の相談などを通じて相手の感情状態を改善したり自尊心を向上させたりすることを指す。たとえば，日本の大学生の家族・友人からのサポートの入手可能性を測定するための質問項目として，道具的サポートについては「私が緊急にかなり多額のお金を必要とするようになったとき（家賃や学費の支払い，事故の弁償など），その分のお金を出す」，「私が病気で数日間寝ていなくてはならないとき，看病や世話をする」などの質問があり，一方情緒的サポートについては「私がやっかいな問題に頭を悩ませているとき，冗談を言ったりいっしょに何かやったりして私の気をまぎれさせる」，「私が学校や職場，地域，家庭などでの人間関係について悩んでいるとき，相談にのる」などの質問がある（福岡・橋本，1997）。

3 ソーシャル・サポートが健康を増進させるメカニズム

　ソーシャル・サポートは，なぜ人の心身の健康を増進させるのだろうか。コーエンとサイム（Cohen & Syme, 1985）は，「直接効果モデル（Main-effect models）」と「ストレス緩衝モデル（Stress-buffering models）」のふたつのメカニズムを提案した。

　直接効果モデルは，多くの他者に囲まれていることによってそこから得られる種々の財が，人の健康を直接維持・改善させるというモデルである（図Ⅲ-6-2）。たとえば，社会的ネットワークが大きく，広い社会的結びつきを持つ人は，さまざまな他者から多様な情報を受け取ることができる。こうした情報のなかには，健康を維持・向上させるためにアクセスすべき機関に関する情報や，取るべき行動に関する情報，または避けるべき行動や状況の情報が含まれる。また，多数の他者に囲まれていることは，一般的な快感情や自分の人生の予測可能性と安定性の感覚，自分は他者からの役割期待に応える能力を持っているという自己価値感を高める。それは結局，その人の自尊心やアイデンティティ，そして環境に対するコントロール感を高めるため，最終的には健康につながる。逆に孤立した人は，不快な感情を持ち，疎外感を感じ，そしてコントロール感を失うのである。

　一方のストレス緩衝モデルとは，ストレスの多い（＝ストレスフルな）出来事

▷3　禁煙行動を例に挙げれば，より広い社会的結びつきを持つ人は，喫煙の危険性に関する説得的な情報に接する機会が多くなり，また高いコントロール感によって困難な禁煙行動をやり遂げることができるようになる。

▷4　ホルムズとレイ（Holmes & Rahe, 1967）は，さまざまな出来事が人の人生にどのくらい大きな変化を引き起こすかを調べ「社会的再適応評定尺度」を作成した。これは，さまざまな出来事をストレスの高い順に並べたものともとらえられるが，そのなかでも最も大きなストレスを引き起こす出来事は「伴侶の死」，第2位が「離婚」，以下，順に「別居」，「刑務所収容」，「家族の死」，「重大な病気，傷害」，「結婚」，「失業，解雇」，「伴侶との和解」，「退職，引退」と続く。最下位（43位）は「小さな法律違反」である。

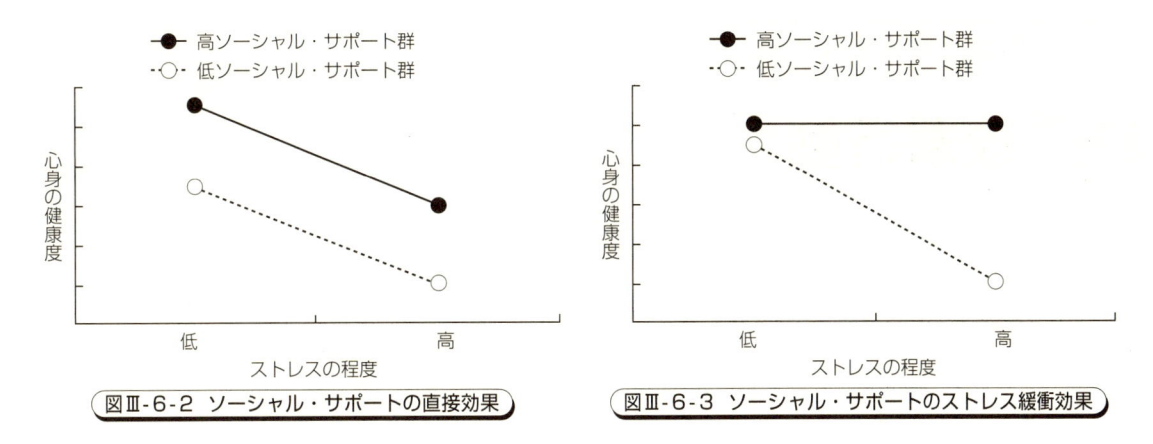

図Ⅲ-6-2 ソーシャル・サポートの直接効果

図Ⅲ-6-3 ソーシャル・サポートのストレス緩衝効果

を経験したときに心身に及ぶ悪影響が，ソーシャル・サポートを受けることによって緩和されるというものである。この緩衝効果は，次のふたつの時点で機能するとされている。第1は，ストレスを評価する段階での影響である。まったく同じ出来事に直面しているときでも，その対処に役立つサポートを与えてくれると期待できる他者が周囲にいる場合には，そうでないときに比べて，その出来事はあまり深刻だとは評価されないだろう。逆に，周囲からのサポートを得られない場合には，自分ひとりで対処にあたらなければならないプレッシャーを感じ，必要以上にその出来事をストレスフルだと評価することになるだろう。

第2に，サポートは，ストレスフルだと評価された出来事が最終的に疾病につながるかどうかに影響する。他者からのサポートがあれば，その状況に対するストレス反応が和らいだり，具体的な対処の手助けが得られたりするかもしれない。したがって，図Ⅲ-6-3に示すように，「高いストレスと低いソーシャル・サポート」の場合には健康が害されるが，「高いストレスと高いソーシャル・サポート」の場合には健康が維持されることになる。

ストレス緩衝効果に関する研究例をひとつ紹介しよう。ローセングレンらは，ストレスフルな出来事の経験と死亡率との関係を検討するために，50代のスウェーデン人男性を対象に質問紙調査を行い，その後7年間の生存状況を調べた（Rosengren, et al., 1993）。その結果，他者から受ける情緒的サポートの少ない男性は，ストレスフルな出来事の経験が多いほど死亡率が高かったが，情緒的サポートを多く受けていた男性にはそうした関連が見られないことがわかった。この結果は，ソーシャル・サポートのストレス緩衝効果を示すものであり，適切な情緒的サポートはストレスから引き起こされる健康度の低下から身を守ってくれるものであるということが見て取れるだろう。

（金児　恵）

III 対人行動と対人相互作用

7 攻撃行動

▷1 これらの写真は次のウェブサイトに掲載されている。
http://www.desmoinesregister.com/extras/sq/gallery/sq.bright.html

　1952年，アメリカンフットボールの試合を写した6枚の写真が，◁1 ピュリッツァー賞を受賞した。人種差別告発の報道写真である。オクラホマ A & M 大学の白人選手ウィルバンクス・スミスの右こぶしが，ドレイク大学の黒人テールバック，ジョニー・ブライトのあごの骨を砕く瞬間がとらえられている。この写真は人種差別主義と人間の攻撃性を鮮明に伝えている。

1 ふたつの攻撃性：衝動的攻撃と戦略的攻撃

　他者に危害を加えようとする意図的な行動である攻撃はどのようにして生じるのだろうか。かつては，フロイト (Freud, 1933) の攻撃本能論に代表されるように，人間には食欲や睡眠欲と同じように，外からの刺激が特になくても自然と攻撃欲求が高まり，他者を傷つけると考えられていたこともあった。しかし現在では，攻撃を本能と見なす考えは科学的根拠の乏しいものとして否定され，何らかの状況的な手がかりが攻撃行動を引き起こすと見るのが一般的である。その場合，攻撃がどのような目的で行われるのかによって，さらに衝動的攻撃と戦略的攻撃に分けられる。衝動的攻撃では，怒りや恐怖などの不快感情を発散することが主な目的であり，相手を苦しめること自体が重視される。その意味で冒頭のブライト事件は衝動的攻撃の一例と言えよう。一方，戦略的攻撃では，相手を傷つけること自体が目的ではなく，攻撃を通して何らかの社会的影響を及ぼすことが意図される。攻撃は目標達成の手段であり，道具的攻撃とも呼ばれる。したがって攻撃の目的が正当なものと認められれば，加害責任は問われないこともある。1992年にルイジアナ州バトンルージュ市でロドニー・ピアーズが，あやまって彼の家を訪問した服部剛丈君を銃撃した事件では，裁判でその行為は正当防衛と認められ刑事責任は問われなかった。

　近年，アンダーソンとブッシュマン (Anderson & Bushman, 2002) は一般攻撃モデル (General Aggression Model : GAM) を提案し，攻撃に関するふたつの見方を統合する理論的枠組みを提案した（図Ⅲ-7-1）。このモデルでは攻撃行動を導く過程が3つの段階からとらえられている。第1は，攻撃の先行因にあたる入力段階であり，個人差要因と状況要因が含まれる。個人差要因としては性差や性格などが挙げられ，たとえば短気や情動的感受性，ナルシシズムは攻撃行動を促進する。状況要因には，銃や暴力映像といった攻撃的手がかり，相手からの挑発，目標妨害による欲求不満など，いずれも不快感情をひきおこす出

図Ⅲ-7-1 一般攻撃モデル

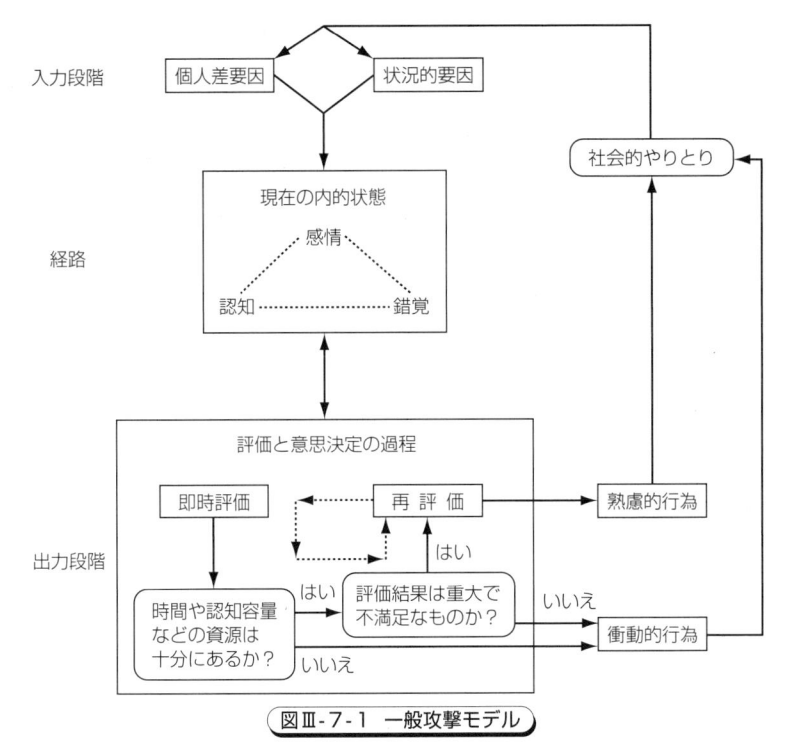

出所：Anderson & Bushman (2002) より作成。

来事が含まれる。第2に，これらの入力刺激は個人の認知や感情，生理的および心理的覚醒に影響する。つまり不快な出来事は，攻撃的な思考や敵意の帰属を促し，怒りを生み，血圧や心拍を増大させる。さらにこうした内的状態の変化は状況評価と意思決定過程に影響する。この評価過程には，自動的で無意識的に行われる即時評価と，意識的に制御される再評価というふたつの経路があり，即時評価は衝動的攻撃を，再評価は熟慮的攻撃をそれぞれ導く。即時評価はいわば自己の内的な状態変化と同時に攻撃行動を引きおこすが，その際，内的状態を吟味するための時間や認知資源に余裕があり，かつ即時評価によって生じた攻撃行動が満足のいく結果をもたらさないと予想される場合には，再評価の経路を通じて状況が再解釈されうることも仮定している。

❷ 不快感情の発散としての衝動的攻撃

一般攻撃モデルのうち即時評価から衝動的攻撃行動が生じる過程は，バーコヴィッツ（Berkowitz, 1989）の認知的新連合理論（cognitive neoassociation theory）とほぼ対応する。この理論では，あらゆる不快感情が攻撃を動機づけると仮定する。原因は何であれ，怒りや憎しみ，恐れ，悲しみ，憂鬱，痛み，暑さ，人混みなどの不快感は，記憶ネットワーク内の攻撃的な知識や概念を活性化させ，攻撃行動が選択されやすい心理状態をつくりだす。柱の角に足の小指を激しくぶつけると，強い痛みを感じるとともに，何かにあたらないと気が済まないことがある。この理論によれば，不快感情の原因がたとえ自分の不注意にあった

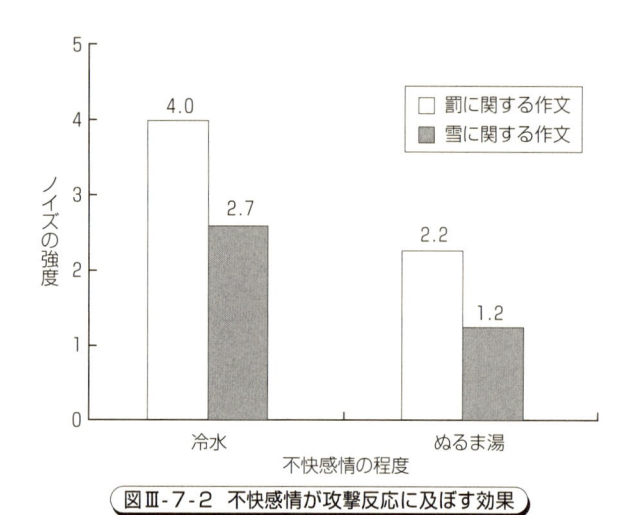

場合でさえ，それはしばしば他の対象への攻撃を動機づけると考えられる。攻撃反応は高まった不快感情を発散し低減するために生じるので，不快感をもたらした直接の対象に攻撃が向けられる必要は必ずしもない。柱に小指をぶつけて痛い思いをした後，手元にあった洋服を壁に投げつけることで少し気が紛れるのは，不快感情低減の手段として攻撃行動が用いられることを示している。

バーコヴィッツとハイマー（Berkowitz & Heimer, 1989, Study 1）は，冷水に手を入れるという身体的な痛みが他者に対する攻撃を強めることをあきらかにした。41名の男子大学生はそれぞれ実験協力者とふたり1組になり，実験参加者には上司役が，実験協力者には部下役がわりあてられた。上司役の参加者は摂氏6度の冷水あるいは23度のぬるま湯に片手を入れながら，あるテーマで作文を書いた。攻撃反応の誘発性の高低を操作するためにテーマも2種類用意した。攻撃誘発性の高い条件では「罰を用いるのが望ましいのはどういうときか」を，低い条件では「冬の寒さと雪がどう生活を楽しくするか」をテーマとしてあたえた。一方，部下役の実験協力者はビジネスに関する別の問題を解いた。その後，上司役はふたたび片手を水につけながら部下の解答を評価し，出来が悪い場合には罰として不快ノイズを聞かせた。実験の結果，作文テーマのちがいに関わらず，冷水に手をつけた参加者の方がより強いノイズをあたえた（図Ⅲ-7-2）。この結果は嫌悪事象そのものよりそれによって生じる不快感情が攻撃反応を引きおこすことを例示している。

図Ⅲ-7-2　不快感情が攻撃反応に及ぼす効果
出所：Berkowitz & Heimer (1989, Study 1) より作成。

3　目標達成の手段としての戦略的攻撃

一般攻撃モデルの，再評価過程から戦略的攻撃への経路は社会的相互作用理論（social interaction theory）の考えに対応する（大渕，1987；Tedeschi & Felson, 1994）。大渕（1987）は攻撃を対人葛藤を解決する方略のひとつと位置づけ，①回避と防衛，②強制，③制裁と報復，④印象操作という4つの機能を区別した。回避と防衛は自己を守るための攻撃であり，怒りより恐怖に動機づけられることが多い。強制とは他人を自分の言う通りに従わせることであり，それ以外に他人を動かす手だてがない場合に用いられやすい。制裁としての攻撃は不正を行った者を罰することであり，自分が直接の被害者でなくても生じうる。印象操作は「男らしい」といった好ましいイメージを演出したり注目されたいといった動機に基づく攻撃である。

ルールとネズデール（Rule & Nesdale, 1974）は，怒りを喚起された参加者が

常に加害者を攻撃するわけではないことを示し，攻撃の戦略的側面を浮き彫りにした。73名の男子大学生は実験参加者とふたり1組になり，教師役と生徒役に分かれて単語学習を行った。実験参加者が教師役となり12個の単語を読みあげ，生徒役の実験協力者はそれらを覚えるようもとめられた。教師は生徒が誤答するたびに電気ショックをあたえた。半数の参加者には，怒りを喚起するため，学習中に生徒からの教え方が悪いとしつこく不満を聞かせた。残りの参加者には生徒は不満を言わなかった。さらに半数の参加者には電気ショックは学習を妨害すると伝え，残りの参加者には学習を促進すると説明した。実験の結果，たとえ怒りが喚起されても，電気ショックが生徒に好ましい効果をあたえると説明された場合には，参加者は電気ショックをひかえた（図Ⅲ-7-3）。この結果は，不快感情がほぼ自動的に攻撃反応を導くという衝動的攻撃の観点からは説明できない。人はときに，自らの攻撃が果たす機能を意識しながら戦略的に行動すると言えよう。

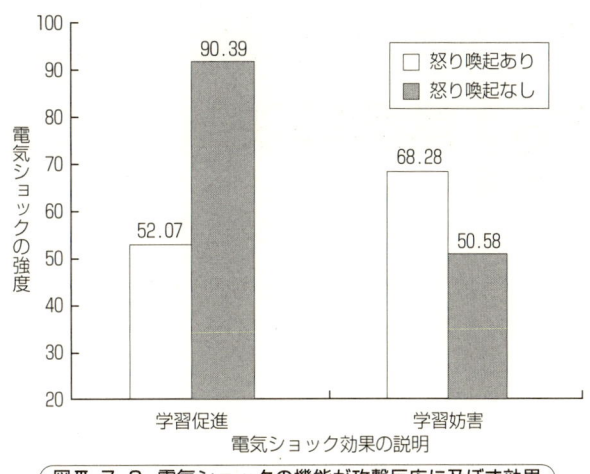

図Ⅲ-7-3 電気ショックの機能が攻撃反応に及ぼす効果
出所：Rule & Nesdale (1974) より作成。

4 攻撃を抑制するための取り組み：マスメディアと暴力

　攻撃に関する社会問題のひとつにマスメディアによる暴力映像の影響がある。暴力映像を見ることは，果たして人の攻撃行動を増加させるのだろうか。これまでの研究は，メディアによる暴力映像を視聴することがその後の攻撃傾向を短期的に高めることを示している（Hogben, 1998; Paik & Comstock, 1994）。こうした効果は長期的にも認められる。エロンら（Eron, Huesman, Lefkovitz, & Walder, 1972）の縦断研究によれば，9歳のときに暴力番組を好んでいた男子は19歳の時点で行動が攻撃的だった。フューズマンら（Huesmann, Eron, Klein, Brice, & Fischer, 1983）は，暴力番組の視聴量の多い子どもに対して，テレビの暴力映像は非現実的なつくりものであり，現実場面で暴力行為に訴えることはゆるされないと教える治療的訓練を行った。メディアでの暴力を批判的に視聴する訓練を受けた子どもは，受けていない子どもより，攻撃的にならなかった。暴力を低減するためのこのような取り組みは問題全体の大きさから見ればまだ部分的であるが，この研究は児童期に適切な視聴態度を習得することの重要性に改めて気づかせてくれるものであり，示唆的である。

（福野光輝）

III 対人行動と対人相互作用

8 葛藤解決

　ある姉妹がひとつのオレンジをとりあっている。どちらもそのオレンジがほしいと言って譲らない。しかたがないので，半分に切って分けることにした。オレンジにナイフを入れようとしたそのとき姉が，「これでジュースが飲める」とつぶやいた。それを聞いた妹は「わたしはマーマレードを作りたい」と言った。つまり，姉は果汁だけが必要であり，妹は皮だけがほしかったのである。そこでふたりは半分に切るのはやめ，皮をむいて果実はすべて姉が，皮はすべて妹がもらうことにした。葛藤解決と聞くと，とかく双方の主張の中間点に落としどころを持ってくればよいと考えがちだが，この例は，単純に間をとるしかないように見える葛藤でも，双方を同時に満足させる統合的な解決がありうることを示している。葛藤解決にはどのようなパターンがあり，何がそれを規定するのだろうか。

1　葛藤の構造とその帰結

　対人間あるいは集団間で生じる利害対立を社会的葛藤（social conflict）と言う。利害対立とは，当事者それぞれの利益が同時には両立できない状態であり，ある選択肢に対する好みが互いに異なっていることを指す。冒頭の例で言えば，まず①「オレンジを丸ごと姉にわたす」または②「オレンジを丸ごと妹にわたす」という選択肢が考えられる。しかしいずれも一方のみに利益をもたらすため，これらの選択肢に対するふたりの好みは大きく異なる。その結果，葛藤解決は失敗して物別れに終わるか，一方の大幅な譲歩によって他方がひとり勝ちする結果になるだろう。次に③「オレンジを半分に切る」という選択が考えられる。①案や②案にくらべれば各自の利益は小さくなるが，両者の利益差も小さくなり，双方の歩み寄りによる妥結という結果を導く。さらにふたりが「実を姉に，皮を妹に」という選択肢に気づくことができれば，①案と②案の長所を同時に実現する統合的合意がもたらされる。

2　葛藤解決の方略：2重関心モデル

　このように葛藤解決の結果は，大別して，一方的な勝利，妥結，統合的合意，解決失敗の4種類に分けられるが，いずれの帰結に至るかは，解決過程における当事者の行動，つまり葛藤解決の方略によって影響される。ではその方略にはどのようなものがあり，また方略選択は何に規定されるのだろうか。解決方

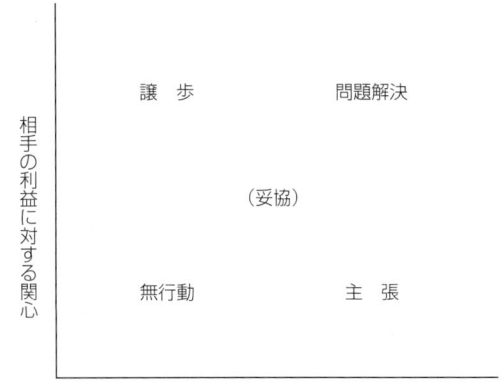

図Ⅲ-8-1 2重関心モデル

縦軸：相手の利益に対する関心
横軸：自己の利益に対する関心

- 左上：譲歩
- 右上：問題解決
- 中央：（妥協）
- 左下：無行動
- 右下：主張

出所：Pruitt & Rubin, (1986) より作成。

略を葛藤当事者の関心の観点から概念化したものに2重関心モデル（dual concern model）がある（Pruitt & Rubin, 1986）（図Ⅲ-8-1）。このモデルでは，当事者の関心は自己の利益に対する関心（利己心，self-concern）と相手の利益に対する関心（利他心，other-concern）の2次元によって決まる。統合的合意をみちびくとされる問題解決方略は，利己心と利他心がともに高いときに生じる。問題解決方略には，実際に利害対立が存在しているかの確認や，自分の利害関心を再分析して現実的な範囲で高い目標を設定すること，相手の利害関心を見極めて双方の目標を両立するような方法を探す行動などが含まれる（Pruitt & Kim, 2004）。一方，利己心は高いが相手の利益には無関心なときは，競争的で対決的な主張方略がとられる。この行動が成功すれば一方的に利益を得ることもできるが，失敗すれば葛藤はさらに激化する。また逆に，自分の利益には無関心だが利他心が高いと，自分の要求を一方的に下げる譲歩方略がとられやすくなる。さらに，自他双方の利益に対する関心がいずれも低い場合には，葛藤は回避される。回避方略は具体的には何も行動しないことであるが，葛藤事態から撤退することも含まれる。

　デ・ドゥルーら（De Dreu, Weingart, & Kwon, 2000）は，過去に2重関心モデルの妥当性を検討した28の実験研究を概観した。その結果，ふたつの関心が同時に高いときには問題解決方略が選択されるとともに統合的合意に到達しやすく，高利他心 - 低利己心のときには譲歩が選択されやすいことを一貫して見いだし，2重関心モデルの妥当性を確認した。特に彼らは利己心を譲歩への抵抗の強さと解釈し，そこから方略選択の過程も考察している。それによれば，ふたつの関心がともに高いとき，つまり高利他心とともに譲歩抵抗も強いときには，当事者は自己利益を追求するか相手のために譲歩するかのジレンマを強く感じ，それが両者の利害を統合させようとする動機づけを生み，問題解決行動を導くという。他方，利己心の低さは譲歩抵抗が低いことを意味し，それが高い利他

表Ⅲ-8-1　正確さへの動機(説明責任)と固定和幻想

行動への説明責任	固定和幻想a	
	交渉前	交渉後
なし	3,485[b]	4,204[b]
あり	3,672[b]	7,268[c]

出所：De Dreu et al. (2000)
注：a 値が高いほど固定和幻想が低く判断が正確であることを表す（値の範囲は0〜12,000）。
　　b/c 同じ列で添え字が異なる場合，ふたつの値の差は統計的に有意である（$p<.05$）。

心をともなうときには，一方的な譲歩が生じやすくなる。

3　葛藤解決における認知：固定和幻想

　葛藤を解決するためには複雑な判断が必要となる一方で，葛藤当事者は自己利益の獲得といった目標に動機づけられたり，怒りや抑うつなどの強い感情を経験するため，その情報処理は偏りやすい。こうした認知バイアスは統合的な葛藤解決をしばしば妨げる。

　オレンジの例でも姉妹は，お互いに異なる利害関心を持っていることに最初は気づかなかった。言い換えれば，実際にはふたりの利害は完全に対立していたわけではない。ふたりともジュースを絞りたいわけではなく，マーマレードを作りたいわけではなかった。しかし葛藤当事者は自分がほしいものは相手も同じくらいほしいものであり，だからこそ対立がおきていると状況を知覚しやすい。このように実際には双方がともに勝利する統合的合意が可能にもかかわらず，勝ち負けの観点から葛藤状況を認知してしまうことを**固定和**幻想 (fixed-pie assumption, fixed-pie perception) と言う（Thompson & Hastie, 1990）。固定和幻想に陥ると，当事者は状況を競争的と知覚するため，主張的な行動がふえたり，個々の争点のみにとらわれた視野のせまい提案がなされるようになり，統合的な葛藤解決は困難となる。

　ではどうすれば固定和幻想を低減できるのだろうか。固定和幻想は，部分的には，自己利益の獲得といった利己心や競争的な動機づけによって強められる (Pruitt, 1990)。固定和幻想が動機的要因によって助長されるとすれば，その抑制も当事者の動機づけを変えることで可能になるかもしれない。デ・ドゥルーら (De Dreu, Koole, & Steinel, 2000, Study 1) は，固定和幻想をもたらすあやまった情報処理過程を改善する要因のひとつとして，交渉状況を正確に理解しようとする動機の効果を検討した。102名の大学生がふたり1組となり，新車の売買交渉実験に参加した。半数の参加者には，自分のとった行動への説明責任を課し，正確さへの動機づけを高めた。具体的には，後日，交渉中の思考過程について専門家による面接を行うと告げるとともに，その際の参考にするという名目で交渉中の会話を録音した。その結果，説明責任を課された参加者は，そ

▷1　固定和
固定和とは分配される資源の量が一定であるということであり，ひとつのオレンジをどう分けるかという問題として状況を知覚することを指す。言い換えれば，両当事者の利得の和は常に一定であるという認識のことである。

▷2　固定和幻想の規定因については，すでにさまざまなものが指摘されている (Thompson, Neale & Sinaceur, 2004)。たとえば交渉経験，情報交換，協調的動機づけは固定和幻想を低減する。

うでない参加者より，固定和幻想が低減し（表Ⅲ-8-1），交渉結果も統合的になった。この結果は，固定和幻想を低減するために動機的な観点からのアプローチが有効であるとともに，当事者自身がこのバイアスを意識的に統制可能であることを示している。

4 葛藤解決の文化差

自己と他者の関係に対する見方は文化によって異なるため，対人的な現象である葛藤に対してもそのとらえ方にはちがいがある。たとえば，アメリカ人をはじめとした北米人は，自己を関係から独立した存在と見なし，集団目標より個人目標を重視する。一方，日本人などの東アジア人は自己を定義する上で対人関係は不可欠であり，集団目標の達成をより強調する（Markus & Kitayama, 1991; Triandis, 1994）。それゆえ日本人は人間関係において調和を重視するため，葛藤解決においても回避や同調など間接的な方略を好むと予想される。

大渕と高橋（Ohbuchi & Takahashi, 1994）は，94名の日本人大学生と98名のアメリカ人大学生に実際に経験した対人葛藤を報告させ，どのような方略を用いたか，またその方略がどのくらい効果的だったかをたずねた。その結果，まず，方略の有効性評価については，文化に関わらず，説得や交渉など直接的で双方向的な方略が最も高く（5点尺度で平均値 $M=3.26$），回避や同調が最とも低かった（平均値 $M=2.17$）（図Ⅲ-8-2）。しかし実際に選択された方略の頻度には日米差が見られ，日本人は回避や同調を用いることが最も多かったのに対して，アメリカ人は主張や交渉など，一方向にしろ双方向にしろ，相手に直接はたらきかけることが多かった（図Ⅲ-8-3）。一般的なイメージと一致して，日本人はたしかに葛藤を表面化させない回避方略を多用する。しかしそれは必ずしも回避方略が有効だと見なしているからではない。葛藤の回避は集団の調和維持を促すが，そうした日本人の調和重視の傾向は，日本人自身がそれを好んでいるというより，調和維持へのまわりからの強い圧力に由来すると考えられる。

（福野光輝）

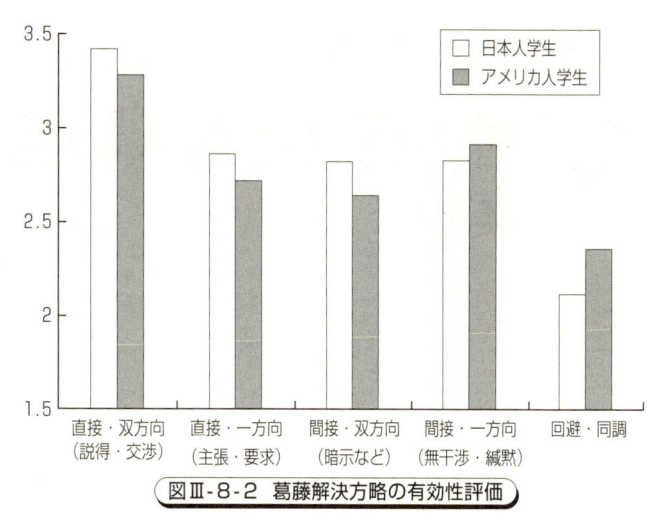

図Ⅲ-8-2 葛藤解決方略の有効性評価
出所：Ohbuchi & Takahashi (1994)

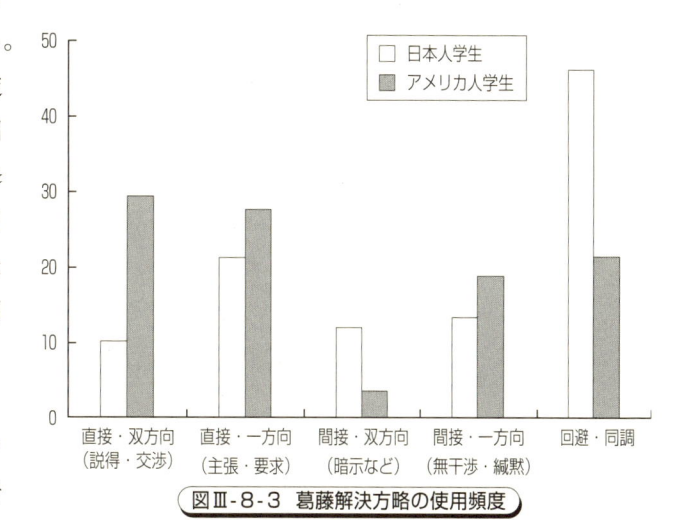

図Ⅲ-8-3 葛藤解決方略の使用頻度
出所：Ohbuchi & Takahashi (1994)

III 対人行動と対人相互作用

9 対人行動と対人相互作用：展望と読書案内

▷1 人間の心の本質的社会性に関するより詳しい紹介は、Ⅶ-4「新しい社会心理学」を参照のこと。

　忘れがちなことであるが，この世に，他者との関わりを一切絶って生きられる人はいない。まず私たちはすべて，誰かから生まれなければならない。そして成長の過程では，誰かの温かい愛情と保護を受け，生きていくためのさまざまな習慣や技術や知識を教えられなければならない。誰かが採集したり栽培したりした原料で作られた食事を取り，誰かによって引かれた水道から出る水を飲み，誰かが作った家で眠らなければならない。青年期になれば，誰かと新たに出会い，一緒に学び，助け，そして助けられなければならない。進化心理学者たちは，私たちの心のメカニズムは，対人関係をうまく処理できるように作られていると主張している。対人関係は，私たち人間にとって不可欠かつ本質的な存在である。◁1

　だがそれにもかかわらず，対人関係の中で生きることは必ずしも簡単ではない。そこには，無知，誤解，押しつけ，葛藤など，さまざまな問題が発生する。だがそうした問題を解決することなしには，人が安全で健康な人生を送ることはできないのである。そこでⅢ章では，特に2者関係を始めとした比較的狭い対人関係における人の行動の特徴やそこで生じる諸問題，そしてその背後で働く心のメカニズムに関する諸研究を取り上げた。

　私たちは，他者に対して自分のよいイメージを植え付けるために自己呈示を行う（Ⅲ-1）。また，相手の考えを読み取ろうとしたり，その一方で自分の考えが相手からどのくらい読み取られているのかを気にする（Ⅲ-2）。いずれも，良好な対人関係を築いていくために避けて通れない課題である。

　対人関係において常に問題になるのは，仲間はずれやいじめである。人は他者と一緒にいたいという根本的な欲求を持っており，仲間はずれにされることは，人の精神活動に大きなダメージを与える（Ⅲ-3）。

　Ⅲ-4「社会的交換」，Ⅲ-5「援助行動」，Ⅲ-6「ソーシャル・サポート」では，社会的交換，つまり人と人とが何かを与え合う，と言う観点から対人関係を読み解く試みを紹介した。人が人に何かを与えるなどと言うと「無償の愛」と言った言葉が連想されるかもしれないが，多くの社会関係においては，人々の間にギブ・アンド・テイクの関係が成立しているものである（Ⅲ-4）。そうしたやり取りには，他者を支える「援助行動」（Ⅲ-5）や，逆に他者から支えられる「ソーシャル・サポート」（Ⅲ-6）が含まれている。この社会を安全で生きやすいものにするためには，どのような条件が整えばよいのか。

社会心理学が「人に優しく」などといった啓蒙的な言葉の限界を，どのように超えようとしてきたのか。そうした視点からも，これらの節を読み返していただきたい。

援助行動の対極にあるのが攻撃行動である（Ⅲ-7）。「攻撃」などと言うと他人事のように聞こえるかもしれないが，これまでの人生で誰の心も傷つけたことのないという人はいないだろう。こうした出来事の連鎖は，取り返しのつかない結果をもたらす可能性がある。

だが，私たち人間の素晴しさは，そうした葛藤を解決するために知恵を絞ることである（Ⅲ-8）。「ジュースとマーマレードの両方を手に入れる」ためにはどうすればよいか。そうした問いをめぐって，今も多くの社会心理学者たちが研究を続けている。

（結城雅樹）

読書案内

Ⅲ-1
安藤清志（1994）．見せる自分／見せない自分——自己呈示の社会心理学——　サイエンス社
押見輝男（1992）．自分を見つめる自分——自己フォーカスの社会心理学——　サイエンス社
菅原健介（2004）．ひとの目に映る自己——「印象管理」の心理学入門——　金子書房

Ⅲ-2
イックス，W.・ダック，S.　大坊郁夫・和田実（監訳）（2004）．パーソナルな関係の社会心理学　北大路書房
エクマン，P.　工藤力（訳）（1992）．暴かれる嘘——虚偽を見破る対人学——　誠信書房

Ⅲ-3
コワルスキ，R. M.・リアリー，M. R.　安藤清志・丹野義彦（訳）（2001）．臨床社会心理学の進歩——実りあるインターフェイスをめざして——　北大路書房
浦光博（1992）．支えあう人と人——ソーシャルサポートの社会心理学——　サイエンス社

Ⅲ-4
相川充（1996）．利益とコストの人間学　講談社
亀田達也・村田光二（2000）．複雑さに挑む社会心理学——適応エージェントとしての人間——　有斐閣

Ⅲ-5
ラタネ，B.・ダーリー，J. M.　竹村研一・杉崎和子（訳）（1977）．冷淡な傍観者　ブレーン出版
高木修（1998）．セレクション社会心理学7　人を助ける心——援助行動の社会心理学——　サイエンス社

Ⅲ-6
浦光博（1992）．セレクション社会心理学8　支えあう人と人——ソーシャル・サポートの社会心理学——　サイエンス社
松井豊・浦光博（編）（1998）．対人行動学研究シリーズ7　人を支える心の科学　誠信書房
西川正之（編著）（2000）．シリーズ21世紀の社会心理学4　援助とサポートの社会心理学——助けあう人間のこころと行動——　北大路書房

Ⅲ-7
大渕憲一（1993）．セレクション社会心理学9　人を傷つける心——攻撃性の社会心理学——　サイエンス社
大渕憲一（2000）．攻撃と暴力——なぜ人は傷つけるのか——　丸善
クラーエ，B.　秦一士・湯川進太郎（編訳）（2004）．攻撃の心理学　北大路書房
ジーン，R.　神田信彦・酒井久実代・杉山成（訳）（2005）．なぜ攻撃してしまうのか——人間の攻撃性——　ブレーン出版

Ⅲ-8
ベイザーマン，M. H.・ニール，M. A.　奥村哲史（訳）（1997）．マネジャーのための交渉の認知心理学——戦略的思考の処方箋——　白桃書房
ブレット，J. M.　奥村哲史（訳）（2003）．交渉力のプロフェッショナル——MBAで教える理論と実践——　ダイヤモンド社
大渕憲一（編著）（1997）．現代応用社会心理学講座3　紛争解決の社会心理学　ナカニシヤ出版

Ⅳ　個人と集団

1　集団の生産性

1　社会的促進

　19世紀末，トリプレットという研究者（Triplett, 1898）が，自転車レースで一緒に伴走する者がいる場合には，そうでない場合（単独で一定の距離を走行し時間を測定する場合）よりも一般に記録がよいという現象に注目した。なぜこのような現象が生じるのか？　トリプレットは自転車レースに限らず，人が何か作業を行う場合に，単に他者がそばにいるだけで作業量が変化するのではないかと考えた。そして，この考えを実験によって検証するために，釣りで使うリールを改造して糸巻き機をふたつ並べた装置を作成し，一定の長さの糸を巻き取るためにかかる時間を測定した。ひとつの条件では単独で，もうひとつの条件ではふたりが並んで糸を巻き取った。その結果，ふたりで並んで作業を行う条件では単独条件より糸巻きのスピードが速くなる傾向が観察された。

　ひとりで何か作業を行う場合よりも，横で同じ作業をしている人（共行為者）がいる場合や，作業をしている様子を単に眺めている人（オーディエンス）がいる場合に作業効率が上昇する現象は，社会的促進と呼ばれている。トリプレットの実験は，社会的促進に関する最初の実験と考えられる。

　その後，オルポートという研究者（Allport, 1920）が，さまざまな課題を用いて研究した結果，課題によって社会的促進は起こったり起こらなかったりすることがわかってきた。たとえば自由連想課題◁1では共行為者がいる場合に社会的促進が観察された。これに対して，エピクテタスなどの哲学者の議論に対する反論を考えるという課題では，共行為者がいる場合よりも単独で課題を行った場合に，より質の高い反論が生成される傾向があった。オルポートの実験で社会的促進が生じなかったのはこの哲学的議論に関する課題だけだった。しかし，7つの無意味つづり◁2をできるだけ早く覚えるという課題を用いた実験でも，オーディエンスがいると完全に覚えるまでにより多くの練習が必要になることが示された（Pessin, 1933）。

　このような社会的促進への関心は第2次世界大戦の勃発とともに衰退してしまったが，その関心を呼び戻したのはザイアンスの1965年の論文であった（Zajonc, 1965）。ザイアンスは過去に行われた社会的促進の研究について，オーディエンスの影響を扱った研究と共行為者の影響を扱った研究とを別々に検討した上で，これらふたつの系統の研究が単一の現象として理解できると論じた。

▷1　ひとつの単語を起点としてそこから連想される単語を自由に書き出していく課題。

▷2　無意味つづりとは，文字通り全体として意味を持たない文字の並びで，主に記憶研究で用いられる。一般的には，TAQやDOJのようにアルファベット3文字で構成されている（日本語の場合は，ひらがな2文字が一般的である）。

具体的には，他者の存在はすでによく学習されている課題での遂行を促進するが，未学習の課題や学習中の課題での遂行は抑制するというものである。◁3

　ザイアンスの理論は現実的にどのような予測をするだろうか。これに関わる興味深いフィールド実験がある（Michaels, Blommel, Brocato, Linkous, & Rowe, 1982）。この実験では研究者はビリヤード場に行き，まずそこでプレイしているペアを観察した。そして，ショットの成功率から上手なペアと下手なペアを探した。そのようなペアが見つかると，4人の研究者がプレイをしているペアに近づき，ゲームの様子を眺めた。上手なプレイヤーというのはビリヤードをよく学習していると考えられるので，オーディエンスがいるとショットの成功率が上がると予測される。それに対して，下手なプレイヤーは学習がまだよくできていないため成功率が下がると予測される。結果は予測を支持するものであった。上手なペアは事前の観察で約71％のショットを成功させていたが，オーディエンスがいる状況では成功率が80％まで上昇した。それに対して，下手なペアは事前の観察で約36％のショットを成功させていたが，オーディエンスがいる状況では成功率が約25％に下がってしまった。

2　社会的手抜きと調整の失敗

　ここまでは個人の作業効率に他者の存在が及ぼす効果について見てきた。社会的促進研究では，オーディエンスにせよ共行為者にせよ，作業中にお互いにコミュニケーションをとりあうこともなく，何ら相互作用を持つことはなかった。また課題の遂行量も個人ごとに算出されていた。しかし現実の集団では，お互いに影響を与えながら作業をすることが多いし，集団の遂行量を個人ごとの遂行量に分けて評価することができない場合も多い。単純な例として3人1組で行う綱引きについて考えてみよう。綱引きで一方のチームが勝ったときに，そのチームの誰がどれくらい勝利に貢献したかを正確に算出するのは不可能である。このように遂行量が集団単位で評価される作業では，集団としての遂行量が個々人の潜在的遂行量の総和を下回ることが知られている。たとえば綱引きで，それぞれの成員が平均63 kg重の力で綱を引くことができるとしよう。そうすると，3人で一緒に綱を引くときには，3人の力の和である189 kg重の力が出せるはずだが，ある実験では，実際に集団で綱を引くときの力は160 kg重にすぎなかった。なぜこのようなことになるのだろうか？

　スタイナー（Steiner, 1972）は，この原因として動機づけの低下と調整の失敗のふたつを挙げている。◁4 動機づけの低下とは，みんなで一緒に作業をしているから自分ひとりくらいちょっと手を抜いてもよいだろうというように，個々人の作業に対する動機づけが下がってしまうことを指す。動機づけの低下は，より一般的には「社会的手抜き」と呼ばれている。調整の失敗とは個人の努力量が何らかの理由で集団の生産性に十全に反映されないことを指す。

▷3　ザイアンスは，非常に簡単ですぐにできるような行為や，難しくてもよく学習された行為を優勢反応と呼び，他者の存在は優勢反応を促進すると考えた。その根拠として，ザイアンスは，生理的喚起状態が優勢反応を促進することを示す実証研究を引用している。共行為者であれオーディエンスであれ，他者の存在は生理的喚起状態を生じさせるので社会的促進が生じるというわけである（Zajonc, 1965）。

▷4　綱引きの例は，スタイナーにより分析・検討されているリンゲルマンの古典的実験のデータに基づいている。スタイナー自身は，リンゲルマンの実験結果を調整の失敗により説明できる現象として取り上げている。しかし，後に行われた実験では，綱引きでも社会的手抜きが存在することが確認されている（Ingham, Levinger, Graves, & Peckham, 1974, Study 2）。

動機づけの低下と調整の失敗をより具体的に理解するためにラタネら (Latané, Williams, & Harkins, 1979) の有名な実験を紹介しよう。この実験の参加者はできるだけ大きな声を出すように求められた。その際に，単独で大きな声を出す条件，ふたりで一緒に大きな声を出す条件，6人で一緒に大きな声を出す条件が設けられた。上記の3つの条件に加えて，参加者にふたり（または6人）で一緒に叫んでいると思わせて実際にはひとりで叫ばせる条件も設けられた（以下，名義集団条件と呼ぶ）。この実験では，どの条件の参加者も周りからの影響を最小限にするためという名目で目隠しとヘッドフォンをしていた。この手続きにより，名義集団条件を設けることができたのである。ふたり，6人で本当に一緒に叫んでいる条件では個々の参加者がどれくらいの声を出しているかは識別できない。しかし，名義集団条件では参加者はひとりで叫んでいるわけだから，個人ごとにどれくらい大きな声を出しているかを測定することができる。これによって，他の人と一緒に声を出していると思いこんでいるために「自分ひとりくらい全力を出さなくてもよいだろう」と考えて社会的手抜きをしたかどうかを調べることができた。

　ではラタネらの実験では社会的手抜きは観察されたのだろうか。個人条件での平均の声の大きさを1としたとき，名義集団の参加者がどの程度大きな声を出していたかを図Ⅳ-1-1に示している。ふたり（または6人）で叫んでいると思っていたが実際にはひとりで叫んでいた参加者は，単独条件の場合の82％（または74％）しか声を出していなかった。つまり，他の人たちと一緒に作業をしていると思うことで，各人がちょっとずつ手抜きをするようになることがあきらかになった。図のなかの「社会的手抜き」と書かれた白い部分は，個々人の動機づけの低下により集団の生産性が低下する分を表している。

　次に実際のグループの声の大きさと名義集団との差はどうなっていただろうか。もし社会的手抜きだけが生産性の低下の原因であれば，ふたり（または6人）で叫んでいた集団の声の大きさを単純に2（または6）で割れば，ふたり（または6人）で叫んでいると思っていた名義集団の参加者ひとり分の声の大きさになるはずである。実際の集団（ふたり・6人）の声の大きさを2（または6）で割り，ひとり当たりの声の大きさを求めたものが図のなかで「実際のグループの遂行量」と示された部分である。なんと，ふたりで叫んだ場合は個人条件の66％，6人で叫んだ場合は個人条件の約36％しか声が出ていないと推測された。これは名義集団の声の大きさをもかなり下回っている。

　なぜ名義集団と実際の集団の間にこのような差が生じたのだろうか。私たちは機械ではないので一定の声量をずっと出し続けることはできない（全力で叫んでいても声の大きさは大きくなったり小さくなったりしている）。グループで叫んでいるときに全員の声の大きさが最大になるタイミングを一致させるのは至難の業である。したがって，集団の最大声量は個々の成員の最大声量の和を下回

ることとなる。これは個々人の動機づけが下がったためではなく，成員間の調整がうまくいかずに個々人の遂行量が集団の遂行量に完全に反映されていないために生じたものである。これを調整の失敗と呼ぶ。ラタネらの実験では，図中の名義集団と実際のグループの遂行量の間の薄い網掛け部分に相当する声量が，調整の失敗によって集団の声量に反映されず失われたことになる。◁5

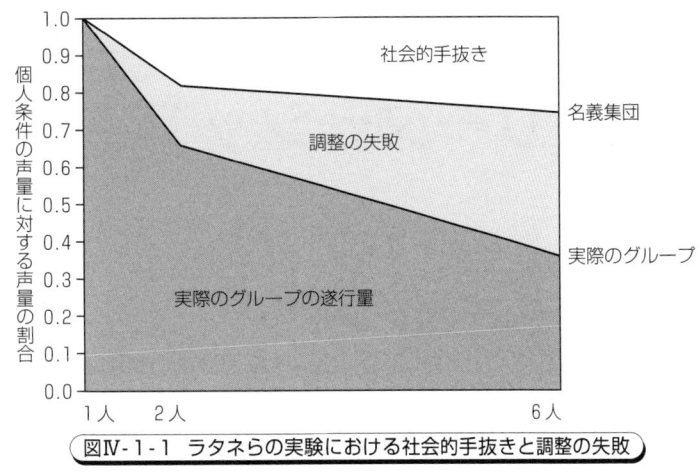

図Ⅳ-1-1 ラタネらの実験における社会的手抜きと調整の失敗

出所：Latané et al., (1979) より作成。

3 ブレインストーミングにおける調整の失敗

社会的手抜きと調整の失敗の両方の可能性を考慮することは集団の生産性を考える上で重要である。たとえば，集団によるアイデア生成技法である**ブレインストーミング**◁6の研究を例に考えよう。集団場面では一時にひとりしか話すことができない。したがって，各人が思いついたアイデアを思いついたときにすぐに口に出せないことになる（アイデア産出のブロッキングと呼ばれている）。ブレインストーミングでは，このブロッキングが集団の生産性を損なう最も重要な要因であることがあきらかにされている（Diehl & Stroebe, 1987）。ブロッキングは個々人の動機づけとは関係がないので，調整の失敗の一例である。

ではブロッキングに関する調整がうまくいくようになれば集団の生産性は向上するのだろうか。答えはイエスである。近年開発された電子ブレインストーミングでは，各人はコンピュータの端末に自分のアイデアを入力していき，好きなときに他人が入力したアイデアを参照することができる（したがってブロッキングは存在しない）。このような電子ブレインストーミングは伝統的な対面式でのブレインストーミングよりも効率的である（Gallupe, Bastianutti, & Cooper, 1991）。これに対して，従来のブレインストーミングに個人評価を導入するなどして社会的手抜きへ介入することは大した効果を持たないことが実験により示されている（Diehl & Stroebe, 1987, Experiment 1）。

集団の生産性の問題では，生産性を下げている要因が動機づけの問題なのか調整の問題なのか（あるいは両方なのか）を見極め，生産性を下げている要因に適した介入をすることが必要である。

（大坪庸介）

▷5 綱引きでも同じように調整の失敗を考えることができる。綱を引っ張る方向や力を出すタイミングを他者と完全に合わせることは困難である。

▷6 ブレインストーミング
オズボーンにより提唱された集団によるアイデア生成技法。オズボーンは，集団による相互作用が創造性にとって重要であることを指摘し，①互いのアイデアの批判の禁止，②奇抜なアイデアを出すことの推奨，③質より量という方針の徹底，④他者のアイデアを利用して新しいアイデアを産出することの推奨という4つのルールのもとでアイデアを出し合うならば，集団は個人を上回る創造性を発揮するとした（Osborn, 1957）。しかし，その発表直後からブレインストーミング集団が産出するアイデアは，同じ人数の人たちが個人で出したアイデアに質・量ともに劣ることが指摘されている（Taylor, Berry, & Block, 1958）。

Ⅳ 個人と集団

2 リーダーシップ

1 初期のリーダーシップ研究

　リーダーシップという言葉は日常的にもよく使われているが、どういう意味なのかきちんと説明せよと言われるとうまく説明しにくい言葉である。これは研究者の間でも同じで、研究者の数だけリーダーシップという言葉の定義があると言われることもある。実際、リーダーシップという用語は、研究者によって行動、能力、影響過程などとしてさまざまに定義されるが、リーダーが他の成員たちの行動・人間関係に影響を与える過程と関わっているということは大部分の研究者の認めるところである（Bass, 1990）。

　リーダーシップに関する実証的な研究を始めたのは、グループ・ダイナミックスという学問分野の生みの親でもあるレヴィンである。レヴィンとその共同研究者（Lewin, Lippitt, & White, 1939）は、子どもたちのサークル活動にリーダー役として参加した。リーダー役の研究者は、あるグループではサークルの活動内容に関する決定に子どもたちを積極的に参加させた（民主的リーダー）。別のグループではサークル活動についての決定に子どもたちを一切関与させなかった（独裁的リーダー）。さらに別のグループではリーダーは単にそこにいるだけで基本的に子どもたちに自由にさせた（自由放任リーダー）。

　この結果、独裁的リーダーの下ではグループの雰囲気は二極分化した。独裁的リーダーの下で活動を行った6つのグループのうちふたつでは言葉による攻撃も含めて子どもたちの間での攻撃行動のレベルがきわめて高かったのに対して、他の4グループでは攻撃行動はきわめて低いレベルに留まっていた。しかし、それらの4つのグループのうち少なくとも2グループでは、リーダーが民主的リーダーや自由放任リーダーに入れ替わると、その直後に攻撃行動が極端に高いレベルに上昇することが観察された。同じ子どもたちが異なるリーダーの下で異なる攻撃行動のレベルを示したのだから、この差はリーダーの振舞い方の違いによって生じたと考えられる。つまり、レヴィンらの研究は、リーダーが集団全体の雰囲気に大きな影響を与えるということを実験によって示したことになる。

　リーダーシップの重要性に気づいた当時の研究者は、どのような特性を持ったリーダーが効果的であるのかを調べていった。しかし、あらゆる研究で一貫して支持される効果的なリーダーの特性は見つからなかった◁1（Mann, 1959;

▷1　ここで、「効果的なリーダーシップ」をあいまいな表現と思われる読者もいるかもしれない。実は、効果的なリーダーシップとは何かという問題は研究者の間でも混乱のもとになっている。直感的には、効果的なリーダーシップとは集団成員の士気を高め、集団の生産性を高めるようなリーダーの振る舞いなどを指すと考えられるかもしれない。しかし、ロードら（Lord, De Vader, & Alliger, 1986）は、過去の研究者が、"生産性を向上させるという意味での効果的なリーダーシップ"と"部下が知覚したリーダーシップ"とを混同して用いてきた可能性があると述べている。

Stogdill, 1948)。たとえば，いくつかの研究では高い知性を持つリーダーの方が効果的であるという結果が得られても，別の研究の結果ではリーダーの知性が集団成員の平均と比べて高すぎるとむしろリーダーシップの効果が損なわれるといった具合である。

　こうしたリーダーの特性に注目したアプローチの限界を乗り越えるために，オハイオ州立大学の研究者たちはリーダーの"行動"に焦点を当てた研究を開始した。具体的には，リーダーが行うべき重要な行動が150項目列挙された質問紙を作成し，その項目が自分たちのリーダーの行動を記述しているかどうかについてさまざまな職場で働く人たちに回答してもらったのである。その結果，リーダーの行動は大きく「配慮」と「構造づくり」のふたつに分けられることが分かった（Fleishman, 1953）。配慮とは主に部下の個人的な福利厚生に気を配る行動である。一方，構造づくりとはそのグループの課題達成のために行われる行動のことで，作業の割り振り，締め切り・ノルマの設定，部下間の仕事の調整などを指す。◁2

　オハイオ州立大学の大規模な質問紙調査が行われているのとほぼ同時期に，ミシガン大学でもインタビューやフィールド研究などを駆使して効果的なリーダーシップの研究が行われていた。その結果，オハイオ州立大学のプロジェクトであきらかになった配慮と構造づくりに対応する軸に加えて，意思決定過程への部下の参加促進行動が効果的なリーダーシップと関わることがあきらかになった（Likert, 1961）。◁3

② 状況即応理論

　ここまで紹介してきた研究は，さまざまな場面で一貫して効果的なリーダーシップを導く特性や行動パターンがあるはずだという前提で行われたものであった。これに対してフィードラー（Fiedler, 1964）は，効果的なリーダーシップのスタイルは，そのリーダーのおかれた状況によって異なるのだと主張した。リーダーシップ研究では，この考え方を取り入れた理論のことをまとめて状況即応理論と呼んでいる。ここでは，ふたつの状況即応理論（フィードラー自身の状況即応理論とヴルームとイェットンの規範的決定モデル）を紹介する。

　フィードラーの状況即応理論によれば，これまでに出会ったなかで一緒に仕事をするのが最も困難であった同僚（Least Preferred Co-worker：LPC）をどのように評価するかによって，リーダーは大きくふたつのタイプに分けられる（Fiedler, 1964, 1978）。比較的好意的に評価するタイプは高 LPC と呼ばれ，きわめて否定的な評価をするタイプは低 LPC と呼ばれる。◁4 フィードラーは，一緒に仕事をしにくい同僚に対する評価が分かれる理由は，高 LPC が人間関係を重視するタイプなのに対して，低 LPC が課題の遂行を重視するタイプであるためだと考えた。つまり，配慮と構造づくりとに関連した行動基準がここでも

▷2　オハイオ州立大学のプロジェクトで開発された質問紙は，幾度かの改訂を経てリーダー行動記述質問紙（Leader Behavior Description Questionnaire：LBDQ）として広くリーダーシップ研究で利用されている。

▷3　配慮と構造づくりが大事であるとする考えは，ブレイクとムートン（Blake & Mouton, 1964）のマネージリアル・グリッド理論や三隅（三隅, 1986）のPM理論にも共通して見られる。構造づくりや配慮などが重要であることは，今日的な観点からすると当たり前のことのように思われる。しかし，これらの研究が行われた時代背景を考慮すると，このことは必ずしも自明ではなかった。当時はテイラーの科学的管理法の考え方が少なからぬ影響力を持っており，管理者の仕事は部下に与える仕事を誰にでもできるような単純なものに細分化することであると考えるむきもあった。このような前提からは，部下に単に目標を与えること（構造づくりに含まれる）や，部下の個人的厚生に気を配ることがリーダーの仕事であるという発想は生まれてこないだろう。

▷4　具体的には，LPC スコアの測定では，回答者は最も仕事をするのが困難であった同僚を「フレンドリー―フレンドリーでない」などの形容詞対のどちらにどれくらいよく当てはまるか評価する。全18の形容詞対に回答した評価から LPC スコアが求められる。だが一方で，このようにして求められる LPC スコアが具体的に何を意味するのか曖昧だという批判もある（Yukl, 1970）。

リーダーとしての効率								
部下との関係	○	○	○	○	×	×	×	×
課題の構造化	○	○	×	×	○	○	×	×
リーダーの権限	○	×	○	×	○	×	○	×

凡例: ‥‥‥ 低LPC　―― 高LPC

図Ⅳ-2-1　フィードラーの状況即応理論における高LPC・低LPCリーダーの効率と状況要因の関係

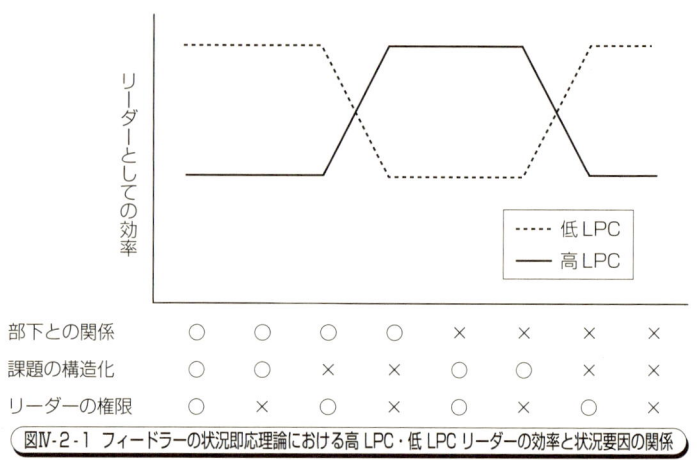

出所：Fiedler, (1978) より作成。

用いられていることになる。

　しかし，フィードラーの状況即応理論が従来の研究と異なるのは，構造づくりなら構造づくりがあらゆる状況でうまくいくわけではないと考えている点である。リーダーがおかれている状況は，①リーダーと部下の関係の良好さ，②部下が行うべき作業が明確化・構造化されている程度，③リーダーに与えられている権限の大きさという3つの基準それぞれで高低に分けられる。これら3つの基準によりリーダーがおかれた状況の望ましさが決定されるが，各要因は①，②，③の順で重要だと考えられている。フィードラーによれば，図Ⅳ-2-1に示しているように，リーダーにとって望ましい状況（図の下の3つの基準に多くの○印がついている状況）と望ましくない状況（×印が多くついている状況）では低LPCが効果的なリーダーであるのに，望ましさが中程度の状況では高LPCが効果的なリーダーになる。

　次に，より実践的な立場から考案された状況即応理論である，ヴルームとイェットン（Vroom & Yetton, 1973）の規範的決定モデルについて見てみよう。規範的決定モデルは，リーダーが重要な決定を行う場合にどのような手続きを踏むべきかに関するモデルである。このモデルでは，集団での話し合いと合意形成を経る手続きに加え，比較的独裁的な手続き2種類，比較的民主的な手続き2種類が選択肢として想定されている。そして，リーダーがおかれた現況にかんがみてどの決定手続きを採用すべきかをフローチャート形式で示している。

　状況即応理論とは，状況に応じてリーダーのとるべき行動は違うという前提を持っている理論の総称である。したがって，同じ状況即応理論と言っても，フィードラーのモデルと規範的決定モデルは応用場面での意味合いが大きく異なっている。フィードラーは，リーダー個人の比較的安定した特性として高LPCと低LPCをとらえている。したがって，フィードラーが提唱するリーダー訓練プログラムは，LPCの概念と状況の査定の仕方を教えるだけでなく，

状況を自分に有利なものに変化させるにはどうしたらよいかも教える内容になっている（Fiedler, Chemers, & Mahar, 1976）。それに対して，規範的決定モデルは状況に応じて決定手続きを使い分けるよう（つまり，自らの行動を臨機応変に変化させるよう）処方している。

３ 変革型リーダーシップ

近年，リーダーの顕在的な特性や行動ではなく，リーダーが部下に与える影響の質からリーダーシップをとらえようとする研究が出てきている。たとえば，バス（Bass, 1985）は，それ以前に行われていたカリスマ的リーダーの研究を踏まえて変革型リーダーシップの理論を提唱している。カリスマ的リーダーの特徴として，追随者に経済的な見返りを与えることなく絶大な影響力を行使できるという点が挙げられる。これを普通の組織・企業のレベルに置き換えて，バスはリーダーがいかにして部下の仕事に対する意識を変革できるかに着目したのである。たとえば，バスの多要因リーダーシップ質問紙（Multifactor Leadership Questionnaire：MLQ）を用いた研究では，変革型リーダーシップは以下の４つの因子からなることが明らかにされている。すなわち，①部下を惹きつけるカリスマ的因子，②部下を鼓舞することに関わるインスピレーション因子，③部下に新たな発想などを与える知的刺激因子，④部下に対して個人的な配慮を見せる個別配慮因子の４つである（Bass, 1990）。

日本では古川（2003）がバスとは異なる変革型リーダーシップの概念を提出している。古川の考える変革型リーダーシップとは，集団や組織のなかで暗黙裡に共有されている規範・価値観（古川はこれをソフト構造と呼んでいる）が本当に妥当なものなのか疑問を投げかけることで，必要ならば会社のなかでルーティン化しているやり方，考え方を変えていくようなリーダーシップのスタイルである。古川は組織を取り巻く環境が従来になく急速に変化する現代社会において，環境変化に柔軟に対応できる組織を作るために変革型リーダーシップが必要であると論じている。

これまでのリーダーシップ研究の教えるところは，構造づくりや配慮など，効果的なリーダーシップにとって重要な要因はかなり共通していそうだということである。その一方，状況即応理論は，どんな場面でも一貫してうまくいくリーダーシップのスタイルはないと教えている。たとえば，現代の企業をとりまく環境では，組織のリーダーは古川が言うような変革型のリーダーの要素も持たなければならないだろう。このように考えると，リーダーシップ研究は時代ごと，国ごとに最も適切なアップデートされた理論を提供し続けなければならない分野だと言える。

〔大坪庸介〕

IV 個人と集団

3 集団意思決定

1 リスキー・シフトと集団極化

　みなさんが社会心理学の教科書の引用文献表を詳細に眺めてみたとすると，そのなかにひとつだけ未刊行の修士論文を発見するかもしれない。それはおそらくストーナーがマサチューセッツ工科大学に提出した修士論文だろう。これは，社会心理学の教科書や学術論文に最も頻繁に引用される修士論文と考えられる。では，ストーナーは何を修士論文研究で明らかにしたのだろうか。

　ストーナーの研究は，**集団意思決定**に関する研究であった。具体的には，表Ⅳ-3-1に示すような「選択のジレンマ」と呼ばれるシナリオについて，集団が話し合いを経て下す判断を，個人による判断と比べたのである。この例では，転職をするという決定は，うまくいくかどうか分からないのでリスクをともなう決定である。これをリスキーな決定と言う。具体的には，ストーナーの実験の参加者は，まず転職をするには少なくともどれくらいの成功確率がなければならないかを個人的に判断した。全員が個人的な判断を終えると，次に参加者は6人グループで話し合って同じ判断を行った。その結果，個人よりも集団の方が，成功確率が低くてもリスキーな選択をしてもよいと判断する傾向が見られた。ストーナーは，このように話し合いによりリスキーな決定が下されやすくなる現象をリスキー・シフトと名づけた（Stoner, 1961）。

　ストーナーによるこの最初の研究は正式な学術雑誌には発表されないままとなったが，この結果はストーナーの修士論文の審査者をつとめた2組の研究者によってすぐに追試され，発表された（Marquis, 1962；Wallach, Kogan, & Bem, 1962）。リスキー・シフト現象は当時の社会心理学者たちから驚きをもってむかえられた。というのも，当時の研究者の多くは，集団で話し合うことには個々人が持つ極端な意見・態度を希釈する効果があり，その結果，集団で話し合った決定は個人の決定よりも穏当なものになると考えていたからである。

　リスキー・シフトが注目された理由は，その結果が多くの研究者の予想に反しているということと，繰り返し同様の結果が再現されるということにあった。しかし繰り返し実験が行われるうちに，選択のジレンマのシナリオのなかにも必ずしもリスキー・シフトを示さず，むしろ逆の傾向を示すシナリオがあることがあきらかになってきた。これらのシナリオでは，話し合いの結果，むしろリスクを回避する方向に意見がシフトしたのである。またモスコヴィッチらは，

▷1　**集団意思決定**
社会心理学では，広く「話し合い」に関わる研究を集団意思決定研究と呼んでいる。

▷2　この現象はコーシャス・シフト (cautious shift) と呼ばれている。ワラックらの実験でも，必ずしも統計的には有意ではなかったがふたつのシナリオではコーシャス・シフト傾向が観察されていた（Wallach et al., 1962）。

集団の意見が個人の意見よりも極端になるのはリスクを含む場面だけではないということを発見した。フランスで行われた彼らの実験では，「ド・ゴール（当時のフランス大統領）」と「アメリカ合衆国」への態度が測定された。話し合い前には全体としてやや好意的であったド・ゴールへの態度は，話し合い後にはより好意的な方向へ，話し合い前にはやや非好意的であったアメリカへの態度は，話し合い後にはより非好意的な方向へシフトした（Moscovici & Zavalloni, 1969）。この現象は集団極化現象と呼ばれている。

表Ⅳ-3-1 選択のジレンマの例

> 電気技師のAさんには，妻とひとりの子がいます。彼は5年前に大学を卒業してから電気関係の大企業に勤めています。彼には終身雇用とほどほどの給与，そして退職後には十分な年金が保証されています。その一方で，退職までに大幅な昇給があることはまず望めません。ある同業者の会議に参加したとき，Aさんは小さな新進の企業から誘いを受けました。その企業が将来どうなるかはきわめて不確実ですが，その新しい仕事では初めから今より多くの給与が支払われるだけでなく，その会社が他の大企業との競争に勝ち残ったあかつきには会社の所有権の一部を分有できる可能性もあります。

出所：Kogan & Wallach (1964) より作成。

❷ 集団極化はなぜ起こるのか？

ではなぜ集団の意見は個々人の意見よりも極端になるのだろうか。この問いに対する代表的な答えは社会的比較説と説得的論拠説のふたつである（Isenberg, 1986）。

社会的比較説は「人々は社会的に広く共有された価値観に沿った態度を自分が持っていることを望む」という前提に基づき集団極化を説明する。たとえば，リスクを冒すことが望ましいという価値観が共有されているとしよう。話し合いの場面で参加者は他者と自分のリスク態度を比較する。そして，他者よりも穏当な態度を持っていることに気づいた人たちは，集団の価値観に沿うように自らの態度を変化させると考えられる。その結果，話し合いは，集団の判断を社会的に共有された価値観の方にシフトさせるというのである。▷3

これに対して，説得的論拠説は，参加者が話し合いのなかで今まで考えていなかった論拠に接することで意見をシフトさせる結果，集団極化が生じると説明する。たとえば，なぜ大きなリスクを冒しても転職をする価値があるのかに関する説得力のある論拠をひとりの参加者が呈示したとしよう。その論拠に接した他の参加者は，よりリスキーな方へと自分の意見を変化させるだろう。▷4

このふたつの説明の違いは，社会的比較説は話し合いを通じて他者の態度を知るだけで集団極化が生じるのに十分と考えるのに対して，説得的論拠説は極端な態度を正当化するさまざまな論拠が話し合いを通じて共有されることが必要と考えている点にある。これらふたつの説明には，それぞれを支持する証拠が提出されており，どちらも集団極化の一因になっていると考えられている。

▷3 社会的比較説を支持する証拠としては，グループでの話し合いはせずに，単に各人の意見をカードに書いて見せ合うだけで個人の態度がリスクを好む方向に変化することを示した実験がよく知られている（Teger & Pruitt, 1967）。ただし，観察されたシフトの程度は，実際に話し合いを行った場合より小さかった。

▷4 説得的論拠説を支持する証拠としては，討議のなかで言及されたリスク支持・リスク回避支持の論拠を数え，全論拠に占めるリスク支持論拠の割合がリスキー・シフトと正の相関を示すことをあきらかにした研究がある（Ebbesen & Bowers, 1974 Experiment 1）。

3 初期多数派主導型の決定と集団極化

集団極化に対する第3の説明として，集団決定プロセスに着目した説明がある（Cartwright, 1971）。選択のジレンマ課題のような個々人の価値観が争点になる問題について集団で話し合いをすると，話し合い前の多数派の意見が集団の決定として採用されやすい。具体的には，3人グループのうちふたりが話し合い前からXという選択肢を望ましいと思っていると，残りのひとりがどのような選択肢を好ましいと思っているかに関わらず，このグループの決定はXとなりやすいということである。これを専門用語で「初期多数派主導型の決定プロセス」と呼んでいる（Davis, 1973；亀田, 1997）。

では，集団極化は初期多数派主導型の決定プロセスとどのように関係しているのだろうか。仮に3人グループのうちひとりは70％以上の成功確率がない場合には転職をすべきではないという慎重な意見を持っているのに対して，残りふたりはそれぞれ25％の成功確率でも転職をしてもよいというリスキーな意見を持っているとしよう。個人レベルの意見の単純な平均をとれば40％以上の成功確率があれば転職すべしということになる。これに対して，多数派（ここではよりリスキーな意見を持っているふたり）の意見が最終的に集団の意見として採用される場合は25％の成功確率でも転職してもよいということになり，集団の決定は個人の意見の平均（40％）よりもリスキーなものとなる。これはリスキー・シフトだけでなく集団極化全体に応用可能な説明である。◁5

集団決定プロセスによる説明は，リスキー・シフトや集団極化という用語により生じやすい誤解を解消してくれる。リスキー・シフトや集団極化という用語から，集団は多くの個人よりも極端な決定を行うという印象を持った読者がいるかもしれない。しかし上記の議論に沿って考えれば，それは間違っている。たとえば，選択のジレンマ課題を個人で行った場合，個人の意見は0％から100％まで広く分布するかもしれない。しかし，集団の多数派が揃ってそのような極端な意見を持つ確率はきわめて低いので，そのような極端な決定を下す集団はほとんどない。ただし，上記の例で見たように，平均を取れば，集団の意見はよりリスキーな方であれ慎重な方であれ，話し合い前の多数派が支持する方向にシフトしているということである。

4 多数派主導型の決定の安定性

集団決定プロセスに関する考え方は応用場面でも重要である。ここでは，陪審裁判研究を例に考えよう。陪審裁判とはアメリカなどで採用されている裁判制度で，この制度のもとでは選挙人名簿などからほぼ無作為に選ばれた12人の一般市民が裁判官の代わりに評議を行い，最終的な評決を下す。陪審裁判に関する研究では，メディアが容疑者の過去の犯罪歴などを報道することの問題が

▷5　この議論では，集団極化が生じることを説明するために，社会的比較説や説得的論拠説のような個人レベルでの意見変化を仮定する必要はない。▷3と▷4で見たように，話し合いを行えば個人の意見はもちろん変化するだろう。しかし，集団決定プロセスによる説明を支持する研究者の立場からは，そのような個人レベルの意見変化は集団極化現象の本質的な原因ではないということになる。

検討されてきた。参加者にある事件の被告人が有罪かどうかを判断させる実験で，被告人の過去の犯罪歴を教えると，それを教えない場合と比べて有罪を支持する参加者が増えるのである。ところが模擬陪審実験を行い，集団の判断を調べるとこのような効果は観察されない。それはなぜだろうか？　カーら（Kerr, Niedermeier, & Kaplan, 1999）は陪審の決定が初期多数派主導型の決定プロセスに従いがちであるという事実から，この一見矛盾した知見が理解できると考えた。たとえば，メディアが被告人の過去の犯罪歴を報道する前には選挙人名簿に載っている人の10％が有罪と判断するとしよう。報道の結果，有罪と判断する人が20％に増えたとしても，そこから12人の陪審員を無作為に抽出して，その多数派（7人以上）がたまたま有罪支持である確率は有罪支持者10％の場合とさほど変わらない。つまり，陪審の評決は個人の判断よりメディア報道に影響を受けにくいことになる。

　ただしカーらの議論は，陪審評決が報道にむしろ大きな影響を受ける例外的な事態があることも予測する。それは有罪支持派が50％をほんの少しだけ下回る場合である。なぜなら，有罪支持派が少し増えることで多数派になってしまうからである。カーらは個人レベルでの有罪支持率が50％を若干下回る事件を用いて，被告人の過去の不適切な行いに関する新聞記事を与える条件と与えない条件の評決を比較している。評議前の個人の判断では，記事なし条件で40％強，記事あり条件で50％強が有罪支持であった。つまり，記事により個人レベルでの多数派が無罪支持から有罪支持に入れ替わった。集団での評議を経た結果，記事なし条件では45％程度の集団が有罪評決を下したのに対して，記事あり条件では約65％の集団が有罪評決を下した。つまり，記事あり条件では話し合いによってメディア報道の効果が増幅されたことになる。

　カーらの実験結果を見た読者は「結局，話し合いで物事を決めるのはよいことなのか，悪いことなのか？」と疑問に思われたかもしれない。答えは「場合による」である。これは「わからない」ということではない。陪審裁判に関しては，かなりの場合に陪審評決の方が個人の判断より安定している。これは，多くの事件に関しては，個々の陪審員の有罪・無罪を見抜く能力が一定水準以上であるという事実に依拠している。集団の意見は多数派の意見に収斂するため，多数派が正しければ，集団は個人よりも正しい判断をしやすいのである（Hastie & Kameda, 2005 を参照）。応用的な関心にとって重要なことは，集団意思決定の全般的な性能に白黒をつけることではなく，集団意思決定において個人の意見が集団の意見に集約されるプロセスをよく理解し，それがどのような場合にどのようにはたらくのかを系統的に理解することであろう。　（大坪庸介）

▷6　陪審員を選出する母集団（選挙人名簿に載っているすべての人）の10％または20％が有罪支持であるいずれの場合も，そこから無作為に取り出された12人のうち，有罪支持者が多数派（7人以上）となる確率は1％に満たない（0.005％と0.4％）。つまり，個人レベル（陪審員レベル）ではメディア報道の影響があったとしても，集団レベル（陪審レベル）ではその影響は相対的に小さなものとなる。

IV 個人と集団

4 内集団ひいきと集団間葛藤

　サッカー・ワールドカップで日本が決勝リーグに勝ちあがる。高校野球で地元の高校が決勝戦まで残る。このような状況を見たとき，思わず自分の所属する集団を熱心に応援してしまうことがある。人は，集団同士の競争になると，自分が所属する集団のメンバー同士で助け合い，競争に勝とうとする。そして，勝つと嬉しくて盛り上がるが，負けると悔しくなったり，相手に敵意すら覚えたりもする。こうした現象がスポーツの応援合戦にとどまる話であれば，特に問題視することもないだろう。しかし，このような盛り上がりには，戦争や民族紛争にもつながる危険性も秘められている。たとえば，2001年にアメリカで起きた9.11事件の後，アメリカ国民は報復を主張するブッシュ共和党政権を熱烈に支持し，イラク戦争が起こった。また，1985年にベルギーで行われたサッカーのヨーロッパチャンピオンズカップでは，サポーター同士が衝突して死者が出ている。こうした現象はなぜ起きてしまうのだろうか。

1 内集団ひいきとは

　人は一般に，自分の所属している集団（内集団）を高く評価したり，好意的に扱ったりする傾向がある。その一方で，自分が所属していない集団（外集団）を低く評価したり，非好意的に扱ったりする。この傾向は「内集団ひいき」と呼ばれる。文化人類学者のサムナー（Sumner, 1906）が世界各国の慣習や風習を調べたところ，内集団ひいきは，対面集団（家族・友人など）から大きな社会的カテゴリー（性別・宗教・国籍など）に至るまで普遍的に見られることがわかった。こうした内集団ひいき傾向は民族紛争や戦争など集団間葛藤の原因のひとつと考えられるために，それがどのような心理過程を経て引き起こされるかは社会心理学の中心的な研究対象のひとつとなってきた。

2 現実葛藤理論とサマーキャンプ実験

　内集団ひいきの原因を説明した初期の理論に，現実的葛藤理論がある（Campbell, 1965）。この理論によれば，外集団への敵意や敵対行動は，ふたつの集団の間で，片方が資源を得るともう一方が必ず損をする関係にあることから生じると考えられる。このことは，逆に資源をめぐる利益の葛藤がなければ，人は外集団に対して寛容で友好的になれることを意味している。
　シェリフらにより行われたサマーキャンプ実験は，この理論を明確に支持す

るものである (Sherif et al., 1961)。この実験ではまず，夏休み中にサマーキャンプを行うと称して，お互いに初対面で心身ともに健康な11〜12歳の少年たちが集められた。彼らは，事前に決められていた通り人数の等しいふたつの集団に分けられ，それぞれの集団ごとにキャンプ場の別々の場所で生活するのである。

　この実験は大きく3つの段階に分けられていた。第1段階は内集団の形成であり，キャンプにおけるさまざまな活動を通じて，少年たちに集団内での仲間意識（友人関係や上下関係）を芽生えさせるものである。第2段階の「集団間葛藤」では，少年たちに，「このキャンプ地にはもうひとつ別の集団がいる」と告げるとともに，集団間で「価値ある希少資源」▷1をめぐる競争をさせる。それらの資源は，競争で勝った集団にのみ与えられ，負けた集団には与えられなかった。つまり，集団間に目標の葛藤を導入したのである。その結果，外集団への敵意が増加し，罵りやいやがらせなどの激しい敵対行動が生じた。最後の第3段階は「葛藤の解消」である。食料を積んだトラックが溝にはまり，すべての少年たちが協力しないと食料を得られない状況など，**集団間の上位目標**▷2が設定された。そして，こうした共同作業を経ると，現実的葛藤理論からの予測通り，少年たちの外集団に対する敵意や敵対行動は著しく減っていったのである。

❸ 最小条件集団実験

　現実的葛藤理論の主張は，人間は無条件に外集団へ偏見を持ったり敵対したりせず，それらの行動はあくまで集団間の目標が対立する状況に応じた合理的な反応である，と言うことであった。だが，そうした合理的な理由がまったくないにもかかわらず，人が内集団ひいきをしてしまうことを示した実験もある。

　イギリスの社会心理学者タジフェルらは，互いに初対面の8人の男子小学生を実験室に呼び，人間の差別行動を引き起こす必要最低限の条件を探る実験を行った (Tajfel, Billig, Bundy, & Flament, 1971)。「人の判断を調べる」と教示されたこの実験で，子どもたちはまず，2種類の抽象画を見てどちらを好むかを判断した。そして，その課題の結果をもとに，集団をふたつに分けた▷3。その後，彼らは「別の判断課題」との説明のもとで，内集団メンバーひとりと外集団メンバーひとりに報酬ポイントを分配する課題を行った▷4。この報酬ポイントは，実験後に現金に換算されて，分配された相手へ実験参加報酬として渡されると告げられた。分配作業には，表Ⅳ-4-1に示した分配マトリクスが用いられた。子どもたちは，マトリクスに示されている13通りの分配の組み合わせのなかからひとつを選ぶよう指示された。たとえば表Ⅳ-4-1では，選ぶ組み合わせが左端に近くなるほど，外集団メンバーよりも内集団メンバーに多く報酬を与えることになり，内集団ひいき傾向が強くなることを意味する（中央の13と13の組み合わせは平等分配）。実験の結果，メンバー間の直接的な相互作用・集団内の

▷1　勝った集団に与えられるものは，優勝カップや新品のペンナイフなど，少年たちにとって魅力的なものだった。

▷2　**集団間の上位目標**
複数の集団が存在する状況で，集団の枠を超えて相互に協力しなければ達成されない全体的な目標のこと。例えば，地球温暖化防止のためには世界中の国々で二酸化炭素を制限する目標を掲げるなど。

▷3　この他にも最小条件集団実験で集団を分ける際によく用いられる課題には，参加者にスクリーンに映し出された多くの点を見せ，その数を多く見積もるか少なく見積もるかを基準にするものなどがある。このように，集団分けの基準は，家族や友人グループ，人種などの現実の社会的集団とは一切関係ないものである。

▷4　参加者はすべてナンバーで表示されていたため，匿名性は完璧に保障されていた。

表Ⅳ-4-1　最小条件集団実験で用いられた報酬分配マトリクスの例

←内集団ひいき

内集団メンバーへ	19	18	17	16	15	14	13	12	11	10	9	8	7
外集団メンバーへ	1	3	5	7	9	11	13	15	17	19	21	23	25

出所：Tajfel et al. (1971) より作成。
注：表中の数字は相手に配分される報酬ポイント。参加者は上下のポイントをひとつの組み合わせとした13の選択肢のなかからひとつを選ぶ。

構造・規範・他集団との関係など、日常的な集団生活に関連する要素がまったく存在しない「最小条件」の集団間状況でも、子どもたちが内集団ひいきを示すことが見いだされた。

4　社会的アイデンティティ理論

こうした実験結果を説明するために、タジフェルとターナーは社会的アイデンティティ理論を提案した（Tajfel & Turner, 1979）。ここで言う社会的アイデンティティとは、自己概念の一側面であり、自分が特定の集団（たとえば、学校や国家、民族など）の一員であるとの知識からなっている。また、人は、自分についての肯定的な評価である自尊心を高めたいという基本的な欲求を持っている。社会的アイデンティティ理論によれば、人は、複数の集団が存在する状況に直面したとき、外集団と内集団を比べ、内集団の優位性を確認することを通じて自尊心を高めようとするのだと言う。この理論に従えば、最小条件集団状況で見られた内集団ひいきとされる報酬分配行動は、参加者が、内集団の優越性を確認することを通じて自尊心を高めるために行われたものだと解釈される。

社会的アイデンティティ理論は、その後、自己カテゴリー化理論として発展を遂げた（Turner, Hogg, Oakes, Reicher, & Wetherell, 1987）。この理論は、内集団をひいきしている人が、内集団や外集団、そしてその文脈にいる自分自身をどのように認知しているかをあきらかにしている。人は、集団間状況に置かれると、自分を含めた内集団メンバー同士はお互い似ているが、内集団メンバーと外集団メンバーは明確に違っていると知覚するようになる。このように自己と内集団をあたかも一枚岩であるかのように知覚することで、内集団ひいきや内集団の優位性の認知が、自身の自尊心の高揚へとつながるのである。典型的な例として、2006年に野球の世界大会で日本チームが優勝したとき、多くの日本人が、あたかも自分が優勝したかのように誇らしい気持ちになったことが挙げられよう。

5　閉ざされた一般互酬仮説

社会的アイデンティティ理論は、集団間の差別や偏見の原因に対する有力な説明として広く受け入れられた。しかし、山岸らはこれに対して異議を唱えた（Yamagishi, Jin, & Kiyonari, 1999）。彼らは、典型的な最小条件集団実験の手続き

を詳細に検討し，参加者全員が報酬分配作業を行っている点に注目した。最小条件集団実験の参加者たちは，ふたつの「集団」に分けられた後，全員がお互いに報酬を分配し合う。ここで注目すべき点は，参加者は相手の報酬の金額を決定すると同時に，他の集団メンバーにより自身の報酬の金額を決定されることである。そして，この「誰かを助けるとともに誰かに助けられる」という相互依存状況の認知こそが，内集団ひいきの原因だと言う。つまり，内集団ひいきは，「集団のなかではお互いに助け合うものだ」という集団内の**一般互酬関係**を重視した結果なのである。この仮説に基づくと，外集団に対する差別は，それ自体が目的ではなく，むしろ内集団メンバーに利益を与えようとする行動の副産物と言える。

神らは，この仮説を検証するための実験を行った（神・山岸・清成, 1996）。彼らはまず，従来の最小条件集団実験と同様に参加者全員が報酬分配を行う「双方向条件」を設定した。そして新たな条件として，参加者が，内集団のなかでは自分ひとりだけが報酬分配作業をし，他者から報酬を受け取ることはないと教示される「一方向条件」を設けた。この条件では，参加者は他の参加者に報酬を分配しても他者から報酬を受け取ることはないため，集団内での相互依存性は存在しない。実験の結果を見ると，予測通り，双方向条件で観察された内集団ひいきが，一方向条件では消滅していた。

閉ざされた一般互酬仮説の主張は，進化生物学でも採用されている**適応論**の基本的な考え方に基づいている。人間は，集団を形成し，そのなかで相互扶助を行うことにより生存し，子孫を増やしてきた。人間の周囲にはこのような集団内の関係性を重視すべき社会環境が頻繁に存在してきたがゆえに，自らが集団のなかにいるとの認知が生じると，他の内集団メンバーが自分を助けてくれるだろうとの期待や，逆に内集団メンバーを助けようとする行動が半ば自動的に引き起こされてしまうのだという。

しかし他方で，同じく社会環境のなかでの適応を重視する研究者のなかにも，内外集団間の葛藤こそが内集団ひいきを支える心の仕組みを発達させたとする立場もある。たとえば，進化心理学者トゥービーとコスミデスは，古代環境において外集団から資源を奪うことで個人の生存と繁殖の可能性が増すような状況が頻繁に存在してきたのであれば，社会的アイデンティティ理論が述べるような，外集団を積極的におとしめる行動を促す心の仕組みを人間が獲得してきた可能性があると述べている（Tooby & Cosmides, 1988）。

こうした議論は現在も続いているが，内集団ひいきという現象の存在自体はゆるがない事実である。そして，そのことは，私たち人間がいかに集団と深く関わる存在であるかを示しているのである。

（横田晋大）

▷5 報酬分配課題では，参加者が報酬を分配する相手と，参加者に報酬を分配してくる相手は異なっていた。

▷6 **一般互酬関係**
複数の人物で財（金銭や物品，愛情や社会的な地位などの心理的・社会的なものも含む）を交換する状況下で，ある人物に対して与えた財が，別の人物から自分に返ってくる関係のこと。対比される交換関係として，財を与えた人物から直接返ってくる限定互酬関係がある。

▷7 自分以外の参加者については，報酬分配とは無関係な課題を行っていると教示された。

▷8 参加者は，研究者から与えられた500円のうち，内集団メンバー1名と外集団メンバー1名に対していくらずつ分配するかを決めた。平均金額である250円よりも多くの額を内集団メンバーに分配した場合，内集団ひいきが起こったと見なされた。

▷9 **適応論**
人間が社会環境で生活していく上で，特定の社会行動やその行動を導く心の仕組みを持つことが，いかに個人（あるいはその血縁者）にとっての利益をもたらしやすいかとの観点から人間の行動・心理傾向を分析する考え方。
詳しくはⅦ-4を参照のこと。

IV　個人と集団

5　囚人のジレンマ

1　囚人のジレンマ

　1950年，アメリカ・カリフォルニア州のランド研究所に勤めるアルバート・W・タッカーは，自分の部下にあたるふたりの研究員，メリル・フラッドとメルビン・ドレシャーが考えついたというあるパズルを見て瞠目した。そのパズルは——と言っても，紙でできたピースを組み合わせるようなものではなく，表だったのだが——，ふたりの人が2種類の意思決定を行ったときの組み合わせによって，それぞれの利益が決まることを記したシンプルなものだった。タッカーはしばらく考えた後，この表に示されていることを直感的に理解するために，ある寓話を思いついた。その寓話の名前は「囚人のジレンマ」。これがこの後50年以上に渡って数千もの研究が行われるほど有名なものになるとは，そのときの彼は想像だにしていなかっただろう。

　タッカーの考えた話は次のようなものであった。ある重要な事件について，共犯だとおぼしきふたりの人物AとBが別件で捕まった。ただし，その重要な事件についてはふたりが共犯であるという決定的な証拠はない。そこで刑事は知恵を絞ってあるアイデアを考えた。ふたりの囚人を別々の取調室に入れて，それぞれに以下のような司法取引を持ちかけるというものだ。

　「お前が自白して，もうひとりが黙秘を続けた場合，司法取引によってお前の刑を1年にしよう。ただし，ヤツは懲役15年だ。もし，お前が自白し，もうひとりも自白した場合，双方とも懲役10年だ。お前がこのまま黙秘を続け，もうひとりも黙秘を続けた場合（別件の罪だけなので）ふたりとも懲役3年だ。もしお前が黙秘を続けている間に，もうひとりが自白したら，さっきとは逆だ。お前は懲役15年で，ヤツは司法取引によって1年の刑で済む。」

　この話に基づいてふたりを囚人A，囚人Bとして表にまとめると，表IV-5-1のようになる。

　これが「囚人のジレンマ」（Prisoner's Dilemma：PD）と呼ばれるパズルである。このとき，この囚人同士の間では，自白は相手に対する裏切りと見なされ，黙秘は相手に対する協力となる。つまりここでは相手を裏切るか，相手に協力するかという選択をしていることになる。そしてお互いにコミュニケーションは取れない。さて，このとき囚人たちは，どちらを選択するのがよいのだろうか。

　実は，数学的にはこのパズルの解ははっきりしている。まずそれぞれの囚人

は自分の利益を最大にしたいと仮定する。もし相手が自白するのであれば，自分も自白すると懲役10年，一方黙秘すると懲役15年となる。ならば自白する方が——裏切りを選択する方が——得だろう。もし相手が黙秘するのであれば，自分が自白すると懲役1年，黙秘すると懲役3年だ。つまり，この場合もやはり自白する方が得になる。しかし皮肉なことに，双方がそう考えると，結局どちらも自白（裏切り）を選び，ふたりとも10年の懲役を食らってしまう。だが，もしお互いに黙秘したらどうだろう。ふたりとも懲役3年ですむはずだ。つまり，ふたりをグループとして見ると，グループ全体ではお互い黙秘を選ぶ方がいいのに（ふたりの懲役の合計は6年），各自が自分の利益だけを考えると自白を選ぶことの方が得であるため，結果としてグループ全体にとっての損失が大きくなってしまうのだ（ふたりの懲役の合計は20年）。それゆえ，これはジレンマと呼ばれる。経済学や数学の理論研究では，一度限りの囚人のジレンマでお互い自白する（相互裏切り）状態が**ナッシュ均衡**となることが知られている。

表Ⅳ-5-1 囚人のジレンマ（寓話バージョン）

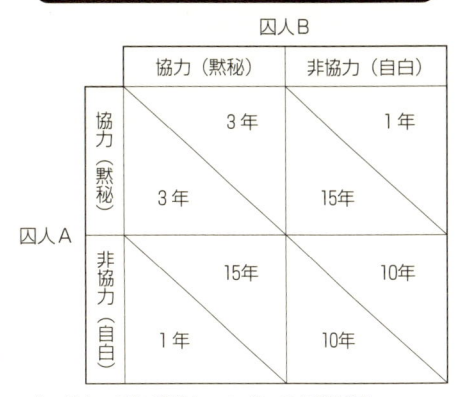

	囚人B 協力（黙秘）	囚人B 非協力（自白）
囚人A 協力（黙秘）	3年 / 3年	1年 / 15年
囚人A 非協力（自白）	15年 / 1年	10年 / 10年

注：数字の年数は懲役なので，低いほど利益が高い

2 囚人のジレンマの面白さ

囚人のジレンマはその後，心理学のみならず，社会学，経済学，政治学，生物学など，多くの分野で研究されるようになった。それは，このシンプルな表が，人間や生物の社会や経済を成り立たせる重要な問題を含んでいるからだ。Ⅲ-4で紹介された「社会的交換」という考え方を思い出してほしい。経済活動も含めて，私たちはいろいろな資源を交換している，という見方が社会的交換だった。タクシーに乗って別の場所まで速く正確に移動できるサービスを資源としてもらう代わりに，私たちはタクシー代という資源を渡し，相互利益を得ている。このように，資源を交換しあうことが，私たちの社会関係や経済関係を上手く運ばせていると言えるだろう。

しかし，ネットオークションでの詐欺のように，相手から資源をもらうだけもらって，自分は資源を渡さないという「裏切り」行為を行ったほうが，個人にとってはもっと得になるはずだ。このように資源を渡しあう行為について，「渡す」を「協力」，「渡さない」を「裏切り」にすると，囚人のジレンマと同じ表になる。

考えてみると，人間以外の生物の社会においても，コストがかかるにも関わらず相互に助け合ったり，資源を渡しあったりする協力関係がしばしば観察される。通常，動物は自分と遺伝子を分け合った血縁に対してのみ協力するが，不思議なことに，赤の他人にも協力するのは人間だけだと今のところ言われている。と言うことは，人間は先に紹介したゲーム理論による合理的な解（つまり両者による裏切り）に陥ることなく，相互協力を成立させることのできる生物

▷1 ナッシュ均衡
数学の1分野であるゲーム理論で用いられる用語で，囚人のジレンマのようなゲームでの解をあらわす言葉。数学者のジョン・フォーブス・ナッシュ（映画『ビューティフル・マインド』のモデル）にちなんで名づけられた。ナッシュ均衡とは，ある戦略の組み合わせを指していて，その組み合わせが実現されている場合には，プレイヤーの誰ひとりとして戦略を変更しても得しない，すなわちずっとそのままでいることが最適となるような状況を指す。囚人のジレンマで言えば，お互いに裏切る状態では，協力へと手を変えることはどちらのプレイヤーにとっても得にならない。したがって，相互裏切りの状態がそのまま続くことになる。この場合，相互裏切りはナッシュ均衡であると言う。
より数学的な，形式的定義は次の通りである。ゲーム $G=(N, S, u)$ （N はプレイヤーの集合，S は戦略の組の集合，u は効用の組）において，戦略の組 $s^* \in S$ がナッシュ均衡であるとは，すべてのプレイヤー i と，

すべての $s_i \in S$ に対して，$u_i(s^*) \geq u_i(s_i, s^*_{-i})$ を満たすことである。ただし，s_{-i} は，i 以外のプレイヤーの戦略の組を指す。

であり，それゆえにこんなに複雑な社会を作ることができるのだと考えられるだろう。このように考えると，人間が囚人のジレンマでどのように振舞うのか，どうしたら相互協力を達成できるのかを調べることで，地球上で人間だけが社会や制度を創ってきた秘密に迫ることができるかもしれない。囚人のジレンマ研究が多くの分野で注目されているのはこのような理由のためである。

③ 囚人のジレンマ戦略選手権

　囚人のジレンマ研究は，理論研究や実験研究などを併せると数千にも及ぶ数が発表されているが，なかでも最も代表的なものとして，ロバート・アクセルロッド（Axelrod, 1984）の行った「囚人のジレンマ選手権」の研究を紹介しよう。アクセルロッドは国際政治学者で，自国の利益を第1に考えるような国同士が自発的に協力的な関係を築くことができるのか，という問題に取り組んでいた。興味深いことに国同士の関係は，囚人のジレンマによく似ている。経済的・政治的に協力関係を結べばそれぞれの国に利益がある。だが，相手国がいつも協力してくれるとは限らない。

　アクセルロッドが考えたのは，このような状況を模式的に再現し，囚人のジレンマをさまざまな相手とプレイするときに，いったいどんな戦略が有効かを調べることだった。戦略とは，どんなときに協力するか，あるいは裏切るかを決める**アルゴリズム**▷2を意味する。数学的に考えると，いつでも裏切るという「無条件裏切り」という戦略が最も強い（利益を得られる）はずだ。だがそれは本当なのだろうか。もしそうであるならば，国際政治の舞台で相互協力を達成するのはとても難しいことになる。では，より多くの利益をもたらす別の戦略があるのだろうか。

　アクセルロッドはこのことを調べるのに面白いアイディアを考えついた。それは世界の囚人のジレンマ研究者たちに，「囚人のジレンマ戦略選手権の招待状」を送るというものだった。まず，各参加者に自分が最も強いと思う囚人のジレンマ戦略を考えてもらい，コンピュータプログラムにして送ってもらう。そしてそれらの戦略を総当り戦で対戦させる。対戦時には，ふたつの戦略が囚人のジレンマを何度も繰り返して行うが，何回繰り返されるかはわからないようになっている。▷3 そして総当たり戦のなかで，最も平均利得の高い戦略はどれかを競う。このとき使った囚人のジレンマの利得表は表Ⅳ-5-2の通りである。

　アクセルロッドは，心理学，生物学，数学など多岐にわたる分野の研究者を選手権に招待したが，招待者は当時すでに有名な学者のみだったため，集まった戦略は14個だけだった。しかしアクセルロッドがその結果を公表すると，大きな反響を呼んだ。なぜなら，そこで最も強かった戦略は，たった4行のプログラム言語で書かれたとてもシンプルなものだったからだ。「そんなはずはない，もっと強い戦略があるはずだ！」と思った学者も多かったのだろう。アクセル

▷2　アルゴリズム
数学用語で「何らかの問題を解くための手順」を意味する。

▷3　繰り返し回数があらかじめわかっていると，最後の決定の際には裏切りを選択することが必ず有利になってしまうからである。

ロッドは2度目の選手権を行い、今度は64個の戦略が提出された。しかし、驚くべきことに、優勝したのは前回と同じシンプルな戦略だった。その戦略とは、応報戦略（Tit-For-Tat）、またはしっぺ返し戦略と呼ばれるものだ。

応報戦略は、①初回は必ず協力する、②2回目以降は前回相手が取ったのと同じ行動を取る、というきわめてシンプルなルールだけで成り立っている。さらに驚いたことに、この戦略は、対戦相手よりも高い利益を得ることが一度もなかった。その理由は少し考えれば分かるだろう。ずっと裏切り続ける戦略と対戦した場合、応報戦略は初回は協力するので、そのときに裏切られると、相手より点数は低くなる。しかし、その後は相手の行動に合わせて裏切りに転じるので、相手とまったく同じ点数を取り続けることになり、最終的には、初回で裏切られた分だけ相手より得点が低くなる。ただし、通常対戦は長く続くので、相手が得る得点との差は全体で見るとほんのわずかとなる。一方、いつも協力してくれる戦略と対戦した場合には、ずっとお互いに協力のままになるので、最終的にも相手とまったく同じ点数となる。それ以外のもっと複雑な戦略と対戦しても、応報戦略は基本的には1回ずつ後手にまわる分、わずかに相手より点数が少なくなるものの、最終的には相手とあまり変わらない点数を得ることになる。このように「搾取されない」ことと「相手を打ち負かさない」ことを両立しているのが応報戦略なのである。

アクセルロッドはこの結果にさらに詳しい考察を加え、応報戦略の強さは以下の特徴によるものと説明した。

①自分から裏切らない「上品（Nice）」な戦略であること
②相手の裏切りに対して即座に反応すること
③相手の協力に対しても即座に反応すること
④意図が相手にわかりやすいこと

この研究結果は、政治学のみならず、生物学や経済学、心理学に対しても大きなインパクトを持つものだった。上記特徴は、私たちの日常生活の対人関係についても大きな示唆を持つことがわかるだろう。社会的交換関係にある相手との間には、潜在的に囚人のジレンマが存在する以上、応報戦略的に振舞うのは大きなメリットになる。これ以降、囚人のジレンマの戦略に関して、さまざまな研究が行われるようになり、多くの研究が発表されている。また、この研究以降、心理学者の間でも、従来のような実験研究だけではなく、戦略をコンピュータ上で対戦させるシミュレーション研究が盛んに行われるようになった。

このように囚人のジレンマは、シンプルながらも、人間社会とそこで働く心のメカニズムの理解に関してとても大きな意味を持つ研究対象と言える。（渡部 幹）

表Ⅳ-5-2 アクセルロッドの戦略選手権での囚人のジレンマの利得表

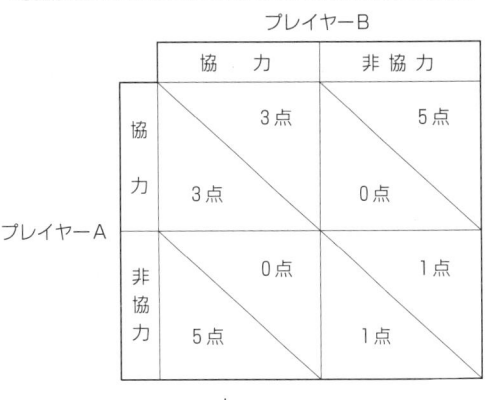

		プレイヤーB	
		協力	非協力
プレイヤーA	協力	3点 / 3点	5点 / 0点
	非協力	0点 / 5点	1点 / 1点

IV　個人と集団

6　社会的ジレンマと協力

1　社会的ジレンマ

　1968年，科学雑誌サイエンスに「共有地の悲劇」と題された論文が掲載された。著者である生物学者のギャレット・ハーディンは，論文のなかでシンプルな――しかし非常に示唆に富んだ――社会問題を述べていた。それはこんな話である。ある村に羊を放牧するための共有地があり，羊飼いはそこでいくらでも羊を放し飼いにして草を食ませることができる。羊が草を食べることで共有地の面積は減ってしまうが，食べつくされることがなければ，自然に回復し，また再び羊に食べさせる草が蘇える。つまりこのとき，それぞれの羊飼いにとってみると，羊を多く放牧すればするほど，自分の利益は増えることになる。しかしすべての羊飼いがいつもより多くの羊を放牧すると，共有地は荒廃してしまい，自然回復が不可能になり，ついには羊飼い全員が羊を放牧できなくなる事態に陥ってしまう。

　この「共有地の悲劇」は「社会的ジレンマ」の典型例として，以降，さまざまな分野で議論される重要なトピックになった。社会的ジレンマとは，この例のように，個人個人が自分の利益になるように行動する結果，集団全体の利益を損なってしまう状況を指す。より正確には，ロビン・ドウズが1980年の論文で示した次の定義が使われている（Dawes, 1980）。

①集団の成員ひとりひとりは，協力か非協力（ないしはその間）の選択をすることができる（羊を少なく放牧する＝協力／羊をたくさん放牧する＝非協力）。

②個人にとっては，常に協力よりも非協力の選択を行ったほうが高い利益を得られる（羊をたくさん放牧するほど利益が高くなる）。

③しかし，全員が非協力を選択した場合には，全員が協力を選択した場合と比較して，個人の利益が下回ってしまう（全員が最大数の羊を放牧し，共有地が荒れ果てて羊を放牧できなくなるときのひとりあたりの利益は，全員が羊の数を抑えて放牧した場合のひとりあたりの利益を下回る）。

　この条件を満たす場合，社会的ジレンマが存在する。先の共有地の悲劇のみならず，多くの資源問題は社会的ジレンマの側面を持っていることが知られており，NHK聴取料の支払いや共同で使っている部屋の掃除なども社会的ジレンマの典型例と言える。このように，集団と個人の利益が葛藤し，個人の合理性が集団の合理性を損なってしまう状況が社会的ジレンマである。

Ⅳ-5 を読めば，社会的ジレンマが囚人のジレンマとよく似ていることに気づくだろう。囚人のジレンマはふたりだけの社会的ジレンマと同じ構造を持っているため，社会的ジレンマをN人囚人のジレンマと呼ぶこともある。[◁1] そして2者だけの問題である囚人のジレンマに比べ，3者以上の集団で起こる社会的ジレンマは解決することが飛躍的に難しくなることがわかっている。その理由はいくつかあるが，最も大きな理由は，匿名性である。囚人のジレンマでは，自分の利益を知れば，相手が協力か裏切ったかはすぐにわかるが，多人数の社会的ジレンマの場合，全体のうち何人くらいが協力したかはわかるものの，誰が協力して誰が協力しなかったかを知るのは難しい。このように高い匿名性があると，普段は協力するような人でも魔が差してしまうことはよく起こる。誰も見ていないならば，つい自分の利益だけを考えて非協力的な行動（ごみのポイ捨てなど）をしてしまうことは，誰にでもあるだろう。このように協力する人の数が減ってくると，それまで協力してきた人の利益がどんどん減ってきてしまう。せっかくコストをかけてまで協力しても，それが報われないのならば，どんな人も協力するのがイヤになるだろう。このように，匿名性が非協力を生み，非協力の増大がますます非協力を生んでしまい，最後にはみんなが非協力をとる「共貧」状態に陥ってしまうのだ。実験研究の結果によると，集団サイズが大きくなるほど，そして匿名性が高まるほど，共貧に陥りやすくなることが知られている。

▷1 社会的ジレンマは，公共財問題やただ乗り問題と呼ばれることもある。

❷ 社会的ジレンマの実験研究

では，このジレンマはどうしたら解決できるのだろうか。環境問題などの社会的ジレンマに対して多くの人が考える解決策は，いわゆる道徳心に訴えることだ。ゴミのポイ捨てはやめよう，自然を大切にしよう，などのスローガンを掲げて，人々が自己利益だけをむやみに追求せず，社会のことを考える心を育てること目指す。たしかに道徳教育は重要だし，社会のことを考える心の育成も重要である。しかし，残念なことにハーディン（Hardin, 1968）は，それだけでは社会的ジレンマは解決できないと主張した。彼の主張は，その後の実験によっても実証されている。

ここで，社会的ジレンマの実験手法について解説しておこう。実験にもさまざまなものがあるが，ここでは give-some 型[◁2]と呼ばれる典型的な手法を紹介する。実験は通常，3〜8人程度の集団で行う。大抵の場合，参加者たちは，お互いに対する匿名性を保つために，顔を合わせないように仕切られた小部屋などにひとりずつ入り，そこでジレンマ状況の説明を受ける。実験で用いられる典型的なジレンマ状況（これを「利得構造」と呼ぶ）は，各自に与えられた資源（通常はお金が使われる。ここでは仮に100円とする。）を集団のために提供するかどうかを繰り返し決める，というものだ（図Ⅳ-6-1）。このとき提供された

▷2 give-some 型
社会的ジレンマの種類には，give-some 型と take-some 型という分類がある。共用の資源から自分のためにいくら貰うかを決めるのが take-some 型で，自分の資源を提供するかどうかを決定するのが give-some 型である。take-some 型は，別名共有地型とも呼ばれ，give-some 型は公共財型，あるいは VCM（Voluntary Contribution Mechanism）とも呼ばれる。

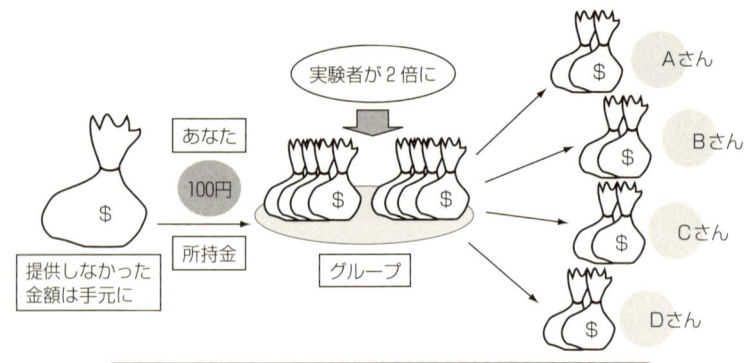

図Ⅳ-6-1 実験で用いられる社会的ジレンマの利得構造の例

1. まず，決定の前に各参加者に，100円が渡される。
2. 集団に提供する場合を「協力」，手元に残す場合を「非協力」の選択と呼ぶ。
3. 協力する場合，提供された額が実験者によって2倍される。つまり200円となる。
4. その後，その金額が本人以外の4人に等しく分配される。すなわち参加者それぞれに50円ずつが渡される。
5. 2．で手元に残した分と，4．で実験者から分配された合計が，あなたの取り分となる

お金は，2倍にされて集団の全員に平等に分けられる。この状況では，全員がお金を提供すると，全員が200円を受け取ることができるが，一方，誰もお金を提供しないと，全員が100円を持ったままとなる。しかし，他の人が提供するにせよ，しないにせよ，自分はともかく提供しない方が常に利益は高くなる。当然ここでは，提供することが協力となり，提供しないことが非協力となる。

3 信頼による社会的ジレンマの解決

このような匿名の集団で実験を行うとき，もし仮に「みんなで協力をした方がよい」という道徳的な考え方を持つ人ばかりが集まったとする。しかし，お互いにコミュニケーションのできない匿名状況では，自分は協力した方がいいという十分な「道徳心」を持っていても，他の人もそう思っていない限り，自分の協力は無駄になってしまうかもしれない。そう思う人は，協力しないでおこうという気になりがちだろう。集団のなかにわずかでもそういう人がいると，本当に非協力行動が起こる。そうすると，先に述べた理由で，それまで協力していた人も非協力に転じてしまうだろう。実際に実験で調べてみると，最初のうちに多くの人が協力している集団でも，社会的ジレンマでの決定を繰り返すうちに全体の協力率がどんどん下がってしまうパターンが1番多いのだ。

このように考えると，人々を協力行動に駆り立てるために重要なのは，自分が協力を望むことだけではなく，他のみんなもそう望んでいると信じられることだと言える。つまり，他者も協力を望んでいるだろうという「信頼」が社会的ジレンマ解決にとって重要なキーワードとなる。社会心理学者の山岸俊男はその著書『信頼の構造』（山岸, 1998）と『社会的ジレンマ』（山岸, 2000）のなかで，信頼の重要性と信頼がジレンマ解決に関してどんな役割を果たしているかについて，実験データを交えて解説している。

4 制度による社会的ジレンマの解決

　信頼の他に，他の人たちも協力してくれると思えるものは何だろうか。その代表的なものが制度だ。制度の定義にはいろいろな説があるが，ここではとりあえず，社会的ジレンマで非協力的な人を罰したり，協力的な人に利益を与えたりすることのできる社会的な仕組みだと考えてみよう。現実の社会では，自分の利益を追求して社会に迷惑をかける行為には，裁判所などの罰則機関が罰を与えることで，その行為による利益を減らすようにするし，社会に多大な貢献をした人への表彰などの褒賞制度もある。社会的ジレンマ問題でも同様に非協力者には罰を与えたり，協力者にはもっとたくさんの利益を与えたりする仕組みを作れば，「他の人々も罰を恐れて協力するだろう」とみんなが感じることができるはずだ。

　しかし，実はここには大きな理論的問題が残されている。罰則制度にしろ褒賞制度にしろ，それらを行使するためには，さらにコストがかかってしまうという点だ。たとえば，クラスのみんなでやっている掃除をサボっている人がいた場合，その人に注意をしたとしても，もしかすると逆恨みされて殴られるかもしれないし，その場では従ってくれても，後から陰で悪口を言われるかもしれない。罰を行使して他者を協力させるためにはそのようなコストを負わなくてはならない。そしてその結果，誰もが罰を行使するためのコストを自分では払いたくないと考えてしまう。つまり，誰が罰の行使のためのコストを負担するかをめぐって，新たな社会的ジレンマ＝2次的ジレンマが生じてしまうのだ。

　論理的に考えていくと，この2次的ジレンマを解くのは簡単ではない。特に，経済学のように個人の合理性を仮定すると，社会的ジレンマ解決はとても難しくなってしまう。ところが興味深いことに，現実の世界では，私たちは制度を作り，効率化させて，非協力者を取り締まっている。ということは，私たち人間には，2次的ジレンマをうまく解決できるような何らかの能力が備わっている可能性が高いということだ。それは一体どんな能力で，どのようなメカニズムで働き，どんなふうに進化してきたのか。今，社会的ジレンマ研究の最先端ではこれらの問題に関してさまざまな研究が行われている。

　地球上の生き物のなかで，社会的ジレンマを上手く解決している種はヒトだけである。ヒトだけがなぜ社会的ジレンマを解決できるようになったのか，それを支える心の仕組みは何かを研究することで，社会秩序や正義とは何かという社会科学の根本問題に踏み込んでいける可能性がある。社会的ジレンマは，現実に重要な問題であると同時に，その答えを得るための絶好の練習問題だと言えるだろう。

〈渡部　幹〉

Ⅳ　個人と集団

7　個人と集団：展望と読書案内

　約7～5万年前にアフリカの大地を出たとされる私たち人類の祖先は，その後長い年月をかけて世界に散らばった。そこで彼らを待ち受けていたのは，過酷で，またきわめて多様性の高い自然環境だった。それを克服しつつ子孫を残していくために彼らが利用したのが集団であった。彼らは，巨大化した脳を最大限に活用して，血のつながった家族や親族はもとより，血縁関係のない多数の他者との間に複雑な協力関係を築いていった。こうした集団のなかでは，さまざまな技術とともに，集団生活についてのルールや文化が醸成され，次の世代に伝えられていった。集団と集団の間には，ときに食料や土地や女性などの奪い合いを発端とする葛藤が起こった。このように，集団は人間にとって本質的な存在であると言える。

　こうした意味で，これまで個人と集団の関係が社会心理学の中心テーマのひとつでありつづけてきたことは，ある種必然だったと言えよう。たとえば，社会心理学の創始期の19世紀末から20世紀初頭にかけては群衆行動や集団規範の研究が，20世紀半ばからは同調行動（Ⅱ-6）や偏見（Ⅱ-7）の研究が盛んに行われた。本章では，膨大な集団研究の一端を紹介した。

　まず，人間の認知や行動は集団から大きな影響を受ける。周囲に他者が存在するだけで個人の作業効率は変わってしまい（Ⅳ-1），みんなで話し合うこと自体が意思決定の結果に一定の偏向をもたらすことがある（Ⅳ-3）。

　また，人間は集団から影響を受けるだけでなく，集団を主体的に統率・運営していく存在でもある。アメリカでは，古くから同調行動に関する研究が盛んに行われる一方で，レヴィンたちがリーダーシップ（Ⅳ-2）に関する研究を開始し，それらは第2次大戦後にグループ・ダイナミクス研究へと発展していった。▷1　しかし，1950年代以降は社会心理学全体の研究関心が対人関係や認知過程などのマイクロな現象へと推移したこともあり，アメリカでは集団研究が衰退したとまで評されるようになる（廣田，1994）。

　しかし，1980年代に入ると新しい流れがヨーロッパで始まることになる。タジフェルらの社会的アイデンティティ理論に始まる集団間関係研究である（Ⅳ-4）。社会的アイデンティティ理論では，個人と集団の関係が「内集団と外集団の区別」という視点から議論され，集団間葛藤や差別の原因の解明とその解消が重要な研究課題とされた。こうした研究は，現代ヨーロッパのような個人と集団の関係が絶えず問い直されるような社会状況・文化状況においては，

▷1　ユダヤ人であったレヴィンは，自らの出自をめぐる葛藤の経験のなかから学説を生み出し，民主的な集団をひとつの理想と考えた。そうしたレヴィンのもとからは，フェスティンガーをはじめ，多くの優れた社会心理学者が輩出した。

とりわけ重要なものとなっている。

　また，1980年代以降，集団を「状況」という言葉でひとまとめにしてしまうのではなく，集団のメンバーとメンバーがどのような「関係」に置かれているかという側面に注目する研究も盛んに行われるようになる。その代表例が囚人のジレンマ（Ⅳ-5）や社会的ジレンマ（Ⅳ-6）に関する研究である。こうした「相互依存性」をキーワードに集団を考えるアプローチは，現在「マイクロ―マクロ関係」や「適応」という視点から体系化され，これまで社会心理学やグループ・ダイナミクス研究，さらには進化生物学や経済学など隣接諸分野で行われてきたさまざまな研究の統合を志向するようになってきている。

　社会心理学は社会的存在としての人間を考える領域であると言われることがあるが，そのような意味では，個人と集団に関する研究は，最も社会心理学らしい領域のひとつだと言えるかもしれない。なお，こうした「個人と集団」に関する研究は，社会的影響（Ⅱ章），ソーシャルネットワーク（Ⅵ章），マスコミュニケーション（Ⅴ章）などとも密接に関わっているため，適宜，それらの章も参照して欲しい。

（結城雅樹）

▷2　微視的な現象と巨視的な現象がどのように関係し合っているかを指す。詳しくは亀田・村田（2000）を参照。
▷3　Ⅶ-4 を参照。
▷4　亀田・村田（2000）を参照。

（読書案内）

Ⅳ-1
　ブラウン，R. 黒川正流・橋口捷久・坂田桐子（訳）（1993）．グループ・プロセス　北大路書房
Ⅳ-2
　チェマーズ，M. M. 白樫三四郎（訳編）（1999）．リーダーシップの統合理論　北大路書房
　古川久敬（2003）．新版・基軸づくり　日本能率協会マネジメントセンター
Ⅳ-3
　亀田達也（1997）．合議の知を求めて――グループの意思決定――　共立出版
Ⅳ-4
　ホッグ，M. A.・アブラムス，D. 吉森護・野村泰代（訳）（1995）．社会的アイデンティティ理論――新しい社会心理学体系化のための一般理論――　北大路書房
　ターナー，J. C.・ホッグ，M. A.・オークス，P. J.・レイチャー，S. D.・ウェザレル，M. S. 蘭千壽・磯崎三喜年・内藤哲雄・遠藤由美（訳）（1995）．社会集団の再発見――自己カテゴリー化理論――　誠信書房
　山岸俊男（2002）．心でっかちな日本人――集団主義文化という幻想――　日本経済新聞社
Ⅳ-5
　アクセルロッド，R. 松田裕之（訳）（1998）．つきあい方の科学――バクテリアから国際関係まで――　ミネルヴァ書房
　パウンドストーン，W. 松浦俊輔（訳）（1995）．囚人のジレンマ――フォン・ノイマンとゲームの理論――　青土社
Ⅳ-6
　山岸俊男（2000）．社会的ジレンマ――「環境破壊」から「いじめ」まで――　PHP研究所
　山岸俊男（1998）．信頼の構造――こころと社会の進化ゲーム――　東京大学出版会
　藤井聡（2003）．社会的ジレンマの処方箋――都市・交通・環境問題のための心理学――　ナカニシヤ出版

Ⅴ　マスコミュニケーションの影響

1　フレーミング効果

　ここに水が半分入ったコップがあるとしよう。それを「もう半分しかない」と悲観的にとらえることもできる。しかし，それを「まだ半分もある」と楽観的にとらえることもできる。同じ出来事であっても，どんな枠組みに基づいて理解するかによって，その意味は大きく変わる。テレビや新聞によって間接的に知る事柄については，なおさらである。

1　誰の責任なのか

　アイエンガー（Iyengar, 1991）はアメリカ**3大ネットワーク**のテレビニュースの**内容分析**を行い，テレビニュースが公的な問題を扱う際の枠組みにはエピソード型フレーム（episodic frame）とテーマ型フレーム（thematic frame）があると主張した。エピソード型フレームとは問題を個別具体的な事例によって描く報道の枠組みであり，テーマ型フレームとは問題を一般的で抽象的な文脈のなかに位置づける報道の枠組みである。

　もちろん，そうしたフレームがあること自体は問題ではない。しかし，どちらのフレームが採用されるかによって，公的な問題に対する視聴者の**責任帰属**（問題を誰の責任だと考えるか）が変化するとしたらどうだろうか。

　アイエンガーは，エピソード型フレームでは「個人」への責任帰属が起こりやすく，テーマ型フレームでは「社会・官僚機構」への責任帰属が起こりやすいと考えた。そして，そうしたフレーミング効果の存在を確かめるために，シンプルな実験室実験を実施した。なお，こうした実験は複数の問題について実施されているが，ここでは「貧困」のニュースに関する実験を紹介しよう。

　まず，実験参加者は「選択的知覚が研究の目的である」と告げられる。そして，簡単な質問紙に回答したあと，7つのニュースから成るニュース集を20分間視聴する。ニュースは過去半年間に実際に放送されたもので，実験刺激である4番目のニュースが異なる点以外はまったく同一であった。

　また，そうした実験刺激には以下の5種類のものがあり，ニュース集も5つ用意された。①ホームレス（路上で暮らすふたりの黒人青年，および，車のなかで暮らす白人カップル）。②暖房費高騰（暖房費を払えない中西部の家族）。③失業者（経済的困窮にある自動車工の家族）。④国家貧困（1980年からの貧困の亢進と社会福祉の削減）。⑤高失業率（失業率と赤字予算）。このうち①〜③はエピソード型フレームで，④⑤はテーマ型フレームであると考えられている（図Ⅴ-1-1）。

▷1　3大ネットワーク
アメリカのテレビ局のネットワーク。ABC, CBS, NBCを指す。

▷2　内容分析
内容分析（content analysis）はマスコミュニケーションにおけるメッセージ内容の特徴や傾向を分析する研究方法。ここでは3大ネットワークのニュースが対象。期間は1981年1月〜1986年12月。扱われた問題は犯罪とテロ，貧困と失業と人種的不平等，イラン・コントラ事件など。

▷3　責任帰属
Ⅰ-4 を参照。

▷4　実験参加者は「テレビ研究（謝礼10ドル）」という主旨の募集広告に応じた一般の人々。

▷5　この目的はカバーストーリー（Ⅶ-2 を参照）である。

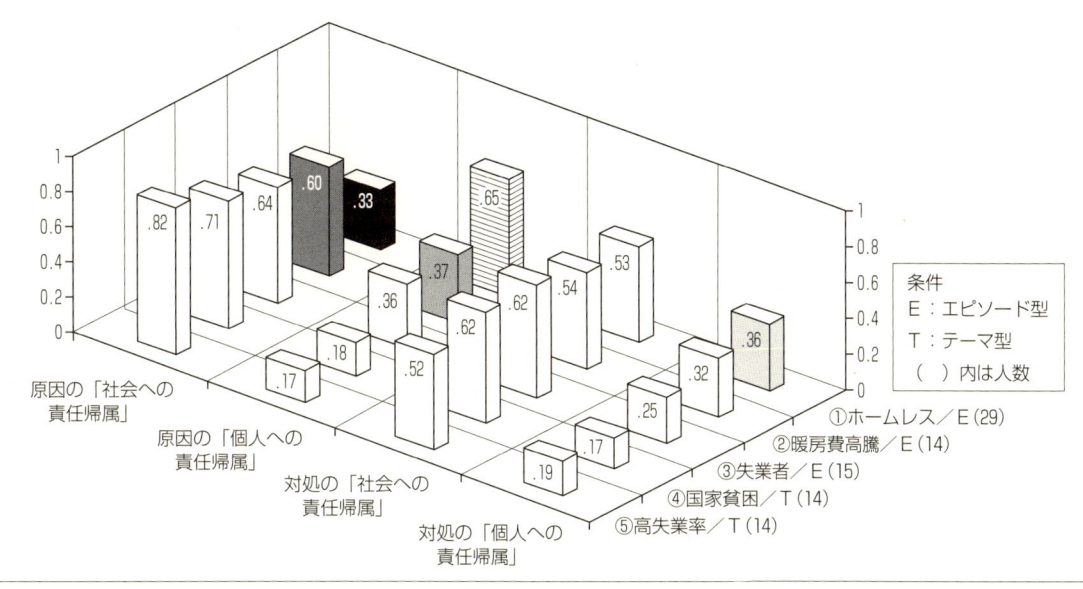

V-1 フレーミング効果

図V-1-1 フレーミング効果（貧困実験）

出所：Iyengar (1991, p. 55) より作成。

　各実験参加者はいずれかひとつのニュース集を視聴したあとで質問紙に回答した。そこには各問題の「原因」と「対処」について，それぞれ，個人の責任なのか社会の責任なのかをたずねる質問が含まれていた。この質問は自由記述によって回答するもので，回答は4つまで有効とされ，それぞれの帰属先が「社会」なのか「個人」なのかがふたりのコーダー◁6によって判定された。そして，それをもとに従属変数となる4つの指数が算出され◁7，5群間で比較された。

　結果は図V-1-1に示す通りである。エピソード型フレームの「ホームレス」や「暖房費高騰」を視聴した群では，他の群に比べ，原因も対処も個人の責任であると判断される傾向がうかがえる。しかも，アイエンガーの内容分析によれば，「貧困」をテーマとする当時のテレビニュースでは，エピソード型とテーマ型の割合が「2対1」と，大きく偏っていたという。

　「社会の問題」を訴えるために，具体的な「個人」に焦点を合わせたニュースを作っても，かえって世論は「貧困を個人の責任にする」方向に傾いてしまう。これはジャーナリストたちにとっても大変皮肉な結果である。

　もちろん，そうした実験結果の解釈に議論の余地がないわけではない。まず，研究に含まれる複数の実験を見渡すと，必ずしも結果が一貫しているわけではない。また，実際には，個々の番組が排他的にいずれかのフレームであることは希であるし，視聴者はどちらのフレームにも繰り返し接触しているはずである。さらに，責任帰属はフレームよりも個々の問題が抱える文脈に大きく影響

▷6　コーダー
分析のために内容を判定し符号化（コーディング）する者。この場合はふたりが独立に判定し，照合・検討したあと，符号化していると考えられる。

▷7　4つの指数とは，原因の「社会への責任帰属」，原因の「個人への責任帰属」，対処の「社会への責任帰属」，対処の「個人への責任帰属」の4つ。なお，これらの指数は自由回答の相対頻度の引き算によって得られる。たとえば，失業の原因の責任帰属について自由回答が3つあり，そのうちのふたつが「社会」で，ひとつが「個人」であった場合，「社会」の相対頻度は0.67（3分の2），「個人」の相対頻度は0.33（3分の1）となる。そして，原因の「社会への責任帰

属」指数は 0.34（0.67 − 0.33）となり、原因の「個人への責任帰属」指数は −0.34（0.33 − 0.67）となる。

されるとも考えられるし、視聴者がフレームとは独立に能動的な解読を行っている可能性もある。しかし、そうした論点を残しているとは言え、アイエンガーの実験が、「どのような内容を知るか」ということ以上に「どのような形式で知るか」ということが影響力を持つことを示している点は重要である。そして、こうした問題意識は次のような研究につながっていく。

2 政治報道とシニシズム

いつの時代にも、どんな社会にも、理想を掲げ世の中を良くするために自分の一生を捧げる人々がいる。しかし、そうした人々の言うことを、まわりの人たちが文字通り受け取ってくれるとは限らない。どうせ裏があるんだろう――そう言いながら嘲笑を浮かべるシニカルな人たちも少なくない。

もちろん、それも仕方がないのかもしれない。というのも、「世のため人のため」と言いながら、実際には「自分自身の利益のため」に行動していると思われても仕方がないケースが跡を絶たないからである。

しかし、そうしたシニカルな風潮がマスメディアによって助長されているとしたらどうだろうか。「仕方がない」ではすまされないはずだ。そして、そうした危機意識から、アメリカの政治報道が抱える問題に取り組んだのがカペラとジェイミソン（Cappella & Jamieson, 1997）であった。

1980年代後半から1990年代前半にかけて、アメリカではネガティブな政治コミュニケーションが問題視された。大統領選挙では対立候補を攻撃する政治広告（ネガティブ・アド）が多用され、マスメディアの政治報道もまた、政策論争よりも政治の「勝ち負け」や権謀術数に焦点を合わせるようになっていった。そして、そこで問題になったのが、政治報道のフレームであった。

カペラとジェイミソンは、政治報道のフレームには争点型フレーム（issue frame）と戦略型フレーム（strategic frame）があると言う。

表V-1-1を見てほしい。これは、同一のテレビニュース映像にかぶさる2種類のナレーションである。AとBは下線部が異なるだけだが、両者を読み比べると、Aが「政策論争による選挙」を意識させるのに対し、Bは勝ち負けに焦点を合わせた「競馬のような選挙」を意識させる。Aが争点型フレーム、Bが戦略型フレームであることは言うまでもないだろう。

では、こうしたフレームの違いは、視聴者の意識にどのような違いをもたらすのか。カペラとジェイミソンは、戦略型フレームが人々の政治的認知をシニカルなものにすると考え、そうしたフレーミング効果の存在を確かめるために複数の実験を行った。ここではそのなかから、フィラデルフィア市長選挙のテレビニュースを使用したフィールド実験を紹介しよう。

この実験では、まず、実験刺激を作るために30分のニュース番組が5日分用意された。そして、それらの音声部分を録音し直して、争点型バージョンと戦

▷8 メインとなるのは医療保険改革論争に関する研究。また、一連の研究ではテレビとともに新聞も扱われる。詳しくは Cappella & Jamieson (1997) を参照。
▷9 市長選挙は1991年。実験は1993年に実施。
▷10 1週間をシミュレートするためである。

表 V-1-1 争点型フレームと戦略型フレームの例

[A] 争点型フレーム：討論のために4人の候補者が集まった際，共和党のジョー・イーガンは，民主党の対抗馬エド・レンデルを温かく迎えました。しかし，イーガンは，その後ずっと，なぜ自分がレンデルよりもよい市長となるのか，有権者に語り続けました。無所属のデニス・ウェズレーは，それ以外のいくつかの，候補者間の違いを指摘しました。市の惨状には候補者全員が同意し，それらを一掃するような変化を求めています。候補者たちが明らかに一致しないのは，市のサービスの民営化についてです。

[B] 戦略型フレーム：討論のために4人の候補者が集まった際，共和党のジョー・イーガンは，民主党の対抗馬エド・レンデルを温かく迎えました。しかしそれは，その夜イーガンがフロントランナーと認められた者に送った，最後の親切な言葉でした。イーガンは何度も攻撃をしかけました。残りの候補者たちは，自分たちがレンデルに対してポイントをかせがないといけないことを知っていましたし，レンデル自身が失敗することを期待していました。市の惨状には候補者全員が同意し，それらを一掃するような変化を求めています。候補者たちが明らかに一致しないのは，市のサービスの民営化についてです。

出所：Cappella & Jamieson（1997　平林・山田監訳，2005，巻末資料）より作成。

略型バージョンが作られた（表V-1-1）。また，統制バージョンとして市長選挙を含まない30分のニュース番組も作られた。

実験参加者は公募に応じた一般の人々で，参加者は，争点群，戦略群，統制群の3群に分けられ，それぞれに対応するバージョンのニュース番組を自宅で毎晩1本，5日間にわたって視聴した。そして，6日目に3群の人々が一堂に会し，候補者のテレビ討論番組を見たあと，質問紙に回答した。なお，この質問紙には，実験参加者のシニカルな政治的認知を測定する尺度項目が含まれていた。◁11

では，こうした実験の結果はどのようなものだったのか。結果の意味は次のように要約できる。◁12「戦略型フレームのニュース番組は視聴者のシニシズムを高めるが，争点型フレームのニュース番組は視聴者のシニシズムを高めない」。こうした傾向は医療保険改革論争を扱った他の実験にも表れており，マスメディアのフレームがもたらす「副作用」は多くの研究者の注目するところとなった。◁13

もちろん批判の声もある。効果が小さいのに解釈がやや強引ではないかという批判。人々がシニカルなのは主に政治家のせいであるという批判。そして，共和党と民主党の政策があまり違わないので，報道は戦略に焦点を合わせざるを得ないという指摘や，人々がシニカルなのは「十分に機能しない政治システム」の問題ではないかという指摘。ここでも，マスメディアのフレーミング効果については議論の余地があると言わねばならない。

しかし，アイエンガーの研究と同様，こうした研究が政治制度との関連において人々の心理を問題にしている点や，実証研究に基づきながら政治報道のあるべき姿を模索している点は非常に重要である。

デモクラシーという政治制度に不可欠のマスコミュニケーションは，その本来的な機能を十分に発揮できるのだろうか。こうした問いもまた，社会心理学の重要な研究テーマのひとつである。

（山田一成）

▷11　従属変数であるシニカルな政治的認知は，政治的シニシズム，シニカルな学習，シニカルな動機の3変数によって測定された。「政治的シニシズム」尺度は「候補者は勝つためなら何でもやる」「候補者は相手によって言うことを変える」といった項目からなる。「シニカルな学習」尺度は選挙戦から学んだことを「争点の違い」や「勝ち負け」などの選択肢群から選ぶ形式のもの。「シニカルな動機」尺度は候補者の行為が「自己利益」と「公共利益」のいずれによるかを判断する項目群からなる。

▷12　詳しい結果についてはCappella & Jamieson（1997　平林・山田監訳，2005, p. 225）を参照。なお，争点型フレームが紛争や対立を描きすぎるとシニシズムを高める可能性があることも示唆されている。

▷13　谷口（2002）は，日本において，否定的報道の多い番組の視聴が人々の政治的シニシズムを高めると主張している。

V　マスコミュニケーションの影響

2　議題設定機能とプライミング

① 現実環境とマスメディアの描く世界

　1980年代以降，地球温暖化，酸性雨，オゾン層の破壊などが，地球規模の環境問題として広く知られるようになった。現在，この問題は私たちが取り組むべき重要な課題として認知されているが，その被害をふだん私たちが直接感覚でとらえることはほとんどなく，問題の存在やその深刻さの状況は，マスメディアの報道でしか私たちに伝わってこない。

　このように，マスメディアは私たちに世の中で起こっている出来事を伝えてくれるが，その反面，私たちが思い描く世の中の姿を左右する可能性がある。こうしたマスメディアの影響について論じたのがアメリカのジャーナリスト，リップマン（Lippmann, 1922）である。彼は，その著書『世論』のなかで，ニュースメディアは外界と私たちの頭のなかにある世の中の姿とを結ぶ架け橋であると述べ，「擬似環境（pseudo-environment）」という言葉を用いてメディアの描く世界と私たちの頭のなかの世界との関連をあきらかにしようとした。

　擬似環境とはメディアに描かれた世界のことであり，現実がそのまま映し出されたものではなく，現実が切り取られてできた世界である。ニュース報道においては，世の中で起こった多くの出来事のなかからニュースが選別され，編集されて私たちに届けられている。つまり，私たちがマスメディアによって世の中の姿を知ろうとすると，私たちの頭のなかには，現実の環境とは多少異なる「擬似環境」が描き出されることになる。たとえば上の例に置き換えると，マスメディアで地球環境問題の深刻さが伝えられれば私たちはそれに反応して問題の重要性を認知するが，伝えられなければおそらくそのような問題について考えることもないだろう。

② マスメディアの議題設定機能とは

　マスメディアは，ニュースを選別するだけでなく，個々のニュースの重要度を決めて私たちに伝えている。たとえば，会議においては，その日の議題（アジェンダ）[1]が重要度順に取り上げられるが，これと同様に，私たちが日常生活のなかで議論すべきトピックの選別や重要度の重みづけは，マスメディアが担っていると考えることができる。このようなマスメディアの機能を，議題設定（agenda-setting）機能と呼ぶ。そして，この機能の存在を実証的に証明しよ

▷1　アジェンダ
もともと「会議の議題」という意味であるが，「行動予定」「行動計画」という意味も持つ。また，広義には「講じるべき優先度の高い問題」という意味も含んでいる。

表V-2-1　投票者の認知する重要性とメディア報道との相関

	ニューズウィーク	タイム	ニューヨークタイムズ	ローリータイムズ	ローリーニューズアンドオブザーバー
主要な争点	.30	.30	.96	.80	.91
主要でない争点	.53	.78	.97	.73	.93

	ダーラムサン	ダーラムモーニングヘラルド	NBCニュース	CBSニュース
主要な争点	.82	.94	.89	.63
主要でない争点	.96	.93	.91	.81

出所：McCombs & Shaw (1972, Table 4) より作成

うと最初に研究を試みたのが、マコームズとショー（McCombs & Shaw, 1972）である。

議題設定仮説の基本的な考え方は、「マスメディアにおいてある争点や話題が強調されればされるほど、その争点や話題に対する人々の重要性の認知（これを**顕出性**と呼ぶ）も高まる」というものである。マコームズらは1968年のアメリカ大統領選挙のキャンペーン時に最初の研究を行ったが、そこで、マスメディアによって強調された争点が、人々の頭のなかでも同様に重要なものとして認知されているか（争点顕出性）を、それらの関連を測ることで実証しようと試みた。具体的には、ノースカロライナ州のチャペルヒルにおいて、まだ投票する候補者を決めていない100名の有権者に争点の重要度をランクづけしてもらい、同時に新聞5紙、ニュース雑誌2誌と夜のニュース番組2番組の内容分析を約1ヶ月にわたって行った。そしてさまざまな争点がどのように重みづけされて報道されているかを調べ、有権者の答えたランクづけとの関連を検討した。分析の結果、順位相関の値が0.8から0.9を示すなどおおむね高い相関が見られた（表V-2-1）。

当時のメディア研究では**限定効果論**が主流であったが、マコームズらの研究では、投票する候補者をまだ決めていない有権者のうち支持政党や好みの候補者がある人々の回答を分析してみたところ、そのような人々でも支持政党や好みの候補者が強調するランクづけではなく、メディアによって強調されていた重要度のランクづけに近い回答をしている人の多いことがわかった。

このようにマスメディアに人々の議題を先導する中心的な役割のあることが実証的に示され、その後議題設定機能の研究は、マスメディアの強力効果論の主要な流れのひとつとなっていった。

③ 議題設定機能を左右する諸要因

議題設定機能の研究においては、その後さまざまな諸要因が取り入れられた。たとえばマコームズとショーは、1972年と1976年の大統領選挙時にも1968年と同様の研究を行った（McCombs & Shaw, 1977）。1972年の調査は、ノースカロラ

▷2　たとえばマコームズらが最初に調査を行った1968年の大統領選挙キャンペーン中には、「外交政策」、「法と秩序」、「経済」、「福祉」、「公民権（人権）問題」といった5つの議題（アジェンダ）が、主にマスメディアや人々の意識のなかで重要視されていたと言う（McCombs & Shaw, 1972）。

▷3　**顕出性**
争点が重要で目立つ度合、という意味であるが、ここでの「重要性」は、優先性、切迫性という意味もあわせ持っている。

▷4　この研究では主要な争点、主要でない争点を以下のように定義した。まずテレビニュースにおける主要な争点とは、45秒以上取り上げられたもの、または3つのトップニュースに含まれるもの。新聞では、一面に見出しつきで載ったニュース、または一面以外でも3段以上の大きさの見出しつきで、少なくとも記事内の3分の1以上が政治に関する内容であるもの。ニュース雑誌の場合は1段以上の記事あるいはニュースで最初に取り上げられている記事である。また、主要でない争点とは、テレビニュース、新聞、ニュース雑誌などで取り上げられた

イナ州シャーロッテで3回の**パネル調査**[6]を用いて行われたが，研究の結果，主にふたつの点が明らかになった。ひとつは，マスメディアはすでに存在する議題を強調するよりも，人々の議題を最初に設定することに関して大きな影響力を持っていることである。もうひとつは，選挙の早い時期から誰に投票するかを決めている有権者は，簡単にはマスメディアの内容に影響されないという議題設定機能の限界である。

　なお，投票に関する意思がはっきりしていない人々には議題設定の効果が生じやすかった。この研究によって，メディアに対する利用動機の一種である回答者の心理的な構え，「**オリエンテーション欲求**[7] (need for orientation)」という要因が導入され，その後研究のなかで検討されていくことになった。

　1976年に行われた研究では，議題設定機能の時間的な構造や報道メディアによる相違点があきらかになった。まず，議題設定の効果については，人々が大統領選挙に関心を持ち始める春の予備選挙の前と期間中には議題設定の効果が1番大きく，選挙キャンペーンの最後の月に1番低かった。また，新聞は選挙キャンペーン初期の頃に争点の重要性を伝える効果があるのに対し，テレビはキャンペーン中に人々の興味や関心を高める効果があるということもわかった。

　なお，争点の特性と議題設定の効果の関連も検討された。この研究では，取り上げた争点を「直接経験的争点 (obtrusive issues)」と「間接経験的争点 (unobtrusive issues)」とに分類した結果，外交，政府の信頼度など，人々にとって遠く感じる間接経験的争点に関する議題の方が，直接経験的争点の場合よりも，議題設定の効果が大きいことが明らかになった。

❹ 議題設定機能研究の展開

◯議題設定機能とプライミング

　議題設定機能の心理的なメカニズムに関する研究が行われるようになったのは，1980年代以降のことである。特にマスメディアによるプライミングの研究においては，受け手の認知がその後の態度や行動にどのように影響するかという心理学的視点が取り入れられた。

　プライミング[8]とは，先行するコンテキストによって後続する情報の解釈や検索に影響が及ぼされる認知的なプロセスのことである。たとえばニュースメディアは人々の注意を特定の領域へ向けることで，ある社会的・政治的な問題の評価基準のウェイトを変えてしまう可能性がある。

　アイエンガーとキンダー (Iyenger & Kinder, 1987) は，マスメディアで特定の政治的な争点を強調した場合，人々はその争点に関する大統領の仕事ぶりの評価を，広く大統領の仕事の評価全般に当てはめる傾向があることを実験によってあきらかにした。このような現象は，マスメディアがある争点や出来事を強調することで，それらが人々の心のなかで顕出性の高い，すなわち最もアクセ

▷5　限定効果論
Ⅴ-8 を参照。

▷6　パネル調査
同じ対象者に対して時系列的に数回行う調査のこと。

▷7　オリエンテーション欲求
方向づけや指針を求める欲求のこと。たとえば何らかの意思決定を必要とする課題に関して，高い関心を持ちながらまだ態度を決めていない場合，その判断のよりどころを求めようとする欲求が高まると考えられる。この欲求が強い人ほど，メディアの議題設定効果を受けやすいと予測された。

▷8　プライミング
もともと認知心理学で用いられている概念であり，1980年代以降マスメディアの研究に取り入れられた。本来の意味として「点火」という意味もあり，ニュースメディアが人々の注意を特定の問題へと向けることで，他の関連問題の評価の基準も最初に注意が向けられた問題に影響される現象を指す。

政治的なニュースや記事のなかで上記の基準を満たさないものである。

スしやすいプライミングされた要素となり，別のことがらの判断をする際の基準になってしまうことから起こると考えられる。

○効果のレベル

現在，議題設定機能はふたつのレベルに分けて考えられており，その研究範囲を広げている。第1のレベルは，マスメディアの報道が人々に「何について考えるか（What to think about）」を伝えるという，対象の重要性（争点の顕出性）の認知についての効果のレベルである。そして第2のレベルとは「それについてどのように考えるのか（How to think about it）」という，争点の諸属性の重要性（顕出性）がマスメディアから人々へ伝わる効果のレベルである。特に第2のレベルでは，ステレオタイプやイメージなどもマスメディアから人々に伝えられる諸属性とされるため，このレベルの議題設定の効果は，他の研究，たとえばフレーミング効果と重なる部分があることも指摘されている（McCombs & Shaw, 1993）。

▷9　マスメディアの効果は，人々が「何を考えるのか（what to think）」よりも，「何について考えるのか（what to think about）」を規定するところにある，としたのが議題設定機能の基本的な出発点である。

5 マスメディアの議題設定機能の社会的影響力

議題設定機能については，現在までにアメリカの他，世界各国において数多くの実証研究が行われている。その数は日本，スペインやアルゼンチン，ドイツなどでの研究も含め400を超えるという（McCombs, 2004, p. 38）。また，初期の頃は受け手への効果だけが取り上げられたが，1980年代からは誰がマスメディアでの議題を決定するのかという，送り手側の研究までが幅広く行われるようになっている。

これまでの数多くの研究によれば，議題設定機能が存在することは明らかであるが，常に強い効果が見られるわけではないようである。

また，社会的影響の視点から考えると，議題設定機能にはふたつの側面があると考えられる。ひとつめは，マスメディアが意図的に人々に与える影響という側面である。権力や一部の人々による世論操作はあってはならないが，公共的な視点から人々に社会問題の重要性を認知させるための報道なら，これまでにも行われてきている。さらに重要なのはふたつめの非意図的な影響という側面である。マスコミュニケーションでは元来，多くのなかから少数の出来事が選ばれ，重みづけがされて，ニュースとして報道されるという仕組みになっている。そのため，取り上げられなかった問題が過小視されたり，また受け手の情報処理の過程で，プライミングなど送り手の意図しない認知が行われてしまうこともあり得る。このような側面にも注意し，その影響力を理解してマスメディアに接していくことが必要であろう。

（川端美樹）

▷10　人々の注意を焦点化する上で，ニュース報道が能動的な役割を果たした例として，アメリカでニクソン大統領を辞任に追い込んだウォーターゲート・スキャンダルがあげられる（Weaver, et. al., 1981）。また，日本で1960年代から1970年代に行われた公害報道もこれにあたるだろう（財団法人地球環境戦略研究機関編，2001）。

V　マスコミュニケーションの影響

3 培養理論

1 テレビと社会

　テレビの影響についてはさまざまな研究が行われてきたが，特にその長期的な影響を社会的な視点でとらえたのが，ここで紹介する培養理論である。培養理論の提唱者であるガーブナー（Gerbner, 1972）と共同研究者たちは，テレビは現代社会において，社会全体に広く情報を伝え，人々に規範や価値観を教えてその文化や社会に適応するよう促し，その結果，社会の現状を維持するよう機能していると主張した。

　培養理論が生まれたアメリカでは，第2次世界大戦後，テレビ放送は主にスポンサーによって支えられる商業放送として発達した。ヨーロッパをはじめとするアメリカ以外の国においては主に国営または公共放送がテレビ放送の初期の発達を支えたが，アメリカでは**3大ネットワーク**と呼ばれたわずか3つのテレビ局のネットワークが，広い国土全体をカバーしていた。この状況は1980年代以降変化し，現在では世界各国で多チャンネル化が進んでいるが，培養理論が誕生した1960年代後半から70年代のアメリカでは，広い国土に住む多くの国民に，限られた数の共通のテレビ番組が伝えられていた。つまり，テレビはアメリカ全土の多くの人々に共通の情報環境を与えるマスメディアとなっていたのである。

▷1　3大ネットワーク
V-1 の▷1を参照

2 文化指標プロジェクトと培養理論

　アメリカでは1960年代にはすでに多くの家庭にテレビが普及していたが，特にテレビにおける暴力的なシーン，たとえば殺人や人を殴るといった物理的な暴力行為，さらに言葉による攻撃を映した場面などが子どもに与える影響に社会の関心が集まり，多くの研究が始まった。それらのうちほとんどの研究が，特定の番組ジャンルや暴力シーンの直接的・短期的な影響について行われたのに対し，ガーブナーらはテレビの社会的・長期的な影響，そしてテレビ番組すべての根底に流れる潜在的なメッセージの影響を総合的に探るため，「文化指標プロジェクト（Cultural Indicators Project）」を立ち上げ，研究を始めた。

　このプロジェクトでは，①メディアのメッセージが作られる過程を探る「制度過程分析（Institutional Process Analysis）」，②テレビ番組の継続的な内容分析である「メッセージシステム分析（Message System Analysis）」，そして③テレビ

接触量と視聴者の社会的現実認知との関連を探る「培養分析（Cultivation Analysis）」の3つが柱になっている。

これらの研究を継続的に行い，ガーブナーらは社会におけるテレビの影響を総合的にとらえようとした。なかでも3つめの培養分析（培養理論を検証する分析）では，現実と異なる象徴的な世界を描いているテレビの内容に長時間・長期的に接している人々の現実認知にテレビ視聴が与える累積的な影響，すなわち人々の現実認知を時間をかけて「培養」するテレビの影響をあきらかにしようとした。

③ 培養理論の仮説と分析方法

培養理論では，まずメッセージシステム分析によって，象徴的な現実の世界であるテレビの世界で描かれているメッセージの特徴（多くの番組全体に共通して見られる，一貫性のある描写やイメージなど）をあきらかにする。ガーブナーらが行った実証研究では，ドラマや子ども向けアニメなどのフィクション番組が対象になった。そして，「人々がテレビの世界に長く接すれば接するほど，その象徴的な世界に影響され，現実の世の中よりもテレビの世界に近い価値観や信念，あるいはイメージを持つ」という仮説が立てられた。

テレビに描かれる暴力の影響を探った初期の培養分析の研究例を取り上げてみよう（Gerbner & Gross, 1976）。特定の1週間の平日夜の**プライムタイム**と，週末の日中に放映された3大ネットワーク局のすべてのドラマ番組（子ども向けアニメ番組を含む）のメッセージシステム分析の結果，1967年から1975年にかけて放映された番組全体の8割に何らかの暴力シーンや要素が出現し（週末の子ども向け番組では9割），分析を行った期間全体では1時間に平均7回，週末の子ども向けの番組では1時間に平均18回と，かなり多くの暴力的な要素が見られた。

また，主要登場人物10人のうち6～7人（子ども番組では8～9人）が何らかの暴力に加害者・被害者のいずれかとして関わり，10人に1人～2人は殺人の加害者・被害者として関わっているという結果が得られた。さらに老人や低所得者，外国人や非白人などの社会的弱者の方が殺人の被害者になることが多く，女性は男性に比べて暴力の被害に遭う場面が多かったという。

以上のようなメッセージシステム分析の結果，「そのようなテレビの世界により長時間・長期的に接している人々は，そうでない人々に比べて，世の中がより暴力的であり，危険であるという信念やイメージを持つ」という仮説が立てられた。そして，テレビの世界に長く接する人々（高視聴者）とあまり接しない人々（低視聴者）の，世の中の危険視の度合や対人不信感などの差が検討された。

分析の結果，高視聴者（1日平均テレビ視聴4時間以上）と低視聴者（2時間以

▷2　**プライムタイム**
週の平日の夜8時から11時の時間帯。

▷3　このメッセージシステム分析では，あらかじめ定義された「暴力」の要素について，個々の番組全体と番組のなかで出現した暴力シーン，番組の登場人物についてそれぞれ分析が行われた。また，放送の多チャンネル化という状況の変化に合わせ，メッセージシステム分析の対象として，1990年代からは3大ネットワーク局にFOXネットワークが加えられている。

▷4　培養分析で用いる要因のうち，犯罪件数の見積もりが増えるなど直接テレビのなかの過剰な暴力を視聴した影響に関わる効果を第1次培養効果，それにより対人不信感が高まるなど間接的な影響による効果を第2次培養効果と呼ぶ。

下）とでは，高視聴者の方が，どのような質問にもテレビ寄りの回答（危険視の度合いや対人不信感が高い）をする傾向が見られた。たとえば，自分が暴力に巻き込まれる可能性を大きく見積もった回答者の割合は低視聴者では39％であったが，高視聴者では52％にのぼった。この傾向は，対象者を学歴や年齢，性別，そして新聞講読量などで分けて分析しても変わらなかった。また，「ほとんどの人は信頼できるか」という質問に「注意するにこしたことはない」というテレビ寄りの回答を示した人の割合は，低視聴者では46％だったのに対して高視聴者では65％にのぼっていた。この場合も，学歴や年齢，性別による差は見られなかった。これらの結果は，培養理論の仮説を支持していると考えられる。

4　培養理論と主流形成

　「培養」についてのこうした研究が進むにつれて，さらに詳しい培養の様相についても議論されるようになる。ガーブナーらは，1980年代より，テレビ番組は全体としてとらえると首尾一貫した潜在的なメッセージの集合体となっており，その影響は個人の現実認知を変化させるよりも，むしろ現在持っている信念や価値観を維持させることで，社会を安定させ，また統合する機能があるのではないかという議論を展開していった。そして，この機能を「主流形成(mainstreaming)」と名づけた（Gerbner, et al., 1980, 1982）。

　テレビは現在，異なった社会集団に属し，多様な価値観を持つ多くの人々にとって日常生活の主要な情報源となっている。しかもテレビ番組は，その社会的な影響力や公共性の観点からも，なるべく幅広く多くの人に受け入れられるような一般化された内容で送られている。そのため，それらに長時間接している人々の間では，もともと年代や社会階層，宗教などの違いから生まれるはずの物の見方や考え方の相違が小さくなる可能性がある。

　すなわち主流形成とは，テレビの長時間視聴が，さまざまな他の要因や影響によって起こる人々の物の見方や価値観などの相違を減少させ，均質化させてしまう現象のことである。たとえばアメリカでは，保守派，リベラル派といった異なる政治的立場をとる人々の間では，公共的な諸議題に関する意見は分かれるのが普通である。ところがテレビの高視聴者の間では，政治的な立場が異なっていても共通の情報に常に接しているため，主流形成によって人々の意見が似通ってくる可能性がある。たとえばシャナハンとモーガン（Shanahan and Morgan, 1999）は，1975年から1994年までの**全国世論調査**[5]によるデータを用いて，公共的な議題に関する質問とテレビ接触量との関連を政治的な立場ごとに分析した。

　図Ｖ-3-1は，左が人工妊娠中絶に対する意見，右がマリファナの合法化に対する意見（群ごとの平均値）である。いずれの場合も，リベラル派の人々の意

▷5　全国世論調査
アメリカのシカゴ大学にある国立世論調査センターによる全国調査 (General Social Survey)。アメリカでは国勢調査に次いで大きな規模で行われる全国調査であり，そのデータはアーカイブとして公開され，研究者による再分析が可能である。

人工妊娠中絶に対する意見 / マリファナの合法化に対する意見

図V-3-1 公共的な議題に関する主流形成の例

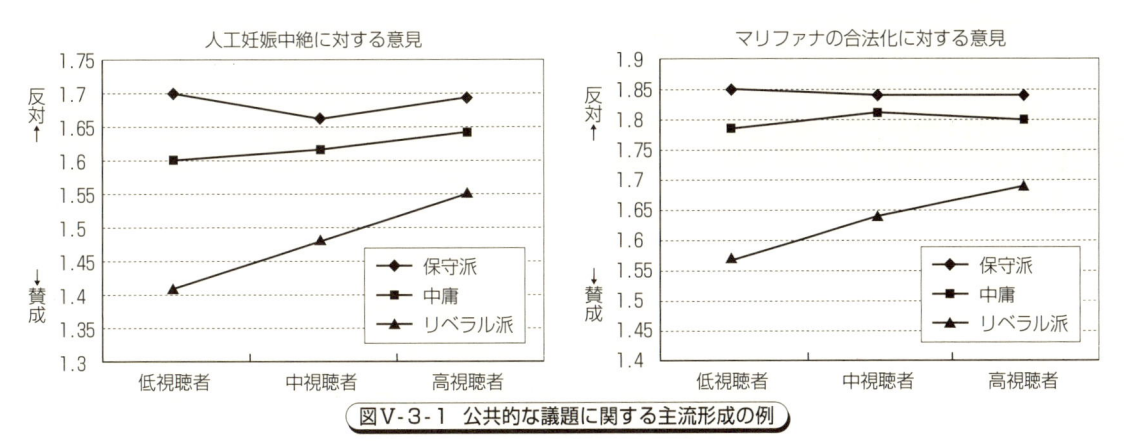

出所：Shanahan and Morgan, (1999, p. 151) より作成。

見は保守派および中庸の人の意見とかなり違っているが，同じリベラル派でも，高視聴者の場合は保守派や中庸の人と近くなっていることがわかる。この結果から，主流形成が起こっている可能性が示されたと考えられる。

5 培養理論の発展

培養理論についてはこれまで世界各国で研究が続けられてきた。もちろん，その前提や分析方法への批判も見られたが，そうした議論を通してさまざまな検討が加えられ，認知メカニズムのモデル化が試みられるとともに，暴力以外のテーマも取り上げられるようになった。

まず，認知のメカニズムについては，シュラム（Shrum, 1995）が「**利用可能性ヒューリスティック**」という概念を用いて，テレビに長時間接している人々の方が，テレビで多く見かける事象（暴力シーンなど）を簡単に想起しやすいため，「犯罪などの事象が実際より多く起こっている」と回答しやすいという説明を行っている。

また，テーマについても，性役割（Morgan, 1982; Signorielli, 1987）や，環境問題に関する意識（Shanahan, 1993）など，さまざまなテーマが研究されるようになっている。そうした研究の成果は多岐にわたるが，ここでは，環境問題を取り上げた研究の成果を紹介しよう。1980年代後半以降，テレビには，人々の環境問題への関心や意識を高めることが期待されてきた。ところが，培養理論に基づく研究によると，長時間のテレビ視聴は環境問題への関心や意識を高めることを阻害する可能性があるという（Shanahan, 1993）。なぜなら，商業放送は娯楽的な内容が中心であり，環境問題の存在しないクリーンな世界を人々に示して消費を妨げないようにしているから，というのである。

このように培養理論はテレビの影響に関する重要な視点を与えてくれる。今後もテレビが私たちの身近な存在である限り，培養理論もその意義を持ち続けるだろう。

（川端美樹）

▷6 特に1970年代後半から1980年代初頭にかけて，文化指標研究プロジェクト研究に関する批判が行われたが，なかでもハーシュ（Hirsch, 1980）はガーブナーらの研究の再分析を行い，テレビ視聴と暴力に関する現実観についての結果は別の要因で生じた「見かけ上の関連」ではないかという批判を行った。結局，批判をめぐる議論は物別れに終わっている。

▷7 利用可能性ヒューリスティック
出来事の起こりやすさを，思い出しやすいことに基づいて推測する簡便なやり方を指す。私たちが行う情報処理では，思い出しやすい事柄の起こりやすさが過大に見積もられる傾向がある。

V マスコミュニケーションの影響

4 沈黙の螺旋

　みんなで物事を決めるとき，自分とは異なる意見が優勢に見える場合を考えてみよう。たとえば大学祭で企画を出すかどうかをクラスで話し合っているとする。あなた自身は何か企画をやりたいと考えていても，クラス全体では「面倒だから何もやりたくない」という意見が多いような気がしたら，それでも「何かやりたい」と発言できるだろうか？　もちろん個人差やそのときの状況の影響もあるだろうが，発言をためらう人も多いだろう。そして，もし「何かやりたい」と考えていた人が実際には少なくなかったとしても，みんなが発言をためらってしまったら，「何もやらない」という結論になってしまうかもしれない。

　これと同様のことが，国政レベルの世論でも生じる可能性を指摘したのが，ノエル＝ノイマン（Noelle-Neumann, 1984；1993）の「沈黙の螺旋」仮説である。

1 「沈黙の螺旋」仮説

　1965年のドイツ連邦議会選挙では，投票直前までキリスト教民主同盟／キリスト教社会同盟（CDU／CSU）と，ドイツ社会民主党（SPD）とが競り合っており，それは世論調査でも確かめられていた（図V-4-1の「投票意図」を参照）。しかし蓋を開けてみると，CDU／CSU が得票率で8ポイント以上の差をつけて勝利を収めるという「どたん場のなだれ現象」が見られたのである。なぜ直前になって，差が開いたのであろうか。

　その謎を解く鍵は支持率そのものではなく，選挙結果の予想にあるとノエル＝ノイマンは考えた。時系列データを見たところ，選挙戦の数ヶ月の間，投票意図にはほとんど差が見られていなかったにもかかわらず，「どちらが勝ちそうか」という予想はその数ヶ月前からすでに，CDU／CSU の方に偏りつつあったのである。ノエル＝ノイマンはこのデータから，投票直前に，優勢だと思った政党になだれこんだ人々の存在が，CDU／CSU の勝利をもたらしたと解釈した。さらに彼女は，事前に CDU／CSU 優勢という予想が増えていったのは，劣勢になりつつあることを敏感に察知した SPD 支持者が発言を控えるようになったためではないかと考え，「沈黙の螺旋」仮説を提出した。

　「沈黙の螺旋」仮説は，「自分が少数派である，あるいはそうなりそうだと認知した人は孤立を恐れて沈黙し，自分を多数派だと認知した人は声高に発言する。その結果，少数派の沈黙が多数派の雄弁を生み，それがまた少数派のさら

▷1　「勝ちそうだと思われた方が実際に選挙に勝つ」という現象は，いわゆる「勝ち馬」効果（bandwagon effect）として知られている。

なる沈黙を引き起こす」という螺旋状の過程が生じるとする議論である。

なおこの仮説では，人々には何が優勢な意見であるかを察知する「準統計的能力」が備わっていること，人間は社会のなかで孤立を恐れること（「孤立への恐怖」）の2点が前提となっている。ただし積極的に新しい意見や行動様式を広め，世論変容の立役者となる「アヴァンギャルド（前衛）」にあたる人々や，自らが少数派になっても伝統的な価値観を堅持する「ハードコア」と呼ぶべき人々が存在するとされ，孤立を恐れないこれらの人々については，▷2「沈黙の螺旋」過程が生じない（すなわち，自らが少数派になろうとも臆せず意見・態度を表明し続ける）とされている。

沈黙の螺旋が生じるためには，どの立場が勢力を増しつつあるかを人々が感知している必要があるが，そのための情報源として，マスメディアが重要な役割を果たしているとノエル＝ノイマンは述べている。「沈黙の螺旋」仮説がマスメディアの強力効果論のひとつに数えられているのはそのためである。▷3

「沈黙の螺旋」仮説は，意見分布あるいは世論動向の「認知」が実際に人々の意見や行動に影響を与えることを論じた点において興味深いものである。さらにこの仮説の評価されるべき点は，世論が市民に対する圧力となる可能性について改めて指摘したことであろう。ひとたびある意見が優勢になりつつあると認知されたなら，その意見は，民主主義の担い手である市民個人に対する圧力ともなりうるのである。ノエル＝ノイマンは，世論を「孤立することなく公然と表明できる意見」と定義づけているが，この定義は，意見の是非や民主主義的な理念はさておき，社会に受け容れられる意見が世論だという立場に基づくものであり，世論を「理性的な市民の判断」と見なす立場とは大きく異なっている。

最後の段階で政党間の差が開いた。「どたん場のなだれ現象」である。選挙は1965年9月19日に行なわれた。

図Ⅴ-4-1　1965年の（ドイツ連邦議会）選挙の謎

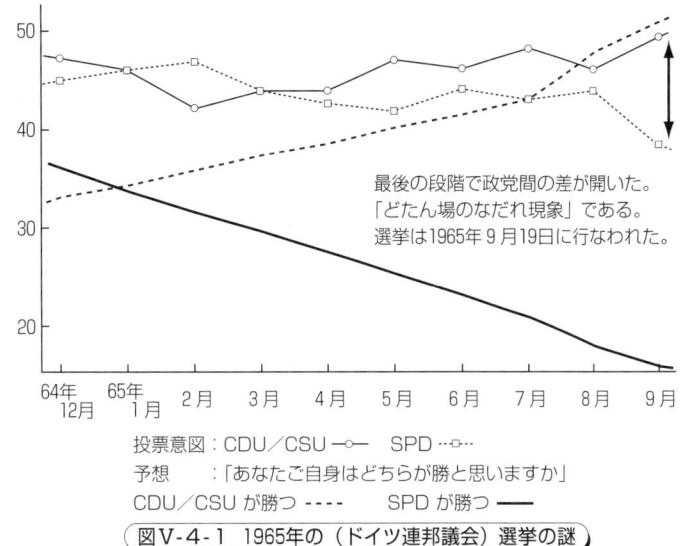

投票意図：CDU／CSU ―○―　SPD ･･□･･
予想：「あなたご自身はどちらが勝と思いますか」
CDU／CSU が勝つ ----　SPD が勝つ ―――

出所：Noelle-Neumann (1993) より作成。
注：CDU／CSU はキリスト教民主同盟を，SPD は社会民主党を指す。

②「沈黙の螺旋」仮説への批判

「沈黙の螺旋」仮説は，発表されて以来30年にわたって数多くの研究者の関心を引きつけ，さまざまな批判も受けてきた。ここでは仮説の内容に関する主な3つの批判について取り上げよう。

第1に挙げられるのは，数多くの追試が試みられてきたにもかかわらず，仮説を支持する結果が必ずしも多いわけではないということである。仮説に整合

▷2　たとえば，「男性は仕事，女性は家庭に専念すべきだ」という伝統的な性役割規範に関する世論を考えてみよう。この場合，世間で働く女性が増えても，「女性はやはり家庭にとどまるべきだ」という信念を持ち，主張し続ける人々が「ハードコア」にあたり，「まだまだ多くの女性は本格的に働いていない，女性は男性とまったく同じように働くべきだ」という主張を行うのが「アヴァンギャルド」と言えるだろう。当然ながら，両者の区別はあくまでも世論や規範の変化に照らしてなされるものであり，内容やその是非を問うものではない（たとえば，ある程度女性の社会進出が進んだ時点で，「女性の家庭回帰」の流れが生じたとすれば，それを強硬に主張する人々はむしろ「アヴァンギャルド」と見なされるべきであろう）。

▷3　メディア効果論については田崎・児島（2003）を参照。

的な研究結果も存在する一方，否定的な結果も多く報告されており，一貫した知見は得られていない◁4 (Scheufele & Moy, 2000)。

　仮説が必ずしも支持されてこなかったことについては，追試の方法がノエル＝ノイマンの議論を再現していない可能性についても考慮する必要があるだろう。たとえば，前衛的な「アヴァンギャルド」や古い価値観に忠実な「ハードコア」は孤立を恐れないために沈黙の螺旋も生じないと指摘されているにもかかわらず，実証研究ではアヴァンギャルドやハードコアの存在についてほとんど考慮されてこなかった。近年では，ハードコアにあたると見なされる人々を除外した分析の試みも行われており，1948年に実施されたアメリカ大統領選のパネルデータを用いて，意見を変えなかった層（ハードコアにあたる人々）を除外すると，世論動向の認知が意見表明の意図にプラスの効果を持っていたという報告がある (McDonald, Glynn, Kim, & Ostman, 2001)。

　批判の対象となっている第2の点は，仮説の前提とされている「準統計的能力」および「孤立への恐怖」という概念の妥当性である。

　まず，「準統計的能力」という概念に対する批判の内容は，①意見分布の認知は必ずしも正確とは限らないこと，また②すべての人が同じように意見分布を感知しているわけではないこと，の2点に集約できるだろう。**フォールス・コンセンサス効果**◁5の例に見られるように，意見分布を正確に認知することは一般に難しい。また，マスメディアが世論認知の重要な情報源だとしても，ニュースへの選択的接触（自分の態度に合致した情報に好んで接しやすいこと）が行われる可能性を考慮すれば，意見分布の認知は人によって異なる場合もありうる◁6。

　「沈黙の螺旋」仮説の前提へのもうひとつの批判は「孤立への恐怖」という動機の妥当性に関するものである。投票や世論調査のように匿名が保証され，他者の目にも触れない状況で同調圧力の影響を受けるとは考えにくいからである。

　また，ノエル＝ノイマンは主に歴史的事例から，孤立への恐怖が人間の本質的な特性であることを主張しているが (Noelle-Neumann, 1993)，近年の研究では「孤立への恐怖」はむしろ個人特性や状況要因の影響を受けて変動しうるものとして扱われている（たとえば，Kim, Han, Shanahan, & Berdayes, 2004 ; Neuwirth, 2000 ; Petric & Pinter, 2002）。さらに，孤立への恐怖が意見表明の意図あるいは意見表明に及ぼす効果については，明確な結果が得られているわけではない◁7。

　第3の批判として，準拠集団の影響についてほとんど論じられていないという批判がある (Salmon & Kline, 1985)。意見分布を認知するとき，あるいは意見を表明しようとするときに人々が直接接触するのは，心理的に近い家族や友人，同僚といった準拠集団である可能性が高い。孤立への恐怖についても，見知らぬ他者からの孤立よりも準拠集団内の孤立の方がより恐れられると考える方が

▷4　ただし，意見分布（現状の多数派）認知と意見表明の意図との関連を検討した17の研究のみを対象にしたメタ分析（複数の研究の結果を統計的に統合して効果の大きさを推定する手法）によれば，両者の間に弱いながらも有意な相関が見いだされている (Glynn, Hayes, & Shanahan, 1997)。

▷5　フォールス・コンセンサス効果
Ⅰ-5 を参照。

▷6　ノエル＝ノイマンはこれらの批判に対して，意見表明の意図を規定するのは現状の意見分布認知ではなく，世論がどちらに傾きつつあるかという動向の認知であるという反論を試みている (Noelle-Neumann, 1985)。ただしこの点は『沈黙の螺旋』初版では明確に言及されていなかった部分であり，「沈黙の螺旋」仮説を検証しようとした研究の多くが世論動向の認知よりも現状の意見分布認知と意見表明の意図との関連を取り上げている (Glynn et al., 1997) ことは指摘しておく必要があろう。また，現状の意見分布認知の方が予期よりも強く意見表明を規定するという報告 (Neuwirth, 2000) もあり，どちらがより意見表明の意図と関連しているのかはあきらかではない。

▷7　たとえば，Petric & Pinter (2002) では，孤立への恐怖は意見表明の意図には影響するが，多数派の支持があれば意見表明そのものには影響しないという結果が得られている。また，Kim et al. (2004) では，孤立への恐怖は意見表明の意図にほとんど影響しておらず，意見表明の意図は争点

妥当であろう。「全国調査の多数派」と「親しい友人グループ内の多数派（準拠集団内の多数派）」が異なる条件では，準拠集団内の多数派の方が意見表明の意図に対してより大きな影響力を持つという知見も報告されている（Oshagan, 1996）。

ノエル＝ノイマン自身も，知り合いが少なく孤独な人や政治に関心のない人が「最後の勝ち馬に乗る」傾向にあると指摘しており，「沈黙の螺旋」過程における対人的環境の効果については，より詳細な検討がなされるべきであろう。

関心の影響を大きく受けると指摘している。

3 今後の研究に向けて

「沈黙の螺旋」理論の研究を今後進めていく上で明らかにすべき課題としてショイフェレィら（Scheufele & Moy, 2000）は，①ハードコアおよびアヴァンギャルドの再検討，②孤立への恐怖の再検討，③葛藤場面の文化差の検討，の3点を挙げた。最後に，これらの検討課題に対する近年の取り組みについて紹介しておこう。

まずハードコアおよびアヴァンギャルドの再検討であるが，アヴァンギャルドについては研究が進んでいるとは言えないものの，ハードコア層については少しずつ検討が進められている。先に紹介したマクドナルドらの研究（McDonald et al., 2001）はその一例である。また，ハードコア層は，より等質な対人的環境に囲まれていることで，態度を変えにくくなるという知見もある（安野, 2006）ただし，ハードコア層やアヴァンギャルド層の定義に合意が見られているわけではない。

孤立への恐怖についても，人間の本質的特性と言うよりもむしろ個人特性や状況による変数として扱われるようになってきていることはすでに述べた通りである。たとえば，自らの発言を自己検閲しようとする傾向と，不安や自尊心など性格特性との関連が検討されている（Hayes, Glynn, & Shanahan, 2005）。

文化差に関しては，いわゆる集団主義文化に属すると考えられる台湾の調査で「沈黙の螺旋」過程が見られた一方，個人主義文化に属すると考えられるアメリカでは見られなかったという報告が出ている（Huang, 2005）。ただし，当然ながら取り上げられた争点も異なるため，国によって差が見られたとしても，その差が争点の特性によるものか，それとも本当に文化差が存在するのかは明らかではない。文化差が存在するかどうかについては，数多くの研究の積み重ねによって慎重に検討していく必要があるだろう。

（安野智子）

V マスコミュニケーションの影響

5 第三者効果

1 第三者効果仮説

　立法・行政・司法の三権に次ぐ「第四の権力」とも呼ばれることがあるように，一般にマスメディアは社会に対して大きな影響力を持つと思われている。しかしマスメディアは強大な影響力を持つと考える人でも，自分自身に対する影響力についてはそれほど感じていないことがある。マスコミュニケーションの影響力は一般に，自分自身に対してよりも，他者（「自分」でも「あなた」でもない第三者）に対してより大きく見積もられるという傾向があり，そうした傾向は「第三者効果（third-person effect）」と名づけられている。

　第三者効果という現象について最初に言及したのはデイヴィソン（Davison, 1983）である[◁1]。彼は政治のネガティブキャンペーンや広告などの影響力認知に関する4つの質問から，マスメディアによる説得的コミュニケーションが「他者に影響する」と考える人は「自分に影響する」と考えている人よりも多いことを見いだした。それら4つの研究を紹介しておこう。

○研究1

　1978年のニューヨーク州市長選挙の直後に行われた。このときの選挙では，民主党の現職市長ケアリーが，共和党の対立候補に対して所得申告の公開を再三要求し，対立候補がこれを拒んだことを槍玉に挙げて選挙戦を勝ち抜いていた。この選挙について，コロンビア大学の大学院生33名に対して「このこと（対立候補が所得申告の公開を拒んだこと）が有権者の投票にどの程度影響したと思うか」「あなた自身の投票にはどの程度影響したか」を7段階でたずねたところ，結果は以下の通りであった。

ニューヨーク市民に対する影響の方を大きく見積もった回答	48%
回答者本人に対する影響の方を大きく見積もった回答	6%
ニューヨーク市民と回答者自身に同程度の影響を見積もった回答	36%
無回答	9%

○研究2

　1981年，25人の大学院生に対して行われた。自分の子ども時代を思い出して，「広告を見て，それを見なければほしいと思わなかったような商品をねだった経験があるかどうか」「（一般に）テレビによって，子どもは欲しくなかったものを欲しがるようになると思うか」という質問を行った。研究2では研究1と

▷1　デイヴィソン（Davison, 1983）は，第三者効果仮説を思いついたきっかけとして次のような個人的体験を紹介している。
　最初のきっかけは，ある歴史学者から，硫黄島で日本軍が撒いたビラの話を聞いたことだったと言う。黒人兵と白人の隊長からなる部隊に，日本軍が「白人のために命を危険にさらすな」というビラを撒いたところ，（その歴史学者によれば）兵士がそのビラに心を動かされたという証拠はないにもかかわらず，白人の隊長には効果を発揮して，その部隊は翌日降伏してしまったという。
　この話を聞いた数年後，デイヴィソンは，西ドイツのジャーナリストたちに，新聞社説の影響をどのように認識しているかをたずねる機会を得た。そこでしばしば聞かれた回答は，「あなたや私のような人は新聞社説の影響を受けないが，普通の読者は影響されてしまうものだ」という意見であった。
　さらにその後，デイヴィソンが自分の支持候補の選挙運動を手伝っているとき，ライバルの候補者のビラが届いた。それを見たデイヴィソンは，そのビラでライバル支持に転向する有権者が多いように思い，対抗するために支持候補のビラ

異なり,「広告が自分にもたらした影響」をたずねてから,他者への影響をたずねた。その結果,自分に対してよりも他の子どもに対しての方が,テレビ広告の影響はより大きいと見積もられていた(表V-5-1)。

表V-5-1 研究2の結果(テレビ広告が子どもの購買意欲に与える影響の評価)

	子ども時代の自分に対する影響	他の子どもに対する影響
かなりある/あった	32%	68%
ある程度ある/あった	24%	28%
それほどない/なかった	20%	4%
まったくない/なかった	16%	0%
テレビは見ていなかった	8%	0%

○研究3

1980年の大統領選に関してニューヨークの放送博物館での講義を受講していた25人の成人を対象に次の3つの質問を行った。「ニューハンプシャーの予備選の結果は,あなたの投票意図に影響しますか」「レーガンの勝敗に影響すると思いますか」「カーターの勝敗には影響すると思いますか」。その結果,他者に対する影響力は自分に対する影響力より大きく見積もられていた(表V-5-2)。

表V-5-2 1980年予備選の影響力の評価

	自分の投票意図	レーガンの勝敗	カーターの勝敗
かなり影響する	0%	52%	32%
多少影響する	24%	24%	48%
まったく影響しない	72%	20%	20%
わからない	4%	4%	0%

○研究4

同じく放送博物館の講義受講生(研究3とは異なる対象者)に対して行われた。「レーガンのタカ派政策が投票行動に及ぼす影響」について,「他の人は影響される」という回答は,「自分は影響されると思う」という回答のおよそ2倍にのぼった。

このようにデイヴィソンによるオリジナルの第三者効果は,「あなたはメディアの影響を受けますか」「世間一般の人は影響を受けるでしょうか」と質問すると,「はい」という回答が後者でより多くなるという現象を指している。◁2

デイヴィソンはさらに,「説得的コミュニケーションは自分よりも他者に対して,より大きな影響力を持つ」と見なす傾向(認知レベルの第三者効果)により,予期される他者(第三者)と自分とのずれに対処しようとして結果的に認知者自身が説得されてしまう(行動レベルの第三者効果)という2段階からなる「第三者効果仮説」を提出した。

身近な例として,ある健康食品がテレビ番組で紹介された場合を考えてみよう。もしその番組を見た人が,「他の人がスーパーに押し寄せて,品切れに

を配って歩いたという。デイヴィソンはこれらの個人的体験から,「マスコミュニケーションが他者の態度や行動に及ぼす影響を過大評価する」という第三者効果仮説を思いついたと記している。詳しくはDavison (1983)を参照。

▷2 第三者効果に関するその後の研究では,「自分に対するメディアの影響力の評定値と,他者に対する影響力の評定値の差」という変数で扱われていることも多い。

なってしまうといけないから，早く買っておこう」とスーパーに向かってしまうのであれば，「他の人がテレビに影響される」と考えている人は，実際のところ本人のほうがテレビ番組に影響されているわけである。◁3

第三者効果仮説についてはその後多くの研究者によってさまざまな研究が行われている（概要は Perloff, 1999, 2002）。ここでは認知レベルおよび行動レベルの第三者効果について，過去の研究の主要な知見を概観しておこう。

▷3 行動レベルの第三者効果は，マスメディアによる影響力の認知が，世間の趨勢の変化の予期を媒介して，それを予期した個人の行動の変化をもたらすという仮説である。「予期が現実の行動や世論変化を媒介する」と見なす点で，第三者効果とノエル＝ノイマンの「沈黙の螺旋」仮説（ V-4 ）との間には共通点があることを，デイヴィソン自身が指摘している。

❷ 認知レベルの第三者効果

認知レベルの第三者効果の報告例は多い。一般に，マスメディアが他者に及ぼす影響力の方が，自分に及ぼす影響力よりも大きく見積もられやすいという傾向があることは，複数の研究における効果の大きさを統計的に再検証したメタ分析でも確かめられている（Paul, Salwen, & Dupagne, 2000）。

◯メッセージの要因

第三者効果が特に生じやすいのは，影響を受けることがネガティブにとられる，あるいは広告など説得的意図が認知されたメッセージ（たとえば，Brosius & Engel, 1996；Huh, Delorme, & Reid, 2004；Gunther & Mundy, 1993），バイアスがかかっていると認知されたメッセージ（Gunther, 1991）である。一方，啓蒙キャンペーンなど社会的に望ましいメッセージの場合には，自分のほうが影響を受けやすいと考える「逆第三者効果」が生じることがあると報告されている◁4（Gunther & Mundy, 1993）。

◯回答者の要因

トピックへの自我関与（自分にとっての重要性）が高いとき（Perloff, 1989；Mutz, 1989），あるいは自分がその分野に専門的知識があると認知しているとき（Lasorsa, 1989）に第三者効果が大きくなる。また，学歴が高い人は他者への影響を過大評価し，年齢の高い人は自己への影響を過小評価する傾向がある（Tiedge, Silverblatt, Havice & Rosenfield, 1991）。

◯比較対象者の要因

「第三者」として，自分とは社会的距離が遠い人を思い浮かべるほど第三者効果が大きくなる（たとえば，Brosius & Engel, 1996；Cohen, Mutz, Price, & Gunther, 1988）。しかし，社会的距離の大きさが問題なのではなく，メディア接触の多そうな属性を持つ人への影響力を過大評価しているだけだという指摘もある（Eveland, Nathanson, Detenber, & McLeod, 1999）。また，比較対象が同じであってもその集団サイズが大きくなるほど，第三者効果は大きくなるという（Tewksbury, 2002）。

◯質問順序の効果

第三者効果研究では一般に，メディア報道やコンテンツの影響力を「自分自身」および「他者」それぞれについてたずねている。そのため対比効果が生じ

▷4 同じものの影響力を推測しても，推測する側がその対象に対して肯定的なイメージを持つか否定的なイメージを持つかによって影響力の評定が異なってくるという知見がある。Willnat, He, Takeshita & Lopez-Escobar (2002) は，アジア4ヶ国とヨーロッパ4ヶ国，計8ヶ国の学生を対象に調査を行い，アメリカのニュースや娯楽番組が，自国の文化や回答者自身，また国内の他の人々に与える影響を推測させた。その結果，ヨーロッパの回答者では第三者効果が生じていたのに対し，アメリカのニュースや娯楽番組が好意的に評価されていたアジアの回答者では，「他の人よりも自分の方が影響を受けている」とする「逆第三者効果」が見られたと言う。

ている可能性も指摘されたが（Lasorsa, 1989），その後の研究は順序の効果に否定的なものが多い。「自分への影響」のみ，あるいは「他者への影響のみ」をたずねた群を比較しても，他者への影響力の方が大きく見積もられているので，単なる対比効果ではないという知見もある（Price & Tewksbury, 1996）。

なお，マスメディアによる自分への影響力の認知と他者への影響力の認知とでは，それぞれに影響を与える要因が異なることが考えられる（McLeod, Detenber, & Eveland, 2001）。影響を受けることが望ましくないメッセージや，自我関与の大きいトピックで第三者効果が生じていることから，第三者効果は自分が他者よりもすぐれていると見なす自己高揚バイアス（self-serving bias）の一種であるという議論がある（たとえば，Gunther & Mundy, 1993 ; Henriksen and Flora, 1999）。他方，他者への影響力の認知は，メディアの影響力に関する一般的な信念によるという指摘もある（McLeod et al., 2001）。

3 行動レベルの第三者効果

自分自身と世間一般の人々との間に，メッセージによる影響の受けやすさの差を認知することにより，社会の変化に追いつこうとして自らが（メッセージの方向に）影響されてしまうとする行動レベルの第三者効果仮説については，デイヴィソン以降さまざまな研究者が検証を行ってきた。しかしながら実証研究の多くは，第三者効果がそのような同調を招くという仮説に否定的であり（Gunther, 1991），近年ではデイヴィソンの仮説で想定された同調行動以外の影響が検討されている（概要は Perloff, 2002）。

なかでも，第三者効果がメディアへの規制に対する賛成態度を媒介していることは，選挙キャンペーンへの規制（Salwen, 1998），ホロコーストを否定するような広告の規制（Price, Tewksbury, & Huang, 1998），ポルノなど有害コンテンツの規制（Lee & Tamborini, 2005 ; Gunther, 1995），女性蔑視的なラップの歌詞の規制（McLeod, Eveland, & Nathanson, 1997）など，複数の研究で確認されている。ただし，メディア規制への意見は，第三者効果よりもメッセージ内容そのものへの態度に左右されるという報告もある（Huh et al., 2004）。

4 世論過程への影響

第三者効果と「**沈黙の螺旋**」仮説との関連も指摘されてきた。ただし第三者効果と意見表明の意図は直線的な関係にあるわけではなさそうである。マッツ（Mutz, 1989）によれば，第三者効果には意見表明を減少させる効果があるものの，争点の重要性の認知の方がより強く意見表明の意図を規定していたために，両者の効果が相殺されるというものであった。争点の重要性が高いほど，すなわち自我関与が高くなるほど第三者効果は大きくなるが，自我関与が高い層では意見分布の認知による影響を受けにくくなるためである。

（安野智子）

▷5 沈黙の螺旋
V-4 を参照。

V マスコミュニケーションの影響

6 ニュースとうわさの伝播

1 間接的に知る世界

　東部時間，午前8時46分。ニューヨークの世界貿易センタービルに，ハイジャックされたアメリカン航空11便が突っ込んだ。2001年9月11日，アメリカ同時多発テロ事件である。

　この事件について考えるべき事はいくつもあるが，ここではまず，私たちが地球の裏側で起こった大事件をリアルタイムで知ることができたという点に注目しよう。何を当たり前のことを，と思われるかもしれないが，テレビやラジオやインターネットがなかったら，私たちにとってこの事件は「存在しなかったも同然」だったはずである。

　本来なら，私たちが知りうるのは自分自身の直接体験と，身近な人たちからの伝聞というわずかな間接体験だけである。逆に言えば，マスメディアがとほうもない量の間接体験を常にもたらしているからこそ，私たちは自分の身の回りを超えた世界を知り，そこに関わっていくことができる。

　こうした間接体験をもたらす環境は**情報環境**◁1と呼ばれる。私たちは情報環境に依存しながら，そのことを意識しないまま暮らしているが，そうした当たり前の事実に気づくところから，マスコミュニケーションの社会心理学が始まることになる。

2 何が事件を伝えたか

　では，アメリカで暮らす人々は，この事件をどのようにして知ったのか。この問いについてグリーンバーグら（Greenberg et al., 2002）は，事件直後の12日と13日に緊急電話調査を行っている◁2。その結果，最初に事件を知った情報源として最も多く挙げられたのは「人（くちコミ）」であり，これに続くのがテレビやラジオといった「マスメディア」であった（表V-6-1）。

　ただし，この調査はアメリカ北東部の地方都市で実施されたものであり，全米を対象とした調査とは結果が異なっている。表V-6-1の右側は調査会社とオハイオ大学のジャーナリズムスクールが共同で実施した全国電話調査の結果◁3であるが，最も多かった情報源はテレビであり，これに続くのが友人・同僚という結果になっている。

　ふたつの調査は地域や時期が違うため結果も異なっているが，両方に共通し

▷1　情報環境
雪におおわれた平野を横切ったあとで，実はその場所が平野ではなく凍った湖であったと聞かされたときのことを想像してほしい。人間は現実環境を相手にするだけでなく，意識された環境を相手にする存在でもある。このような意識された環境のことをリップマンは疑似環境と呼んだが，ここでいう情報環境も疑似環境とほぼ同じ意味の言葉である。なお，歴史的な視点から「マスメディアは人間の直接体験と間接体験の比率を変えてきたのではないか」と考えてみてほしい。このような考え方にはメディア論やメディア史という領域につながっていく発想が含まれている。

▷2　調査地域はミシガン州のランシング（郊外も含む）。ランダムに発生させた電話番号を使用し，18歳以上の314人から回答を得ている（回収率は63％）。

▷3　調査期間は2001年10月20日〜31日。調査対象者は18歳以上の1,131人。コンピュータによって世帯の電話番号をランダムに選び，その世帯のなかで今後最も誕生日が近い人を調査対象者としている。サンプル構成は国勢調査とよく似ているが，教育水準は若干高めである（Stempel & Hargrove, 2002）。

V-6 ニュースとうわさの伝播

表V-6-1 何によって「同時多発テロ」を知ったか

グリーンバーグらの調査		スクリップス・サーベイリサーチセンターの調査	
テレビ	33%	テレビ	49%
ラジオ	15	ラジオ	17
くちコミ	50	友人・同僚	21
		家族	9
		その他・不明	4

出所:Greenberg ed. (2002, p. 8, p. 19) より作成。

ていることもある。それは、①マスメディアと人の両方によってニュースが伝わったこと、②マスメディアのなかではテレビが最も多く挙げられていること、③新聞や雑誌はほとんど挙げられていないこと、などである。

こうした結果は、まず、テレビが出来事を知らせる上で非常に強力であることを示している点で重要である。情報操作や同調行動について論じる前に、まず認知段階において、マスコミュニケーションには絶大な効果があることを確認しておこう。また、こうした結果は、情報環境がマスコミュニケーションとパーソナルコミュニケーションの両方によって作られていることを示している点でも重要である。私たちはマスメディアから出来事を知らされるだけでなく、それを身近な人々に伝え、自分たちが共有すべき情報環境を作り上げていく存在でもある。

なお、こうした結果に比べると、インターネットはほとんど力を発揮していないように見えるが、インターネット上のサイトがニュースを伝えなかったからと言って、インターネットでニュースが伝わらなかったわけではない。グリーンバーグらの調査でも、アクセスしていた者のうち、同時多発テロ事件について電子メールを受信した者は68%、送信した者も48%と非常に多く、インターネット自体は重要な役割を果たしたことがわかっている。

インターネットは急速に普及・発展しており、今後の研究では、こうした調査の結果も大きく変わる可能性がある。しかし、たとえそうだとしても、「マスメディアと対人ネットワークが情報環境をどのように作り上げているのか」という視点が、情報環境論の出発点となることに変わりはない。

③ 広がるうわさ

人々の間に広がっていくのは事実を伝えるニュースだけではない。ときには事実かどうかわからない怪しい情報、すなわち、うわさ(流言)やデマが広がることもある。

うわさについてはオルポートとポストマン(Allport & Postman, 1947)の研究が広く知られているが、その10年以上も前に、災害時流言について貴重な研究を発表していたのがプラサド(Prasad, 1935)である。

プラサドは、1934年にインド北部を襲ったネパール・ビハール地震(マグニ

▷4 グリーンバーグらによる調査では、全体の4分の3がインターネットにアクセスしていたが、そのうち、テロに関する情報を求めて何らかのサイトを訪れた者は35%に過ぎず、インターネットを「最も重要な情報源」だと回答した者もわずか2%であった。

▷5 同時多発テロを人から聞いて知ったという回答のなかには、携帯電話やインターネットを経由して「人から聞いて知った」という回答が混在している可能性がある。

▷6 社会現象としての「うわさ」を、個人的で日常的な「うわさ」と区別するために「流言」と呼ぶこともある。また、「デマ」は情報操作のために意図的に流された情報を指す。

▷7 うわさ研究の古典。伝達過程における内容の変化に注目すると同時に、流言の量が「問題の重要性」と「状況の曖昧性」の積に比例する(どちらかがゼロであれば流言は広がらない)という公式を提示した。

チュード8を超える大地震）の直後に，人々の間に以下のような流言が広がったことを報告している。

「目抜き通りの瓦礫を片付けたところ，13,000もの死体が見つかった」（誇張された流言）。「ヒマラヤ山脈の隆起によって地震が起こった」（科学的ではあるが誤った解釈）。「占星術師たちは1934年の災いの日を予言していた」（新聞記事の内容が地震後に広がった）。「月蝕の日に激しい地震が起こる」（広く強く信じられたが，実際には何も起こらなかった）。

また，プラサドは，こうした流言の広がりを助長する状況の特徴として，次の5点を挙げている。①感情の動揺を引き起こす状況。②異常で馴染みがない状況。③関わった人々が理解できない側面を持つ状況。④いくつかの確かめられない要素を持つ状況。⑤集団の関心事となる状況。

これらのうち，①は不安という「感情」に，②～④は不確かさという「認知」に，⑤は「集団・文化」にそれぞれ対応している。

プラサドの研究はテレビもインターネットもなかった時代のものであるが，後の研究において重視された多くの論点を先取りしている（Bordia & DiFonzo, 2002）。特に⑤は，個人の行動を「個人を超えるもの」との関係においてとらえているという点で重要である。というのも，プラサドが言うように，流言は集団的な「状況の意味づけ」（問題解決の試み）でもあるからだ。また，一見「非合理」に思える流言の内容も，不安な気持ちを何とかするために，社会的に共有された文化が材料として利用されたのだと考えることもできる。

流言は「内容の怪しさ」が特徴でもあるが，社会心理学にとって重要なのは，内容の怪しさよりも，そうした怪しい情報が「なぜ広がっていくのか」，「どのように広がっていくのか」という問いである。そして，こうした問いは情報だけにとどまらず，以下のように人間の社会的行動にも関わることになる。

❹ うわさから集合行動へ

2003年12月24日，佐賀県で不穏な内容の携帯メールが送信された。「緊急ニュースです。某友人の情報によると26日に佐賀銀行がつぶれる。預けている人は明日中に全額おろすことを薦める。信じるか信じないかは自由です」。

このメールは不特定多数の人に広がり，25日午後から預金を引き出す人たちが増え始めた。特に，ATM（現金自動預け払い機）の現金が一時的に不足し長い行列が出来たことが，くちコミ，携帯メール，インターネットの掲示板などで広がり，午後5時頃には各地で長蛇の列が出来た。

直ちに日銀と財務省は，佐賀銀行の経営内容や資金繰りに問題がないことを公表して冷静な対応を呼びかけたが，24日中に約180億円が引き出され，12月31日までに引き出された額は450億～500億円にものぼったという。

最初に携帯メールを送信したのは誰だったのか。その後，警察の捜査によっ

て20代の女性が特定され，信用毀損容疑で書類送検されている。報道によると，この女性は知人から「26日に佐賀銀行がつぶれる」と聞いて，2003年8月の佐賀商工共済協同組合の破綻を思い出し，「友人にも教えなければ」と思い26人に携帯メールを送信したが，悪意はなかったという。社会不安を背景にした典型的な取り付け騒ぎだと考えられる。◁8

　社会心理学ではこうした現象を集合行動（collective behavior）と呼ぶ。集合行動とは，流言，流行，パニック，暴動などのように，組織されていない多数の人々の個々の行動が，相互作用やその繰り返しによって，次第に拡大発展していく現象のことである。

　実は，1973年12月にも愛知県の豊川信用金庫で同様の取り付け騒ぎが起こっている（伊藤・小川・榊，1974）。もちろん，豊川信用金庫の場合には「くちコミ」が主であったのに対して，佐賀銀行の場合には携帯電話やインターネットも使われており，その点では両者は大きく異なっている。しかし，事実無根の発言が伝達と相互作用を経て大きな事件を引き起こしたという点では，両者の社会心理学的なメカニズムはまったく同じだと言ってよい。

　ただし，こうした現象が病理的で非合理的なものかと言うと，必ずしもそうではない。というのは，こうした騒ぎは個々人のレベルでは「合理的」でもあるからだ。考えてみよう。うわさを信じてはいなくても，他の人たちがどんどん預金を引き出せば，破綻が現実のものとなり，自分だけが大損することにもなりかねない。そう考えた人が万が一のために預金を下ろそうとするのは「合理的」ではないだろうか。そして，そう考えた多くの人がそれぞれ「合理的」に預金を下ろせば，銀行は本当に支払い停止に追い込まれてしまう。銀行にしてみればきわめて理不尽な話である。集合行動研究の難しさのひとつは，こうした二面性をどのように理解するかという点にある。◁9

5　流言やデマへの対処

　流言の発生を未然に防いだり，流言やデマの沈静化を図るにはどうしたらよいだろうか。

　まず，災害時流言については受け手の情報リテラシー（情報の真偽をチェックできる能力）の高さが鍵となるが，それとともに，送り手がメッセージを明確にすることや，信頼できる流言打ち消しメッセージを繰り返し伝えることが有効であると考えられている（三上，2004）。

　また，特定の企業を標的とするデマの場合には，デマの否定，デマの無視，自社に肯定的な情報の発信などといった方法があり，それぞれがケース・バイ・ケースで有効であると考えられている（川上，1997）。

〔山田一成〕

▷8　以下の新聞を参考にした。読売新聞西部版朝刊：2003年12月26日1面・27面，2004年1月10日31面・11日30面，12日30面，2月18日35面。毎日新聞東京版朝刊：2003年12月26日27面，毎日新聞佐賀版：2003年12月31日19面。

▷9　社会的ジレンマ（Ⅳ-6），沈黙の螺旋（Ⅴ-4），といった事項も参照してほしい。なお，銀行の取り付け騒ぎは「異常な社会現象」だと考えられることが多いが，ニュースと株価の連動は「正常な経済現象」と思われていることも少なくない。

V　マスコミュニケーションの影響

7　知識ギャップ仮説とデジタルデバイド

1　知識量の「格差」

1940年代から，社会のなかのある人々に対してはマスメディアを通じて何かを伝えようとすることが思いのほか難しいということが知られてきた。たとえば，アメリカの都市シンシナティにおいて6ヶ月にわたって国連についての広報キャンペーンが行われた結果，新聞やラジオなどでキャンペーンに接触したのは「大学卒」では68％であったのに対し，「高校卒」では43％，「中学卒」では17％に過ぎなかった（Star & Hughes, 1950）。また，1948年のアメリカ大統領選挙キャンペーンにおいても，学歴の高い人ほど各争点における候補者の立場をよく知っていることが明らかにされた（Berelson, Lazarsfeld, & Mcphee, 1954）。

こうした背景をもとに，学歴に代表されるような**社会経済的地位**の違いによって知識の獲得時期や獲得能力に差が生まれ，メディアが報道すればするほど知識量の差が拡大していくのではないかとの問題意識が生まれた。メディアによる報道は，知識の少ない人の知識量を底上げすることですでに生じている知識の不均衡を是正するのではなく，むしろ知識量の差を拡大・補強するのではないかと考えられたのである。この問題意識は，ティチナーらの研究（Tichenor, Donohue, & Olien, 1970）によって，知識ギャップ仮説として広く知られることになる。

2　拡大する知識量の学歴差

ティチナーらは学歴と知識獲得の関係について新聞を題材とした実験研究を行い，知識ギャップ仮説を実証しようとした。彼らは，なぜ学歴が高い人ほど新聞から獲得する知識量が多いのかについて，次のように考えた。すなわち，学歴が高い人ほどニュースを理解するための読解力や理解力が高く，しかもすでに知識を多く持っているので新しい知識を習得しやすい。また，学歴が高い人は知識量の多い人と接する機会が多く，ニュースに関する会話を経験しやすい。さらに，学歴が高い人が好んでニュースに接触するだけでなく，印刷物という新聞の形態自体が，社会経済的地位の高い人間が理解するのに適したものとなっている，と考えたのである。

1968年4月，アメリカミネソタ州中部の都市ミネアポリスとセントポールから選ばれた住民600人は，医学・生物学と社会科学の実際の新聞記事を読んだ

▷1　社会経済的地位
社会経済的地位とは社会のなかでの相対的な地位や経済的な豊かさなどを表す概念であり，学歴・収入・職業や仕事の内容などの指標で測定される。社会経済的地位の差は，富や権力，職業威信などの間に何らかの不平等があることを示す。

▷2　ティチナーらは，科学ニュースや公的なニュースは主に印刷物によって報道され，印刷物という媒体は伝統的に地位の高い人々によって用いられてきたと考えた。

表V-7-1 学歴と「読解力」の相関係数

	1番目に読んだ記事		2番目に読んだ記事	
	報道量の多いトピック	報道量の少ないトピック	報道量の多いトピック	報道量の少ないトピック
医学・生物学の記事	r=.109	r=.032	r=.264 *	r=.165
社会科学の記事	r=.278 **	r=.228 *	r=.282 **	r=.117

出所：Tichenor, Donohue, & Olien (1970) より作成
注：＊5％水準で有意；＊＊1％水準で有意

後，その内容についてできるだけ多くのことを思い出して話すというティチナーらの実験研究に参加した。その研究では，思い出して話すことのできた記事の内容のうち正確なものの数がカウントされ，知識の獲得に必要な「読解力」として測定された[3]。同時に，読んだ新聞記事の報道量も，両都市の4つの主要紙の1面に掲載された回数をカウントすることで測定された。

結果は，知識ギャップ仮説の予測に沿ったものだった。報道量が多い記事ほど，学歴と「読解力」の正相関が強かったのだ（表V-7-1）[4]。たとえば，社会科学の「2番目に読んだ記事」では，報道量の少ないトピックに関する相関係数は0.117だが，報道量の多いトピックでは0.282と大きくなっている。つまり，メディアが報道すればするほど，学歴の高い人は低い人よりもより速く知識を獲得していくため，両者の間での知識量の差は拡大していくということが示されたのだ。

しかし，この結果は学歴が低い層では知識の獲得が起こらないことを意味しているのではない。学歴の高い層の方が知識の獲得のスピードが相対的に速いというだけである。だとすれば，長期間にわたって報道が続けば学歴の低い層の知識量が高い層に追いつき，結果として学歴間の知識ギャップが無くなることも考えられる。しかし，現実にはギャップがなくなるまで長期間にわたって報道され続けるようなトピックは少ないため，知識ギャップが無くなることはまれであると考えられた。

その後，ティチナーらの研究に触発され，知識ギャップ仮説に関する多くの研究が実施された。研究結果には多少のばらつきがあるものの，おおむね仮説は支持されている（Vishwanath & Finnegan, 1995；Gaziano, 1983）。同時に，単純に学歴と知識量の関係を調べるだけでなく，知識ギャップが拡大したり縮小したりする条件についても検討が加えられてきている。たとえば，報道に接触する際に知識を獲得したいという動機があるかどうかが重要であるとの指摘や（Dervin, 1980），報道のトピックが国家レベルのものである場合には知識ギャップは拡大し，地域に根ざしたローカルなトピックに関しては知識ギャップが見られないことなど（Becker & Whitney, 1980），数多くの条件が報告されている。

▷3 厳密には，読んだニュースを思い出し，さらにそれを言葉で表現する（verbalize）能力である。

▷4 表V-7-1のrは相関係数を表している。相関係数は−1から1までの値をとり，値が大きいほど学歴と「読解力」の関連が強いことを示している。ここではプラスの相関係数のみが報告されているため，学歴が高いほど「読解力」が高い。また，アステリスク（＊）は，その相関係数がたまたま表れた偶然の結果ではないことをあらわしている。アステリスクの数が多いほど，偶然の結果ではないことの確からしさが高いことを意味する。

3 テレビの登場は何を変えたか

　ティチナーらの研究は新聞報道を対象にしていた。しかし，1960年代以降のテレビ，そして1990年代以降のインターネットの普及は，知識ギャップ仮説を取り巻くメディア環境に大きな変化をもたらしている。テレビ報道への接触は，新聞とは異なり学歴間の知識ギャップを縮小する方向で作用することが報告されている▷5（Neuman, 1976；Gantz, 1978）。また，テレビは新聞と比較して個別具体的な人物や事例に基づいた報道が多いため▷6，社会問題に関する精緻な**認知的スキーマ**▷7を持っていない学歴の低い人々にとっても知識を増やしやすい可能性がある。テレビのトークショーや討論番組など，善悪の価値判断に基づいていたり人間ドラマ風に社会問題を伝える形式が1980年代以降増えたことで，学歴の低い層における社会問題や外交問題に対する注目が高まっていることが指摘されている（Baum, 2001）。こうしたニュースの形式はソフトニュース（soft news）と呼ばれ，日本ではワイドショーや深夜の報道・討論番組などがこれに相当すると考えられる。新聞を対象とした知識ギャップ仮説の研究では国際問題や外交問題などでは知識ギャップが大きくなることが報告されているが，テレビのソフトニュースはこうしたギャップを縮小させる可能性を秘めていると言えよう。

4 知識ギャップ仮説とデジタルデバイド

　21世紀を迎えた現代では，ティチナーらの研究が行われた時代とは比較にならないほどメディアは多様化している。そのなかでも1990年代以降急速に普及しつつあるインターネットは，これまでのマスメディアと対人ネットワークという**情報源の弁別**▷8を大きく変える可能性を持っている。インターネットはマスメディア発の情報に接触することも可能であれば，未知の人々との接触まで含めた他者との対人コミュニケーションをも可能にする。情報取得の方法も，ウェブサイトの閲覧のように能動的に選択して「見に行く」ことも可能であれば，あらかじめ興味・関心のあるトピックを選択しておくことでメールマガジンや RSS リーダー▷9のように情報を受動的に取得することも可能である。対人コミュニケーション的な利用においても1対1のメールのやり取りも可能であれば，掲示板の共有やメーリングリストのように集合的に利用することも可能である。このように接し方のカスタマイズ性（池田，1997）の高いメディアであるインターネット利用は，知識ギャップ仮説の従来の知見をどのように変えつつあるのだろうか。

　この問題について考えるためには，利用の仕方や内容（contents）よりも利用の有無そのものを問題にすることが有効である。というのも，普及率という面からは新聞やテレビほど普及しているわけではないからである▷10。従来の知識

▷5　しかし，実験的研究ではそうした効果は見られないなど，必ずしも一貫した結果が得られているわけではないことには注意する必要がある（Stauffer, Frost, & Rybolt, 1978）。

▷6　こうした報道のフレーム（枠組み）はエピソード型フレームと呼ばれる。V-1 を参照。

▷7　認知的スキーマ
ものごとを認識する枠組みのこと。

▷8　情報源の弁別
V-6 を参照。

▷9　RSS リーダー
RSS リーダーとは，RSS（Rdf Site Summary）という書式に基づいたウェブログやニュースなどの更新情報を一定時間ごとにチェックし，それをリンク一覧のかたちで表示して最新情報をとらえやすくするソフトウェア。

▷10　30代や40代の男性では「平日に新聞を読む行為を少しでもした人」の比率の低下が見られ始めている（NHK 放送文化研究所，2006）。直接の因果関係は今後の研究を待つ必要があるが，インターネットの普及が他のメディアの相対的な重要性に影響を与えることは十分に考えられる。

ギャップ仮説をインターネット利用の文脈に置き換えてみると，次のように考えられるだろう。すなわち，「インターネット利用者はその利用を通して社会的な知識を累積的に獲得していくが，非利用者は知識獲得のルートが断たれるため，知識量の差が拡大していく」と仮説化することができる。

　こうしたインターネット時代の知識ギャップ仮説は，インターネットの利用者と非利用者の間に生じる格差をあらわすデジタルデバイド問題として考えることができる。デジタルデバイドとは，インターネットに代表される情報通信技術を利用できる者と利用できない者の間に生じるさまざまな格差を表す。この格差には収入や就職の機会などさまざまな社会的な不平等が含まれるが，知識ギャップもこうした利用の有無がもたらす格差のひとつである。また，格差が生じるレベルについても，利用者と非利用者の間という個人間のレベルと，利用率の高い地域・国家と低い地域・国家というより大きなレベルが考えられる。

　前者の個人間レベルでは，従来の知識ギャップ仮説と同様に学歴はインターネットの利用と非利用を分けるものとしても重要な要因であり続けている。池田と小林（2005）の研究では，情報機器を使いこなすリテラシーや年齢などの主要な要因の効果を一定としてもなお，学歴がインターネット利用の有無を分ける要因として重要であることが示されている。この結果からは，学歴が高い人ほどインターネットを利用しやすく，その情報源としての恩恵を受けることによって知識量の格差がさらに拡大していくことが予想される。また，後者の地域・国家間のレベルでも利用の有無は社会経済的指標と強い関連を示している（Norris, 2000）[11]。豊かな国ほど利用率が高いのである。

5　知識量の「格差」がもたらすもの

　私たちの社会や国家がひとつの共同体を形成するためには，知識の共有は不可欠である。共通の言葉を読み書きすることがひとつの社会や国家のまとまりを作り出すのに貢献するだけでなく，私たちの社会や国家が今どのような状態にあるのか，あるいは何が問題となっているのかという知識が共有できなければ，社会としてのまとまりを維持していくのは困難になってしまうだろう。もちろん，学歴の高い人など一部の人々が情報を取得し，知識を蓄えていけば「正しい」意思決定ができるのかもしれない。あるいは，知識量の多い人々から少ない人々に対人ネットワークを通して知識が流れていくことで，知識ギャップが縮小することも考えられる[12]。しかし，今やマスメディアは私たちの生活にとって不可欠な社会的基盤であり，その報道自体が知識量の「格差」を生み出していくとすれば，それは社会心理学が見過ごしてはならない問題だろう。

(小林哲郎)

▷11　ノリスの知見では，インターネット普及率は経済発展，リテラシー，民主化の程度など多くの要因と関連を示しているが，それらの効果の大小を検討するために多変量解析という統計の手法を用いた結果，経済発展の効果のみが実質的に意味を持つものである可能性が指摘されている。つまり，リテラシーや民主化の程度などは，社会経済的指標のひとつであると考えられる経済発展と連動しているためにインターネット普及率と関連があるように見えるだけだという可能性がある。地域・国家間レベルにおいても重要なのは社会経済的指標であるという知見は，知識ギャップ仮説と整合的であると言えよう。

▷12　マスメディアに多く接触し知識量の豊富なオピニオンリーダーと呼ばれる人々から相対的に少ない人々に知識が流れる現象は「コミュニケーションの2段階の流れ仮説」(Katz & Lazarsfeld, 1955) として広く知られている。

Ⅴ　マスコミュニケーションの影響

8 マスコミュニケーションの影響：展望と読書案内

▷1　1940年代から1950年代にかけて，説得的コミュニケーションが態度変化に及ぼす影響に関する実験研究が多数行われた。

▷2　ラザーズフェルドらの『パーソナル・インフルエンス』では，1945年にイリノイ州の都市で行われた調査研究に基づき，「コミュニケーションの2段階の流れ」と呼ばれる仮説が提唱された（ V-7-5 ）。この仮説では，ラジオや印刷メディアの情報は，まず一部のオピニオン・リーダーに流れ，その後，オピニオン・リーダーから周りの人々に流れる，と考えられている。

　アメリカ社会では自分の意見を持つことや，自分の意見を他者に伝えたり他者を説得したりすることが，とても大切だと考えられている。社会心理学の古典として位置づけられるホヴランド（Hovland, C. I.）らによる説得的コミュニケーション研究や，ラザーズフェルド（Lazarsfeld, P. F.）らによるマスコミュニケーション効果研究も，そうした社会のなかで実施された研究である。

　日本ではテレビ局や新聞社などを指してマスコミという言葉が用いられることが多いが，本来マスコミュニケーションとは「専門職業的な組織体としての送り手が，メッセージの大量複製技術手段を用いて，不特定多数の受け手に対して行う，公開性という特性をもったコミュニケーション」と定義されるものである（竹下，1999, p. 809）。

　これまで，そうしたマスコミュニケーションの影響に関する研究の流れは，3期に分けて説明されることが多かった。すなわち，即効理論の第1期（20世紀初頭～1930年代），限定効果論の第2期（1940年代～1960年代前半），新効果論の第3期（1960年代後半以降）である。

　まず，第1期は，新聞，ラジオ，映画などのマスメディアが大きな影響力を持つことを前提に研究が行われた時期である。当時，マスコミュニケーションは，人々の意見や態度を変える即効性を持つとさえ考えられていた。

　ところが，第2期になると，影響力は第1期の想定ほど大きくはなく，むしろ限定的であると主張されるようになる。また，効果も，既存の態度を変える改変効果ではなく，既存の態度を維持する補強効果が一般的であると考えられるようになる。

　これに対し，第3期には，テレビが広く普及した状況のなかで限定効果論の批判的検討が行われ，新しい視点からマスコミュニケーションの影響をとらえ直す研究が行われるようになる。また，第2期の議論が態度変化に焦点を合わせがちであったのに対し，第3期の研究は，認知の変化を問題としたり，短期的効果だけでなく，長期の効果をも視野に入れている点が特徴となっている。

　Ⅴ章で紹介した研究も，その多くは第3期のものであり， V-1 「フレーミング効果」， V-2 「議題設定機能とプライミング」， V-3 「培養理論」は主に認知の効果， V-4 「沈黙の螺旋」と V-5 「第三者効果」は他者との相互作用を視野に入れた効果， V-6 「ニュースとうわさの伝播」と V-7 「知識ギャップ仮説とデジタルデバイド」は集合行動やさらにマクロな効果を論じた

ものである。

ただし，人々は，マスコミュニケーションに影響を受けるだけでなく，積極的に情報を解読し，利用していく存在でもある。▷3　そうした読者や視聴者の能力はメディアリテラシーと呼ばれている。

なお，現在では，新しいメディア環境に合わせて，インターネットや携帯電話なども視野に入れた「コミュニケーション・ネットワーク」や「情報環境」についても盛んに研究されている。

マスコミュニケーションの影響に関しては，V章で取り上げたものの他にも，広告効果，暴力番組やテレビゲームの影響，コンピュータに媒介されたコミュニケーション（CMC：Computer Mediated Communication）など，多くの研究テーマが存在する（読書案内のなかの関連文献を参照）。　　　　　　（山田一成）

▷3　マスコミュニケーション研究では，「受け手」という言葉が人間を受動的な存在として描いてしまうため，その代わりに「オーディエンス」という言葉が用いられることもある。

(読書案内)

[V章の各節に共通]
池田謙一（編著）(2001)．シリーズ21世紀の社会心理学6　政治行動の社会心理学——社会に参加する人間のこころと行動——　北大路書房
川上善郎（編著）(2001)．シリーズ21世紀の社会心理学5　情報行動の社会心理学——送受する人間のこころと行動——　北大路書房
キンダー，D. R.　加藤秀治郎・加藤祐子（訳）(2004)．世論の政治心理学——政治領域における意見と行動——　世界思想社．
田崎篤郎・児島和人（編著）(2003)．マス・コミュニケーション効果研究の展開（改訂新版）　北樹出版

[V-1]
高瀬淳一 (2005)．情報政治学講義　新評論
山田一成 (1997)．世論と投票行動　白樫三四郎（編著）社会心理学への招待　ミネルヴァ書房　pp. 201-215.

[V-2]
マコームズ，M. E.・ショー，D. L.　谷藤悦史（訳）(2002)．マス・メディアの議題設定の機能　谷藤悦史・大石裕（編訳）リーディングス政治コミュニケーション　一藝社　pp. 111-123.

[V-3]
ガーブナー，G. ほか　佐藤雅彦（抄訳）(1996)．世間の主流意識を絵解きする——テレビは政治の方向づけに加担している——　グレイバー，D. A.（編）佐藤雅彦（訳）メディア仕掛けの政治——現代アメリカ流選挙とプロパガンダの解剖——　現代書館　pp. 174-188.

[V-4]
池田謙一・安野智子 (1997)．沈黙の螺旋理論——訳者解題——　ノエル＝ノイマン　池田謙一・安野智子（訳）沈黙の螺旋理論——世論形成過程の社会心理学（第2版）——　ブレーン出版　pp. 281-299.

[V-6]
池田謙一 (1993)．セレクション社会心理学5　社会のイメージの心理学——ぼくらのリアリティはどう形成されるか——　サイエンス社
川上善郎 (1997)．セレクション社会心理学16　うわさが走る——情報伝播の社会心理——　サイエンス社

[V-7]
池田謙一（編著）(2005)．インターネット・コミュニティと日常世界　誠信書房

[関連文献]
プラトカニス，A.・アロンソン，E.　社会行動研究会（訳）(1998)．プロパガンダ——広告・政治宣伝のからくりを見抜く——　誠信書房
ウォレス，P.　川浦康至・貝塚泉（訳）(2001)．インターネットの心理学　NTT出版

VI ソーシャルネットワーク

1 組織のネットワーク構造と地位・役割の分化

みなさんは，伝言ゲームと呼ばれるゲームをしたことがあるだろうか。基本的なルールは簡単で，ふたつ以上のチームを作り，各チームの人々が一列に並び，たとえば1番左側の人からその右隣の人に次々にメッセージを伝えていき，最も正確に伝えたチームが勝ちである。多くの場合，最後のメッセージは，最初のものとはかなり違ったものになってしまう。

このゲームではふたつのことが重要である。ひとつは，ネットワークを通しての情報伝達が意外に難しい（情報が劣化する）ということ，もうひとつは，このゲームには，きちんとメッセージを受け取り，きちんとメッセージを伝えることで，自分の役割を果たす楽しさや満足感もあるということである。ここでは，一定のネットワーク構造を持つ集団・組織におけるコミュニケーションの質と，成員の作業の効率性や満足度について考えてみよう。

1 リーヴィットのコミュニケーション・ネットワークの実験

リーヴィット（Leavitt, 1951）は，次のような実験を行った。5人の実験参加者をA～Eの5つの間仕切りにひとりずつ入れる。各実験参加者は，それぞれ決められた間仕切りにいる相手としかコミュニケーションを取れないようになっていた。コミュニケーションが取れる人同士を線でつないで図示すると，図VI-1-1にあるようなコミュニケーション・ネットワークとなる。リーヴィットは，これら4つのネットワークを，左から順に，円型，鎖型，Y型，車軸型と呼び，5人の実験参加者集団をそのいずれかに割り当てた。各実験参加者は，6種類の記号 |○, △, ◇, □, +, *| のうち5種類の記号が書かれたカードを与えられた。各人に与えられたカードに書かれた記号の組み合わせはどれも違ったものだったが，5人の実験参加者が受け取ったカードには，ひとつだけ共通の記号が書かれていた。課題は，自分がコミュニケーションできる相手と手書きのメッセージを交換しあい，共通の記号を発見することであった。そして5人がそれぞれ回答するまでを1試行とした。同じ5人の実験参加者に対して15回の試行が行われた。各試行ごとに，回答までの所要時間，誤答数，楽しさなどの心理的満足度が測定された。

その結果，車軸型では作業効率が高かった（所要時間は短く，誤答数は少ない）が，満足度はもっとも低かった。一方，円型は作業効率は低かった（所要時間は長く，誤答数も多い）が，満足度は最も高かった。Y型は，車軸型と類似した

▷1 円型
円型は，コムコン（com-con）型と書かれている本もある。コムコンとは，完全結合（completely connected）の略とされているが，数学のグラフ理論的に見れば，完全結合ではない。したがって，コムコン型というのは，誤解を招く表現なので使わない方がよいだろう。

図Ⅵ-1-1　コミュニケーション・ネットワーク

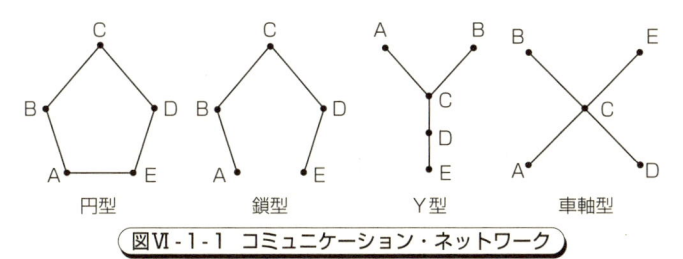

出所：Leavitt (1951) より作成。

作業効率であったが，満足度は円形と車軸型の中間程度であった。鎖型は円形と類似した作業効率であったが，満足度はY型と同程度であった。

満足度について個人を単位として分析してみると，最も満足度の高かったのは，車軸型の中心であるCであり，Y型の中心と見なされるCもほぼ同程度に高かった。一方，鎖型のAとEや，Y型のEは満足度がかなり低かった。

これらはいずれも直観的に納得できる結果であるが，起こっていることをきちんと理解するためには，ふたつ議論すべき点がある。ひとつは，上の段落で「中心」という言葉が未定義のまま使われたが，各人の中心性はどのように定義できるかであり，もうひとつは，各ネットワーク上の各位置を占める人々が回答に至る過程や，また満足感（不満感）を抱くようになった過程がどのようなものだったかである。以下，順番に説明しよう。

② 中心性による地位・役割の分化と満足感の相違

フリーマン（Freeman, 1979）は，ネットワークの構造に注目しながら3つの意味での中心について考えた。

第1は「次数中心性」である。**次数中心性**が高いのは，図Ⅵ-1-1の車軸型のCのように，数多くの人々とつながっている人物である。典型的には，人気者やスター，あるいは組織（特に小集団）を統率するリーダーなどである。

第2は「近接中心性」である。近接中心性が高いのは，集団内のネットワークを伝って短い距離で他の人々に到達できる人物である。たとえば，うわさの伝播やイノベーションの普及，命令の伝達の際，自分の持つ情報を速やかにネットワークの末端まで伝達できる位置にいる人である。

第3は「媒介中心性」である。媒介中心性が高いのは，集団内のある人から別の人に情報が伝わる際に，その情報の媒介者として不可欠な人物である。もう少し正確に言うと，次のようになる。情報が最短経路を進むのが最も効率的であると考えると，任意に選んだある人と別の人の間の最短経路上に位置する回数が多い人物である。人間のコミュニケーションは，必ずしも効率的であるとは限らないが，ある程度は効率性を重視する側面がある。

さて，リーヴィットの実験で最も作業時間が短く，誤答も少なかったのは車軸型であるが，それはなぜだろうか。車軸型でA，B，D，Eは，Cのみとひと

▷2　リーヴィット（Leavitt, 1951）自身は，バヴェラス（Bavelas, 1948）に従って，中心性の指標を計算している。

▷3　集団やネットワークの中心というと，リーダーのことだと考える人がいるかもしれないが，それは「中心」という意味の一側面しかとらえていない。ここでは，フリーマン（Freeman, 1979）によって提案された3つの中心性尺度を紹介する。しかし，尺度はこれだけにとどまらない。さらに包括的な紹介としては，ワッサーマンら（Wasserman & Faust, 1994, Ch. 5），エヴェレットら（Everett & Borgatti, 2005）などを参照のこと。

▷4　次数中心性
ここでいう「次数」とは，ある人とつながっている他者の数のことである。

ながっており，またCは集団内のすべての人々とつながっている。多くの場合，A，B，D，Eは，Cに自分が持っているカードの内容を伝えるだけで，Cが情報を取りまとめて検討することになる。正確な情報さえあればこの実験の課題は簡単だから，誤答率が低いのは当然である。逆に，円型ではどの人も対等な立場にいるので，取りまとめ役が決まらない。そのため，円型では，何度も繰り返しやりとりが行われ，次第に答えらしいものがわかってくるという過程をたどることになる。しかし，伝言ゲームのように，遠い人までメッセージが正確に伝わらず，円の右回りと左回りの情報に食い違いが出たりすることもあり，誤答率は高くなるのである。

ここで，中心性の指標と上の説明を照らし合わせてみよう。車軸型の場合，どの中心性指標をとっても，Cの中心性が最も高く，実際にリーダーと認識されるため，Cに情報が集約されていくことになる (Leavitt, 1951)。一方円型では，どの中心性指標をとっても，全員が同じ値であり，リーダーと認識される人はいない。このため，情報を集約する人は存在しないことになる。

次に，満足感について考えてみよう。車軸型の場合，C以外の人々にとっての課題は，ただCに情報を与えるだけであり，コミュニケーションを楽しむような課題ではない。また，答えはCから与えられるだけなので，問題を解く楽しみもない。C以外の満足感が低いのは当然だろう。一方，円型では，メッセージの交換は頻繁になされ，隣り合った人とやりとりを楽しむことができる。また，情報を集約する人もいないので，全員が自分で答えを探し求める楽しみもある。

この実験結果から言えることを考えてみよう。まず，実験者が与えたネットワーク構造に従って人々が行動するなかで，情報を集約して問題を解くリーダーとそうではない人々という，地位と役割の分化が生じることである。ネットワーク構造は実験者が与えたが，役割まで実験者が与えたわけではない。しかしながら，実験参加者たちは，与えられたネットワーク構造から，どの位置にいる人がリーダーになるべきかを認識し，地位と役割を自然に形成したのである。これは，たまたまそうなったというのではない。この5人組の実験は，異なる5人組によっても繰り返し行われ，多くの場合，上述のような結果が現れたのである。役割が自然に発生したのは，構造上そうなる必然性があったからである。◁5

③ ネットワークと権力の発生

ここ20年ほど，ネットワーク上で行われる取引によって，どのような権力関係が生じるかを理論的・実証的に考えようとする研究が盛んである。◁6 これがネットワーク交換理論である。

次のような例で説明しよう。図Ⅵ-1-2の左図で，AとCが男性，Bが女性

▷5 ここで，社会心理学においてネットワークを考慮すべきだということを強調しておきたい。ネットワーク構造は，人々の行動に，自然ではあるが必然的な方向づけを行うからである。1980年代以降，社会心理学において認知的な側面を重視する認知社会心理学が優勢となっているが，特定の型のネットワーク構造における認知的過程や行動に関する研究は，まだまだ手薄である。

▷6 英語の power は，パワー・権力・力・勢力・影響力などと訳されるが，ここでは，高橋・山岸 (1993) に従って「権力」と訳しておいた。「権力」とは，多くの人がイメージする政治的権力 (political power) だけを意味する言葉ではない。広義の権力関係は，ある人が別の人に何らかの影響力を行使できる可能性があるとき，成立していると考えられる。

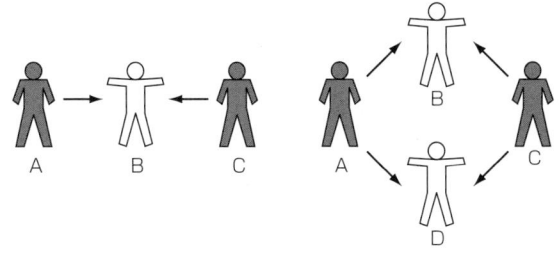

図Ⅵ-1-2 権力関係の模式図

とする。AとCはBに好意を持っているが，BはAとCについて，特に何とも思っていないとしよう。このとき，Bの立場は有利である。たとえば，BはAやCに対してちょっとしたお願いをしやすくなる。AもCもあわよくばBを彼女にしたいと思っているので，Bのお願いになるべく応えようとするだろう。ドライな言い方をすれば，BはAとCから資源や利得を引き出すことができるネットワーク上の有利な位置，すなわちこの意味で「権力」を握ることのできる位置にいるのである。ところが，そこにDという女性が現れ，DはAとCにとってBと同じくらい魅力的だとしよう。こうなると，Bの有利さは減少する（図Ⅵ-1-2の右図）。ここでもドライな言い方をすれば，AとCにとってBと代替可能性のあるDが出現し，Bの権力が低下するのである。ネットワーク交換理論は，実際にはさまざまなより複雑なネットワークを扱うが，基本的にどの位置の人がより権力を持つのかを探求する分野である。

4 組織研究におけるネットワーク理論の応用と展開

以上の事柄をふまえ，どのようなネットワーク構造を持つ組織を作るのが望ましいかについて考えてみると，作業効率も満足感も高いことが望ましく，権力の違いも表面化しないほうが現代の人々の価値観には適しているだろう。

マイルスとスノー（Miles & Snow, 1986）は，ひとつの組織形態として「ネットワーク型組織」があると言う。ネットワーク型組織は，図Ⅵ-1-1の車軸型に見られるような特定の中心人物を持たない。つまり，階層的ではなく水平的な構造である。この点で，階層性から生じる不満足感を低減することが期待される。さらに，ネットワーク型組織では，公式的なネットワークは固定されておらず，柔軟で動的である。新しい課題に対して，その都度適切な人材を組み合わせて効率的に対応しようとする。しかし，このような組織は，ややもすると全体がバラバラないくつかの断片に分割されてしまい，全体的な統合が難しくなってしまう可能性がある。ベーカー（Baker, 1992）は，組織内の多くの人々が短い経路でお互いに到達できることが統合のために重要であるという実証研究を行っている。組織内の経路と効率性や統合の問題は，Ⅵ-6 の「スモールワールド・ネットワーク」理論の観点からも，新たな展開が期待される。

（辻　竜平）

▷7　BとDは，数学的表現では，「構造同値」であると言う。構造同値関係にある人々は，同じ他者に対しては同じ関係を持っている。この場合，BとDは，ともにAとCから魅力的だと思われている一方，BもDも，ともにAとCのことを何とも思っていない。

VI　ソーシャルネットワーク

2　3者閉包と構造的バランス

1　類は友を呼ぶ

　中学校入学当初，どのようにして友人関係ができていったか思い出してみよう。読者の多くは，だいたい次のような記憶があるのではないだろうか。中学校の入学式の日は，同じ小学校から来た人と何となく一緒にいた。しかしそのうち，小学校が違っても同じ塾や習い事に通っていた人を紹介したりされたりしながら，次第に出身校の異なる仲良しグループができていった。半月ほどもすれば，クラスには似たもの同士のグループがいくつかできあがっていた。「類は友を呼ぶ」という慣用表現はこのようなことを言うのである。

2　3者閉包と3者閉包バイアス

　友達に別の友達を紹介したり，友達から別の友達を紹介してもらったりしながら友達の輪は広がっていく。「友達の友達は友達だ」という慣用表現もある。ネットワーク分析では，「友達の友達は友達」という3者関係のことを「3者閉包」(triadic closure)，または「推移的閉包」(transitive closure) と呼ぶ。人間関係が形成されるとき，私たち人間は，多くの場合安定性の高い3者閉包を形成するような傾向がある。これを「3者閉包バイアス」あるいは「推移性バイアス」と呼ぶ◁1 (Rapoport, 1953)。

　3者閉包バイアスが本当にあるのかどうかをシステマティックに取られたデータを用いて実証したのがラパポートとホーヴァス (Rapoport & Horvath, 1961) である。彼らは，ある高校の生徒に，最も仲のよい友達，2番目に仲のよい友達……，というふうに最大8人まで友達を挙げてもらった。そして，次のような方法で数え上げを行った。

　第0ステップ◁2では，数え上げの起点となるスターターを任意に9人決める。第1ステップでは，各スターターが挙げた友達のなかから仲よさの順位の高いふたりを選ぶ。第2ステップでは，第1ステップの各スターターが選んだふたりのそれぞれについて，その人が挙げている友達のなかから順位の高いふたりを選ぶ。以下同様の作業を繰り返す。この作業をトレースと言い，誰も新しい人が選ばれなくなるまでトレースを行う。結果は図VI-2-1にある。

　図中の○印が各ステップの観測値の累積数である。この累積数の変化について考えてみよう。もし，仮にネズミ算式に増えていくとすると，第0ステップ

▷1　「バイアス」とか「偏り」というと，あまりよいものではないというイメージがあるが，後述するように，VI-2-2 で出てくるバイアスはすべて関係の安定性に貢献するものである。

▷2　第0ステップ
最初に選ばれた9人はスターターでありトレースによって到達された人ではない。そのため，トレースのステップ数を数えるとき，スターターは第0ステップと数えられることが多い。

で9人，第1ステップでは9＋9×2＝27人，第2ステップでは27＋18×2＝63人，第3ステップでは63＋36×2＝135人，第4ステップでは135＋72×2＝279人……と増えていくことが予想される。しかし，観測値はそのような増加を示していない。その理由のひとつは，友人選択がランダムに行われるからである。このとき，任意の**第tステップ**◁3のときに，第tステップまでにすでに選ばれた人が再度選ばれることがある。もうひとつの理由は，友人選択にはバイアスがあるからである。図Ⅵ-2-1の実線は，この高校と同じ人数がいる架空の集団で，彼らがバイアスなしに（通常の意味での「ランダム」に）選択を行うことを仮定した場合の理論値の様子を描いたものである。それと比べても観測値はずっと小さな値を取っている。なぜなら，第tステップと第t＋1ステップの人々がお互いを選びあう「相互選択（reciprocity）バイアス」（「対称性（symmetry）バイアス」とも言う）や，3者閉包バイアスがあるからである。そして，そのようなバイアスがかなり大きくなると◁4，理論値が観測値にかなりぴったりと重なることがわかった。

つまり，私たちは，友達の友達と言うような身近な範囲で交際相手を見つけ，そのなかで友達を作っていると言えそうである。「類は友を呼ぶ」ことは当たり前の現象のように思えるが，そのようなバイアスがどのくらい強いものなのかは自明なことではない。ラパポートとホーヴァスの研究は，実証的かつ理論的に，バイアスの強さを解明した点に意義がある。

③ 3者間の関係の分類と推移的関係

ところで，友人関係についてもう少し考えてみると，AはBのことを友達だと思っていても，BはAのことを単なる知人くらいにしか考えていないこともある。あるいは，AがBのことを好きだと思っていても，BはAのことを好きではないということもある。ここで，図式化を容易にし論理的にも明確に考えるため，ある特定の関係が存在していることを「→」，存在していないことを「記号なし」で表すものとする。たとえば，「好き」という関係を「→」，「好きではない」という関係を「記号なし」で表すとすると，3者間の関係は，図Ⅵ-2-2にある16通りの関係のいずれかになる。◁5

さて，このような16通りの好き嫌いの関係が表れたとき，それぞれの場合に

図Ⅵ-2-1 観察値とランダム・ネット・モデル

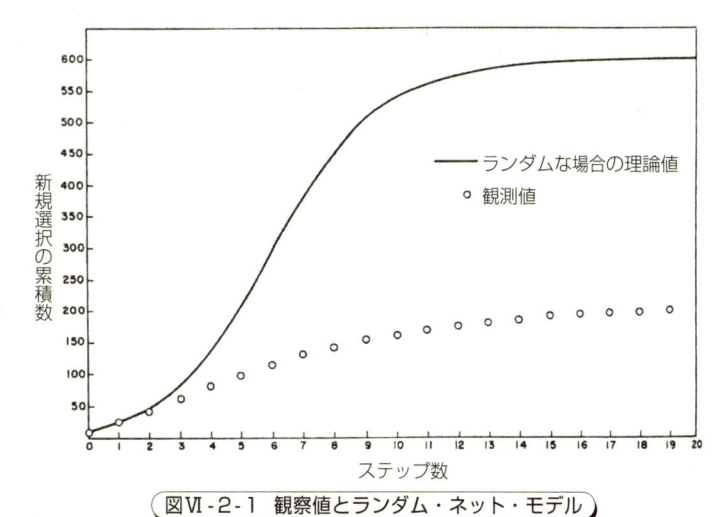

出所：Rapoport & Horvath (1961) より作成。

▷3 第tステップ
ステップ数を表しているtは，トレースを繰り返す時間（time）のtである。繰り返しを行うときには記号tを使うのが一般的である。

▷4 数理モデルの詳細は省略するが，交際のバイアスを示すパラメータθ（シータ）は，0から1までの値を取り，0はバイアスなし（通常の意味での「ランダム」），1は強いバイアスがあることを示す。θ＝0.8という高い値のときの理論値が，観測値とかなり一致する。

▷5 ただし，この図では，A，B，Cの3人がどの位置にいるかまでは記していない。たとえば，「012」という関係の場合，矢印がAからBに向かっているのか，BからAなのか，CからBなのか，その他なのかはわからない。もっと言えば，それが，B，C，Dの関係なのか，X，Y，Zの関係なのかもわからない。しかし，誰から誰にであれ，ある3人を取り上げたときに，そのなかで，ある人から別の人にひとつだけ「好き」という関係が存在している

表Ⅵ-2-1　3者関係の種類と推移的・非推移的関係の数

3者関係のタイプ	相互関係	一方向関係	無関係	推移的関係	非推移的関係
003	0	0	3	0	0
012	0	1	2	0	0
102	1	0	2	0	0
021D	0	2	1	0	0
021U	0	2	1	0	0
021C	0	2	1	0	1
111D	1	1	1	0	1
111U	1	1	1	0	1
030T	0	3	0	1	0
030C	0	3	0	0	3
201	2	0	1	0	2
120D	1	2	0	2	0
120U	1	2	0	2	0
120C	1	2	0	1	2
210	2	1	0	3	1
300	3	0	0	6	0

出所：Wasserman & Faust (1994) より作成。

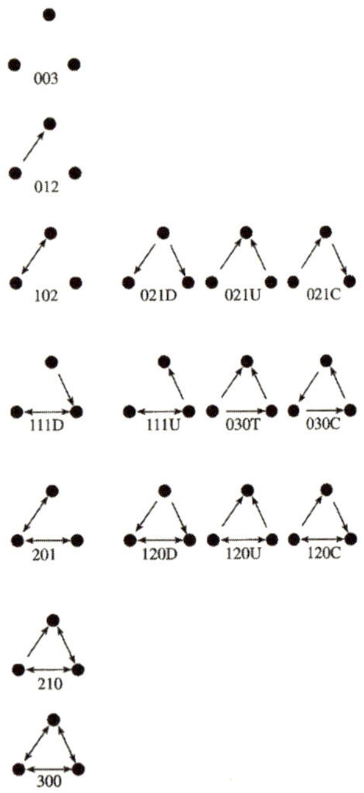

図Ⅵ-2-2　3者関係の種類
出所：Wasserman & Faust (1994) より作成。

という意味で，構造上は同じ（数学の用語では「同型」isomorphic と言う）である。

▷6　300
「300」とは，「三百」ではなく，3つの数字「3, 0, 0」が組み合わされたものである。左から順に，「相互関係」の数，「一方向関係」の数，「無関係」の数を表している。

ついて，その3人の間は「うまくいっている」と考えられるだろうか，それとも何らかの問題があるのだろうか？　最も簡単なのが「300」のケースである。この場合，全員が互いに好意を持っている。これは仲良し3人組の状態であり，3者関係は全体として非常に良好であると言えるだろう。一方，「120C」は，典型的な「三角関係」のパターンである。たとえば，男性ふたりが「120C」の図の下の2点（ふたり），女性がこの図の上の1点（ひとり）としよう。その男性ふたりは仲がよい。このうち左側の男性はその女性のことが好きだが，その女性は左側の男性ではなく，右側の男性のことが好きである。このような構造をしている3者関係は不安定で，このままの状態でとどまっているとは考えにくい。

　ここで，もっと客観的に三角形の状態から3者関係の安定性を判断できないか考えてみる。そのために，推移性と非推移性というふたつの数学的指標を導入する。ある特定の関係が存在することを→という記号で表すと，その関係についての推移性と非推移性はそれぞれ次のように定義される。

推 移 性：異なる3者A，B，Cにおいて，A→BかつB→Cならば，A→Cであるとき，この3者関係（A，B，C）は推移的である。

非推移性：異なる3者A，B，Cにおいて，A→BかつB→Cならば，A→Cでないとき，この3者関係（A，B，C）は非推移的である。

　注意すべきこととして，異なる3者A，B，Cにおいて，A→BとB→Cの

前提のどちらか一方でも成り立たない場合は，3者関係（A，B，C）は推移的でも非推移的でもない。

16通りのパターンについて，そのなかの推移的関係と非推移的関係が現れる数は，表Ⅵ-2-1にある通りである。

推移性と非推移性は完全に負相関の関係にあるわけではない。しかし，これまでの議論から，推移性は，扱う関係が友人の場合には「友達の友達は友達」と言うように，関係が安定的である程度を表しており，また，3者閉包の数学的表現ともなっていることがわかる。そのため，推移性は，扱う関係がポジティブな関係の場合，バランスの指標となるのである。一方，非推移性は「友達の友達は敵」というように，関係が不安定的である程度を表しており，3者間の関係が**インバランス**であることの指標となる。また，同じ3者間に推移的関係が多いほど，その3者関係は良好になり，非推移的関係が多いほど，3者関係は悪くなるとも考えられる。さらに，もっと多くの人々からなる集団の内部の関係について考えるときには，いくつもの3者関係に分解し，全体としてどのくらい推移的関係や非推移的関係が存在するかを測定することで，集団内部のバランス度が分かる。

ところで，推移性・非推移性を利用して，集団内部における関係を記述することも可能である。たとえば，男女共学の中学校の場合，仲良しグループは同性で構成されていることが多い。男性のグループと女性のグループが時折接触することはあっても，ひとつのグループに男性と女性が入っているということはあまりない。このような場合，クラス内の男性と女性との間には「溝」があると考えられる。推移性の分析は，男女間に推移的関係がきわめて成り立ちにくいことによって，「溝」の存在を浮かび上がらせる。逆に言えば，推移的関係が男性の内部，女性の内部に見られることになり，推移的関係によって，男性がひとつのクラスター（まとまり），女性がひとつのクラスターを形成していることが見えてくるのである（Freeman, 1992）。

❹ 類は友を呼ぶ：再考

さて，なぜ「類は友を呼ぶ」ことの研究が重要なのだろうか？　もちろん，その研究が，友達関係の形成過程を説明するからではある。しかしそれだけではなく，推移性の分析は，集団内の社会関係を記述し，集団内での協調行動の発生の可能性を示唆する情報を提供する。さらに，Ⅵ-7 にもあるように，推移性は結束型の社会関係資本と関係しているとも考えられるからである。

（辻　竜平）

▷7 「推移性」や「推移的」という言葉は，日常語としては「移り変わる」という意味であるために，「移り変わっていく関係が安定的か？」というような疑問を抱かせるかもしれない。しかし，これらはあくまでもすでに定義した意味での数学用語であって，日常語の意味とは無関係である。次の「非推移性」・「非推移的」も「移り変わらない」という日常語の意味とは無関係な数学用語である。

▷8　インバランス
ネットワーク分析では，アンバランスではなく，慣習的にインバランスという言葉を用いる。しかし，意味は同じである。またバランスに関しては，ハイダー（Heider, 1946）による2者とひとつの対象物との間のバランス理論，およびその数学的定式化（Cartwright & Harary, 1956）が存在する。ラパポートとホーヴァスの3者間関係の数理的・実証的研究は，ハイダーやカートライトとハラリーの理論を3者間に拡張したものと考えることができる。

VI　ソーシャルネットワーク

3　弱い紐帯の強さと構造的すきま

1　弱いのに強い？

グラノヴェターが提唱した「弱い紐帯の強さ」という仮説がある（Granovetter, 1973, 1983, 1995）。紐帯とは人と人との結びつきを表す。「弱い紐帯が強い」とはどういうことなのか。紐帯の何が弱くて，何が強いのか。答えを先に言うと，「人的なつながりの度合いは弱い」が，意外にも「その弱い結びつきの機能が強い」ということである。

転職の話を例にとろう。グラノヴェターは，転職経験のある**ホワイトカラー労働者**◁1が転職の際に有益な情報をどのように得ているかに関する調査・研究を行った。調査対象地域に選ばれたのは，アメリカ北東部に位置するマサチューセッツ州ニュートン市であった。グラノヴェターは転職経験のあるホワイトカラー労働者282人を無作為抽出し，調査のサンプルとした。◁2

まず初めに，グラノヴェターは282人のサンプルに対し，「現職に転職する際の重要な情報をどのような情報源から入手したか」という質問を行った。情報源としては，新聞広告や，職業安定所などの公的機関が考えられる。これらを「フォーマルな情報源」と呼ぼう。一方で，「人的なつながり」を情報源とした者もいるであろう。また，なかには会社に飛び込みで「直接応募」した者もいるであろう。調査の結果明らかになった情報源の内訳は，フォーマルな情報源が18.8%，人的なつながりが56.0%，直接応募が18.8%，その他のカテゴリー（不明を含む）が約6.7%となった。◁3情報源として最も多く活用されていたのは人的なつながりだったのである。しかも，人的なつながりにより得た情報のおかげで転職をした者の9割以上が，転職後の仕事に満足していたという。

グラノヴェターによると，インタビュー形式で得られた回答と手紙による質問から得られた回答の間には有意差は見られなかった。したがって，これからの話はインタビューにより直接質問された100人のサンプルに限って行う。このサンプルのなかで人的なつながりを実際に情報源とした者は54人で，これは先ほどの56.0%という数値に近い値となっている。

人的なつながりを活用して転職をした者の実際の情報源となった人をグラノヴェターは「コンタクト」と呼ぶ。グラノヴェターは全体の半数以上がコンタクトを通して職情報を得ていたことに着目し，実際に人的なつながりを情報源

▷1　ホワイトカラー労働者
ここでは専門職，技術職，管理職。

▷2　当時のニュートン市の全人口はおよそ98,000人で，282人という数はニュートン市における転職経験のあるホワイトカラー労働者全体の45%にあたるという。282人中100人はインタビューにより直接質問され，残りの182人は手紙による質問であった。

▷3　合計すると100%を超えるのは四捨五入による丸め誤差の影響である。

とした54人に対し，コンタクトとの「接触頻度」に関する質問を行った。54人のサンプルとそのコンタクトとの間にある「紐帯の強弱」を「接触頻度」により測定しようとしたのである。グラノヴェターは接触頻度を，①「頻繁」：週に2回以上会う，②「時々」：年に2回以上かつ週に1回以下，③「まれ」：年に1回以下，の3つのカテゴリーに分けた。調査の結果，コンタクトと①「頻繁」に会っていた者は9人（約16.7%），②「時々」会っていた者は30人（約55.6%），そして③「まれ」にしか会わなかった者は15人（約27.8%）という内訳を得た。[4]

▷4 合計すると100%を超えるのは四捨五入による丸め誤差の影響である。

グラノヴェターは，「頻繁」に会う者同士は「強い紐帯」で結ばれており，「時々」あるいは「まれ」にしか合わない者同士は「弱い紐帯」で結ばれていると考えた。この考えと調査結果から，転職の際に人的なつながりを情報源とした54人のサンプルのうち45人（8割強）が「弱い紐帯」を活用しているということを見いだした。転職先を決定づけるような重要な情報は「強い紐帯」を通して得るものだというのが一般的考えかもしれない。しかし，グラノヴェターが示したことはその逆で，意外にも多くの人々が「弱い紐帯」を結果的に活用していたということである。つまり，「弱い紐帯」が重要な情報をもたらすという，「弱い紐帯」の情報伝播に関する高い機能性を見いだしたのである。結びつきの観点から見ると弱い紐帯が，情報伝播という観点から見ると強い。これがグラノヴェターの「弱い紐帯の強さ」という仮説である。

❷ 「弱い紐帯の強さ」のメカニズム

では，弱い紐帯の強さはどのように説明できるのか。グラノヴェターは「ブリッジ」ならびに「局所ブリッジ」という概念に注目した。

まず初めにブリッジと局所ブリッジについて説明する。今ここに，図Ⅵ-3-1のように点と線からなるひとまとまりのネットワークがあるとする。点は人を，線は紐帯を表し，さらに実線と点線はそれぞれ強い紐帯と弱い紐帯を表す。

たとえば，このネットワーク内の紐帯Aが切断されたと仮定すると，もともとひとつにつながったネットワークはふたつのネットワークに分断される。つまり，紐帯Aはネットワーク内の左側の集団とその他のネットワークをつなぐ「唯一の」紐帯である。このとき紐帯Aは橋を意味するブリッジと呼ばれる。

一方，ネットワーク内の紐帯Bが切断されたとしても，紐帯Cのおかげでネットワークは分断されず，ひとまとまりでいることができる。したがって，紐帯Bはブリッジではない。しかし，紐帯Bが切断されると，紐帯Bの両端に位置する点とその近傍の点から左隣のかたまり（集団）へとネットワークの紐帯をたどっていこうとしたとき，「迂回を余儀なくされる」。このとき紐帯Bは局所ブリッジと呼ばれる。同様の理由により，紐帯Cも局所ブリッジである。

次に，「弱い紐帯」とブリッジや局所ブリッジがどのように結びつくかを説

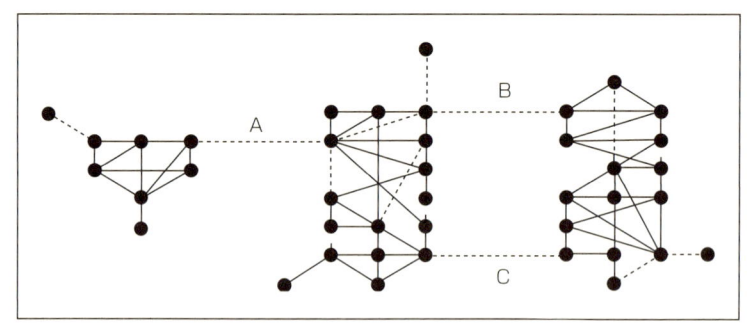

図Ⅵ-3-1 人的つながり（ソーシャルネットワーク）の例

明しよう。グラノヴェターは「強い紐帯」はブリッジや局所ブリッジにはほとんどなり得ないと考えた。たとえば，あるふたりが「強い紐帯」でつながっていたとする。つまりこのふたりは互いに「頻繁」に会っている。ということは，たとえばこのふたりは同じ会社内の同じ部署に所属する者同士かもしれない。このとき仮にこのふたりの間の「強い紐帯」が切断されたとしても，その部署内の人的なつながりを示すネットワークが分断される，あるいは迂回を余儀なくされる構造になるとは考えにくい。

一方，あるふたりが「弱い紐帯」でつながっていたとする。このときこのふたりは「時々」あるいは「まれ」にしか会わない。ということは，このふたりがたとえば同じ会社内の同じ部署に所属する者同士とは考えにくく，むしろこのふたりは異なる集団（かたまり）に属していると考える方が自然であろう。つまりこのふたりの間の「弱い紐帯」はブリッジあるいは局所ブリッジとなっている可能性が高い。これが，グラノヴェターが「弱い紐帯」とブリッジならびに局所ブリッジという概念を結びつけた議論の概略である。

ブリッジがなくなると，そのブリッジの向こう側の集団からの情報の流れが完全にシャットアウトされてしまう。また，局所ブリッジがなくなると，情報の流れは完全にはシャットアウトされないもの，迂回を余儀なくされてしまうので情報の伝播がスムーズにいかなくなる。ブリッジや局所ブリッジの機能を「弱い紐帯」の機能に読みかえると，グラノヴェターの主張する「弱い紐帯の強さ」を理解することは難しくない。以上の議論を踏まえた上で先の転職の例を考えると，サンプル内の相当数の人が「弱い紐帯」を通して外の集団から重要かつ新鮮な情報を得ていたということは，意外なことではないと言える。▷5

3 「弱い紐帯の強さ」に対する反論

グラノヴェターによる「弱い紐帯の強さ」仮説に対する反論は決して少なくはない。

たとえば，盛山（1985）は「弱い紐帯の強さ」の仮説に対し次のような疑義を投げかけている。盛山はまず「接触頻度」の高低と紐帯の強弱を結びつけた

▷5 さらに，グラノヴェターは「弱い紐帯」が人的ネットワークを押し広げ，ひいては社会を統合するのに重要な役割を果たしているとも述べている。同様のことはラポポートらも述べている（Rapoport & Horvath, 1961）。

グラノヴェターの問題点を指摘する。紐帯の強弱は果たして「接触頻度」だけで測定可能なのか。「接触期間」はどうか。たとえば，1年前に初めて出会った者同士よりも10年前に出会った者同士の方が「強い紐帯」で結ばれているかもしれない。10年来の親友の例である。しかし，10年も経過してしまうとある者は遠方に引っ越したりする可能性もありうる。その結果地理的隔たりが大きくなり「頻繁」には会う機会がないものの，たとえば1年に1回や2回の里帰りの際には必ずといっていいほどこのふたりは会うかもしれない。このような場合を「接触頻度」のみで測定しようとすると「弱い紐帯」となってしまうが，実際のところこのふたりの間には「強い紐帯」が存在すると言えるであろう。

さらにフリードキン (1980) ならびに盛山 (1985) は，「強い紐帯」より「弱い紐帯」のほうが数的に多いのが自然であると指摘する。たくさんある「弱い紐帯」から情報が流れてくるのは当然のことであり，グラノヴェターの主張する「弱い紐帯」のブリッジや局所ブリッジとしての機能的優位性は本質的な議論ではなく，単に「弱い紐帯」の数的優位性が問題なのではないかとの指摘である。◁6

このようにグラノヴェターの「弱い紐帯の仮説」には議論の余地もある。しかし，この仮説が「弱い紐帯」に注目したという点は重要であろう。◁7

❹ 「構造的すきま」論

グラノヴェターが強調した「弱い紐帯」の仮説を批判的に継承したのがバートである (Burt, 1992)。バートは，ブリッジや局所ブリッジの機能を戦略的に獲得することで，ネットワークにおいて優位なポジションを占めることの重要性を説いた。これがバートの「構造的すきま」論である。

「構造的すきま」とはネットワーク上の複数の集団（かたまり）間に見られる溝のようなもので，「構造的すきま」では紐帯の密度が極端に低いか，あるいは紐帯がまったくない。もしあなたがそのような「構造のすきま」を見つけ出し，それを埋めるような存在になることができるならば，ネットワークにおけるあなたの存在価値は高いものになるとバートは主張する。つまり，ブリッジや局所ブリッジの機能をできるだけ多く獲得することにより，あなたはネットワークの要(かなめ)になることができるのだ。別の言い方をすると，あなた無しではネットワークが分断されてしまう可能性が高いのである。

ネットワークにおいてこのように重要なポジションを占めるためには，つながりを結ぶ相手を戦略的に選択することが大切であるとバートは言う。バートの調査によると，優れた企業家や経営者は「構造的すきま」を埋める達人であると言う。

（友知政樹）

▷6 ロサンゼルスと東京においてグラノヴェターと同様な転職に関する調査・研究を行った渡辺深は，グラノヴェターと逆の結果を得ている（渡辺, 1991）。

▷7 グラノヴェターの「弱い紐帯の強さ」に関する日本語による文献ならびに発展的研究は多い（たとえば，平松, 1990；鹿又, 1991；安田, 1997；2004；渡辺深, 1999；金光, 2003；友知, 2003；渡辺勉, 2005）。

VI ソーシャルネットワーク

4 普及とネットワーク

1 イノベーション，不確実性，普及，社会的伝播

　コンタクトレンズは今でこそ珍しいものではない。しかし，コンタクトレンズ発売当初のことを想像してみてほしい。目のなかにいわば異物とも言えるコンタクトレンズを入れることは，一般的には恐ろしく，信じがたい行為であったに違いない。このように，これまでにまったく存在しなかった新商品，あるいは革新的なアイデアなどに出会ったとき，人はすぐにそれに跳びつくであろうか。多くの人が「いいえ」と答えるであろう。

　人間は概して初めて触れたり見聞きしたりするものに対して警戒感を抱くものである。ここで言う警戒感は，新しい商品やアイデア，つまり「イノベーション」がもたらす「不確実性」に対する不安によるものであると言えよう。不安が警戒感を喚起し，自己の安全を確保しようとする。これは人間にのみ観察される行動ではなく，広く動物の間においても観察される行動原理のひとつである。

　しかし，一方で，人間はこれまでに多くのイノベーションを生み出し，それらは広く社会に普及してきた。コンタクトレンズというイノベーションの普及はその一例に過ぎない。このようにイノベーションという小さな種が蒔かれ，最終的にそれが広く社会に「普及」する。普及という現象は，別の言い方をすると，「社会的伝播」とも呼ばれる。流行やうわさの流布なども社会的伝播の一例である。

2 新薬の普及に関する調査

　イノベーションという小さな種は一体どのようにして大きく広がってゆくことが可能なのだろうか。つまり，社会的伝播という現象の背後にはどのようなメカニズムが隠されているのであろうか。この難問の解明に立ち上がったのがコールマン，カッツ，そしてメンツェルの3人であった（Coleman et al., 1957, 1966）。

　コールマンらが目をつけたのは，医師の間における新薬の普及過程であった[1]。コールマンらはアメリカ中西部に位置するイリノイ州の4都市（人口規模は30,000から110,000人）を調査対象地域に選び，これらの都市からサンプルとして125名の内科医および小児科医を抽出し，インタビュー形式の調査を実施した[2]。

▷1　コールマンらはこの新薬をガンマニンと呼んだ（正式名称はテトラサイクリンという抗生物質）。
▷2　125名という数字は当時の4都市における内科医および小児科医の総数のおよそ85％にあたる。また，内科医および小児科医がサンプルに選ばれたのは，新薬の性質上，それがその他の専門医の間で普及することが当時考えにくかったためである。

3 個人的属性と社会的属性

コールマンらが行ったインタビューの内容は，医師の「個人的属性」に関する質問と「社会的属性」に関する質問のふたつに大別される。

初めに，「個人的属性」に関する質問において，コールマンらは医師の性格や個人的価値観に関する質問を行った。そこから得られた回答結果によりコールマンらは125名の医師を「キャリア志向型の医師」と「患者指向型の医師」のふたつの集団にタイプ分けした。

図VI-4-1（実測値）の破線と実線は，それぞれ「キャリア志向型の医師集団」と「患者指向型の医師集団」における新薬の普及の変化を示したグラフである。横軸は新薬が調査対象地域に出回り始めてからの経過時間を1ヶ月単位で表しており，縦軸は横軸の時間までに新薬を採用した医師の割合を表している。図VI-4-1から，新薬の普及がより早く完了しているのは「キャリア志向型の医師集団」においてであることが読み取れる。より正確には「キャリア志向型の医師集団」が「患者指向型の医師集団」より平均して2.8ヶ月早く新薬と言うイノベーションを採用していると言う。

しかし，コールマンらが強調するように，図VI-4-1から読み取るべきより重要な事項が他にある。それはふたつの集団における普及曲線の形（型）がほぼ同一だということである。これが意味するのは，両集団における普及のマクロなプロセスの間には本質的な違いはないということである。「キャリア志向の医師」の間において新薬の普及が早く完了したのは，各時期における「キャリア志向の医師」の新薬採用率が「患者志向の医師」のそれに比べて単に高かったというだけであった。つまり，両集団における新薬普及のプロセスの背後にあるメカニズムはともに，「各月における新薬採用者数の時間変化率は，『その時点でまだ新薬を採用していない医師の数』に比例する」ことをコールマンらは見いだしたのである（以下これをメカニズムAと呼ぶ）。

次に，「社会的属性」に関する質問では，医師の間に存在するさまざまな社会的関係性に関する質問を行った。より具体的には，①仕事上のアドバイスをどの医師仲間に仰ぐか（アドバイス関係），②仕事上の事柄についてどの医師仲間と最も頻繁に議論するか（同僚関係），③社交上どの医師仲間と最も頻繁につきあうか（友人関係），という3つの質問を行い，①から③のそれぞれの質問内容に該当する3名の医師の名前を挙げてもらった。ここで得られた回答結果により，コールマンらは125名の医師を「統合された医師（社会的関係を通してつながりあう医師）」と「孤立した医師」のふたつの集団にタイプ分けした。

図VI-4-2（実測値）は，「統合された医師集団」と「孤立した医師集団」における新薬の普及の変化を表したグラフである。図VI-4-2より，「孤立した医師集団」における新薬の普及曲線（図VI-4-2中の破線）の形は，医師の「個

▷3 図VI-4-2は医師らの社会的属性に関する質問のなかの③友人関係をもとに作成されたものである。コールマンらによると①アドバイス関係や②同僚関係をもとにグラフを作成しても同様の結果になると言う。

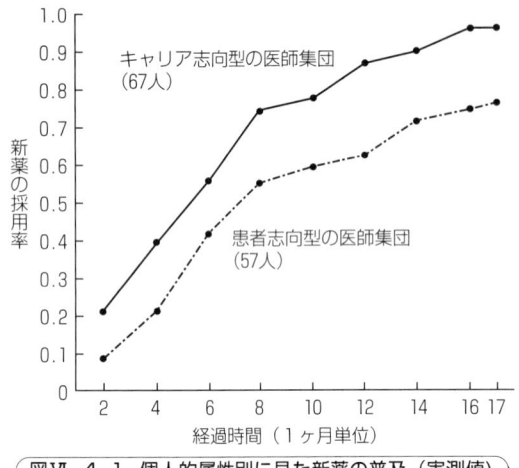

| 図Ⅵ-4-1 個人的属性別に見た新薬の普及（実測値） | 図Ⅵ-4-2 社会的属性別に見た新薬の普及（実測値） |

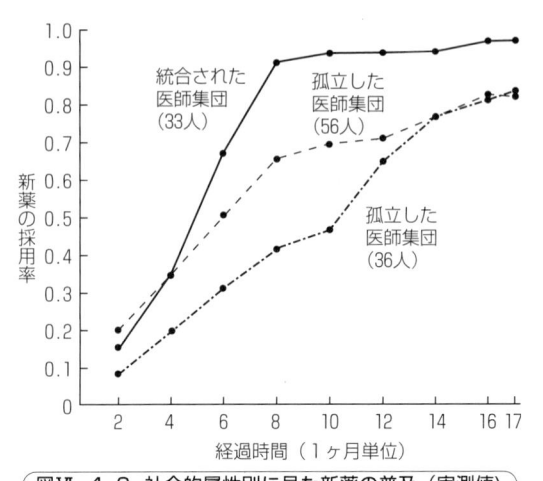

出所：Coleman, Katz, & Menzel, (1957) より作成。　　　出所：Coleman, Katz, & Menzel (1957) より作成。

人的属性」に関する質問の回答結果より作成された図Ⅵ-4-1における普及曲線と似ていることがわかる。これは，この集団における新薬普及のプロセスの背後にメカニズムAが働いているということを示している。一方，「統合された医師集団」における新薬の普及曲線（図Ⅵ-4-2の実線）は特徴的な形をしていることが見て取れる。これがコールマンらの発見である。このカーブはロジスティック・カーブと呼ばれる曲線であり，このときの普及のプロセスの背後にあるメカニズムは，「各月における新薬採用者数の時間変化率は，『その時点でまだ新薬を採用していない医師の数』と，『すでに新薬を採用している医師の数』に比例する」というものである（以下これをメカニズムBと呼ぶ）。

4　ソーシャルネットワークの役割

　125名の医師を「個人的属性」によりふたつの集団に分けたとき，ふたつの集団の間における新薬の普及のプロセスには本質的な違いは観察されなかった。一方「社会的属性」により，125名の医師をふたつの集団に分けたとき，ふたつの集団の間における新薬の普及のプロセスには本質的な違いが現れた。

　つまり，社会的関係を通してつながりあう者同士とそうではない者の間には，イノベーションの普及に関して異なるメカニズムが働いているということである。このことより，コールマンらは社会的伝播における社会的関係の重要性，すなわちソーシャルネットワークの重要性を見いだしたのである。ソーシャルネットワークとは私たちのまわりに日常的に存在するさまざまな関係性の連鎖である。つまり，イノベーションの種はソーシャルネットワークを通して広がってゆくのである。

　さらに，「孤立した医師集団」における新薬の普及はメカニズムAに従い，「統合された医師集団」におけるそれはメカニズムBに従う。図Ⅵ-4-3（理

論値）は，イノベーションの普及のプロセスがそれぞれメカニズムA（点線）とメカニズムB（実線）に従うとしたときの普及の変化を表したものである。図Ⅵ-4-3より，イノベーションの普及の初期段階においてはそれぞれのメカニズムに従う普及に大差がなくても，ある一定時間後にはメカニズムBに従う普及のプロセスの方が早く普及の完了を迎えているのがわかる。つまり，「統合された医師集団」における新薬の普及の方がよりスムーズに進展している。

ここで，イノベーションを新たに採用する医師の数の時間変化率は「すでに新薬を採用している医師の数」にも比例するということがメカニズムBを特徴づけるものであることを思い起こしてほしい。これは「統合された医師集団」が，イノベーションがもたらす不確実性に対する不安を，ソーシャルネットワークを経由したコミュニケーションにより和らげようとしていることを示唆している。▷4 コールマンらは特にイノベーションの普及の初期段階でソーシャルネットワークが重要な役割を担うと報告している。

コールマンらの新薬の普及プロセスに関する研究は，今やソーシャルネットワーク研究の古典的な業績となっている。コールマンらの研究に関する文献ならびに発展的研究は多い。▷5

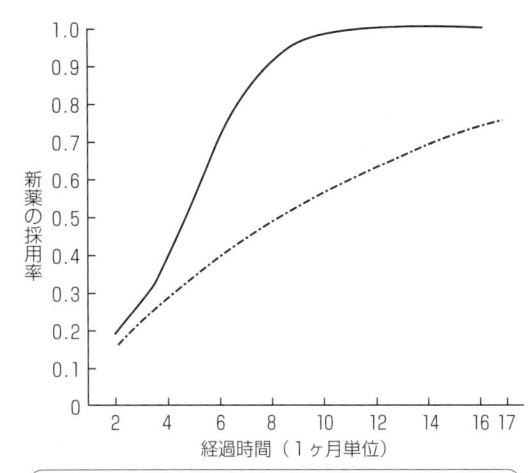

図Ⅵ-4-3 社会的属性別に見た新薬の普及（理論値）
出所：Coleman, Katz, & Menzel (1957) より作成。

▷4 このことをコールマンらはソシオメトリー（人物相関図）によって詳しく調べている。

▷5 たとえば，安田(1997)，金光(2003)，松田(2005)，松信・渡辺(2005) など。

5 普及理論

最後に，ロジャーズによって整理された普及理論について簡単に紹介しよう(Rogers, 2003)。

たとえば，新薬というイノベーションが出回り始めてすぐにその新薬を採用する医師（革新的採用者，イノベーター）がいる一方で，そのような医師らとソーシャルネットワークを介してコミュニケーションを行うことで情報を吟味し，新薬というイノベーションの採用を決定するような医師（初期採用者，アーリー・アダプター）もいるだろう。また，それに続くかたちで新薬を採用する医師（前期多数者，アーリー・マジョリティ）や，さらに慎重な医師（後期多数者，レイト・マジョリティ）も存在するだろう。そして，イノベーションが伝統として受け入れられてから初めて採用するような医師（遅滞者，ラガード）もいるだろう。このように，イノベーションの採用次期により採用者のタイプ分けを行うことが可能であるという議論が，普及理論においてなされてきたことは重要である。

（友知政樹）

VI ソーシャルネットワーク

5 閾値モデルとクリティカル・マス

　ここに異なるふたつの都市，AとBがあるとしよう。ある暑い夏の日，都市Aにおいて暴動が発生したとする。その暴動は最終的に都市Aの住民のほぼ全員が加わる大規模なものへと拡大した。一方，同じ日に都市Bでは，ごく少数の住民が騒ぎをおこしたが，暴動と呼べるような事態には発展しなかった。このときあなたは，都市Aと都市Bにおいて起こったことを比較して，都市Aの住民は比較的凶暴な集団で，反対に都市Bの住民は比較的温和な集団であると結論づけるかもしれない。しかし，果たしてそれは正しい結論と言えるだろうか。都市Aと都市Bの住民がそれほど違った性格を有していると結論づけてよいのだろうか。

1 集団構成員の多様性と閾値モデル

　1965年8月，アメリカ・カリフォルニア州ワッツ地区において暴動が発生した（ワッツ暴動）。地元の警官に不満を抱いた当時の住民が暴徒と化し，破壊行為や略奪行為などを含む大規模な暴動へと拡大したのである。暴動の後に残されたのは30余名の死者，約1,000名の負傷者，そして約4,000名にものぼる逮捕者であった。カリフォルニア州では1992年4月にもロサンゼルスにおいて同様の理由により暴動が発生している（ロス暴動）。ロス暴動においては，死者50名以上，負傷者約2,500名，逮捕者15,000名以上を数え，被害総額は10億ドル以上にも達した。あることがきっかけで住民が破壊行為や略奪行為に連鎖的に加わり，やがてその規模が拡大していく。これが暴動の特徴である。

　暴動は「集合行動」の一種である。集合行動とはある特定の行動がその集団の大多数の構成員に拡がり，集団として一致した行動をとる場合に使われる用語である。暴動の場合は暴動に加わるという行動がそれにあたる。暴動の他に，デモやストライキも集合行動の例である。また，何らかのブームが発生する場合にも，ブームに乗るという集合行動が存在する。

　ときには社会問題にまで発展する集合行動のメカニズムとは一体どのようなものなのか。これを分析したモデルにグラノヴェターの閾値モデルがある（Granovetter, 1978; Granovetter & Soong, 1983）。

　閾値とは，「ある反応を引き起こすために必要な最小の力の大きさ」のことである。暴動の例で言うと，「ある反応」は「暴動に加わるという行動」を指す。グラノヴェターはその行動を引き起こすのに必要な最小の力の大きさ，つ

まり閾値は,「ある時点で実際に暴動に加わっている人の数により『集約的に』表現できる」と考えた◁1。閾値モデルは,ある行動を選択する際の人間の意思決定は,その集団内の他の人の行動に依存するとしたモデルである。

グラノヴェターは閾値モデルを具現化する際に,以下の3つの仮定を導入した。暴動の例を用いて説明しよう。

まず第1の仮定は,集団構成員が持ちうる行動の選択肢はふたつしかないというものである。この場合,暴動に加わるか,もしくは加わらないかである。

第2の仮定は,暴動に加わるか否かの選択は集団構成員各人が有する閾値に依存し,さらにその閾値には個人差がある（多様性がある）と言うものである。これは,世の中にはさまざまな考え方を持つ人々が存在することをモデル化したものに他ならない。つまり,小さな値の閾値を持つ者もいれば,大きな値の閾値を持つ者もいる。もちろんその中間くらいの値の閾値を持つものもいるであろう。ここで,閾値を,ある時点において集団内で実際に暴動に加わっている人数により表現するとしたことを思い出してほしい。そのように表現することにより,閾値が小さい人はある時点で実際に暴動に加わっている人数が少なくても,その時点で暴動に加わることになる。逆に閾値の大きな人は暴動に実際に加わっている人数が多いときに初めて暴動に加わることになる。別の言い方をすると,閾値の小さい人は「乗りやすいタイプの人」,あるいは「周りからの影響を受けやすいタイプの人」と考えられ,一方,閾値の大きい人はその逆のタイプの人である,と言える。グラノヴェターは,閾値に多様性があるのは,人々の間に見られる損失と利益のとらえ方（価値観）の多様性のためであると考えた。

第3の仮定は,モデルにおいて各個人の閾値は常に一定で変化しないというものである。これはモデルを簡略化するために設けられた仮定である。

❷ 閾値の分布とバンドワゴン効果

さて,ここに100名の構成員からなるふたつの集団,AとBがあるとしよう。閾値に個人差があるということは集団の構成員が多様な閾値を持つということなので,それを表Ⅵ-5-1の閾値の人数分布として表す。集団Aには0から99の間の閾値を持つ人が各1名ずついる。一方,集団Bには閾値1の人が0名,閾値2の人が2名で,その他の閾値を持つ人が各1名ずついる。

暴動の例で考えると,閾値0の人が1名いるということは,ある時点で誰も暴動に加わっていなくても必ずその1名は暴動に加わるということを示している。つまり閾値0の人は暴動に最初に加わる扇動者的存在である◁2。集団Aにおいて閾値0の1名が暴動を扇動すると,それ受けて閾値1の人が暴動に加わる。そしてそれを受けて閾値2の人が暴動に加わり,この連鎖が最終的に集団A全員の暴動への参加という結果をもたらす。この連鎖の効果をバンドワゴン効果

▷1 ある時点で暴動に加わるかどうかの意思決定は,その時点で実際に暴動に加わっている人の数のみならず,たとえばその人の「向こう見ずさ」にも比例するという意見があるかもしれない。しかし,向こう見ずな人であれば,ごく少数の人数しか暴動に参加していないようなときでさえ暴動に参加しようと考えるはずであり,暴動に加わっている人の数により「集約的に」表現できると言える。

▷2 暴動ではなく,たとえば平和的なデモを例にとると,閾値が0の人は扇動者ではなく先導者的存在になる。つまり,閾値が0の人は他の人がどうであろうと率先してある行動をとる人である。

表Ⅵ-5-1　集団Aと集団Bの閾値の人数分布

閾値	0	1	2	3	…	98	99
集団A	1名	1名	1名	1名	…	1名	1名
集団B	1名	0名	2名	1名	…	1名	1名

という (Leibenstein, 1950)。集団Bにも閾値0の扇動者が1名いる。しかし，次の閾値1の人がいないので連鎖は発生せず，暴動へと発展しない。つまりバンドワゴン効果は発生せず，暴動への参加は閾値0の1名だけに限られる。集団Aの状況とは大きく異なり，暴動が発生したとは言えない。

　ここで注意したいのは，集団Aと集団Bの閾値の人数分布は閾値1と2のところに少しの違いがあるだけで，ほとんど同じだということである。つまり集団Aと集団Bは非常に似通った集団なのである。しかし，結果的に暴動という集合行動が発生したか否かに関しては大きな違いがある。ここでの例は冒頭での問いかけに見事に答えていると言えるだろう。グラノヴェターは閾値モデルにより，集合行動の結果というマクロな情報から，その集団を構成する人々の多様な個性というミクロな情報を引き出そうとすると，大きな間違いを犯す危険性があるということを示したのである。

3　クリティカル・マスの存在

　次に，別の集団Cについて考えよう。集団Cでは閾値が大きくなるにつれてその閾値を有する人の数もだんだんと増加していくと仮定しよう。しかしその人数は増え続けるのではなく，閾値がある一定の値を超えるとその閾値を有する人の数は徐々に減少していくと仮定する。つまり集団Cの閾値の分布は山なりになっており，極端に小さな閾値や大きな閾値を有する人の数は少ないが，中間程度の閾値を有する人の数は多いという集団である。図Ⅵ-5-1は横軸を閾値，縦軸をその閾値を有する人数の全集団に対する割合（相対度数）としたときの，集団Cにおける閾値の分布を表したもので，閾値の相対度数分布図と呼ばれる図である。ただし両軸ともパーセンテージ表示してある。図Ⅵ-5-2は図Ⅵ-5-1に示された閾値の相対度数を左から順に累積した（足し算により積み上げた）図であり，閾値の累積相対度数分布図と呼ばれる図である。またこの図には原点を通る傾き45度の補助線も描き込まれている。なお図Ⅵ-5-2の横軸は閾値を表している。縦軸は累積相対度数を表しており，その意味するところは，「横軸の閾値で示された割合の人々が実際に暴動に加わっていれば自分もその暴動に加わろうと考えている人の割合」である。

　たとえば，ある時点において閾値が40（横軸）までの人が実際に暴動に加わっていたとしよう（図Ⅵ-5-2中の●点）。このとき，実際に暴動に加わっている人の割合は集団全体の51%（縦軸）いるので，次の時点では閾値が51までの人が暴動に加わることになる。ここで45度の補助線を使えば，閾値の値が51

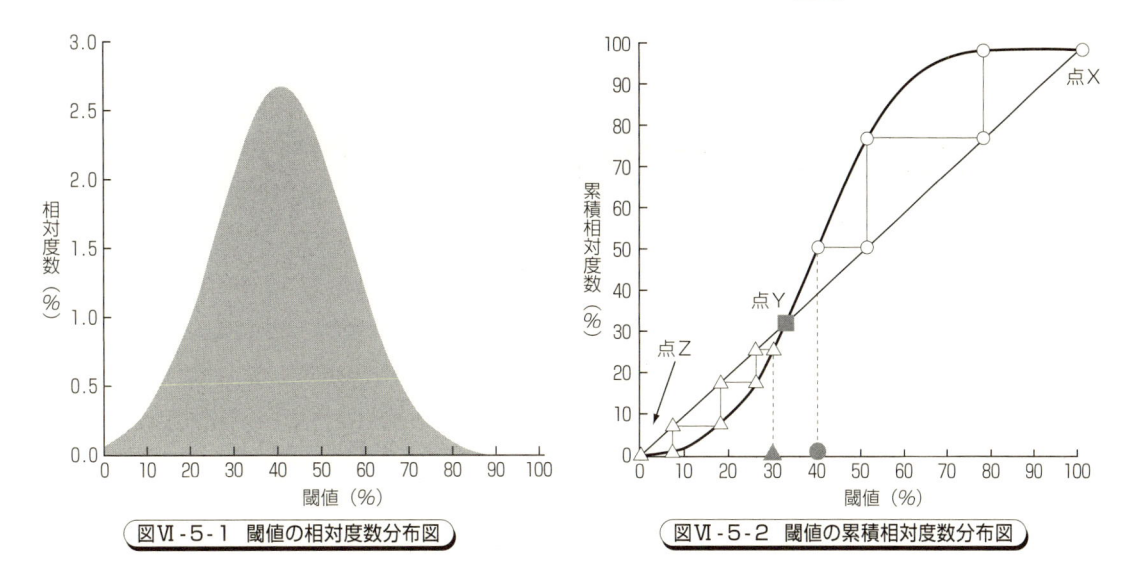

VI-5 閾値モデルとクリティカル・マス

図VI-5-1 閾値の相対度数分布図

図VI-5-2 閾値の累積相対度数分布図

までの人が実際に暴動に加わっているとき，次の時点において暴動に加わろうと思う人の割合は約77％に増加することがわかる。このように次々と暴動参加者の割合を求めていくと，結果的に暴動参加者の割合は点Xの値（100％）に到達し，暴動は拡大しやがて全員が暴動に加わることがわかる。この到達点Xを均衡点と呼ぶ。

一方，ある時点において閾値が30までの人が実際に暴動に加わっていたとすると（図VI-5-2中の▲点），暴動参加者の割合は26％→18％→7％→1％という具合に均衡点が点Zとして求められ，暴動は沈静化するという先ほどとは異なる結果を得る。この結果を二分する初期値を与えるのが点Y（図VI-5-2中の■点）である。つまりこの点を境に，あるときは暴動が拡大し（初期の値が点Yより右上の場合），あるときは暴動が沈静化するのである（初期の値が点Yより左下の場合）。このように後々の結果を大きく左右するような量をクリティカル・マスと呼び，ここでは点Yがそれにあたる。クリティカル・マス（臨界量）は限界質量あるいはティッピング・ポイントと呼ばれることもある（Schelling, 1978, Chap. 3；山岸，1990，第3章；Gladwell, 2000）。

グラノヴェターの閾値モデルは，同一の集団であってもクリティカル・マスを超えたときとそうでないときではまったく違った集合行動を見せることを示している。閾値モデルを世論形成の過程を分析するのに用いたモデル（石井，1987）や，閾値が時間的に変化しうるモデル（中井，2004），またネットワーク上でつながった隣人の行動のみを閾値に反映するモデル（Watts, 2003, 第8章）など，さまざまな発展的閾値モデルが提唱されている。

（友知政樹）

VI　ソーシャルネットワーク

6　スモールワールド・ネットワーク

1　「6次の隔たり」

　見知らぬ土地の見知らぬ「赤の他人」と何人の知り合いを介してつながっているか，考えてみよう。たとえば，たまたまテレビのニュースで街頭インタビューを受けている人とあなたは，何人の知り合いをたどっていけばつながることができるだろうか。あるいは，そもそも知り合いの知り合いをたどっていくことで，そのような他人にたどり着けるものなのだろうか。この問いに対し，奇抜な研究デザインで答えを出したのが，ミルグラムである。ミルグラムは，初めて話した人との間に意外にも共通の知人や友人がいることがわかって，「世の中って狭いね！」◁1 と驚くようなことがなぜ起こるのかという問題に注目し，奇妙な「手紙リレー」を行った（Milgram, 1967）。

　まず，彼はマサチューセッツ州ケンブリッジから，遠く離れたネブラスカ州オハマの住民数百人に手紙を送った。手紙には，マサチューセッツ州シャロンに住むある実在の株ブローカーの名前と彼についてのいくつかの情報，そして次のような依頼が書かれていた。

　「もしあなたがこの人を直接知らない場合には，この人と直接コンタクトを取ろうとしないでください。その代わり，あなたよりもこの人を知っていそうな人にこの手紙を回してください。手紙を回す相手は，あなたがファーストネームで呼び合うような直接の知り合いでなければいけません」。

　株ブローカーは手紙リレーのターゲット人物（最終到達地点となる人物）であり，もちろん手紙を最初に受け取った人にとっては「赤の他人」である。この人物まで手紙が届けば成功である。さらに，手紙には名前リストが入っており，手紙を回した人が自分の名前を順に記入していくように指示されていた。この名前リストによって，ターゲット人物まで手紙がたどり着いたときに何人を介してたどり着いたかがわかるようになっていた。◁2

　さて，結果はどうだったろうか。世界の広さを考えれば届くはずがないと思われるところだが，なんと160通の手紙リレーのうち44通がターゲット人物までたどり着いた。しかも，それに要した人数もたったの6人というケースが11通と最も多かったのである◁3（図VI-6-1）。

　さらに，手紙リレーの中身を検討すると興味深い結果が得られた。まず，手紙の転送は，同性間のほうが異性間よりも3倍以上多かった。また，友人や知

▷1　この問題は「スモールワールド問題」という名前で知られている。「世の中って狭いね！」というせりふが，英語では "It's a small world !" と言うため，ここから「スモールワールド問題」という名前が付いた。

▷2　名前リストは，すでに載っている人に回さないようにすることで手紙が同じ人たちの間をループすることを防ぐためにも用いられた。さらに，手紙には15通の「追跡カード」が含まれており，手紙を受け取った人はそのカードに記入して調査者に返送することになっていた。これによって，最終的に到達しなかった手紙リレーでもどの時点でリレーが止まってしまったかをあきらかにすることができた。

▷3　この結果の解釈については，クラインフェルドによる批判（Kleinfeld, 2002a, 2002b）も参照。クラインフェルドは，手紙リレーの到達率の低さや実験参加者の偏り，および追試の少なさからミルグラムの研究結果の妥当性に疑義を唱えている。

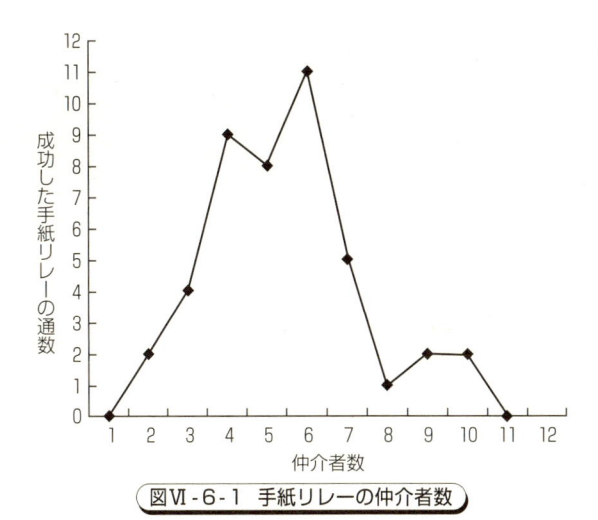

Ⅵ-6 スモールワールド・ネットワーク

図Ⅵ-6-1 手紙リレーの仲介者数
出所：Milgram (1967) より作成。

人に転送する人のほうが親戚に転送する人よりも 5 倍以上多かった。そして，ターゲット人物のひとり手前がどんな人だったのかを調べてみると，数人のターゲット人物の知り合いに偏っていた。ターゲット人物に 1 番多く手紙を到達させた人は 44 通の成功例のうち 16 通を最終的にターゲット人物に渡していた。また，これらの数人が担った手紙リレーのルートには，それぞれ特徴があることがわかった。ある者は住んでいる地域に関する情報を頼りに回ってきたルートを主に担い，ある者はターゲット人物の職業に関する情報を頼りに回ってきたルートを主に担っていた。さらに，物理的にはターゲット人物のすぐ近くまで到達していたにもかかわらず，到達できずに途切れてしまったリレーもいくつかあった。

これらの結果から理解できるのは，コミュニケーションの距離は，物理的距離よりも社会的な距離によって強く規定されているということである。このことは，後の研究でも確認されている。大学内での小冊子リレーでは，学生と事務員のように社会的属性が異なるふたりの間では仲介者の数が平均して 4 人以上必要だった（Hunter & Shotland, 1974）。同じ敷地内に通勤・通学しているにもかかわらず，である。また，60,000 人以上が参加したインターネットを利用した世界規模でのメールリレー実験でも，平均して 5〜7 ステップでターゲット人物まで到達したことが報告されている[4]（Dodds, Muhamad, & Watts, 2003）。

2 スモールワールドが実現するメカニズム

さて，ミルグラムの研究は現実のソーシャルネットワークがスモールワールドになっていることを明らかにしたわけだが，何がスモールワールドを作り出しているのかは謎のままであった。ましてや実際の人間関係では**3者閉包バイアス**[5]が働いたり，似たもの同士がまとまりを形成する傾向があるため[6]，人々は

[4] 現実にターゲット人物に到達したメールの仲介者数は 4 人程度であったが，長いリレーは途中で途切れやすくなるため，成功したリレーのみで計算された仲介者数は実際のものよりも短くなってしまう。そこで，途切れる確率を用いて補正した計算を行うと 5〜7 人となった。

[5] 3者閉包バイアス
Ⅵ-2 を参照。

[6] 性・年齢・社会経済的地位といった社会的属性や，心理的傾向の似たもの同士でまとまって相互作用するという一般的な傾向を同類志向（homophily）という。「類は友を呼ぶ」ということわざに端的に表される。

p＝0 ←―――― ランダムさの増大 ――――→ p＝1

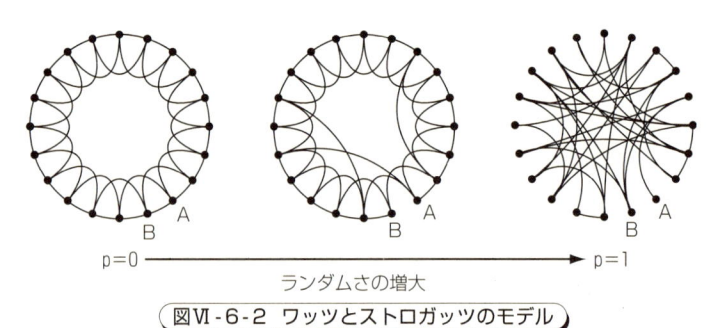

図Ⅵ-6-2　ワッツとストロガッツのモデル

出所：Watts & Strogatz (1998) より作成。

それぞれまとまり（クラスター）を作って暮らしている。付き合う相手を世界中の人々のなかからランダムに選んでいるわけではないのだ。それなのになぜ，遠い土地の見ず知らずの人までわずか平均6ステップ程度で到達できてしまうのだろうか。

　ワッツとストロガッツは数理的なモデルを用いたコンピューター・シミュレーションによってこの問題に答えを出した（Watts & Strogatz, 1998）。彼らがシミュレーションで用いたモデルを紹介しよう。彼らが注目したのは，規則的な部分とランダムな部分が混ざっているネットワークである。規則的な部分というのは，3者閉包バイアスや近隣の類似性の高い人々とつながることで生まれる，いわば「必然的」なネットワークである。家族や親しい友人など，普段から顔をあわせたり話をする機会が多い人々であると考えられる。一方，ランダムな部分は，引越しやインターネット上でのコミュニケーションなどで生まれるような，いわば「偶然の」ネットワークである。ランダムな部分は普段はあまり顔をあわせたりすることはないが連絡を取ろうと思えば取れる程度の付き合いが典型的であり，「**弱い紐帯**」◁7 と対応していると考えられる。

▷7　弱い紐帯
Ⅵ-3 を参照。

　ワッツとストロガッツは，まず図Ⅵ-6-2の左のような円格子型のネットワークを考えた。円周上に配置された20個の点が人である。そして点をつなぐ線が人と人とのつながりを表している。図Ⅵ-6-2の左の状態では，すべての人が直近の左右ふたりずつを知っていることになる。これは，ネットワークがすべて規則的な部分で構成されている状態で，人々は自分の周りにしか知り合いがいない。この状態から，それぞれのつながりについてくじを引き，当たればつながり先を「ランダムに選ばれた他の点」につなぎ直すことにする。たとえば，図の中央の状態では，Aとのつながりはくじ引きに当たったので，つながり先のひとつが「B以外の他の点」につなぎ直されている。ここで，くじがあたる確率をpとして，円格子上のすべてのつながりについてくじを引いていく。pが0であればつなぎ直しがまったく生じないので図の左の状態が保たれる。一方，図の右のようにpが1であれば，必ずくじは当たるので，すべてのつながりはつなぎ直される。これは，知り合いがすべてランダムに選ばれ

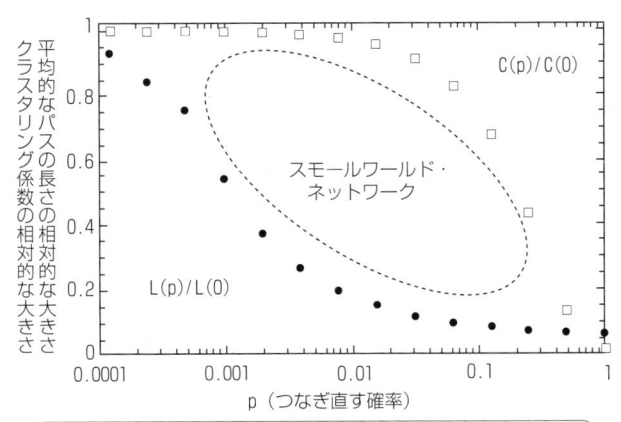

図Ⅵ-6-3 平均的なパスの長さとクラスタリング係数の変化

出所：Watts & Strogatz (1998) より作成。

ている状態，すなわち，「近隣の人とつながっていやすい」ということがまったくない状態である。つまり，pを大きくしていくとネットワークにおけるランダムな部分の割合が大きくなっていくのである。こうして，つなぎ直す確率 (p) を0から1の間で動かすことによって，ネットワーク全体の平均的なパスの長さ $L(p)$ と，クラスタリング係数 $C(p)$ の動きを調べた。◁8

図Ⅵ-6-3の結果を見てみよう。ネットワークのなかのランダムな部分が確率pの増加によって増えることで平均的なパスの長さ $L(p)$ は急激に減少する一方，クラスタリング係数 $C(p)$ は途中まではほとんど減少せず，pが1に近づくにつれて急激に減少していた。この，中間部分の $L(p) \ll C(p)$ にある状◁10 態では，人々のまとまり（クラスタリング）は高いため，家族や親しい友人など，普段から顔をあわせて話をする機会が多い人々に囲まれて生活していると感じられる。しかし，ネットワーク内の他の人への距離は少数のランダムにつなぎ直されたつながりによって急激に減少している。

3者閉包バイアスや同類志向によってまとまりを形成したネットワークのなかで日常生活を生きている限りは，見知らぬ土地の見知らぬ「赤の他人」とわずか6人程度を介してつながっているというのは直感に反することかもしれない。しかし，少数の「弱い紐帯」があることで，そうした他人との距離は急激に短くなっており，いわば世界は気づかないうちに「狭く」なっている。これこそが，スモールワールド・ネットワークの本質だったのだ。

実は，こうしたスモールワールドの特徴はソーシャルネットワークだけに見られるものではない。映画俳優の共演ネットワークや，巨大電力送電ネットワーク，あるいは地中に住む小さな生物である線虫の神経細胞ネットワークでも同様のスモールワールド・ネットワークが見られることが知られている。

(小林哲郎)

▷8 平均的なパスの長さ $L(p)$ は，ネットワーク内の任意のふたりの間の距離（他者を何人介するかのステップ数）の平均値であり，短いほど世界が「狭い」ことを表す。一方，クラスタリング係数 $C(p)$ は，ネットワーク内の任意のひとりとつながっている複数の人同士がつながっている割合であり，大きいほど，ネットワーク全体が「まとまり」ごとに固まっていることを表す（k人の人とつながっている場合には，$k(k-1)/2$ 個の可能なつながりのうち実際何個がつながっているかを調べ，すべての点について平均する）。

▷9 図中の平均的なパスの長さ $L(p)$ とクラスタリング係数 $C(p)$ は，それぞれpが0の時の初期値 $L(0)$ と $C(0)$ で割ることで相対的な大きさに変換されて表示されている。

▷10 「$\ll$」は，左辺が右辺よりも非常に小さいことを示す数学記号。

VI ソーシャルネットワーク

7 社会関係資本

　ふたりの人を想像してもらいたい。ひとりは人付き合いがうまく，さまざまな領域で顔の広い友人が多い。もうひとりは友人が少なく，自分と似たような人と付き合うことが多い。どちらの人がうまく世の中を渡っていけるだろうか。おそらく前者だろう。では次にふたつの町を想像してもらいたい。ひとつの町は住民同士の人付き合いが盛んで，自治会の参加率や投票率なども高い。もうひとつの町は，あまり近所付き合いは盛んではなく，隣の住民がどんな人かも知らない人が多い。どちらの方が活力のある町であると言えるだろうか。おそらくこれも前者であると答える人が多いだろう。実は，こうしたところで重要な役割を果たしているのがソーシャルネットワークなのである。

1　個人が活用する資源としてのソーシャルネットワーク

　コネや人脈という言葉がある。日本では否定的な意味合いで使われることもあるが，コネや人脈を豊富に持っていて，それをうまく活用することができる人はさまざまな面で得をするというのは一般的に理解されていることだろう。たとえばよい就職口や転職先を紹介してもらったり◁1，取りにくいチケットを取ってもらったりすることなどは，個人が資源としてのソーシャルネットワークを活用して目的を達成することの例である。また，落ち込んでいるときに励ましてくれる人や相談に乗ってくれる友人をたくさん持っている人は，孤独を感じにくかったり生活への満足度が高かったりする。こうした心理的な効果も，個人がソーシャルネットワークを活用することで得られるメリットである。

　このような，個人間や組織間のソーシャルネットワークに埋め込まれた資源を社会関係資本と言う◁2。人は人とのつながりに埋め込まれている社会関係資本に投資し，それにアクセスすることでネットワークを活用し，何らかの効果を得ることができると考えるのである。人と人とのつながりのなかに資本があるというアイデアは奇妙に聞こえるかもしれない。しかし近年の社会科学では，経済的な富を表す物的資本や教育程度などを表す人的資本に加えて，人と人とのつながりに埋め込まれた資源への投資と活用を考えることで，社会の仕組みをうまく説明できるのではないかと考えられるようになってきた。

　こうした立場に立つ代表的な研究者であるリンは，社会関係資本を図VI-7-1のようなモデルを用いて説明している（Lin, 2001）。モデルの左側では，社会関係資本に対する投資とそこで生まれる不平等が表されている。もともと学歴

▷1　VI-3 を参照。
▷2　「埋め込まれている」と表現されるのは，活用する個人や組織そのものが資源を所有するのではなく，他の人々や組織との関係のなかに活用可能な資源が見いだされるからである。たとえば，入手困難なチケットを知人に取ってもらうことは，チケットを取りたい人と取れる人の関係のなかに活用可能な資源が存在していると考えられる。チケットを取りたい人は，その人自身ではチケット入手のための資源を持ち合わせていないのである。

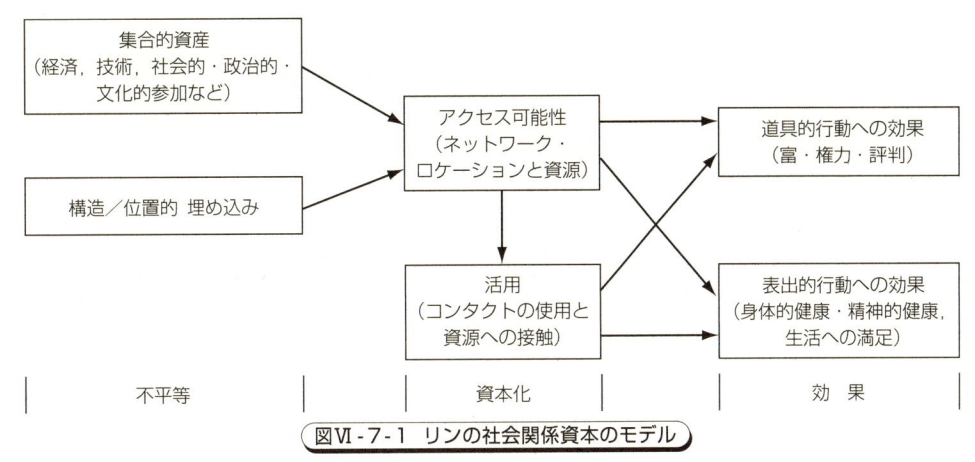

```
┌─────────────────┐
│  集合的資産      │
│ (経済,技術,社会的・政治的・│
│  文化的参加など)  │
└────────┬────────┘
         ↓                    ┌──────────────────┐      ┌──────────────────┐
                              │ アクセス可能性    │─────→│ 道具的行動への効果│
                         ┌───→│ (ネットワーク・   │╲  ╱ │ (富・権力・評判)   │
┌─────────────────┐      │    │ ロケーションと資源)│ ╳   └──────────────────┘
│ 構造／位置的 埋め込み │─┘    └────────┬─────────┘╱  ╲ ┌──────────────────┐
└─────────────────┘                   ↓           ─→│ 表出的行動への効果│
                              ┌──────────────────┐  │ (身体的健康・精神的健康,│
                              │  活用            │─→│  生活への満足)     │
                              │ (コンタクトの使用と│  └──────────────────┘
                              │  資源への接触)    │
                              └──────────────────┘
```

| 不平等 | 資本化 | 効 果 |

図Ⅵ-7-1 リンの社会関係資本のモデル

出所：Lin (2001) より作成。
注：構造／位置的埋め込みとは，経済や技術，人々の参加の程度などによって特徴づけられるソーシャルネットワークの構造のなかで，個人が社会的・文化的・政治的・経済的にどのような位置を占めるかによって生じる不平等を表す。

など社会経済的地位が高いほど，つながる他者が持つ資源も多いため，アクセス可能な資源が豊富であることが考えられる。それを活用することが資本化の段階である。また，そうしたアクセス可能な資源を活用することは，2種類の効果を生み出す。経済的，政治的，社会的効果としての富・権力・評判（道具的行動への効果）と，身体的・精神的健康，生活への満足（表出的行動への効果）である。就職の口利きなどは前者に，悩みを聞いてくれたりすることは後者に対応している。

　リンは，ソーシャルネットワークに埋め込まれた資源である社会関係資本が有効である理由について，①情報，②影響力，③社会的信任，④強化を挙げている。まず，人脈の豊富な人や有力な知り合いのいる人は，人づてにさまざまな情報を集めることができる。また，そうした知り合いを介することで間接的に他者に影響を与えることができる。会社の人事部に知り合いのいる人に就職の口利きをしてもらうなどが典型だろう。そして，有力なコネや人脈を持っていること自体がその人の評判を高め，社会的な信任状となる。さらに，社会関係資本を持つもの同士がきずなを強めることで，互いの資源へのアクセスと活用が強化される。同窓会組織などで情報の交換や情緒的なサポートが行われることなどが好例だろう。

　この理論的枠組みに基づいた研究は社会学的研究を中心に蓄積されている。一例を挙げるならば，企業内で人脈を活用したり貴重な情報を得たりすることが，個人の昇進やパフォーマンスにプラスの効果をもたらすことが実証されている（Burt, 2001）。これは，ソーシャルネットワークを個人が活用することでよりよい効果を得られることを示していると言えよう。

❷ 社会の活力を生み出すソーシャルネットワーク

　人と人とのつながりは，コネや人脈として個人が活用することができる資源

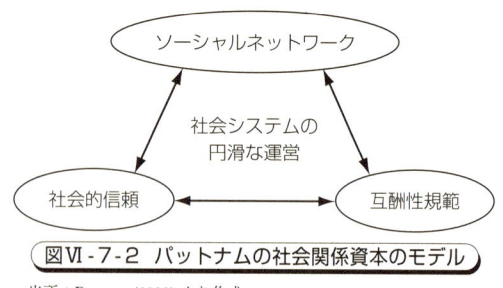

図Ⅵ-7-2　パットナムの社会関係資本のモデル
出所：Putnam (2000) より作成。

であるだけではなく，社会全体の円滑な運用にも有効であることが明らかになってきている。

　政治学者のパットナムは，イタリアの地方行政の比較研究を行うなかでこのことに気づいた（Putman, 1993）。1970年にイタリアで行われた州制度導入は地方自治体の自律性を高めたが，20年後には各自治体の効率的なサービス，安定性，応答性，改革の進行度や地域の発展計画能力は北部と南部で大きく異なっていた。パットナムはその差異が，地方間の経済的格差ではなくて，社会関係資本の格差であることを，歴史的分析や世論調査，議員やリーダーに対する調査によって明らかにしていった。この過程で明らかになったのは，豊かな社会の活力が，市民の社会参加（市民組織・団体への関与）に裏づけられたソーシャルネットワークの豊かさによってもたらされているという点であった。

　その後パットナムは，過去30年の間にアメリカの社会関係資本が減少していることを，政治参加や多様な団体・組織への加入，仕事を離れたインフォーマルな人付き合い，ボランティア活動などの推移を示す膨大なデータを集めて主張した（Putnam, 1995, 2000）。『孤独なボウリング（Bowling alone）』と名づけられたこの研究は大きな反響を呼び，クリントン大統領（当時）の1995年・1996年の年頭教書にも影響を与えた。

　パットナムの社会関係資本論は，大まかには図Ⅵ-7-2のように表される。人々が緊密なソーシャルネットワークを形成し，そのなかでさまざまな取引や付き合いを行うことで，「人に助けられたら自分も他の人を助けるべきだ」という互酬性の規範を形成していく。また，この規範がベースとなることで他者に対する信頼が高められる。さらに，高い社会的信頼と互酬性規範は，他者とのつながりを作ることの垣根を低くし，ソーシャルネットワークはさらに豊かになると考えられた。相手が自分を裏切るような人間であるかどうか，疑心暗鬼になる必要が低下するのである。こうした，ソーシャルネットワーク，互酬性規範，社会的信頼の3要素がうまくポジティブにかみ合うことで，政治や行政，そして経済活動などの社会システムが円滑に運営される。

　パットナム流の社会関係資本のとらえ方には，個人レベルに焦点をあてたリンのものとは大きく異なる点がある。それは，必ずしもある人が豊富な人脈やコネといった資源を持っていなくても，社会全体が緊密なソーシャルネット

▷3　社会関係資本の減少の理由としては，労働時間の増加や居住環境の変化，テレビ視聴などが挙げられた。居住環境の変化については，居住地域が都心部から郊外へ拡散していくスプロール現象によって人々の参加行動が抑制されるようになったと考えられた。
▷4　ここでの取引には経済的な取引だけでなく，情緒的なサポートの返報なども含まれる。

ワークによって編み上げられていれば，社会関係資本の果実を享受することができるという点である。言い方を変えれば，ネットワーク資源を個人的には持っていない人であっても，活力ある社会のメリットに「ただ乗り」することが可能なのだ。こうした考えは，社会関係資本の集合的あるいは**公共財**的側面をとらえており，社会関係資本の個人的側面をとらえているリンのモデルとは対照的である。

3 社会関係資本の負の側面

社会関係資本としてのソーシャルネットワークは個人や社会にとって有用であるが，常にポジティブな効果のみをもたらすわけではない。パットナムはこの点について，「橋渡し型」の社会関係資本と「結束型」の社会関係資本を区別しながら，次のように説明している（Putnam, 2000）。

「橋渡し型」の社会関係資本におけるソーシャルネットワークは，社会やコミュニティの外側へ伸びるネットワークを多く持っており，文字通り他の社会へ「橋渡し」することができるのが特徴だ。一方，「結束型」の社会関係資本におけるソーシャルネットワークは，同質なメンバーだけが内輪で固まってしまうようなネットワークであり，内部では緊密なネットワークが形成されているが外部に開かれたつながりは少ない。「結束型」の社会関係資本では，外部と広くつながるネットワークが乏しいため，「われわれ」と「やつら」の境界がはっきりしてしまい，異質な人々を排除する方向で作用する危険性があると言われている（Portes & Landolt, 1996）。

こうした「結束型」の社会関係資本は，社会的に非常に極端な意見を共有している集団に典型的に見られる。たとえば，アメリカの KKK（Ku Klux Klan）という集団は「有色人種に対する差別的態度」を共有する同質な人々が緊密なネットワークを形成することで「結束型」の社会関係資本を醸成してきた。これは，ソーシャルネットワーク・互酬性規範・社会的信頼という側面から眺めるならば，まさに社会関係資本そのものである一方，異質な他者（ここでは白人に対する有色人種）に対する極度の非寛容性，排他性を持つ点において社会全体のレベルでは負の効果をもたらしている。このように，きわめて同質な者同士が形成する社会関係資本は，その内部における信頼や取引コストの低減をもたらす一方で，負の外部性を持つことがある。パットナムも指摘しているように，社会全体の「活力源」となるのは，「結束型」の社会関係資本よりも「橋渡し型」の社会関係資本であると言えよう。

(小林哲郎)

▷5 **公共財**
公共財とは，道路や法律のように社会のすべてのメンバーがその恩恵を享受することができ，またあるメンバーの利用によって他のメンバーの利用可能な量が減ることのないような財を指す。

▷6 注意を要する点は，社会関係資本は「橋渡し型」と「結束型」のどちらかに必ず分類できるものではなく，比較のために設定された基準によって相対的に決定されるものだという点である。たとえば黒人教会のコミュニティは，人種と宗教という点では同質であり「結束型」と考えられるが，社会経済的な階層を越えたコミュニティである点においては「橋渡し型」である。

VI ソーシャルネットワーク

8 ソーシャルネットワーク：展望と読書案内

人を点で表し，人と人の関係を線で表すと，対人関係の網の目が浮かび上がる。これがソーシャルネットワークである。

ソーシャルネットワークという言葉を目にすると，インターネットという通信システムや，特定のソーシャル・ネットワーキング・サービスのことを連想するかもしれない。しかし，本章では，そうしたシステムやサービスそれ自体ではなく，そうしたものによって生成・維持される「人と人のつながり」に焦点を合わせている。本章で言うソーシャルネットワークは，具体的な人間関係に注目したときに見えてくる，抽象度の高い「関係性」なのである。

こうしたソーシャルネットワークは古くから社会心理学の重要な研究テーマであった。VI章の各節で取り上げられた研究の他にも，**ソシオメトリー**◁1や，ラザーズフェルドらによるコミュニケーション・ネットワーク研究◁2など，社会心理学にはソーシャルネットワーク研究の古典・先駆として位置づけられる研究が数多く認められる。

ただし，そうした研究が改めて注目されるようになったのは，日本では1980年代後半のことであり，統一的な視野のもとでソーシャルネットワークという領域が形成されたのも1990年代後半のことであった。

この20年間，一般の人々が利用可能な情報ネットワークはパソコン通信からインターネットへと発展した。また，ボランティアに代表されるような行動原理としてのネットワーキングが提唱されるとともに，社会全体の動向として**「小さな政府」**◁3化が論じられるなかで，人々が共同して成果を上げるための基盤として，社会関係資本が注目されるようになった。

これまでの社会心理学が「大衆社会のなかの人間」◁4に焦点を合わせることが多かったことと対比して言えば，これからの社会心理学では，それとともに，「ネットワーク社会における人間と人間の関係」に焦点を合わせることが，ますます重要となるだろう。

VI章ではこうした動向を背景に「関係としての社会」に注目した。まず VI-1「組織のネットワーク構造と地位・役割の分化」では先駆的な研究を取り上げ，続く VI-2「3者閉包と構造的バランス」，VI-3「弱い紐帯の強さと構造的すきま」ではマイクロな社会状況を，そして，VI-4「普及とネットワーク」，VI-5「閾値モデルとクリティカル・マス」，VI-6「スモールワールド・ネットワーク」，VI-7「社会関係資本」ではマクロな社会状況に焦点

▷1　ソシオメトリー
小集団における人間関係を測定・分析する領域。
▷2　『パーソナル・インフルエンス』はマスコミュニケーション研究の古典でもある（V-8の▷2を参照）。

▷3　小さな政府
一般には，国家による経済政策・社会政策を最小限とし，国民サービスの多くを民間に委ねるような政府のあり方を指す。
▷4　大衆が大きな社会的勢力となった社会であり，そうした社会の成員は原子のようにバラバラに孤立して存在すると考えられてきた。

を合わせた研究を紹介した。本書では，これらの他にも，Ⅲ-6「ソーシャル・サポート」やV-6「ニュースとうわさの伝播」など，ソーシャルネットワークと関連する節は少なくないので，是非そうした節も参照してほしい。

なお，ソーシャルネットワークを情報の伝達経路に注目して論じる際には，コミュニケーション・ネットワークという言葉が使われ，人付き合いの輪が広がるような動的な過程を言い表す際にはソーシャルネットワーキングという言葉が使われる。

また，ソーシャルネットワークを研究する際，ネットワーク全体としてどのような状態であるのかを考えることもあれば，個人に焦点を合わせ，個人が他者とどのような対人関係を取り結んでいるのかを考えることもあるため，個々の研究ごとに，どちらの視点に立った議論なのかを理解する必要がある。◁5

▷5 全体としてとらえられたものをソシオセントリック・ネットワーク，個人を中心にしてとらえられたものをエゴセントリック・ネットワークと呼ぶ。

ソーシャルネットワーク研究は学際的な領域であり，社会学においてはパーソナルネットワークという名称で，また，社会福祉学，看護学，社会老年学などではソーシャルサポートネットワークに焦点を合わせて，多くの実証研究が行われている。なお，数理社会学においては，数理モデルやコンピュータ・シミュレーションを用いた研究が盛んに行われている。　　　　　（山田一成）

読書案内

Ⅵ章の各節に共通
ブキャナン，M. 阪本芳久（訳）（2005）．複雑な世界，単純な法則——ネットワーク科学の最前線——　草思社
野沢慎司（編・監訳）（2006）．リーディングス ネットワーク論——家族・コミュニティ・社会関係資本——　勁草書房
ワッツ，D. J. 辻竜平・友知政樹（訳）（2004）．スモールワールド・ネットワーク——世界を知るための新科学的思考法——　阪急コミュニケーションズ
安田雪（1997）．ネットワーク分析——何が行為を決定するか——　新曜社

Ⅵ-3
グラノヴェター，M. 渡辺深（訳）（1998）．転職——ネットワークとキャリアの研究——　ミネルヴァ書房
安田雪（2004）．人脈づくりの科学——「人と人との関係」に隠された力を探る——　日本経済新聞社

Ⅵ-4
コールマン，J. S.・カッツ，E.・メンツェル H. 小口一元・宮本史郎（訳）（1970）．販売戦略と意思決定　ラテイス発行　丸善発売
ロジャーズ，E. M. 青池慎一・宇野善康（訳）（1990）．イノベーション普及学　産能大学出版部

Ⅵ-5
グラッドウェル，M. 高橋啓（訳）（2001）．なぜあの商品は急に売れ出したのか——口コミ感染の法則——　飛鳥新社
山岸俊男（1990）．セレクション社会心理学15　社会的ジレンマのしくみ——「自分1人ぐらいの心理」の招くもの——　サイエンス社

Ⅵ-6
バラバシ，A. L. 青木薫（訳）（2002）．新ネットワーク思考——世界のしくみを読み解く——　日本放送出版協会
ワッツ，D. J. 栗原聡・佐藤進也・福田健介（訳）（2006）．スモールワールド——ネットワークの構造とダイナミクス——　東京電機大学出版局

Ⅵ-7
宮川公男・大守隆（2004）．ソーシャル・キャピタル——現代経済社会のガバナンスの基礎——　東洋経済新報社
宮田加久子（2005）．きずなをつなぐメディア——ネット時代の社会関係資本——　NTT出版

VII 社会心理学を理解するために

1 研究を理解するための視点

　社会心理学の研究を理解するために必要な事はいろいろあるが，なかでも重要なのが現象を見つめる「視点」である。ここでは，社会心理学研究と関わりの深い「ものの見方」や「考え方」のなかから，基本的で重要なものを取り上げて解説する。

1 構成概念

　物理学で扱われる「長さ」や「重さ」は，この世界の物質的な実体としっかり結びついた量である。こうした量に比べると，社会心理学で問題とされる「自尊心」や「ステレオタイプ」といったものは，実体というよりも，研究を行うために仮定された「概念」であると言わなければならない。こうした概念は，研究者によって構成された概念という意味で，構成概念（construct）と呼ばれる。

　なお，自尊心やステレオタイプといった専門用語を覚えると，それだけで理解が深まったような気持ちになるが，専門用語を用いた議論と現実との対応関係について十分理解するためには，そうした構成概念の定義と測定方法を知っておく必要がある（VII-2-4 を参照）。

2 状況

　少人数の演習が始まって間もない頃は，教員や先輩から「何か意見のある人はいませんか」と聞かれても，参加者全員が押し黙ったまま，教室が重苦しい雰囲気につつまれることが多い。知り合いと1対1でなら少しは言いたいこともあるのだが，演習で複数の人を相手に口火を切るとなると，事情がまったく違ってくる。もちろん，これは大学だけの話ではない。会社の会議，親族の会合，集合住宅の集会など，社会人であっても頻繁に体験する事態である。

　また，これとは逆に，「赤信号，みんなで渡れば怖くない」と言われるように，周りに人がいることで行動を起こしやすくなることもある。あるいは，「旅の恥はかき捨て」と言われるように，周りが見知らぬ人ばかりであるときには，いつもならためらわれることでも，簡単にできてしまう。

　このように，人間は時として人が変わったような行動を取ることがあるが，それは，「人」が変わったためというよりは，その人を取りまく「状況」が変わったためであると考えたほうがよいのではないだろうか。

もちろん人も問題である。性格や人格を扱う心理学は人に焦点を合わせ，個人の心理的特性や行動傾向を問題としてきた。しかし，それがすべてではないし，それで話が終わるわけでもない。

社会心理学では人を取り巻く「状況」に焦点を合わせ，一定の状況に置かれれば多くの人が同じ行動をとるかどうかや，同じ人でも状況が異なれば違う行動を取るかどうかが検証される（Ⅱ-4，Ⅱ-6，Ⅳ-3，Ⅴ-4 などを参照）。

日本ではクラスの問題児を指して「くさったミカン」という言葉が使われることがあるが，問題は「そのミカン」にあるのではなく，「小さな箱にたくさんのミカンが同じように詰め込まれていること」にあるのではないか。

社会心理学においては，必要に応じて「状況」という視点を持てることが重要であると考えられている。

3　マイクロとマクロ

経済学にはミクロ経済学とマクロ経済学というふたつの領域がある。ミクロ経済学は経済現象の最小単位である家計や企業に焦点を合わせる領域であり，マクロ経済学はそうした個々の経済活動の集積である一国の経済現象全体に焦点を合わせる領域である。

現実の経済現象はひとつだが，それを理解する際にどこに焦点を合わせるかによって，微視的（マイクロ）な様相と巨視的（マクロ）な様相が現れ，ふたつの専門領域が成立することになる。◁1

社会心理学にも，個人の心理や行動に焦点を合わせるマイクロな社会心理学と，集団や社会全体に焦点を合わせるマクロな社会心理学がある。また「個々人の行動の反復・集積がどんな社会状況を生み出すか」といった，マイクロ―マクロ関係を考察の対象とする社会心理学もある。

4　「原因」とは何か

いま仮に，ある飛行場の近くで2機の飛行機が空中接触を起こし，多数の死傷者が出てしまったとしよう。いったいなぜ，こんな大惨事が起こってしまったのだろうか。

まず思いつくのは「パイロットの操縦ミス」である。飛行機を操縦しているのがパイロットである以上，多くの人がパイロットに重大な過失があったかどうかを考えるだろう。

しかし，仮にパイロットに過失があったとしても，それで話は終わらない。パイロットは誰もがすぐになれるようなものではなく，適性検査をパスした人たちが，長時間の訓練を経て初めて就ける職業である。したがって，そうしたパイロットが「なぜミスをしたのか」という疑問がわいてくる。

そして，ここで問題になるのが当時の状況である。天候の急変や管制塔から

▷1　日本では「ミクロ経済学」という言葉に代表されるように，micro という言葉が「ミクロ」と発音されることが多いが，英語の発音は「マイクロ」であるため，以下では「マイクロ」という言葉を用いる。

の指示の遅れなど，どんなベテランのパイロットであっても，事故を起こしやすい状況があったのではないか。

そう考えてみると，接触事故の原因は，事故の直前だけに限られるわけではないことにも気づく。事故のだいぶ前から，狭い飛行場では過剰な離着陸が繰り返されており，いつ事故が起こってもおかしくない状況だったのかもしれない。さらに言えば，そうなってしまったのは，近くに国際空港と自衛隊の飛行場があるにもかかわらず新しく空港を作り，超複雑空域を生み出してしまったこと自体にあるとも考えられる。そうだとすると，事故の原因は国土交通省の決定にあるような気もしてくる……。

このように，因果の連鎖を過去に向かってたどっていくと，いろいろな水準の「原因」が見えてくる。ひとくちに原因といっても，物事の原因には，パイロットの操縦ミスのような「今ここでの原因」と，多すぎる離着陸のような「遠く離れた原因」がある。◁2

▷2 事故報道では，前者を近因，後者を遠因と呼ぶことがある。

社会心理学の研究を理解する際にも，そこで議論されている原因がどのような水準の原因なのかを理解しておくことが重要となる。ただし，いろいろな水準の原因があるからといって，「幕府が開国しなければ，国際空港は建設されず，接触事故も起こらなかった」などと考えるべきだと言うのではない。そうした主張には多くの人が説得力を感じないだろうし，そうした主張からは何の再発防止策も生まれてはこないだろう。

社会問題を考える社会心理学では，今から変えることが可能であり，その効果が期待できる要因に注目したモデルの構築が必要とされる。読者には上記の例を参考にしながら，自然災害や環境問題などに関わる人間の行動について，どんな因果モデルを作ることができるか，実際に考えてもらいたい。

⑤ 研究の前提

認知心理学者・佐伯胖は自著のなかで，留学時の指導教授が口にした次のような趣旨の発言を紹介している（佐伯，1986, pp. 36-37）。

今までの心理学は，人間の判断がいかにあてにならないかや，人間の深層にはいかに異常な動機が潜んでいるかを，くりかえし示してきた。しかし，日常を振り返ってみると，私たちは結構うまくやっているではないか。そこで，ともかく，「人間は本来合理的だ」という想定をしてみようではないか。

佐伯はこの言葉に触発されて，「どういう意味で，どういう行動に合理性があらわれているのか」を考え，「合理的でない」という主張を批判するための研究を行うようになっていったという。

こうしたエピソードに表れているように，人間はまったく白紙の状態で現象を眺め，研究するわけではない。必ず何らかの漠然とした規定から出発し，その上で研究を行うのである。佐伯はそうした漠然とした規定のことを**メタ理**

論と呼ぶとともに、その具体例として、規範的合理性、生態学主義、情報処理的アプローチの3つを挙げている。

これらのうち、規範的合理性についてはホモ・エコノミクス（経済人）を連想した人もいるだろう。近代経済学が自己の利益を最大化するように合理的に行動する人間を想定し理論を展開していることは一般に広く知られている。

また、情報処理的アプローチの具体例としては、人間をコンピュータのような情報処理装置として理解しようとする認知心理学の試みを挙げることができる。なお、こうした試みは社会心理学と密接に関わるメタ理論なので、ここでやや詳しく解説しておくことにしたい。

たとえば、デスクトップ型のパソコンを使って文章を書いているときに、突然、停電が起こったとしよう。こまめに文章をハードディスクに保存していれば被害は少ないが、そうでなければ、書きかけの文章はすっかり消えてしまう。なぜ、このようなことになるのだろうか。

パソコンには長期間情報を保存できるハードディスク（補助記憶装置）と、電源が入っている間だけ情報が保存されるRAM（主記憶装置）があり、それらの連携によって、うまく情報を処理できるように作られている。停電によって書きかけの文章が消えてしまったのは、RAM上の情報がハードディスクに保存されていなかったためである。

ここで興味深いのは、こうしたパソコンの構造や機能が、人間の情報処理を考えるためのモデルとして利用できるということである。たとえば「本の内容の記憶」については、次のように考えることができる。

本を読んでいるときには主記憶装置（短期記憶）が主たる思考や理解の場となり、時間が経つとその多くは忘れられる。しかし、本のタイトルや概容は補助記憶装置（長期記憶）に保存されるため、その後も長い間記憶に残る。

このように、認知心理学や社会心理学では、人間の心的過程をコンピュータの構造や機能に例えながら、人間の情報処理に関するさまざまな研究が行われている。

以上の具体例からわかるように、社会心理学の研究を理解する際にも、それがどのような規定を前提とする研究であるのかを理解することが重要となる。というのも、それらは暗黙の前提であることが多く、明示されているとは限らないからである。また、研究がどのような規定に従って行われたのかを理解しておかないと、自分の関心だけを唯一の基準とした「的外れの議論」を展開してしまうことにもなりかねない。

なお、佐伯に習ってメタ理論という言葉を用いるなら、目下、社会心理学には、文化心理学や進化心理学に代表されるような複数のメタ理論が存在していることになるが、それらについては、Ⅶ-4「新しい社会心理学」において解説する。

（山田一成）

▷3 メタ理論
「メタ」とは「上位」という意味であり、「メタ理論」という用語は「理論のあり方を考える理論」という意味で使われている。近年では、科学哲学の厳密な用語としてだけでなく、「パラダイム」「研究哲学」「研究の暗黙の前提」などといった意味で柔軟に使用されることも多い。

▷4 短期記憶や長期記憶は情報処理の場として仮定されたものであり、それらがあくまで「例え」だという点には注意が必要である。パソコンのハードディスクは手で触ることができるし、部品として取り出すことも可能だが、人間の脳にパソコンと同じような長期記憶装置となる部位が存在するとまで主張されているわけではない。長期記憶や短期記憶は、現象を理論的に説明するために、研究者によって仮説的に構成された「概念」なのである。

VII 社会心理学を理解するために

2 実証研究の方法

1 実証研究とは

社会心理学においては実証が重視されている。実証の基礎となるデータは，研究関心が向けられている現場で観察を行った記録やインタビューが用いられる場合もあれば，量的調査や実験によって得られる数量的なデータが利用される場合もある。

本節では，観察法，調査法，実験法の順に，各方法の概略を説明する。ここでは，本書の各章で取り上げられた方法について，知識を補うことが目的である（さらに詳しくは，古畑，1980；石川ら，1998；村田・山田，2000；Searle，1999；末永，1987；高野・岡，2004）。なお，本節では取り上げなかったが，シミュレーションも重要な方法である（広瀬，1997）。

2 観察法

たとえば，組織のなかで役割分担がいかに機能しているか観察する場合，現場に出向いて，目にしたこと気づいたことなどを細かく記録していく。記録はメモによる場合もあれば，ビデオなどの機器を利用する場合もある。現場に出入りすることによって，その組織のあり様や日常の活動について詳しくなり，観察によって知り得た成果を何らかの観点からまとめていくことになる。

観察では，どのような状況において，人がどのような行動をとるかを日常的な現場のなかで経験することができる。また，多くの人の相互作用を含む一連のできごと，たとえば，「職場におけるプロジェクトの実行」について調べる際に，個々の当事者に質問紙調査を実施することではとらえにくい，広がりのある相互作用を見いだしやすい。その一方で，個々人がある状況において状況をどう理解していたか，どういう意図でその行為を行ったかなど，心理的な側面は，インタビューで補わないとつかみにくい点だろう。

観察したビデオ記録やインタビュー，フィールドワークで記録したデータの多くは質的なデータとなる。質的データは，情報量が豊富であるが，まとめる際に散漫にならないように，ある観点から整理を行い，共通の性質を持つことがらをカテゴリー分けしたり，現象に名前を付けたりしていく。まとめていく作業のなかから新たなモデルを構築したり，現実に即した仮説を生成し，その仮説がさらに次の実証研究へとつながっていくということにもなる。

▷1 設定したカテゴリーに属する行動の度数を数えたり，時間を測定したりして数量的なデータとして分析する方法もある。

③ 調査法

　社会心理学における調査法の具体例としては，一般にインタビューやアンケートと呼ばれる方法を想像するとよい。インタビューとは，回答者に直接会って意見を求める面接調査のことである。また，アンケートとは，同一の質問紙を用いて多くの人からいっせいにデータを収集する質問紙調査のことである。

　社会心理学においては質問紙調査が多用されてきたが，多くの人に共通する心理メカニズムが研究対象である場合には，講義の出席者のような，一箇所に集まった多くの人々を対象にした質問紙調査が実施されることがある。たとえば，さまざまな人生目標についての重要度と，達成できたときの嬉しさを評価したとする。嬉しさを感じる人のパーセンテージには意味がないかもしれないが，重要度と嬉しさの関係を検討するならば，ある程度の数の調査データを収集することで意味のある議論を行うことができる。[2]

　これに対し，世論調査のような標本調査の場合には，まず対象者を明確にし，誰についての情報を得，誰についての推論を行うか，その調査の対象者（母集団）を決めておく必要がある。特定の年齢層だけを対象にしたいのであれば，その年齢層全員が母集団となるし，日本人の態度などを測定したいのであれば，母集団は日本人全体となる。

　次に，そうした母集団からサンプル（標本）を抽出する。抽出は，サンプルが母集団の正確な縮図となるよう，統計的なくじびきによって行われる。こうしたサンプリングにより，母集団全員を調査することが困難な場合にも，データに基づいた推論が可能になる。ただし，統計的なくじびきに基づかないサンプルや，偏ったサンプルを用いると，母集団の状態を正しく推測することができない点には注意が必要である。

④ 尺度構成

　質問紙調査を行う際に，ある変数を構成するために尺度が構成されることがある。態度を測定する尺度や，攻撃性，共感性，抑うつ，不安，社会志向性などさまざまな性質や傾向性を測定することが試みられる。

　たとえば，熟慮性を測定する場合，図Ⅶ-2-1のような質問項目に対して，自分がどれくらいあてはまるかを回答してもらう。図では，回答が5段階の「5点尺度」が示されているが，この他にも，7点尺度や，まん中の「どちらともいえない」を抜いた6点尺度などがある。[3]

　何らかの傾向性を測定するには，1項目だけからなる尺度よりも，複数の項目を用意して合計値をとる方がよい。たとえば，図Ⅶ-2-1に示した10項目について，点数が高い方が熟慮傾向が高いように揃えた上で合計値を算出する。

▷2　ただし，サンプルの偏りのために，取り扱う変数の値の幅が広がったり狭まったりするならば，関係の推定値の大きさも影響を受けることになる点には注意が必要である。

▷3　原版は4点尺度を用いている。このようなタイプの尺度をリッカート尺度と言うが，この他にも，評定尺度の構成にはさまざまな方法がある。

1．全ての選択肢をよく検討しないと気がすまないほうだ。	1－2－3－4－5	1：全くあてはまらない
2．計画を立てるよりも早く実行したいほうだ。	1－2－3－4－5	2：あまりあてはまらない
3．何でもよく考えてみないと気がすまないほうだ。	1－2－3－4－5	3：どちらともいえない
4．何かを決めるとき，時間をかけて慎重に考えるほうだ。	1－2－3－4－5	4：わりあいあてはまる
5．何事も時間をじっくりかけて考えたいほうだ。	1－2－3－4－5	5：ひじょうにあてはまる
6．用心深いほうだ。	1－2－3－4－5	
7．実行する前に考えなおしてみることが多いほうだ。	1－2－3－4－5	
8．買物は，前もっていろいろ調べてからするほうだ。	1－2－3－4－5	
9．深く物事を考えるほうだ。	1－2－3－4－5	
10．よく考えずに行動してしまうことが多いほうだ。	1－2－3－4－5	

図Ⅶ-2-1　評定尺度の例：認知的熟慮性—衝動性尺度

出所：滝聞・坂元（1991）

　それによって各項目特有の偏りの問題は薄まり，偶然の誤りの効果も薄まったり，相殺されたりするので，全体として合計値の信頼性が高まる。

　また，尺度を作る際には，正しく現象を測定できているか，現象との対応性について妥当性を吟味することが重要である。Ⅶ-1で挙げた構成概念について，尺度化や数量化する際に，きちんと対応した測定ができそうなのか，その構成概念に照らした妥当性を見極めなければならないのである。

　さらに，測定自体が信頼できるものであるかを確認するために，ふたつの信頼性を検討することが多い。ひとつは，項目の整合性や内部一貫性を検討する信頼性であり，◁4　もうひとつは，再び同じ調査を行っても同じ回答が得られることを確認する再テスト信頼性であり，これは測定の安定性を示すものである。

　新たな尺度を開発，構成する際には，このような信頼性と妥当性の検証を公に提示する手続きがとられる。変数間の関係などを検討する前提として，それらの変数が想定する性質を反映するようにきちんと測定する努力が払われているか確認しなければならない。

5　相関と因果

　ふたつのことがらの関係について考えてみよう。たとえば，態度が似ている者に対して好意を抱くかどうかを質問紙調査によって検討する。ふたりの態度尺度の結果を照らし合わせて，何個の回答が一致しているかその類似度を算出する。そして，相手を好ましいと感じている好意の程度との間に関係が見られたとする。すなわち，類似度が高いほど，相手に好意を感じていて，類似度が低いほど，好意を感じていないことが示されたとする。このように，一方の変数が高いほど，もう一方の変数も高いという関係が見られるとき，正の相関が◁5　あるとされ，そのデータは，図Ⅶ-2-2のような散布図となる。

　相関関係を調べることは，分析のひとつの基本であるが，このような相関関係が見いだされても，2変数の間の因果関係が特定されるとは限らない。つまり，態度が似ていることが好意を高めたかどうかは不明である。普段よく付き

▷4　個々の項目が揃って同じ性質を測定しているか，項目どうしの一貫性を検討する。その指標としてアルファ係数を算出することが多い。また，個々の項目の適切さの分析として種々の項目分析の手法がある。

▷5　相関関係には，一方の性質・反応が強いともう一方の性質・反応も強いと言う正の相関と，一方が強いと一方が弱いと言う負の相関がある。互いに影響がなければ相関関係はゼロになり，これを無相関と言う。

図Ⅶ-2-2　正の相関を示す散布図

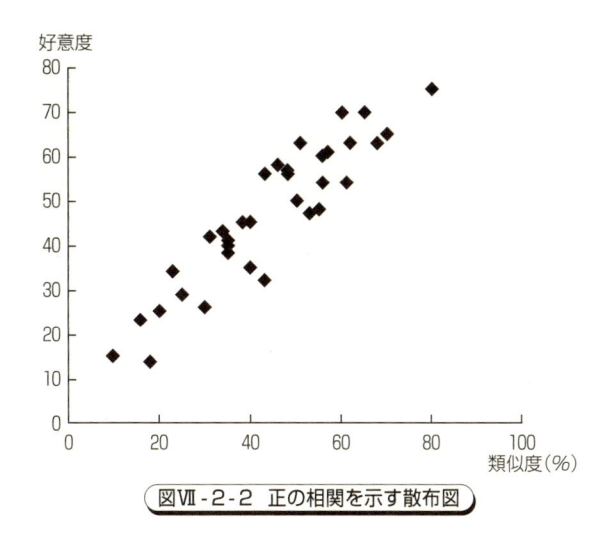

合っている者どうしでは，相互交渉の多さによって互いに趣味や態度が類似していく傾向があり，その結果，好意を持つ友人どうしでは，態度が類似しているという結果が得られるのかもしれない。どちらが原因となり結果となっているかは，一時点の関係を調査しただけではわかりにくい。

原因となる事象は結果の生起よりも時間的に先行する。そこで，まだ付き合いのない新入生の時点で質問紙調査を行い，態度を測定する。その後に，友人関係を調べることによって，態度の類似性が，友人関係形成の原因として働いているかどうか検証することが可能になる（Newcomb, 1961）。

しかし，日常のなかでは，2時点の間にさまざまな別の要因が混入している可能性も高い。原因，結果について検討するには，実験法が優れている。

6　実験法

たとえば，「人から見られることが作業にどう影響するか」という問題について実験を行うとする。実験室で積み木を定められた通りに積んでいく作業を制限時間30秒で行うことにする。その際，実習中の上級生などの他人が作業を見ている条件と，誰も見ていない条件の2つの条件を設定して，30秒間で積むことができる積み木の数を比べる。このように，実験法では，効果を確めたい事象（他人が見ている）が具体的に存在する状況を設定して，そのときの実験参加者の反応を調べる。各条件，20人ずつ実験を行い，積み木の数の平均値を比較する。実験では，因果関係を調べるために，Aという事象（この場合，他人が見ていること）が，B（この場合，30秒で積まれる積み木の数）に及ぼす効果を検討する。このとき，Aを独立変数，Bを従属変数と呼ぶ。独立変数は実験上の設定として実験者が用意をする（これを「操作」と呼ぶ）。従属変数は多くの場合，数量的に測定される。

他人に見られている状況だけを実験しても，積み木の作業の効率を評価でき

ないので，人が見ていない条件という「統制群」を設定して比較するのである。

実験では，独立変数として操作する要因以外は統制される。理想的には，部屋の暑さ寒さや明るさ，作業の時間帯，実験参加者への説明などを同一のものにする。これが「条件の統制」である。すると，従属変数に差が見られた場合，他の原因によるのではないことが明確なので，「人が見ていた」という実験条件が原因として結果に影響を与えたと推論することができる。

しかし，人が見ている実験群と，統制群とでは，参加者が異なる別の人たちである。したがって，条件を完全に同一にはできない個人差が影響を及ぼすかもしれない。そこで，実験を行う際には，どの参加者がどの条件に入るか，くじのようなランダム（無作為）の割り当てになるようにする。これによって，特定の性質の人がある条件に偏る可能性を減じて，「実験群では不器用な人が多かったので，積まれた積み木が少なかったのだ」という説明を斥ける。

実験において重要なのは，あらかじめ仮説を設けることであり，「他人が見ている方が緊張して積み木を積む効率が下がるだろう」というように設定した仮説が実験によって支持されたかどうかが明確になるように計画するのである。

なお，質問紙調査のように見える実験もある。実験参加者に複数の種類の冊子を配布する方法で，たとえばひとつには，学費を値上げするという，説得力のあるタイプの説得的メッセージが記されていて，もう1種類の冊子では，説得力に欠けるメッセージが記されている。メッセージの種類が，説得の受け手である実験参加者の賛否にどのように影響するかを調べるのである。他にも，対人魅力に関する実験では，人物のプロフィールとともに，添付されている写真が異なっているものを数種類用意することによって，身体的魅力の影響などを検討することができる。このように幾種類かの刺激を設定するタイプの実験では，冊子を元にして集団で実施することができる。

実験の実施は，実験室内で行う以外に，授業などの集団状況で冊子を配布する仕方や，あるいは，フィールドにおいて実験を行う場合もある。

⑦ カバーストーリーとデブリーフィング

印象に関する実験において，実験者が作成した「人物のプロフィール」を見せるとき，「これは実験を行うために，実験者が作り上げた刺激です」と実験参加者にありのままを告げたとしたらどうだろうか。実際の人物でないとしたら，与えられたものをまじめに読んで，どのような人物か具体的に想像しようという気持ちが起こらないかもしれない。その人物について評定するにしても架空の人物に過ぎなければ，記述になかった側面については回答がしにくいだろう。そこで，実験参加者にプロフィールを示す際に，「他大学の学生について，友人が記述したプロフィールをまとめたもの」と説明して提示することがある。このような説明をカバーストーリーと呼ぶ。カバーストーリーとは，実

験参加者に実験の意図が何であるかを悟られないように語られる説明のことである。あらかじめ実験の目的が知られていると，ある状況に置かれた人の自然な行動を観察することが困難になる場合があるので，あえてカバーストーリーを用いるのである。また，実験によっては，実験計画に従って実験者の指示通りの行動をあえて行う「実験協力者（サクラ）」が役割を演じる場合もある。実験協力者は，条件の統制のため，実験参加者の相互作用の相手方に決まった一定の行動をとらせる必要がある場合などに活用される。

　このような場合，一種の欺き（ディセプション）になるので，実験の手順が終了した際には，本当の目的を説明するとともに，どのような「偽り・欺き」が実験のなかに含まれていたのかを正直に告げて，実験参加者に謝罪を行う。さらに，研究の目的に鑑みて，なぜそのような偽りが必要であったかを説明し，研究の意義とともにその必要性について納得してもらえるように，丁寧に説明を行う。この手続きをデブリーフィングと呼ぶ。社会心理学の実験では，このデブリーフィングの手続きはきわめて重要なものである。

　さらに，近年では，場合によって実験参加者は不愉快を経験することになるので，あらかじめ実験において不愉快が生じる怖れがあることなどを実験参加者に予告し，実験に参加することについて明確に承認を得ておくというインフォームドコンセントの手続きをとるなど，実験参加者の人権への配慮や個人の自由選択の権利を重んじるように，倫理的配慮がしだいになされるようになってきている。

8　分析結果を読む

　数量的データを処理する際，統計的検定という技法がよく用いられる。条件間に差が見られるか，要因の効果があるか，相関関係が見いだされるかなどについて，確率的な推論を行う。推論は誤る可能性をはらんでいるので，その可能性である「危険率」が5％未満の際に，意味のある効果を見いだすことができたとして，「有意な効果」「有意差」などが見られたと表現する。ただし，小さな危険率の下で差が見られた場合でも，差そのものが小さいときがある。検定とは別に，差や効果量が，どのくらい実質的，現実的な意味を持つのか注意して考察を行わねばならない。まず，データを見る基本として，散布図を見たり，注意深くクロス集計を観察したりするところから出発する必要がある（南風原，2002；山田・村井，2004を参照）。

（北村英哉）

VII 社会心理学を理解するために

3 社会心理学の広がり

1 社会心理学はどのような領域か

　社会心理学の最も初期の教科書としては，イギリスの心理学者マクドゥーガル（McDougall, W.）の『社会心理学入門』と，アメリカの社会学者ロス（Ross, E. A.）の『社会心理学』が有名である。また，偶然ではあるが，これらの教科書はいずれも1908年に出版されている。

　こうした事実に象徴されるように，社会心理学はその誕生から現在まで，心理学と社会学という互いに異なるふたつの学問領域の大きな影響のもと，**学際的**な性格を持つ領域として自らを形成してきたと考えられている。また，そのため，これまで社会心理学には「心理学的社会心理学」と「社会学的社会心理学」のふたつがあると説明されることも多かった。

　近年出版された社会心理学の教科書を調べてみると，社会心理学を「社会的存在としての人間を研究する学問領域」と説明していることも少なくないが，そのような広義の定義づけが試みられるのも，社会心理学が学際的な性格を持つ学問領域であるためだと考えられる。

　また，社会心理学はすでに100年以上にも及ぶ歴史を持つが，常に同時代の社会的要請に応えるべく，そのあり方を模索し，新しい領域として自らを構成・再構成してきている。そうした変遷もまた，この領域の広がりを生んだ原因のひとつであると考えられる。◁2

　そのような意味では，社会心理学と呼ばれる学問領域の歴史を振り返ることや，社会心理学という学問領域の体系化を試みることと並行して，現在「社会心理学」と呼ばれている領域において，どのような研究がなされ，どのような成果が上がっているのかを，個々の研究を通して具体的に理解することが重要となる。

　ただし，個々の研究の内容と含意を十分に理解するためには，社会心理学の広がりを見渡す「視点」を持っておくことが必要となる。以下では，そうした概観のために必要な視点と，そうした視点から見た社会心理学の広がりについて解説する。

2 社会心理学におけるマイクロとマクロ

　VII-1「研究を理解するための視点」で述べたように，社会心理学には，個

▷1　**学際的**
学問の世界は法学，医学，文学など，互いに異なる複数の専門分野に分かれている。また，それぞれの専門分野では，対象を限定し，体系立った考え方に従って研究が行われている。しかし，時として，互いに異なる複数の学問分野の研究者たちが共同で研究に当たることもあり，そうした研究活動を学際的研究と呼ぶ。

▷2　一例を挙げるなら，大衆社会では，マスコミュニケーションや集合現象を理解するために社会心理学が必要とされ，近年のネットワーク社会では，ネットワークとネットワーキングの社会心理学が必要とされている。

表Ⅶ-3-1 『社会心理学ハンドブック（第4版）』の目次

第1巻
- パートⅠ　歴史的パースペクティブ
  - 1章　社会心理学50年の主要な発展
  - 2章　社会心理学における社会的存在
- パートⅡ　方法論的パースペクティブ
  - 3章　社会心理学における実験
  - 4章　調査法
  - 5章　測定
  - 6章　社会心理学におけるデータ分析
- パートⅢ　個人内現象
  - 7章　態度の構造と機能
  - 8章　態度変化：説得変数の多元的な役割
  - 9章　心的表象と記憶
  - 10章　社会生活における統制と自動性
  - 11章　行動意思決定と判断
  - 12章　モチベーション
  - 13章　感情
- パートⅣ　個人現象
  - 14章　パーソナリティと社会的行動の理解：機能主義の戦略
  - 15章　自己
  - 16章　児童期と成人期の社会的発達
  - 17章　ジェンダー

第2巻
- パートⅤ　個人間現象
  - 18章　非言語コミュニケーション
  - 19章　言語と社会的行動
  - 20章　日常的パーソノロジー
  - 21章　社会的影響：社会規範，同調，応諾
  - 22章　魅力と親密な関係
  - 23章　利他主義と向社会的行動
  - 24章　攻撃と反社会的行動
  - 25章　ステレオタイピング，偏見，差別
- パートⅥ　集合現象
  - 26章　小集団
  - 27章　社会紛争
  - 28章　社会的スティグマ
  - 29章　集団間関係
  - 30章　社会的公正と社会運動
- パートⅦ　学際的パースペクティブ
  - 31章　健康行動
  - 32章　心理学と法
  - 33章　組織を理解する：概念と論争
  - 34章　政治領域における意見と行為
  - 35章　社会心理学と世界政治
- パートⅧ　新しいパースペクティブ
  - 36章　社会心理学の文化マトリクス
  - 37章　進化社会心理学

注：Gilbert, Fiske, & Lindzey (1998) より作成。

　人に焦点を合わせる微視的な（マイクロな）領域と，集団や社会現象に焦点を合わせる巨視的な（マクロな）領域があるが，それらはより具体的に，①個人心理，②対人行動，③集団行動，④集合行動という4つの水準に分けられることが多い。以下，順番に説明しよう。

　①個人心理：私たちは自分自身をどんな人間だと思っているだろうか。また，私たちは身の回りの環境をどのようにとらえているだろうか。個人心理という領域では，こうした個人内の心理過程が取り上げられ，マイクロな問いが研究テーマとなる。

　②対人行動：私たちの日常生活は，家族・友人・知人とのコミュニケーションによって成り立っている。また，そうした人々との関わりのなかで，人を好きになったり，仲間を助けたり，他者を説得したりする。こうした対人間の過程を問題として取り上げるのが対人行動という領域である。

　③集団行動：みんなで議論する際に生まれる特殊な雰囲気や，リーダーとして心得るべきことなど，社会生活においては個人と集団の関係も問題となるが，そうした問題をあつかうのが集団行動という領域である。なお，こうした領域は「グループ・ダイナミクス」とも呼ばれる。

　④集合行動：コンサート会場の熱狂や競技場における観客の暴徒化。新しいファッションの流行や怪しいうわさの広がり。こうした例に代表されるように，

表Ⅶ-3-2 『応用心理学講座』各巻タイトル

1. 組織の行動科学（三隅二不二・山田雄一・南隆男編，1988年）
2. 事故予防の行動科学（三隅二不二・丸山康則・正田亘編，1988年）
3. 自然災害の行動科学（安倍北夫・三隅二不二・岡部慶三編，1988年）
4. 記号と情報の行動科学（木下冨雄，吉田民人編，1994年）
5. 法の行動科学（木下冨雄・棚瀬孝雄編，1991年）
6. 空間移動の心理学（長山泰久・矢守一彦編，1992年）
7. 知覚工学（大山正・秋田宗平編，1989年）
8. スポーツの心理学（末利博・鷹野健次・柏原健三編，1988年）
9. 教授・学習の行動科学（滝沢武久・東洋編，1991年）
10. 現代の心理臨床（本明寛・大村政男編，1989年）
11. ヒューマン・エソロジー（糸魚川直祐・日高敏隆編，1989年）
12. 生命科学と心理学（糸魚川直祐・北原隆編，1989年）
13. 医療・健康心理学（中川米造・宗像恒次編，1989年）

注：各巻とも三隅二不二・木下冨雄・秋田宗平・滝沢武久・長山泰久・糸魚川直祐（編集）。福村出版より刊行。

私たちの社会においては，時として，多くの見知らぬ人同士の関わり合いのなかから特殊な現象が生じることがある。集合行動という領域では，こうしたマクロな現象が取り上げられる。

なお，表Ⅶ-3-1は最も体系的・網羅的に社会心理学を概観・詳説した書籍として評価の高い『社会心理学ハンドブック（第4版）』の目次であるが，これを見ても，社会心理学にマイクロからマクロまで複数の水準が設定されていることがわかる。

また，こうした水準の設定は，1977年から1978年にかけて出版された『講座社会心理学』（第1巻・水原泰介編，第2巻・末永俊郎編，第3巻・池内一編，東京大学出版会）や，1989年から1990年にかけて出版された『社会心理学パースペクティブ』（全3巻，大坊郁夫・安藤清志・池田謙一編著，誠信書房）にも共通するものである。

もちろん，こうした水準は相互に独立に存在するわけではない。マイクロからマクロへ，あるいは，マクロからマイクロへという異なる水準間の関係もまた，社会心理学研究の重要な研究テーマとなっている。

❸ 社会心理学のさまざまな対象領域

社会心理学を概観する上では，現象を見つめる視点の水準が複数存在することに加え，研究の対象となる問題領域が多岐にわたっていることも理解しておかなければならない。

このことは，表Ⅶ-3-1の『社会心理学ハンドブック（第4版）』のパートⅦが公衆衛生，法学，経営学，政治学などの各領域と密接に関係していることにも表れているが，対象領域の広がりは，それだけにとどまらない。

表Ⅶ-3-2は，多くの社会心理学的な研究が含まれている『応用心理学講座』の各巻タイトルである。また，表Ⅶ-3-3は近年刊行された『シリーズ21

表Ⅶ-3-3 『シリーズ21世紀の社会心理学』各巻タイトル

1. 対人行動の社会心理学——人と人との間のこころと行動——（編集：土田昭司，2001年）
2. 組織行動の社会心理学——組織の中を生きる人間のこころと行動——（編集：田尾雅夫，2001年）
3. 文化行動の社会心理学——文化を生きる人間のこころと行動——（編集：金児曉嗣・結城雅樹，2005年）
4. 援助とサポートの社会心理学——助けあう人間のこころと行動——（編集：西川正之，2000年）
5. 情報行動の社会心理学——送受する人間のこころと行動——（編集：川上善郎，2001年）
6. 政治行動の社会心理学——社会に参加する人間のこころと行動——（編集：池田謙一，2001年）
7. 消費行動の社会心理学——消費する人間のこころと行動——（編集：竹村和久，2001年）
8. 被服行動の社会心理学——装う人間のこころと行動——（編集：神山進，1999年）
9. 化粧行動の社会心理学——化粧する人間のこころと行動——（編集：大坊郁夫，2001年）
10. 交通行動の社会心理学——運転する人間のこころと行動——（編集：蓮花一己，2000年）

注：各巻とも高木修（監修）。北大路書房より刊行。

表Ⅶ-3-4 『ニューセンチュリー社会心理学』の各巻タイトル

1. 自我・自己の社会心理学（船津衛・安藤清志編著，2002年）
2. 集合行動の社会心理学（田中淳・土屋淳二著，2003年）
3. 認知の社会心理学（大島尚・北村英哉編著，2004年）
4. 道徳意識の社会心理学（片瀬一男・高橋征仁・菅原真枝著，2002年）
5. 相互行為の社会心理学（伊藤勇・徳川直人編著，2002年）
6. エイジングの社会心理学（辻正二・船津衛編著，2003年）

注：各巻とも北樹出版より刊行。

世紀の社会心理学』の各巻タイトルである。こうした表に一通り目を通すだけでも，社会心理学の関連領域が非常に多岐にわたっていることが理解できるはずである。

なお，表Ⅶ-3-4は『ニューセンチュリー社会心理学』の各巻タイトルであるが，心理学的な内容に加え，相互行為や集合行動などの社会学的な内容や，エイジングという社会老年学的なテーマが取り上げられている点が大きな特色となっている。

もちろん，こうした関連領域の広がりは，既存の学問分野との関係においてのみ表れているわけではない。国際化，新しい情報通信機器の普及，少子高齢化，社会的格差の広がりなど，現実の社会全体の動向とも密接に関わるものである。

ここでは，これ以上そうした関連領域を網羅的に紹介することは差し控えるが，こうした関連領域の広がりは，社会心理学が具体的な社会問題との関わりにおいて自らを形成してきた結果であることは，あらためて強調しておかねばならないだろう。

なお，社会心理学という学問領域の歴史を，わかりやすく解説したものとしては，末永（1998）が挙げられる。初学者だけでなく，社会心理学に関心を持つ多くの人々に読んでもらいたい文献である。

（山田一成）

VII 社会心理学を理解するために

4 新しい社会心理学

　社会心理学の歴史を振り返ると，その研究関心やメタ理論に大きな変遷があることがわかる（末永, 1998）。過去50年に限ってみても，研究の中心的関心が，行動の準備状態である「態度」から，人間を情報処理装置に見立てる「認知」へと大きくシフトしてきた。そして現在，新たな動きとして，文化心理学と進化心理学が多くの研究者の関心を集めている。以下では，このふたつの分野の発展が社会心理学にどのような影響を及ぼしているのかを概観し，これからの社会心理学を展望しておくことにしたい。

1 文化心理学

　異なる社会には異なる文化——たとえば言語，慣習，社会規範——がある。これまで，社会科学のさまざまな領域で，そうした指摘がされてきた。身近な例を挙げれば，日本の会社では，同僚が残業しているときは先に退社しにくいが，アメリカでは自分の仕事が終わればすぐに家路につく。また，アメリカでは見知らぬ人同士がすぐに友達になるが，日本ではお互いによく知った者同士が長期的な友人関係を結ぶことの方が多い。文化心理学は，こうした文化の違いが，人々の心理過程にどのような違いを生み出すのかを研究する分野である。

　文化心理学の特徴は，「心の普遍性」の前提を完全には受け入れない点である。心の普遍性とは，人間であるからには，世界のどこに生まれ育っても，基本的な心の働きは変わらない，という仮定である。従来の社会心理学の理論は，この考えを前提としていた。だが文化心理学は，異なる社会の異なる文化の下で生まれ育った人々の心の動きは必然的に異なってくるはずだと考える。◁1

○文化的自己観

　こうした立場に基づいた研究はすでに19世紀から見られていたが，社会心理学に対して最大のインパクトを与えたのは，マーカスと北山による「文化的自己観」の研究である（Markus & Kitayama, 1991）。彼らは，それまでアメリカの社会心理学研究で幾度となく観察され，もはや普遍的と見なされてきたさまざまな現象が，他の社会，特に日本を含む東アジアで行われた研究では見られなかったり，またときには逆の現象すら見られたりすることに着目した。そして，なぜそうした差異が生まれるのかを，「文化的自己観」の違いから説明することを試みた。

　文化的自己観とは，それぞれの社会で共有されている「人の主体」，つまり

▷1　この主張は，あくまでも程度問題である。文化心理学が人間の心理に普遍的な部分が存在しないと主張しているわけではないことに注意されたい。

人間とはいったいどんな存在なのかについての信念である。北米社会には，徹底した議論の重視や集団間の移動のしやすさなど，人とは元来互いに独立の存在であるという「相互独立的自己観」がある。よって，そのなかで暮らす人々は，こうした文化的前提を満たす心の働き（たとえば他者の行動の原因を過度に内的属性に帰属する Ⅰ-3「対応バイアス」）を獲得する。一方，日本，中国，韓国などの東アジア社会には，人間は相互に依存し協調関係を結ぶものであるという「相互協調的自己観」がある。そのため，むしろ内的属性よりも他者との関係や状況要因に着目して原因帰属する傾向などが見られるようになる。

○思考スタイル

ニスベットは，マーカスと北山が着目した対人関係の違いの影響が，注意配分や認知判断などといった，さらに基本的な心の働きにまで及ぶ可能性を指摘した。彼によると，伝統的に対人関係が相互独立的な西洋社会に住む人々は，物事を考えたり観察したりするとき，その事物自体の特徴に着目する傾向，つまり「分析的思考」をする傾向がある。一方，相互協調的な東アジア社会の人々は，物事がその周囲の物事や状況とどのように関わっているかに注目する「包括的思考」をするという（Nisbett, 2003）。たとえば，「パンダ」と「サル」と「バナナ」のうち，どのふたつがより近いか，と尋ねられたアメリカ人大学生は，どちらも「動物」という固有の属性を持つパンダとサルが近いと答えた。一方，中国と台湾人の大学生は，互いに関係性の強いサルとバナナが近いと判断した（Ji, et al., 2004）。

○文化心理学の展開

しかし文化心理学に対しては批判もある。たとえば，実証データの蓄積が十分ではなく，さまざまな仮説の妥当性についての結論を下すには拙速であるとの指摘がある（たとえば，高野・纓坂, 1997）。また，文化心理学理論の説明原理に疑問を呈す研究者もある。たとえば山岸は，これらの理論はどのような文化差が存在するのかという事実を「記述」してはいるものの，文化差がそもそもなぜ生じているのかという原因を「説明」していないと批判している。後述のように，彼はその代替案として，「適応」という概念を用いて文化差の原因を理論化することが可能だとしている（山岸, 1998）。そして，この「適応」の概念こそ，次に紹介する進化心理学と密接に関連するものである。

2 進化心理学

進化とは，集団中の遺伝子の頻度が時間とともに変化することを指す。自然環境や社会環境（他者との競争や協力，また配偶者の獲得等を含む関係性）のなかでより適応した身体や適応的な行動を生み出す遺伝子を持った個体は，子どもをたくさん産むことを通じて，子孫（同じ遺伝子を共有する，いわば遺伝子のコピー）を増やしていくことができる。一方，環境に適応的でない特徴を持つ個体は，

子どもを少ししか産むことができないため、遺伝子のコピーを増やしていくことができない。この「自然淘汰」の結果、より環境に適応的な遺伝子を持つ個体が集団内に増えていく。

　こうした考え方に基づいて人間の心の説明を試みたのが、進化心理学である。ここでは、現在の人間が持つ心の働きもまた、適応的な性質を持つがゆえに、自然淘汰のなかで生き残り、結果的に現在まで受け継がれてきたものだと考える。▷2 この立場からすれば、これまで社会心理学が扱ってきた「社会状況における人間の心理や行動」もまた、資源の獲得をめぐる他者との競争や協力関係の形成を通じて私たちの先祖たちが獲得してきた、適応的なメカニズムだということになる。

◯近接因と究極因

　進化心理学の発想を理解するためには、近接因と究極因の区別を理解しておく必要がある。従来の人間科学・社会科学は、主に近接因に着目してきた。これは、研究対象となる心理や行動を生み出す直近の状況要因や心理現象を指す。一方、進化心理学が解明を目指す究極因とは、そもそもなぜ特定の心理・行動現象が存在しているのか、それはより多くの遺伝子を残していく上でいったいどのように役立ってきたのか、という究極的な原因のことである。▷3

◯協力と裏切り

　では、こうしたアプローチからは、従来からの社会心理学の問いに対してどのような回答が可能になるのだろうか。ここでは、「協力と裏切り」を扱った、進化心理学者コスミデスの研究を紹介しよう（Cosmides, 1989）。

　人間は、集団を作り、そこで他者と協力することなしには生存することができないひ弱な存在である。しかし、集団生活は簡単ではない。そこには必ず、他者からの協力に甘えて自分だけは協力しないという「ただ乗り」の誘惑があるからだ。しかし、それを無条件で許していると、結局は誰もが協力を渋るようになり、誰にとっても望ましくない状況が生まれてしまう。▷4 そのひとつの解決策は、非協力的な人をできるだけ早く見つけ出し、罰を与えて強制的に協力させたり、さもなければ排除したりすることである。コスミデスは、人間の脳には、こうした問題を解決するための生得的メカニズムとして、集団内の裏切り者を探し出すための「裏切り者探知機」が組み込まれていると主張した。

　この仮説を検証するために、コスミデスは**4枚カード問題**を用いた実験を行った。▷5 4枚カード問題では、確証バイアス（I-7）のせいで、多くの人が正解できない。しかし、この問題を、「ルール違反者を探せ」という文脈に直して出題すると、突然正解率が上がるようになる。この結果は、私たちの心のなかに敏感な「裏切り者探知機」があるというコスミデスの主張と一致する。▷6

◯進化心理学への批判と意義

　進化心理学の特徴は「生物としての人間」という視点を提出している点であ

▷2　進化心理学の基礎についての優れたテキストに、長谷川・長谷川（2000）がある。

▷3　たとえば、ある人が怒っている場面を見て、「なぜ怒っているのか」という原因を考えるとする。近接因的説明では、「誰かに騙されて自尊心が傷つけられたから」とか「騙されたので、怒りを生み出す特定の脳内部位が働いたから」などが答えとなる。一方、究極因的説明では、「古代環境においては、誰かに騙されたときに、怒って相手に報復したり、それを暗示する行動（怒り表情の表出など）をしたりすることが、相手から再び騙されることを防ぐ機能を持っていたから（よって人間は生得的に、騙されたときに怒るものなのだ）」ということになる。

▷4　IV-6 参照。

▷5　4枚カード問題
「PならばQ」という論理命題の真偽を確かめるためには、並べられた4枚のカードのどれを裏返したらよいかを問う問題。ウェイソンの選択課題とも呼ばれる（詳しくは長谷川・長谷川、2000を参照）。

▷6　ただし、この結果の解釈の妥当性をめぐっては、現在も議論が続いている（たとえば長谷川・平石、2000）。

る。人間が動物と連続性のある存在であり，心は恣意的に作られているのではない，という主張は，これまでの心理学にはなかったものである。しかし，この立場を批判する声もある。たとえば，伝統的な人間・社会科学の立場に立つ研究者たちは，進化心理学の前提そのもの，つまり合理的な「適応」によって人間行動が規定されているという考え方自体に反対している。人間の心は，人が生まれた後に，社会や文化の影響を受けて形成されるものだというのである。

だが，進化心理学が文化の影響を否定しているわけではないことには注意すべきである。むしろ人間は進化の結果，文化を受け入れ，変革し，そして伝達するための能力（たとえば言語）を獲得してきた。さらに近年は，さまざまな文化差を説明する際にも，「適応」の概念を導入することが有効であるとの主張がある（たとえば山岸, 1998）。それぞれの社会には独特の社会構造と相互作用のパターンがあり，人は，そのなかで適応的に（自己利益を最大化するように）生きていくための行動パターンと心理過程を，試行錯誤や学習を通じて身につけていくのである。

3 これからの社会心理学：理論的統合と応用

進化心理学の登場は，社会心理学が問題にしてきた現象が，従来よりもはるかに広く深い，統一的なものの見方・考え方のなかで説明されるという可能性を提起した。現在，進化心理学がもたらした「適応」概念を共通の軸として，心理学と生物学のみならず，経済学，人類学，政治学，倫理学など，社会と人間の関係を扱うさまざまな分野間の理論的な統合の試みが進んでいる（亀田・村田, 2000）。本書で扱った「援助行動」（Ⅲ-5）や「囚人のジレンマ」（Ⅳ-5）や「社会的ジレンマ」（Ⅳ-6）なども，もはや生物学や経済学の主要なトピックのひとつとなっている。

また，その他の領域との接合や統合の試みも進行中である。例えば，集合行動に関する研究がネットワーク理論と密接に関連していることはすでにⅥ章で紹介したとおりである。

なお，こうした理論的動向とともに，社会心理学のもうひとつの特徴であった「問題解決志向」に着目して，新しい社会心理学のかたちを模索する動きも始まっている（竹村, 2004）。

（結城雅樹）

引用文献

[I-1]

Brewer, M. B. (1988). A dual process model of impression formation. In T. K. Srull & R. S. Wyer Jr. (Eds.), *Advances in social cognition*. Vol. 1. Hillsdale, NJ: Lawrence Erlbaum Associates. pp. 1-36.

Fiske, S. T., & Neuberg, S. L. (1990). A continuum of impression formation, from category-based to individuating processes: Influences of information and motivation on attention and interpretation. In M. P. Zanna (Ed.), *Advances in experimental social psychology*. Vol. 23. New York: Academic Press. pp. 1-74.

Macrae, C. N., Milne, A. B., & Bodenhausen, G. V. (1994). Stereotypes as energy-saving devices: A peak inside the cognitive toolbox. *Journal of Personality and Social Psychology*, **66**, 37-47.

Neuberg, S. L., & Fiske, S. T. (1987). Motivational influences on impression formation: Outcome dependency, accuracy-driven attention, and individuating processes. *Journal of Personality and Social Psychology*, **53**, 431-444.

山本眞理子 (1998). 対人情報処理過程──印象形成過程における社会的認知── 山本眞理子・外山みどり (編) 社会的認知 誠信書房 pp. 103-128.

[I-2]

Aarts, H., Gollwitzer, P.M., & Hassin, R. R. (2004). Goal contagion: Perceiving is for pursuing. *Journal of Personality and Social Psychology*, **87**, 23-37.

Bargh, J. A., Gollwitzer, P.M., Lee-Chai, A., Barndollar, K., & Trotschel, R. (2001). The automated will: Nonconscious activation and pursuit of behavior goals. *Journal of Personality and Social Psychology*, **81**, 1014-1027.

Bargh, J.A., & Pietromonaco, P. (1982). Automatic information processing and social perception: The influence of trait information presented outside of conscious awareness of impression formation. *Journal of Personality and Social Psychology*, **43**, 437-449.

Chaiken, S. & Trope, Y. eds. (1999). *Dual-process theories in social psychology*. New York: Guilford Press.

Conrey, F. R., Sherman, J. W., Gawronski, B., Hugenberg, K., & Groom, C. J. (2005). Separating Multiple Processes in Implicit Social Cognition: The Quad Model of Implicit Task Performance. *Journal of Personality and Social Psychology*, **89**, 469-487.

Gilbert, D. T., & Hixon, J. G. (1991). The trouble of thinking: activation and application of stereotypic beliefs. *Journal of Personality and Social Psychology*, **60**, 509-517.

池上知子・川口潤 (1989). 敵意語・友好語の意識的・無意識的処理が他者のパーソナリティ評価に及ぼす効果 心理学研究, **60**, 38-44.

Devine, P. G. (1989). Stereotypes and prejudice: Their automatic and controlled components. *Journal of Personality and Social Psychology*, **56**, 680-690.

Moskowitz, G. B., Gollwitzer, P. M., Wasel, W., & Schaal, B. (1999). Preconscious control of stereotype activation through chronic egalitarian goals. *Journal of Personality and Social Psychology*, **77**, 167-184.

Nisbett, R. E., & Wilson, T. D. (1977). Telling more than we can know: Verbal reports on mental processes. *Psychological Review*, **8**, 231-259.

Payne, B. K. (2001). Prejudice and perception: The role of automatic and controlled processes in misperceiving a weapon. *Journal of Personality and Social Psychology*, **81**, 181-192.

Payne, B. K., Lambert, A. J., & Jacoby, L. L. (2002). Best laid plans: Effects of goals on accessibility bias and cognitive control in race-based misperceptions of weapons. *Journal of Experimental Social Psychology*, **38**, 384-396.

Smith, E. R. (1994). Procedural knowledge and processing strategies in social cognition. In R. S. Wyer, Jr. & T. K. Srull (Eds.), *Handbook of social cognition*. 2nd ed. Vol. 1. Hillsdale, NJ: Lawrence Erlbaum Associates. pp. 89-151.

Srull, T. K., & Wyer, R. S., Jr. (1979). The role of category accessibility in the interpretation of information about persons: Some determinants and implications. *Journal of Personality and Social Psychology*, **37**, 1660-1672.

Wegner, D. M. (2002). *The illusion of conscious will.* Cambridge, MA: The MIT Press.

Wilson, T. D. (2002). *Strangers to ourselves.* Cambridge, MA: Harvard University Press.（村田光二（監訳）（2005）．自分を知り、自分を変える──適応的無意識の心理学──　新曜社）

I-3

Gilbert, D. T. (1995). Attribution and interpersonal perception. In A. Tesser (Ed.), *Advanced social psychology.* New York: McGraw-Hill. pp. 99-147.

Gilbert, D. T., & Malone, P. S. (1995). The correspondence bias. *Psychological Bulletin*, **117**, 21-38.

Gilbert, D. T., Pelham, B. W., & Krull, D. S. (1988). On cognitive busyness: When person perceivers meet persons perceived. *Journal of Personality and Social Psychology*, **54**, 733-740.

Heider, F. (1958). *The psychology of interpersonal relations.* New York: Wiley.（ハイダー，F．大橋正夫（訳）（1978）．対人関係の心理学　誠信書房）

Jones, E. E., & Harris, V. A. (1967). The attribution of attitudes. *Journal of Experimental Social Psychology*, **3**, 1-24.

Winter, L., & Uleman, J. S. (1984). When are social judgments made?: Evidence for the spontaneousness of trait inferences. *Journal of Personality and Social Psychology*, **47**, 237-252.

I-4

Lerner, M. J. (1980). *The belief in a just world: A fundamental delusion.* New York: Plenum Press.

Lerner, M. J., & Simmons, C. H. (1966). Observer's reaction to the "innocent victim": Compassion or rejection? *Journal of Personality and Social Psychology*, **4**, 203-210.

外山みどり　(2005)．責任の帰属と法　菅原郁夫・サトウタツヤ・黒沢香（編）　法と心理学のフロンティアI巻　理論・制度編　北大路書房　pp. 97-119.

I-5

Dunning, D., Griffin, D. W., Milojkovic, J. D., & Ross, L. (1990). The overconfidence effect in social prediction. *Journal of Personality and Social Psychology*, **58**, 568-581.

Griffin, D. W., & Ross, L. (1991). Subjective construal, social inference, and human misunderstanding. In M. P. Zanna (Ed.), *Advances in Experimental Social Psychology*, Vol. 24. San Diego, CA: Academic Press., pp. 319-359.

Hastorf, A., & Cantril, H. (1954). They saw a game: A case study. *Journal of Abnormal and Social Psychology*, **49**, 129-134.

Lichtenstein, S., & Fischhoff, B. (1977). Do those who know more also know more about how much they know? The calibration of probability judgments. *Organizational Behavior and Human Performance*, **20**, 159-183.

Newton, L. (1990). Overconfidence in the communication of intent: Heard and unheard melodies．Unpublished doctoral dissertation, Stanford University, Stanford, CA. [cited in Griffin, D. W., & Ross, L. (1991). Subjective construal, social inference, and human misunderstanding. In M. P. Zanna (Ed.), *Advances in Experimental Social Psychology*, Vol. 24. San Diego, CA: Academic Press., pp. 319-359.]

Pronin, E., Gilovich, T., & Ross, L. (2004). Objectivity in the eye of the beholder: Divergent perceptions of bias in self versus others. *Psychological Review*, **111**, 781-799.

Robinson, R. J., Keltner, D., Ward, A., & Ross, L. (1995). Actual versus assumed differences in construal: "Naive realism" in intergroup perception and conflict. *Journal of Personality and Social Psychology*, **68**, 404-417.

Ross, L., Greene, D., & House, P. (1977). The false consensus effect: An egocentric bias in social perception and attribution processes. *Journal of Experimental Social Psychology*, **13**, 279-301.

Ross, L., & Ward, A. (1995). Psychological barriers to dispute resolution. In M. P. Zanna (Ed.), *Advances in Experimental Social Psychology*, Vol. 27., San Diego, CA: Academic Press., pp. 255-304.

Ross, L., & Ward, A. (1996). Naive realism in everyday life: Implications for social conflict and misunderstanding. In T. Brown, E. S. Reed, & E. Turiel (Eds.), *Values and knowledge. The Jean Piaget Symposium Series.* Hillsdale, NJ: Erlbaum, pp. 103-135.

Ward, A., & Ross, L. (1991). *Attributions about "persuaded" and "non-persuaded" others.* Unpublished manuscript, Stanford University, Stanford University, Palo Alto, CA. [cited in Ross, L., & Ward, A. (1995). Psychological barriers to dispute resolution. In M. P. Zanna (Ed.), *Advances in Experimental Social Psychology, Vol. 27.*, San Diego, CA : Academic Press., pp. 255-304.]

[I-6]

藤島喜嗣 (2004). 否定的評価の過大推測に自尊感情が及ぼす影響――場面想定法を用いた検討―― 日本社会心理学会第45回大会発表論文集, pp. 346-347.

Gilbert, D. T., & Wilson, T. D. (2000). Miswanting : Some problems in the forecasting of future affective states. In J. P. Forgas (Ed.), *Feeling and thinking : The role of affect in social cognition*. Cambridge, UK : Cambridge University Press. pp. 178-197.

Gilovich, T., Kruger, J., & Medvec, V. H. (2002). The spotlight effect revisited : Overestimating the manifest variability of our actions and appearance. *Journal of Experimental Social Psychology*, **38**, 93-99.

Gilovich, T., Medvec, V. H., & Savitsky, K. (2000). The spotlight effect in social judgment : An egocentric bias in estimates of the salience of one's own actions and appearance. *Journal of Personality and Social Psychology*, **76**, 211-222.

Ross, M. & Sicoly, F. (1979). Egocentric biases in availability and attribution. *Journal of Personality and Social Psychology*, **37**, 322-336.

Savistky, K., Epley, N., & Gilovich, T. (2001). Do others judge us as harshly as we think ? Overestimating the impact of our failures, shortcomings, and mishaps. *Journal of Personality and Social Psychology*, **81**, 44-56.

Savitsky, K., Gilovich, T., Berger, G., & Medvec, V. H. (2003). Is our absence as conspicuous as we think ? Overestimating the salience and impact of one's absence from a group. *Journal of Experimental Social Psychology*, **39**, 386-392.

[I-7]

Cohen, C. E. (1981). Person categories and social perception : Testing some boundaries of the processing effects of prior knowledge. *Journal of Personality and Social Psychology*, **40**, 441-452.

Darley, J. M., & Gross, P. H. (1983). A hypotesis-confirming bias in labeling effects. *Journal of Personality and Social Psychology*, **44**, 20-33.

Hamilton, D. L., & Rose, T. L. (1980). Illusary correlation and the maintainance of stereotypic beliefs. *Journal of Personality and Social Psychology*, **39**, 832-845.

工藤恵理子 (2003). 対人認知過程における血液型ステレオタイプの影響――血液型信念に影響されるものは何か―― 実験社会心理学研究, **43**, 1-21.

[I-8]

Allport, G. W. (1935). Attitudes. In C. Murchison (Ed.), *Handbook of Social Psychology*. Worcester, MA : Clark University Press, pp. 798-844.

Breckler, S. J. (1984). Empirical validation of affect, behavior, and cognition as distinct components of attitude. *Journal of Personality and Social Psychology*, **47**, 1191-1205.

Eagly, A. H., & Chaiken, S. (1993). *The psychology of attitudes*. Forth Worth, FL : Harcourt Brace Jovanovich.

Fazio, R. H., & Olson, M. A. (2003). Attitudes : Foundations, functions, and consequences. In M. A. Hogg & J. Cooper (Eds.), *The Handbook of Social Psychology*. London : Sage, pp. 139-160.

Fazio, R. H., & Williams, C. J. (1986). Attitude accessibility as a moderator of the attitude-perception and attitude-behavior relations : An investigation of the 1984 presidential election. *Journal of Personality and Social Psychology*, **51**, 505-514.

Greenwald, A. G., McGhee, D. E., & Schwartz, J. L. K. (1998). Measuring individual differences in implicit Cognition : The implicit association test. *Journal of Personality and Social Psychology*, **74**, 1464-1480.

Katz, D. (1960). The functional approach to the study of attitudes. *Public Opinion Quarterly*, **24**, 163-204.

LaPiere, R. (1934). Attitudes vs. actions. *Social Forces*, **13**, 230-237.

Payne, B. K., Cheng, C. M., Govorun, O.,& Stewart, D. (2005). An inkblot for attitudes : Affect misattribution as implicit measurement. *Journal of Personality and Social Psychology*, **89**, 277-293.

潮村公弘・小林知博 (2004). 潜在的認知 大島尚・北村英哉 (編著) ニューセンチュリー社会心理学3 認知の社会心理学 北樹出版 pp. 54-71.

[Ⅰ-9]

Fiske, S. T., & Taylor, S. E. (1984). *Social cognition*. New York: Random House.

Fiske, S. T., & Taylor, S. E. (1991). *Social cognition*, 2nd ed. New York: McGraw-Hill.

[Ⅱ-1]

Festinger, L. (1957). *A theory of cognitive dissonance*. Evanston, IL: Row, Peterson & Company.（フェスティンガー，L. 末永俊郎（監訳）(1965)．認知的不協和の理論　誠信書房）

Festinger, L., & Carlsmith, J. M. (1959). Cognitive consequences of forced compliance. *Journal of Abnormal and Social Psychology*, **58**, 203-210.

Heider, F. (1958). *The psychology of interpersonal relation*. New York: Wiley.（ハイダー，F. 大橋正夫（訳）(1978)．対人関係の心理学　誠信書房）

Hildum, D. C., & Brown, R. W. (1956). Verbal reinforcement and interviewer bias. *Journal of Abnormal and Social Psychology*, **53**, 108-111.

Staats, A. W., & Staats, C. K. (1958). Attitudes established by classical conditioning. *Journal of Abnormal and Social Psychology*, **57**, 37-40.

Visser, P. S., & Cooper, J. (2003). Attitude change. In M. Hogg & J. Cooper (Eds.), *Sage Handbook of Social Psychology*. London: Sage Publications. pp. 212-231.

[Ⅱ-2]

Chaiken, S. (1980). Heuristic versus systematic information processing and the use of source versus message cues in persuasion. *Journal of Personality and Social Psychology*, **39**, 752-766.

Chaiken, S., Giner-Sorolla, R., & Chen, S. (1996). Beyond accuracy: Defense and impression motives in heuristic and systematic information processing. In P. M. Gollwitzer & J. A. Bargh (Eds.), *The psychology of action: Linking cognition and motivation to behavior*. New York: Guilford Press. pp. 553-578.

Chaiken, S., & Maheswaran, D. (1994). Heuristic processing can bias systematic processing: Effects of source credibility, argument ambiguity, and task importance on attitude judgment. *Journal of Personality and Social Psychology*, **66**, 460-473.

Chen, S., & Chaiken, S. (1999). The Heuristic-Systematic Model in its broder context. In S. Chaiken & Y. Trope (Eds.), *Dual-process theories in social psychology*. New York: Guilford Press. pp. 73-96.

Fiske, S. T., & Taylor, S. E. (1984). *Social cognition*. Addison-Wesley.

市川伸一（1996）．第3章　確率判断　市川伸一（編）認知心理学4　思考　東京大学出版会　pp. 61-79.

伊藤君男（2004）．第8章　態度の情報処理モデル　大島尚・北村英哉（編）認知の社会心理学　北樹出版　pp. 131-146.

北村英哉（2005）．思考研究から見た説得過程——原論文へのコメント——　心理学評論，**48**，21-24．

Petty, R. E., & Cacioppo, J. A. (1981). Attitudes and persuasion: Classic and contemporary approaches. Dubuque, IA: Williams C. Brown.

Petty, R. E., & Cacioppo, J. A. (1986). The elaboration likelihood model of persuasion. In L. Berkowitz (Ed.), *Advances in experimental social psychology*, Vol. 19. New York: Academic Press. pp. 123-205.

Smith, E. R., & DeCoster, J. (1999). Associative and rule-based processing: A connectionist interpretation of dual-process models. In S. Chaiken & Y. Trope (Eds.), *Dual-process theories in social psychology*. New York: Guilford Press. pp. 323-336.

Tversky, A., & Kahneman, D. (1974). Judgment under uncertainty: Heuristics and biases. *Science*, **185**, 1124-1131.

[Ⅱ-3]

Cialdini, R. B. (1988). *Influence: Science and Practice*. 2nd ed. Illinois: Scott, Foresman and Company.（チャルディーニ，R. B. 社会行動研究会（訳）(1991)．影響力の武器　誠信書房）

深田博巳（2002）．説得心理学ハンドブック　北大路書房

今井芳昭（2005）．依頼・要請時に用いられる影響手段の種類と規定因　心理学評論，**48**，114-133．

Miller, R. L., Seligman, C., Clark, N. T., & Bush, M. (1976). Perceptual contrast versus reciprocal concession as mediators of induced compliance. *Canadian Journal of Behavioral Science*, **8**, 401-409.

McGuire, W. J. (1985) Attitudes and attitude change. In G. Lindzey & E. Aronson (Eds.), *The handbook of social psychology.* 3rd ed., vol. 2. Random House, pp. 233-346.

Pratkanis, A. R., & Aronson, E. (1992). *Age of Propaganda.* New York : Freeman and Company. (プラトカニス, A. R. 社会行動研究会（訳）（1998）．プロパガンダ　誠信書房)

Ⅱ-4

French, J. R. P., & Raven, B. H. (1959). The bases of social power. In D. Cartwright (Ed.), *Studies in social power.* Ann Arbor : Institute for Social Research, pp. 150-167. (カートライト, D. 水原泰介訳　（1962）．社会的勢力の基盤　千輪浩（監訳）　社会的勢力　誠信書房　pp. 193-217)

今井芳昭　（1996）．影響力を解剖する　福村出版

今井芳昭　（1999）．社会的勢力と影響手段　吉田俊和・松原敏浩（編著）　社会心理学――個人と集団の理解――　ナカニシヤ出版　pp. 157-173.

Milgram, S. (1963). Behavioral study of obedience. *Journal of Abnormal and Social Psychology,* **67**, 371-378.

Milgram, S. (1974). *Obedience to authority : An experimental view.* New York : Harper & Row. (ミルグラム, S. 岸田秀（訳）（1995）．服従の心理(改訂新装版)　河出書房新社)

Ⅱ-5

Aronson, E., & Carlsmith, J. M. (1962). Performance expectancy as a determinant of actual performance. *Journal of Abnormal and Social Psychology,* **65**, 178-182.

Festinger, L. (1954). A theory of social comparison processes. *Human Relations,* **7**, 117-140.

Gilbert, D. T., Giesler, R. B., & Morris, K. A. (1995). When comparisons arise. *Journal of Personality and Social Psychology,* **69**, 227-236.

Goethals, G. R., & Darley, J. M. (1977). Social comparison thory : An attributional approch. In J. Suls & R. Miller (Eds.), *Social Comparison Processes.* Washington : Hemisphere, pp. 259-278.

Wheeler, L. (1966). Motivation as a determinant of upward comparison. *Journal of Experimental Social Psychology,* **Supplement 1**, 27-31.

Wills, T. A. (1981). Downward comparison principles in social psychology. *Psychological Bulletin,* **90**, 245-271.

Wood, J. V. (1989). Theory and research concerning social comparisons of personal attributes. *Psychological Bulletin,* **106**, 231-248.

Wood, J. V. (1996). What is social comparison and how should we study it ? *Personality and Social Psychology Bulletin,* **22**, 520-537.

Wood, J. V., Taylor, S. E., & Lichtman, R. R. (1985). Social comparison in adjustment to breast cancer. *Journal of Personality and Social Psychology,* **49**, 1169-1183.

Ⅱ-6

Allen, V. L. (1975). Social support for nonconformity. In L. Berkowitz (Ed.), *Advances in experimental social psychology.* Vol. 8. New York : Academic Press, pp. 1-43.

Asch, S. E. (1951). Effects of group pressure upon the modification and distortion of judgments. In H. Guetzkow (Ed.), *Groups, leadership, and men.* Pittsburgh, PA : Carnegie Press, pp. 177-190.

Asch, S. E. (1955). Opinions and social pressure. *Scientific American,* **193**, 31-35.

Deutsch, M., & Gerard, H. B. (1955). A study of normative and informational social influences upon individual judgment. *Journal of Abnormal and Social Psychology,* **51**, 629-636.

Kameda, T., & Nakanishi, D. (2003). Does social/cultural learning increase human adaptability ? Rogers's question revisited. *Evolution and Human Behavior,* **24**, 242-260.

Latané, B. (1981). The psychology of social impact. *American Psychologist,* **36**, 343-356.

Moscovici, S., Lage, E., & Naffrechoux, M. (1969). Influence of a consistent minority on the responses of a majority in a color perception task. *Sociometry,* **32**, 365-380.

Nemeth, C. J. (1986). Differential contributions of majority and minority influence. *Psychological Review,* **93**, 23-32.

Schachter, S. (1951). Deviation, rejection, and communication. *Journal of Abnormal and Social Psychology,* **46**, 190-207.

Ⅱ-7

Aronson, J., Quinn, D. M., & Spencer, S. J. (1998) Stereotype threat and the academic underperformance of minorities and women. In J. K. Swim and C. Stangor (Eds.), *Prejudice : The target's perpective*. San Diego, CA : Academic Press, pp. 83-103.

Allport, G. (1954). *The nature of prejudice*. New York : Doubleday Anchor Books.

金井篤子 (1994). 働く女性のキャリア・ストレス・モデル——パス解析による転職・退職行動の規定要因分析—— 心理学研究, **65**, 112-120.

Levy, B. (1996). Improving memory in old age through implicit self-stereotyping. *Journal of Personality and Social Psychology*, **71**, 1092-1107.

Quinn, D. M. & Spencer, S. J. (1996). *Stereotype threat and the effect of test diagnosticity on women's math performance*. Paper presented at the annual American Psychological Association conference, Tront, Canada.

Steele, C. M. (1997). A threat in the air : How stereotypes shape intellectual identity and performance. *American Psychologist*, **52**, 613-629.

Steele, C. M. & Aronson, J. (1995). Stereotype threat and the intellectual test performance of African Americans. *Journal of Personality and Social Psychology*, **69**, 797-811.

Ⅱ-8

今井芳昭 (2006). セレクション社会心理学10 信頼と説得の心理学——人は他者にどう影響を与えるか—— サイエンス社

Ⅲ-1

Baumeister, R. F. (1982). Self-esteem, self-presentation, and future interaction : A dilemma of reputation. *Journal of Personality*, **50**, 29-45.

Baumeister, R. F., & Leary, M. R. (1995). The need to belong : Desire for interpersonal attachments as a fundamental human motivation. *Psychological Bulletin*, **117**, 497-529.

Baumeister, R. F., Tice, D. M., & Hutton, D. G. (1989). Self-presentational motivations and personality differences in self-esteem. *Journal of Personality*, **57**, 547-579.

Heine, S. J., Takata, T., & Lehman, D. R. (2000). Beyond self-presentation : Evidence for self-criticism among Japanese. *Personality and Social Psychology Bulletin*, **26**, 71-78.

James, W. (1892). *Psychology, briefer course*. (ジェームズ, W. 今田寛 (訳) (1992). 心理学 岩波書店)

Jones, E. E., Gergen, K. J., & Jones, R. E. (1963). Tactics of ingratiation among leaders and subordinates in a status hierarchy. *Psychological Monographs*, **77**, Whole issue.

Jones, E. E. & Pittman, T. S. (1982). Toward a general theory of strategic self-presentation. In J. Suls (Eds.), *Psychological perspectives on the self*. Vol. 1. Hillsdale, NJ : Erlbaum, pp. 231-262.

Kobayashi, C. & Greenwald, A. G. (2003). Implicit-explicit diffenrences in self-enhancement for Americans and Japanese. *Journal of Cross-Cultural Psychology*, **34**, 522-541.

Leary, M. R. & Kowalski, R. M. (1990). Impression management : A literature review and two-component model. *Psychological Bulletin*, **107**, 34-47.

村本由紀子・山口勧 (2003). "自己卑下"が消えるとき——内集団の関係性に応じた個人と集団の成功の語り方—— 心理学研究, **74**, 253-262.

Schlenker, B. R. (1980). *Impression management : The self concept, social identity, and interpersonal relations*. Brooks-Cole.

Schlenker, B. R. & Weigold, M. F. (1992). Interpersonal processes involving impression regulation and management. *Annual Review of Psychology*, **43**, 133-168.

Shrauger, J. S. (1972). Self-esteem and reactions to being observed by others. *Journal of Personality and Social Psychology*, **23**, 192-200.

Snyder, M. (1974). Self-monitoring of expressive behavior. *Journal of Personality and Social Psychology*, **58**, 855-863.

Taylor, S. E. & Brown, J. D. (1988). Illusion and well-being : A social psychological perspective on mental health. *Psychologial Bulletin*, **103**, 193-210.

Ⅲ-2

Buysse, A., & Ickes, W. (1999). Topic-relevant cognition and empathic accuracy in laboratory discussions of safer sex. *Psychology and Health*, **14**, 351-366.

Ekman, P. (1985). *Telling lies : Clues to deceit in the marketplace, politics, and marriage.* New York : Norton.（エクマン，P. 工藤力（訳）（1992）．暴かれる嘘——虚偽を見破る対人学——　誠信書房）

Ekman, P., & Friesen, W. V. (1969). Nonverbal leakage and clues to deception. *Psychiatry*, **32**, 88-106.

Ekman, P., & Friesen, W. V. (1974). Detecting deception from the body or face. *Journal of Personality and Social Psychology*, **29**, 288-298.

Gilovich, T., Savitsky, K., & Medvec, V. H. (1998). The illusion of transparency : Biased assessments of others' ability to read one's emotional states. *Journal of Personality and Social Psychology*, **75**, 332-346.

Ickes, W., Stinson, L., Bissonnette, V., & Garcia, S. (1990). Naturalistic social cognition : Empathic accuracy in mixed-sex dyads. *Journal of Personality and Social Psychology*, **59**, 730-742.

Marangoni, C., Garcia, S., Ickes, W., & Teng, G. (1995). Empathic accuracy in a clinically relevant setting. *Journal of Personality and Social Psychology*, **68**, 854-869.

Savitsky, K., & Gilovich, T. (2003). The illusion of transparency and the alleviation of speech anxiety. *Journal of Experimental Social Psychology*, **39**, 618-625.

Schweinle, W. E., Ickes, W., & Bernstein, I. H. (2002). Empathic inaccuracy in husband to wife aggression : The overattribution bias. *Personal Relationships*, **9**, 141-158.

Stinson, L., & Ickes, W. (1992). Empathic accuracy in the interactions of male friends versus male strangers. *Journal of Personality and Social Psychology*, **62**, 787-797.

Zuckerman, M., DePaulo, B. M., & Rosenthal, R. (1981). Verbal and nonverbal communication of deception. In L. Berkowitz (Ed.), *Advances in experimental social psychology.* Vol. 14. New York : Academic Press. pp. 1-59.

Ⅲ-3

Baumeister, R. F., DeWall, C. N., Ciarocco, N. J., & Twenge, J. M. (2005). Social exclusion impairs self-regulation. *Journal of Personality and Social Psychology*, **88**, 589-604.

Baumeister, R. F., & Leary M. R. (1995). The need to belong : Desire for interpersonal attachments as a fundamental human motivation. *Psychological Bulletin*, **117**, 497-529.

Baumeister, R. F., Twenge, J. M., & Nuss, C. K. (2002). Effects of social exclusion on cognitive processes : Anticipated aloneness reduces intelligent thought. *Journal of Personality and Social Psychology*, **83**, 817-827.

DeWall, C. N., & Baumeister, R. F. (2006). Alone but feeling no pain : Effects of social exclusion on physical pain tolerance and pain threshold, affective forecasting, and interpersonal empathy. *Journal of Personality and Social Psychology*, **91**, 1-15.

法務総合研究所（2003）．犯罪白書——変貌する凶悪犯罪とその対策（平成15年度版）——　国立印刷局

警視庁少年育成課（2000）．子どもからのＳＯＳ——この声が聞こえますか——　小学館

厚生労働省（2005）．人口動態統計月報　厚生統計協会

Leary, M. R., Kowalski, R. M., Smith, L., & Phillips, S. (2001). Teasing, rejection, and violence : Case studies of the school shootings. *Aggressive Behavior*, **29**, 202-214.

Newcomb, A. F., Bukowski, W. M., & Pattee, L. (1993). Children's peer relations : A meta-analytic review of popular, rejected, neglected, controversial, and average sociometric status. *Psychological Bulletin*, **113**, 99-128.

Sampson, R. J., & Laub, J. H. (1990). Crime and deviance over the life course : The salience of adult social bonds. *American Sociological Review*, **55**, 609-627.

辻大介（1996）．若者におけるコミュニケーション様式変化．東京大学社会情報研究所紀要，**51**，42-61．

Twenge, J. M., Baumeister, R. F., Tice, D. M., & Stucke, T. S. (2001). If you can't join them, beat them : Effects of social exclusion on aggressive behavior. *Journal of Personality and Social Psychology*, **81**, 1058-1069.

Twenge, J. M., Catanese, K. R., & Baumeister, R. F. (2002). Social exclusion causes self-defeating behavior. *Journal of Personality and Social Psychology*, **83**, 606-615.

U. S. Bureau of the Census (1998). *Statistical abstract of the United States.* Washington, DC : U. S. Government Printing Office.

Ⅲ-4

Adams, J. S. (1965). Inequity in social change. In L. Berkowitz (Ed.), *Advances in experimental social psychology.*

Vol. 2. New York: Academic Press. pp. 267-299.

Adams, J. S., & Rosenbaum, W. B. (1962). The relationship of worker productivity to cognitive dissonance about wage inequalities. *Journal of Applied Psychology*, **46**, 161-164.

Benedict, R. (1946). *The chrysanthemum and the sword: Patterns of Japanese culture.* Boston: Houghton Mifflin. (長谷川松治（訳）(2005). 菊と刀――日本文化の型―― 講談社)

Clark, M. S., & Mills, J. (1979). Interpersonal attraction in exchange and communal relationships. *Journal of Personality and Social Psychology*, **37**, 12-24.

Deutsch, M. (1975). Equity, equality, and need: What determines which value will be used as the basis of distributive justice? *Journal of Social Issues*, **31**, 137-149.

Emerson, R. M. (1962). Power-dependence relations. *American Sociological Review*, **29**, 31-40.

Foa, E. B., & Foa, U. G. (1976). Resource theory of social exchange. In J. W. Thibaut, J. T. Spence, & R. C. Carson (Eds.), *Contemporary topics in social psychology*. Morriston, NJ: General Learning Press. pp. 99-131.

Gouldner, A. W. (1960). The norm of reciprocity: A preliminary statement. *American Sociological Review*, **25**, 161-178.

亀田達也・村田光二 (2000). 複雑さに挑む社会心理学――適応エージェントとしての人間―― 有斐閣

Kashima, Y., Siegal, M., Tanaka, K., & Isaka, H. (1988). Universalism in lay conceptions of distributive justice: A cross-cultural examination. *International Journal of Psychology*, **23**, 51-64.

Leung, K. (1988). Theoretical advances in justice behavior: Some cross-cultural inputs. In M.H. Bond (Ed.), *The cross-cultural challenge to social psychology*. Newbury Park, CA: Sage. pp. 218-229.

Walster, E., Berscheid, E., & Walster, G. W. (1973). New directions in equity research. *Journal of Personality and Social Psychology*, **25**, 151-176.

Ⅲ-5

Amato, P. R. (1986). Emotional arousal and helping behavior in a real-life emergency. *Journal of Applied Social Psychology*, **16**, 633-641.

Batson, C. D. (2002). Addressing the altruism question experimentally. In S. G. Post, L. G. Underwood, J. P. Schloss, & W. B. Hurlbut (Eds.), *Altruism and altruistic love: Science, philosophy, and religion in dialogue*. New York: Oxford University Press. pp. 89-105.

Berkowitz, L. (1972). Social norms, feelings, and other factors affecting helping and altruism. In L. Berkowitz (Ed.), *Advances in experimental social psychology*, Vol. 6, New York: Academic Press. pp. 63-108.

Boehm, C. (1999). The natural selection of altruistic traits. *Human Nature*, **10**, 205-252.

Darley, J. M., & Latané, B. (1968). Bystander intervention in emergencies: Diffusion of responsibility. *Journal of Personality and Social Psychology*, **8**, 377-383.

Gouldner, A. W. (1960). The norm of reciprocity: A preliminary statement. *American Sociological Review*, **25**, 161-178.

Hamilton, W. D. (1964). The genetical evolution of social behaviour I & II. *Journal of Theoretical Biology*, **7**, 1-52.

Latané, B., & Darley, J. M. (1970). *The unresponsive bystander: Why doesn't he help?* New York: Appleton-Century-Crofts. (ラタネ, B.・ダーリー, J. 竹村研一・杉崎和子（訳）(1977). 冷淡な傍観者――思いやりの社会心理学―― ブレーン出版)

Schaller, M., & Cialdini, R. B. (1988). The economics of empathic helping: Support for a mood management motive. *Journal of Experimental Social Psychology*, **24**, 163-181.

Trivers, R. L., (1971). The evolution of reciprocal altruism. *Quarterly Review of Biology*, **46**, 35-37.

Wilson, D. S., & Sober, E. (1994). Reintroducing group selection to the human behavioral sciences. *Behavior and Brain Sciences*, **17**, 585-654.

Ⅲ-6

Berkman, L. F., & Syme, S. L. (1979). Social networks, host resistance, and mortality: A nine-year follow-up study of Alameda County residents. *American Journal of Epidemiology*, **109**, 186-204.

Cohen, S., & Syme, S. L. (1985). Issues in the study and application of social support. In S. Cohen & S. L. Syme (Eds.), *Social support and health*. New York: Academic Press. pp. 3-22.

Durkheim, E. (1951 [1897]). *Suicide.* New York : Free Press.

福岡欣治・橋本宰　(1997)．大学生と成人における家族と友人の知覚されたソーシャル・サポートとそのストレス緩和効果　心理学研究, **68**, 403-409.

Holmes, T. H., & Rahe, R. H. (1967). The social readjustment rating scale. *Journal of Psychosomatic Research*, **11**, 213-218.

Ross, C. E., Mirowsky, J., & Goldsteen, K. (1990). The impact of the family on health : The decade in review. *Journal of Marriage and the Family*, **52**, 1059-1078.

Rosengren, A., Orth-Gomer, K., Wedel, H., & Wilhelmsen, L. (1993). Stressful life events, social support, and mortality in men born in 1933. *British Medical Journal*, **307**, 1102-1105.

浦　光博　(1992)．支えあう人と人──ソーシャル・サポートの社会心理学──　サイエンス社

[Ⅲ-7]

Anderson, C. A., & Bushman, B. J. (2002). Human aggression. *Annual Review of Psychology*, **53**, 27-51.

Berkowitz, L., & Heimer, K. (1989). On the construction of the anger experience : Aversive events and negative priming in the formation of feelings. In L. Berkowitz (Ed.), *Advances in Experimental Social Psychology.* Vol. 22, Orland, FL : Academic Press. pp. 1-37.

Berkowitz, L. (1989). The frustration-aggression hypothesis : Examination and reformulation. *Psychological Bulletin*, **106**, 59-73.

Eron, L. D., Huesman, L. R., Lefkovitz, M. M., & Walder, L. O. (1972). Does television violence cause aggression ? *American Psychologist*, **27**, 253-263.

Freud, S. (1933). *Warum Krieg ? gesammelte Werke.* Bd. XIV. London : Imago Publishing.（フロイド，S. 土井正徳・吉田正己（訳）(1955)．何故の戦争か　フロイド著作集8　宗教論──幻想の未来──　日本教文社）

Hogben, M. (1998). Factors moderating the effect of televised aggression on viewer behavior. *Communication Research*, **25**, 220-247.

Huesmann, L. R., Eron, L. D., Klein, A., Brice, P., & Fischer, P. (1983). Mitigating the imitation of aggressive behaviors by changing children's attitudes about media violence. *Journal of Personality and Social Psychology*, **44**, 899-910.

大渕憲一　(1987)．攻撃の動機と対人機能　心理学研究, **58**, 113-124.

Paik, H. & Comstock, G. (1994). The effects of television violence on antisocial behavior : A meta-analysis. *Communication Research*, **21**, 516-546.

Rule, B. G., & Nesdale, A. (1974). Differing functions of aggression. *Journal of Personality*, **42**, 467-481.

Tedeschi, J. T., & Felson, R. B. (1994). *Violence, aggression, and coercive actions.* Washington, D. C. : American Psychological Association.

[Ⅲ-8]

De Dreu, C. K. W., Koole, S. L., & Steinel, W. (2000). Unfixing the fixed pie : A motivated information-processing approach to integrative negotiation. *Journal of Personality and Social Psychology*, **79**, 975-987.

De Dreu, C. K. W., Weingart, L. R., & Kwon, S. (2000). Influence of social motives on integrative negotiation : A meta-analytic review and test of two theories. *Journal of Personality and Social Psychology*, **78**, 889-905.

Markus, H., & Kitayama, S. (1991). Culture and self : Implications for cognition, emotion and motivation. *Psychological Review*, **98**, 224-253.

Ohbuchi, K., & Takahashi, Y. (1994). Cultural styles of conflict management in Japanese and Americans : Passivity, covertness, and effectiveness of strategies. *Journal of Applied Social Psychology*, **24**, 1345-1366.

Pruitt, D. G. (1990). Problem solving and cognitive bias in negotiation : A commentary. In B. Sheppard, M. H. Bazerman, & R. J. Lewicki (Eds.), *Research on negotiation in organization.* Vol. 2. Greenwich, CT : JAI Press. pp. 117-124.

Pruitt, D. G., & Kim, S. H. (2004). *Social conflict : Escalation, stalemate, and settlement.* New York : McGraw-Hill.

Pruitt, D. G., & Rubin, J. Z. (1986). *Social conflict : Escalation, stalemate, and settlement.* New York : McGraw-Hill.

Raiffa, H. (1982). *The art and science of negotiation.* Cambridge, MA : Belknap.

Thompson, L. L., & Hastie, R. (1990). Social perception in negotiation. *Organizational Behavior and Human Decision Processes*, **47**, 98-123.

Thompson, L. L., Neale, M.A., & Sinaceur, M. (2004). The evolution of cognition and biases in negotiation research : An examination of cognition, social perception, motivation, and emotion. In M. J. Gelfand, & J. M. Brett (Eds.), *The handbook of negotiation and culture*. Stanford, CA : Stanford University Press, pp. 7-44.

Triandis, H. C. (1994). *Culture and social behavior*. New York : McGraw-Hill.

Ⅳ-1

Allport, F. H. (1920). The influence of the group upon association and thought. *Journal of Experimental Psychology*, **3**, 159-182.

Diehl, M. & Stroebe, W. (1987). Productivity loss in brainstorming groups : Toward the solution of a riddle. *Journal of Personality and Social Psychology*, **53**, 497-509.

Gallupe, R. B., Bastianutti, L. M., & Cooper, W. H. (1991). Unblocking Brainstorms. *Journal of Applied Psychology*, **76**, 137-142.

Ingham, A. G., Levinger, G., Graves, J., & Peckham, V. (1974). The Ringelmann effect : Studies of group size and group performance. *Journal of Experimental Social Psychology*, **10**, 371-384.

Latané, B., Williams, K., & Harkins, S. (1979). Many hands make light the work : The causes and consequences of social loafing. *Journal of Personality and Social Psychology*, 37, 822-832.

Michaels, J. W., Blommel, J. M., Brocato, R. M., Linkous, R. A., & Rowe, J. S. (1982). Social facilitation and inhibition in a natural setting. *Replications in Social Psychology*, **2**, 21-24.

Osborn, A. F. (1957). *Applied imagination*. New York : Scribner.

Pessin, J. (1933). The comparative effects of social and mechanical stimulation on memorizing. *American Journal of Psychology*, **45**, 263-270.

Steiner, I. D. (1972). *Group process and productivity*. New York : Academic Press.

Taylor, D. W., Berry, P. C., & Block, C. H. (1958). Does group participation when using brainstorming facilitate or inhibit creative thinking ? *Administrative Science Quarterly*, **3**, 23-47.

Triplett, N. (1898). The dynamogenic factors in pacemaking and competition. *American Journal of Psychology*, **9**, 507-533.

Zajonc, R. B. (1965). Social facilitation. *Science*, **149**, 269-274.

Ⅳ-2

Bass, B. M. (1985). *Leadership and performance beyond expectations*. New York : Free Press.

Bass, B. M. (1990). *Bass & Stogdill's handbook of leadership : Theory, research & managerial applications*. 3rd ed. New York : Free Press.

Blake, R. R., & Mouton, J. S. (1964). *Managerial grid*. Houston, TX : Gulf Publishing.

Fiedler, F. E. (1964). A contingency model of leadership effectiveness. In L. Berkowitz (Ed.), *Advanced in experimental social psychology*. Vol. 1. New York : Academic Press, pp 149-190.

Fiedler, F. E. (1978). The contingency model and the dynamics of the leadership process. In L. Berkowitz (Ed.), *Advances in experimental social psychology*. Vol. 11. San Diego, CA : Academic Press, pp. 59-112.

Fleishman, E. A. (1953). The description of supervisory behavior. *Journal of Applied Psychology*, **37**, 1-6.

Fiedler, F. E., Chemers, M. M., & Mahar, L. (1976) *Improving leadership effectiveness: The leader match concept*. New York : John Wiley.（フィードラー，F.E.・チェマーズ，M. M.・マハー，L. 吉田哲子（訳）(1978). リーダー・マッチ理論によるリーダーシップ教科書　プレジデント社）

古川久敬　(2003). 新版・基軸づくり　日本能率協会マネジメントセンター

Lewin, K., Lippitt, R, & White, R. K. (1939). Patterns of aggressive behavior in experimentally created "social climates." *Journal of Social Psychology*, **10**, 271-299.

Likert, R. (1961). *New patterns of management*. New York : McGraw-Hill.（リッカート，R.　三隅二不二（訳）. (1964). 経営の行動科学──新しいマネジメントの探求──　ダイヤモンド社）

Lord, R. G., De Vader, C. L., & Alliger, G. M. (1986). A meta-analysis of the relation between personality traits and leadership perceptions : An application of validity generalization procedures. *Journal of Applied Psychology*,

71, 402-410.

Mann, R. D. (1959). A review of the relationships between personality and performance in small groups. *Psychological Bulletin*, **56**, 241-270.

三隅二不二 (1986). リーダーシップの科学――指導力の科学的診断法―― 講談社

Stogdill, R. M. (1948). Personal factors associated with leadership: A survey of the literature. *Journal of Psychology*, **25**, 35-71.

Vroom, V. H., & Yetton, P. W. (1973). *Leadership and decision-making*. Pittsburgh, PA: University of Pittsburgh Press.

Yukl, G. (1970). Leader LPC scores: Attitude dimensions and behavioral correlates. *Journal of Social Psychology*, **80**, 207-212.

[Ⅳ-3]

Cartwright, D. (1971). Risk taking by individuals and groups: An assessment of research employing choice dilemmas. *Journal of Personality and Social Psychology*, **20**, 361-378.

Davis, J. H. (1973). Group decision and social interaction: A theory of social decision schemes. *Psychological Review*, **80**, 97-125.

Ebbesen, E. B., & Bowers, R. J. (1974). Proportion of risky to conservative arguments in a group discussion and choice shift. *Journal of Personality and Social Psychology*, **29**, 316-327.

Hastie, R., & Kameda, T. (2005). The robust beauty of majority rules in group decisions. *Psychological Review*, **112**, 494-508.

Isenberg, D. J. (1986). Group polarization: A critical review and meta-analysis. *Journal of Personality and Social Psychology*, **50**, 1141-1151.

亀田達也 (1997). 合議の知を求めて――グループの意思決定―― 共立出版

Kerr, N. L., Niedermeier, K. E., & Kaplan, M. F. (1999). Bias in jurors vs bias in juries: New evidence from the SDS perspective. *Organizational Behavior and Human Decision Processes*, **80**, 70-86.

Kogan, N., & Wallach, M. A. (1964). *Risk taking: A study in cognition and personality*. Oxford, England: Holt, Rinehart & Winston.

Marquis, D. G. (1962). Individual responsibility and group decisions involving risk. *Industrial Management Review*, **3**, 8-23.

Moscovici, S., & Zavalloni, M. (1969). The group as a polarizer of attitudes. *Journal of Personality and Social Psychology*, **12**, 125-135.

Stoner, J. A. F. (1961). *A comparison of individual and group decisions involving risk*. Unpublished master's thesis, Massachusetts Institute of Technology, Cambridge, MA.

Teger, A. I., & Pruitt, D. G. (1967). Components of group risk taking. *Journal of Experimental Social Psychology*, **3**, 189-205.

Wallach, M. A., Kogan, N., & Bem, D. J. (1962). Group influence on individual risk taking. *Journal of Abnormal and Social Psychology*, **65**, 75-86.

[Ⅳ-4]

Campbell, D. T. (1965). Ethnocentric and other altruistic motives. In D. Levine (Ed.), *Nebraska Symposium on Motivation*. Lincoln, Nebr.: University of Nebraska Press, pp. 283-301.

Sherif, M., Harvey, O. J., White, B. J., Hood, W. R., & Sherif, C. W. (1961). *Intergroup conflict and cooperation: The Robbers' Cave experiment*. Norman, Okla: University of Oklahoma.

神信人・山岸俊男・清成透子 (1996). 双方向依存性と"最小条件パラダイム" 心理学研究, **67**, 77-85.

Sumner, W. G. (1906). *Folkways: a study of the sociological importance of usages, manners, customs, mores, and morals*. Boston, MA: Ginn.

Tajfel, H., Billig, M. G., Bundy R. P., & Flament, C. (1971). Social categorization and intergroup behaviour. *European Journal of Social Psychology*, **1**, 149-178.

Tajfel, H., & Turner, J. C. (1979). An integrative theory of intergroup conflict. In W. G. Austin, & S. Worchel (Ed.), *Social Psychology of Intergroup Relations*. California: Cole, pp. 33-47.

Tooby, J., & Cosmides, L. (1988). The evolution of war and its cognitive foundations. *Institute for evolutionary*

Studies Technical Report 88-1; Palo Alto, CA.

Turner, J. C., Hogg, M. A., Oakes, P. J., Reicher, S. D. & Wetherell, M. S. (1987). *Rediscovering the social group : A self-categorization theory.* Oxford and New York : Blackwell.

Yamagishi, T., Jin, N., & Kiyonari, T. (1999). Bounded generalized reciprocity : ingroup boasting and ingroup favoritism. *Advances in Group Processes,* **16**, 161-197.

[Ⅳ-5]

Axelrod, R. (1984). *Evolution of cooperation.* New York : Basic Books. (アクセルロッド, R. 松田裕之 (訳) (1998). つきあい方の科学 ミネルヴァ書房)

[Ⅳ-6]

Dawes, R. (1980). Social dilemmas. *Annual Review of Psychology,* **31**, 169-193.

Hardin, G. (1968). The tragedy of commons. *Science,* **162**, 1243-1248.

山岸俊男 (1998). 信頼の構造――こころと社会の進化ゲーム―― 東京大学出版会

山岸俊男 (2000). 社会的ジレンマ――「環境破壊」から「いじめ」まで―― PHP研究所

[Ⅳ-7]

廣田君美 (1994). 社会心理学 梅本堯夫・大山正 (編著) 心理学史への招待――現代心理学の背景―― サイエンス社 pp. 269-294

亀田達也・村田光二 (2000). 複雑さに挑む社会心理学――適応エージェントとしての人間―― 有斐閣

[Ⅴ-1]

Cappella, J. N., & Jamieson, K. H. (1997). *Spiral of cynicism : The press and the public good.* New York : Oxford University Press. (カペラ, J. N.・ジェイミソン, K. H. 平林紀子・山田一成 (監訳) (2005). 政治報道とシニシズム――戦略型フレーミングの影響過程―― ミネルヴァ書房)

Iyengar, S. (1991). *Is anyone responsible? : How television frames political issues.* Chicago : University of Chicago Press.

谷口将紀 (2002). マスメディア 福田有広・谷口将紀 (編) デモクラシーの政治学 東京大学出版会 pp. 269-286.

[Ⅴ-2]

Iyenger, S., & Kinder, D. R. (1987). *News that matters : Television and American opinion.* Chicago : The University of Chicago Press.

Klapper, J. (1960). *The effects of mass communication.* New York : Free Press.

Lippmann, W. (1922). *Public opinion.* New York : Macmillan. (リップマン, W. 掛川トミ子 (訳) (1987). 世論 (上) (下) 岩波書店)

McCombs, M. E. (2004). *Setting the agenda : The mass media and public opinion.* Cambridge : Polity Press.

McCombs, M. E., & Shaw, D. L. (1972). The agenda-setting function of mass media. *Publilc Opinion Quarterly,* **36**, 176-187.

McCombs, M. E., & Shaw, D. L. (1977). Agenda-setting and the political process. In D. L. Shaw & M. E. McCombs (Eds.), *The emergence of American political issues : The agenda-setting function of the press.* St. Paul, MN : West.

McCombs, M. E., & Shaw D. L. (1993) The evolution of agenda-setting research : Twenty-five years in the marketplace of ideas. *Journal of Communication,* **43**, 58-67.

Takeshita, T. (1993). Agenda-setting effects of the press in a Japanese local election. *Studies of Broadcasting,* **29**, 193-216.

Weaver, D. H., Graber, D. A., McCombs, M. E., & Eyal, C. H. (1981). *Media agenda-setting in a presidential election : Issues, images and interest.* New York : Praeger Publishers. (ウィーバー, D. H.・グレーバー, D. A.・マコームズ, M. E.・エーヤル, C. E. 竹下俊郎 (訳) (1988). マスコミが世論を決める――大統領選挙とメディアの議題設定機能―― 勁草書房)

財団法人・地球環境戦略研究機関編 (2001). 環境メディア論 中央法規

[Ⅴ-3]

Gerbner, G. (1972). Communication and social environment. *Scientific American,* **227**, 152-160.

Gerbner, G., & Gross, L. (1976). Living with television : The violence profile. *Journal of Communication*, **26**,173-199.

Gerbner, G., Gross, L., Morgan, M., & Signorielli, N. (1980). The 'mainstreaming' of America : Violence profile No. 11. *Journal of Communication*, **30**, 10-29.

Gerbner, G., Gross, L., Morgan, M., & Signorielli, N. (1982). Charting the mainstream : Television's contributions to political orientations. *Journal of Communication*, **32**, 100-127.

Hirsch, P. (1980). The 'scary world' of the nonviewer and other anomalies : A reanalysis of Gerbner et al.'s findings on cultivation analysis. *Communication Research*, **7**, 403-456.

Morgan, M. (1982). Television and adolescents' sex-role stereotypes : A longditudinal study. *Journal of Personality and Social Psychology*. **43**, 947-955.

Signorielli, N. (1989). Television and conceptions about sex roles : Maintaining conventionality and the status quo. *Sex Roles*, **21**, 337-356.

Shanahan, J. (1993). Television and the cultivation of environmental concern : 1988-1992. In A. Hansen (Ed.), *The mass media and environmental issues.* Leicester, England ; University of Leicester Press, pp. 181-97.

Shanahan, J., & Morgan, M. (1999). *Television and its viewers : Cultivation theory and research.* Cambridge : Cambridge University Press.

Shrum, L. J., (1995). Assessing the social influence of television : A social cognition perspective. *Communication Research*, **22**, 402-429.

[V-4]

Glynn, C. J., Hayes, A. M., & Shanahan, J. (1997). Perceived support for one's opinions and willingness to speak out : A meta-analysis of survey studies on the "spiral of silence". *Public Opinion Quarterly*, **61**, 452-463.

Hayes, A. F., Glynn, C. J., & Shanahan, J. (2005). Willingness to self-censor : A construct and measurement tool for public opinion research. *International Journal of Public Opinion Research*, **17**, 298-323.

Huang, H. (2005). A cross-cultural test of the spiral of silence. *International Journal of Public Opinion Research*, **17**, 324-345.

Kim, S. H., Han, M., Shanahan, J., & Berdayes, V. (2004). Talking on "Sunshine in North Korea" : A test of the spiral of silence as a theory of powerful mass media. *International Journal of Public Opinion Research*, **16**, 39-62.

McDonald, D. G., Glynn, C. J., Kim, S., & Ostman, R. E. (2001). The spiral of silence in the 1948 presidential election, *Communication Research*, **28**, 139-155.

Neuwirth, K. (2000). Testing the spiral of silence model : The case of Mexico. *International Journal of Public Opinion Research*, **12**, 138-159.

Noelle-Neumann, E. (1985). The spiral of silence : A response. In K. R. Sanders, L. L. Kaid, & D. Nimmo (Eds.), *Political Communication Yearbook, 1984.* Carbondale : Southern Illinois University Press, pp. 66-94.

Noelle-Neumann, E. (1993). *The spiral of silence : Public opinion- our social skin* (2nd ed.). University of Chicago Press, IL. （ノエル＝ノイマン，E. 池田謙一・安野智子（訳）（1997）．沈黙の螺旋理論──世論形成過程の社会心理学（第2版）── ブレーン出版（ドイツ語原著出版は1980年，英語版初版は1984年））

Oshagan, H. (1996). Reference group influence on public opinion expression. *International Journal of Public Opinion Research*, **8**, 335-354.

Petrick, G. & Pinter, A. (2002). From social perception to public expression of opinion : A structural equation modeling approach to the spiral of silence. *International Journal of Public Opinion Research*, **14**, 37-53.

Salmon, C. T., & Kline, F. G., (1985). The spiral of silence ten years later : An examination and evaluation. In K. R. Sanders, L. L. Kaid, & D. Nimmo (Eds.), *Political Communication Yearbook*, Carbondale : Southern Illinois University Press. pp. 3-30.

Scheufele, D. A., & Moy, P. (2000). Twenty-five years of the spiral of silence : A conceptual review and empirical outlook. *International Journal of Public Opinion Research*, **12**, 3-28.

田崎篤郎・児島和人（編著）（2003）．マス・コミュニケーション効果研究の展開（改訂新版） 北樹出版

安野智子（2006）．重層的な世論形成過程──メディア・ネットワーク・公共性── 東京大学出版会

Brosius, H. B. & Engel, D. (1996). The causes of third-person effects : Unrealistic optimism, impersonal impact, or generalized negative attitudes towards media influences. *International Journal of Public Opinion Research*, **8**, 142-62.

Cohen, J., Mutz, D., Price, V., & Gunther, A. (1988). Perceived impact of defamation : An experiment on third-person effects. *Public Opinion Quarterly*, **52**, 161-173.

Davison, W. P. (1983). The third-person effect in communication. *Public Opinion Quarterly*, **47**, 1-15.

Eveland, W. P., Nathanson, A. I. , Detenber, B. H., & McLeod, D. M. (1999). Rethinking the social distance corollary : Perceived likelihood of exposure and the third-person perception. *Communication Research*, **26**, 275-302.

Gunther, A. (1991). What we think others think : Cause and consequence in the third-person effect. *Communication Research*, **18**, 355-372.

Gunther, A. (1995). Overrating the X-rating : The third-person perception and support for censorship of pornography. *Journal of Communication*, **45**, 27-38.

Gunther, A. & Mundy, P. (1993). Biased optimism and the third-person effect. *Journalism Quarterly*, **70**, 58-67.

Henriksen, L., & Flora, J. A, (1999). Third-person perception and children : Perceived impact of pro-and anti-smoking ads. *Cummunication Research*, **26**, 643-665.

Huh, J., Delorme, D. E., & Reid, L. N. (2004). The third-person effect and its influence on behavioral outcomes in a product advertising context : The case of direct-to-consumer prescription drug advertising. *Communication Research*, **31**, 568-599.

Lasorsa, D. L. (1989). Real and perceived effects of "Amerika". *Journalism Quarterly*, **66**, 373-378.

Lee, B., & Tamborini, R. (2005). Third-person effect and internet pornography : The influence of collectivism and internet self-efficacy. *Journal of Communication*, **55**, 292-310.

McLeod, D. M., Detenber, B. H. & Eveland, W. P. Jr. (2001). Behind the third-person effect : Differentiating perceptual processes for self and other. *Journal of Communication*, **51**, 678-695.

McLeod, D. M., Eveland, W. P., Jr., & Nathanson, A. I. (1997). Support for censorship of misogynic rap lyrics : An analysis of the third-person effect. *Communication Research*, **24**, 153-174.

Mutz, D. C. (1989). The influence of perceptions of media influence : Third person effects and the public expression of opinions. *International Journal of Public Opinion Research*, **1**, 3-23.

Paul, B., Salwen, M. B., & Dupagne, M. (2000). The third-person effect : A meta-analysis of the perceptual hypothesis. *Mass Communication & Society*, **3**, 57-85.

Perloff, R. M. (1989). Ego-involvement and the third-person effect of televised news coverage. *Communication Research*, **16**, 236-262.

Perloff, R. M. (1999). The third-person effect : A critical review and synthesis. *Media Psychology*, **1**, 353-378.

Perloff, R. M. (2002). The third-person effect. In J. Bryant & D. Zillmann (Eds.), *Media effects : Advances in theory and research, 2nd ed.*, NJ : Erlbaum, pp. 489-506.

Price, V., & Tewksbury, D. (1996). Measuring the third-person effect of news : The impact of question order, contrast and knowledge. *International Journal of Public Opinion Research*, **8**, 120-141.

Price, V., Tewksbury, D., & Huang, L. (1998). Third-person effects on publication of a Holocaust-denial advertisement. *Journal of Communication*, **48**, 3-26.

Salwen, M. B. (1998). Perceptions of media influence and support for censorship : The third-person effect in the 1996 presidential election. *Communication Research*, **25**, 259-285.

Tewksbury, D. (2002). The role of comparison group size in the third-person effect. *International Journal of Public Opinion Research*, **14**, 247-263.

Tiedge, J. T., Silverblatt, A., Havice, M. J., & Rosenfield, R. (1991). Discrepancy between perceived first-person and perceived third-person mass media effects. *Journalism Quarterly*, **68**, 141-154.

Willnat, L., He, Z., Takeshita, T., & Lopez-Escobar, E. (2002). Perceptions of foreign media influence in Asia and Europe : The third-person effect and media imperialism. *International Journal of Public Opinion Research*, **14**, 175-192.

V-6

Allport, G. W. & Postman, L. J. (1947). *The psychology of rumor*. New York : Holt, Rinehart, & Winston.（オルポート，G. W.・ポストマン，L. J. 南博（訳）(1952)．デマの心理学　岩波書店）

Bordia, P., & DiFonzo, N. (2002). When social psychology became less social : Prasad and the history of rumor research. *Asian Journal of Social Psychology*, **5**, 49-61.

Greenberg, B. S. (Ed.) (2002). *Communication and terrorism: Public and media responses to 9/11*. Cresskill, NJ : Hampton Press.

Greenberg, B. S., Hofschire, L., & Lachlan, K. (2002). Diffusion, media use and interpersonal communication behaviors. In B. S. Greenberg (Ed.), *Communication and terrorism : Public and media responses to 9/11*. Cresskill, NJ : Hampton Press, pp. 3-16.

伊藤陽一・小川浩一・榊博文 (1974)．デマの研究――愛知県豊川信用金庫"取り付け"騒ぎの現地調査――　総合ジャーナリズム研究，**69**，70-80 ; **70**，100-111．

川上善郎 (1997)．セレクション社会心理学16　うわさが走る――情報伝播の社会心理――　サイエンス社

三上俊治 (2004)．災害情報と流言　廣井脩（編著）シリーズ情報環境と社会心理7　災害情報と社会心理　北樹出版 pp. 35-54．

Prasad, J. (1935). The psychology of rumor : A study relating to the great Indian earthquake of 1934. *British Journal of Psychology*, **26**, 1-15.

Stempel, G. H., & Hargrove, T. (2002). Media sources of information and attitudes about terrorism. In B. S. Greenberg (Ed.), *Communication and terrorism : Public and media responses to 9/11*. Cresskill, NJ : Hampton Press, pp. 17-26.

V-7

Baum, M. A. (2001). *Soft news goes to war : Public opinion and American foreign policy in the new media age*. Princeton, NJ : Princeton University Press.

Becker, L. B., & Whitney, D. C. (1980). Effects of media dependencies : Audience assessment of government. *Communication Research*, **7**, 95-120.

Berelson, B. R., Lazarsfield, P. F., & McPhee, W. N. (1954) *Voting : A study of opinion formation in presidential campaign*. Chicago : University of Chicago Press.

Dervin, B. (1980). Communication gaps and inequities : Moving toward a reconceptualization. In B. Dervin, & M. J. Voigt (Eds.), *Progress in Communication Sciences*, Vol. 2, Norwood, NJ : Ablex.

Gaziano, C. (1983). The knowledge gap : An analytical review of media effects. *Communication Research*, **10**, 447-486.

Gantz, W. (1978). How uses and gratifications affect recall of television news. *Journalism Quarterly*, **55**, 664-672.

池田謙一 (1997)．ネットワーキング・コミュニティ　東京大学出版会

池田謙一・小林哲郎 (2005)．メディアの受容とデジタル・デバイド　池田謙一（編著）インターネット・コミュニティと日常世界　誠信書房　pp. 29-49．

Katz, E., & Lazarsfeld, P. F. (1955). *Personal Influence*. New York : The Free Press.（カッツ，E.・ラザーズフェルド，P. F. 竹内郁郎（訳）(1965)．パーソナル・インフルエンス――オピニオン・リーダーと人びとの意思決定――　培風館）

Neuman, W. R. (1976). Patterns of recall among television news viewers. *Public Opinion Quarterly*, **40**, 115-123.

NHK放送文化研究所 (2006)．2005年国民生活時間調査報告書　NHK放送文化研究所

Norris, P. (2000). *Digital divide : Civic engagement, information poverty, and the Internet worldwide*. Cambridge : Cambridge University Press.

Star, S. A., & Hughes, H. M. (1950). Report on an educational campaign : The Cincinnati plan for the United Nations. *American Journal of Sociology*, **55**, 389-400.

Stauffer, J., Frost, R., & Rybolt, W. (1978). Literacy, illiteracy, and learning from television news. *Communication Research*, **5**, 221-232.

Tichenor, P. J., Donohue, G. A., & Olien, C. N. (1970). Mass media flow and differential growth in knowledge. *Public Opinion Quarterly*, **34**, 159-170.

Viswanath, K., & Finnegan, J. R., Jr. (1995). The knowledge gap hypothesis: Twenty five years later. In B. R. Burleson (Ed.), *Communication yearbook*, Vol. 19, Thousand Oaks, CA: Sage Publications. pp. 187-227.

[V-8]

竹下俊郎　(1999)．マス・コミュニケーション　中島義明他（編集）　心理学辞典　有斐閣　pp. 809-810.

[VI-1]

Baker, W. E. (1992). The network organization in theory and practice. In N. Nohria & R. G. Eccles (Eds.), *Networks and organizations*. Boston: Harvard Business School Press.

Bavelas, A. (1948). A mathematical model for group structures, *Applied Anthropology*, 7(3), 16-30.

Everett, M., & Borgatti, S. P. (2005). Extending centrality. In P. J. Carrington, J. Scott, & S. Wasserman (Eds.), *Models and methods in social network analysis*. New York: Cambridge University Press.

Freeman, L. (1979). Centrality in social networks, Part 1: Conceptual clarification. *Social Networks*, **1**, 215-239.

Leavitt, H. J. (1951). Social effects of certain communication patterns on group performance. *Journal of Abnormal and Social Psychology*, **46**, 38-50.

Miles, R. E., & Snow, C. C. (1986). Organizations: New concepts for new forms. *California Management Review*, **28**, 62-73.

高橋伸幸・山岸俊男　(1993)．社会的交換ネットワークにおける権力　理論と方法，**8**，251-269.

Wasserman, S. & Faust, K. (1994). *Social network analysis: Methods and applications*, Cambridge: Cambridge University Press.

[VI-2]

Cartwright, D., & Harary, F. (1956). Structural balance: A generalization of Heider's theory. *Psychological Review*, **63**, 277-292.

Heider, F. (1946). Attitudes and cognitive organization. *Journal of Psychology*, **21**: 107-112.

Rapoport, A. (1953). Spread of information through a population with socio-structural bias: I. Assumption of transitivity. *Bulletin of Mathematical Biophysics*, **16**, 75-81.

Rapoport, A., & Horvath, W. J. (1961). A study of a large sociogram, *Behavioral Science*, **6**, 279-291.

Wasserman, S., & Faust, K. (1994). *Social network analysis: Methods and applications*. Cambridge: Cambridge University Press.

[VI-3]

Burt, R. (1992). *Structural holes: The social structure of competition*. Cambridge: Harvard University Press.

Friedkin, N. (1980). A test of the structural features of Granovetter's 'strength of weak ties' theory. *Social Networks*, **2**, 411-422.

Granovetter, M. (1973). The strength of weak ties. *American Journal of Sociology*, **78**(6), 1360-1380.

Granovetter, M. (1983). The strength of weak ties: A network theory revisited. *Sociological Theory*, **1**, 201-233.

Granovetter, M. (1995). *Getting a job: A study of contacts and careers*, 2nd ed. Chicago: University of Chicago Press.（グラノヴェター，M.　渡辺深（訳）(1998)．転職——ネットワークとキャリアの研究——　ミネルヴァ書房）

金光淳　(2003)．社会ネットワーク分析の基礎——社会的関係資本論へむけて——　勁草書房

鹿又伸夫　(1991)．弱い紐帯の強さ——社会関係のネットワーク——　小林淳一・木村邦博（編著）考える社会学　ミネルヴァ書房　pp. 100-114.

平松闊　(1990)．ウィーク・タイの強さのパラドックス　平松闊（編著）社会ネットワーク　福村出版　pp. 14-32.

Rapoport, A., & Horvath, W. (1961). A study of a large sociogram. *Behavioral Science*, **6**, 279-291.

盛山和夫　(1985)．弱い紐帯の強さ——再考——　原純輔・海野道郎（編著）数理社会学の現在（数理社会学研究論文集Ｉ）　数理社会学研究会　pp. 163-174.

友知政樹　(2003)．なぜ広く浅いつきあいの方が転職に有利なのか　土場学・小林盾・佐藤嘉倫・数土直紀・三隅一人・渡辺勉　社会を〈モデル〉で見る——数理社会学への招待——　勁草書房　pp. 116-119.

安田雪　(1997)．ネットワーク分析——何が行為を決定するか——　新曜社

安田雪　(2004)．人脈作りの科学——「人と人との関係」に隠された力を探る——　日本経済新聞社

渡辺深 （1991）．転職——転職結果に及ぼすネットワークの効果—— 社会学評論, **42**(1), pp. 2-15.
渡辺深 （1999）．「転職」のすすめ 講談社
渡辺勉 （2005）．職探し選択と合理的選択 佐藤嘉倫・平松闊（編著） ネットワーク・ダイナミクス——社会ネットワークと合理的選択—— 勁草書房 pp. 3-26.

Ⅵ-4

Coleman, J., Katz, E., & Menzel, H. (1957). The diffusion of an innovation among physicians. *Sociometry*, **20**(4), 253-270.
Coleman, J. S., Katz, E., & Menzel, H. (1966). *Medical innovation: A diffusion study*. The Bobbs-Merrill Co. （コールマン, J. S.・カッツ, E.・メンツェル, H. 小口一元・宮本史郎（訳）（1970）．販売戦略と意思決定 ラテイス発行 丸善発売）
金光淳 （2003）．社会ネットワーク分析の基礎——社会的関係資本論へむけて—— 勁草書房
松田光司 （2005）．伝播モデルにおける均質性の仮定が及ぼす影響 佐藤嘉倫・平松闊（編著） ネットワーク・ダイナミクス——社会ネットワークと合理的選択—— 勁草書房 pp. 135-155.
松信ひろみ・渡辺深 （2005）．社会関係資本と勢力 佐藤嘉倫・平松闊（編著） ネットワーク・ダイナミクス——社会ネットワークと合理的選択—— 勁草書房 pp. 113-132.
Rogers, E.M. (2003). Diffusion of innovations, 5th ed. New York: Free Press. （ロジャーズ, E. M. 青池慎一・宇野善康（訳）（1990）．イノベーション普及学 産能大学出版部）
安田雪 （1997）．ネットワーク分析——何が行為を決定するか—— 新曜社 pp. 149-156.

Ⅵ-5

Granovetter, M. (1978). Threshold models of collective behavior. *American Journal of Sociology*, **83**(6), 1420-1443.
Granovetter, M., & Soong, R. (1983). Threshold models of diffusion and collective behavior. *Journal of Mathematical Sociology*, **9**, 165-179.
石井健一 （1987）．世論過程の閾値モデル——沈黙の螺旋状過程のフォーマライゼーション—— 理論と方法, **2**(1), 15-28.
Leibenstein, H. (1950). Bandwagon, snob, and Veblen effects in the theory of consumers' demand. *Quarterly Journal of Economics*, **64**, 183-207.
Gladwell, M. (2000). *The tipping point: How little things can make a big difference*. Little Brown & Co. （グラッドウェル, M. 高橋啓（訳）（2001）．なぜあの商品は急に売れ出したのか——口コミ感染の法則—— 飛鳥新社）
中井豊 （2004）．人工社会を用いた熱狂の発生メカニズムの考察 理論と方法, **19**(1), 21-36.
Schelling, T. C. (1978). *Micromotives and macrobehavior*. W. W. Norton & Company.
Watts, D. J. (2003). *Six degrees: The science of a connected Age*. W. W. Norton & Company. （ワッツ, D. J. 辻竜平・友知政樹（共訳）（2004）．スモールワールド・ネットワーク——世界を知るための新科学的思考法—— 阪急コミュニケーションズ）
山岸俊男 （1990）．社会的ジレンマのしくみ——「自分1人ぐらいの心理」の招くもの—— サイエンス社.

Ⅵ-6

Dodds, P. S., Muhamad, R., & Watts, D. J. (2003). An experimental study of search in global social networks. *Science*, **301**, 827-829.
Hunter, J. E., & Shotland, R. L. (1974). Treating data collected by the 'small world' technique as a markov process. *Social Forces*, **52**, 321-332.
Kleinfeld, J. S. (2002a). The small world problem. *Society*, **39**, 61-66.
Kleinfeld, J. S. (2002b). Six degrees of separation: Urban myth? *Psychology Today*, Mar/Apr 2002. (http://www.psychologytoday.com/articles/pto-20020301-000038.html)
Milgram, S. (1967). The small world problem. *Psychology Today*, **22**, 61-67.
Watts, D. J., & Strogatz, S. H. (1998). Collective dynamics of 'small world' networks. *Nature*, **393**, 440-442.

Ⅵ-7

Burt, R. S. (2001). Structural holes versus network closure as social capital In N. Lin, K. Cook, & R. S. Burt (Eds.), *Social capital: Theory and research*. New York; Aldine de Gruyter. pp. 31-55.

Lin, N. (2001). Building a network theory of social capital. In N. Lin, K. Cook, & R. S. Burt (Eds.), *Social capital : Theory and research.* New York : Aldine de Gruyter. pp. 3-29.

Portes, A., & Landolt, P. (1996). The downside of social capital. *The American Prospect*, **26**, 18-21.

Putnam, R. D. (1993). *Making democracy work : Civic traditions in modern Italy.* Princeton, NJ : Princeton University Press.（パットナム，R. D. 河田潤一（訳）（2001）．哲学する民主主義——伝統と改革の市民的構造—— 叢書「世界認識の最前線」NTT 出版）

Putnam, R. D. (1995). Bowling alone : America's declining social capital. *Journal of Democracy*, **6**, 65-78.

Putnam, R. D. (2000). *Bowling alone : The collapse and revival of American community.* New York : Simon and Schuster.（パットナム，R. D. 柴内康文（訳）（2006）．孤独なボウリング——米国コミュニティの崩壊と再生—— 柏書房）

[Ⅶ-1]

佐伯胖（1986）．認知科学選書10 認知科学の方法 東京大学出版会

[Ⅶ-2]

古畑和孝（1980）．科学としての社会心理学 古畑和孝（編）人間関係の社会心理学 サイエンス社，pp. 277-295.

南風原朝和（2002）．心理統計学の基礎——総合的理解のために 有斐閣

広瀬幸雄（編著）（1997）．シミュレーション世界の社会心理学——ゲームで解く葛藤と共存—— ナカニシヤ出版

石川淳志・佐藤健二・山田一成（編）（1998）．見えないものを見る力——社会調査という認識—— 八千代出版

村田光二・山田一成（編著）（2000）．社会心理学研究の技法 福村出版

Newcomb, T. M. (1961). *The acquaintance process.* New York : Holt, Rinehart and Winston.

Searle, A. (1999). *Introducing research and data in psychology.*（サール，A. 宮本聡介・渡邊真由美（訳）（2005）．心理学研究法入門 新曜社）

末永俊郎（編）（1987）．社会心理学研究入門 東京大学出版会

高野陽太郎・岡隆（編）（2004）．心理学研究法——心を見つめる科学のまなざし—— 有斐閣

滝聞一嘉・坂元章（1991）．認知的熟慮性—衝動性尺度の作成——信頼性と妥当性の検討—— 日本グループ・ダイナミックス学会第39回大会発表論文集，pp. 39-40.

山田剛史・村井潤一郎（2004）．よくわかる心理統計 ミネルヴァ書房

[Ⅶ-3]

Gilbert, D. T., Fiske, S. T., & Lindzey, G. (Eds.) (1998). *The handbook of social psychology.* 4th ed. Boston : McGraw-Hill.

末永俊郎（1998）．社会心理学の歴史 末永俊郎・安藤清志（編）現代社会心理学 東京大学出版会，pp. 238-268.

[Ⅶ-4]

Cosmides, L. (1989). The logic of social exchange : Has natural selection shaped how humans reason ? Studies with the Wason selection task. *Cognition*, **31**, 187-276.

長谷川寿一・長谷川眞理子（2000）．進化と人間行動 東京大学出版会

長谷川寿一・平石界（2000）．進化心理学から見た心の発生 渡辺茂（編著）心の比較認知科学 ミネルヴァ書房，pp. 383-439.

亀田達也・村田光二（2000）．複雑さに挑む社会心理学——適応エージェントとしての人間—— 有斐閣

Markus, H., & Kitayama, S. (1991). Culture and the self : Implications for cognition, emotion, and motivation. *Psychological Review*, **98**, 224-253.

Nisbett, R. E. (2003). *The geography of thought : How Asians and Westerners think differently...and why.* New York : Free Press.（ニスベット，R. E. 村本由紀子（訳）（2004）．木を見る西欧人・森を見る東洋人——思考の違いはいかにして生まれるか—— ダイヤモンド社）

末永俊郎（1998）．社会心理学の歴史 末永俊郎・安藤清志（編）現代社会心理学 東京大学出版会 pp. 238-268.

竹村和久（編著）（2004）．社会心理学の新しいかたち　誠信書房
山岸俊男　（1998）．信頼の構造——こころと社会の進化ゲーム——　東京大学出版会

人名さくいん

あ
アーツ, H. 9
アイエンガー, S. 126, 132
アクセルロッド, R. 118
アダムス, J. S. 80
アッシュ, S. E. 56
アマト, P. R. 82
アロンソン, E. 54
アロンソン, J. 61, 62
アンダーソン, C. A. 90
イーグリー, A. 33
池田謙一 153
石井健一 175
石川淳志 190
イックス, W. 70
今井芳昭 51, 64
ウィーバー, D. H. 133
ウィーラー, D. 52, 53
ウィリアム, C. 32
ウィルス, T. 53
ウィルソン, T. D. 6, 7, 25
ウィンター, L. 11
ウェグナー, D. M. 7
ウォルスター, E. 80
ウッド, J. 54
ウルマン, J. S. 11
エヴェレット, M. 157
エクマン, P. 71
エプレイ, N. 24
エマソン, R. M. 79
エロン, L. D. 93
大渕憲一 92, 97
岡隆 190
オルポート, G. W. 30, 60, 147
オルポート, F. H. 100

か
カー, N. L. 111
カートライト, D. 163
カーネマン, D. 41
ガーブナー, G. 134-136
カールスミス, J. 38, 54
カシオッポ, J. A. 40
カッツ, D. 31
カッツ, E. 153, 168
金井篤子 63
金光淳 167, 171
鹿又伸夫 167
カペラ, J. N. 128
北村英哉 43
北山忍 200
キャントリル, H. 18
ギルバート, D. T. 10-12, 25, 54
ギロヴィッチ, T. 21-24, 72
キンダー, D. R. 132
クィン, D. M. 63
グールドナー, A. W. 79
工藤恵理子 28
クラーク, M. S. 79
クラインフェルド, J. S. 176
グラノヴェター, M. 165-167, 172-175
グリーン, D. 19
グリーンバーグ, B. S. 147
グリーンワルド, A. 32
グリフィン, D. W. 18, 20
クルーガー, J. 23
グロス, P. H. 26
ゲザルス, G. 53
ケルトナー, D. 21
コーエン, C. E. 28
コールマン, J. S. 168-171
コスミデス, L. 115, 201
小林知博 32
小林哲郎 153
コワルスキ, R. M. 66

さ
サール, A. 190
ザイアンス, R. B. 100
サイム, S. L. 86
サヴィツキー, K. 22-25
坂元章 192
サムナー, W. G. 112
ジェイミソン, K. H. 128
シェリフ, M. 112
潮村公弘 32
シコリー, F. 23
シモンズ, C. H. 16
シャクター, S. 59
シャナハン, J. 136

シュラム, L. 137
シュレンカー, B. R. 66
ショー, D. L. 131
ジョーンズ, E. E. 10, 66
神信人 115
末永俊郎 190
スタイナー, I. D. 101
スタッツ, A. 36
スタッツ, C. 36
スティール, C. M. 60-63
ストロガッツ, S. H. 178
スナイダー, M. 66
スノー, C. C. 159
スペンサー, S. J. 63
スミス, E. R. 7, 43
スラル, T. K. 7
盛山和夫 166, 167

た
ターナー, J. C. 114
ダーリー, J. M. 26, 53, 84
高野陽太郎 190, 201
高橋伸幸 158
滝聞一嘉 192
タジフェル, H. 113, 114, 124
タッカー, A. W. 116
ダニング, D. 20
チェイケン, S. 9, 33, 41
チャルディーニ, R. B. 44
デ・ドゥルー, C. K. 95, 96
デイヴィソン, W. P. 142
ティチナー, P. J. 150
テイラー, S. E. 10
デコスター, J. 43
デュルケム, E. 86
ドイチ, M. 58
トゥービー, J. 115
トゥエンギー, J. M. 75
ドウズ, R. 120
ドゥバイン, P. G. 8
トヴァスキー, A. 41
友知政樹 167
外山みどり 14
トリプレット, N. 100
ドレシャー, M. 116

な
トロープ, Y. 9
トンプソン, L. L. 96
中井豊 175
ナッシュ, J. F. 117
ニスベット, R. E. 6, 201
ニューカム, T. M. 193
ニュートン, L. 18
ニューバーグ, S. T. 2, 4
ノエル＝ノイマン, E. 138
ノリス, P. 153

は
バーガー, G. 23
バークマン, L. F. 86
バーコヴィッツ, L. 91
バージ, J. A. 9
ハーディン, G. 120, 121
バート, R. S. 167, 181
ハイダー, F. 10, 37, 45, 163
バヴェラス, A. 157
ハウス, P. 19
バウマイスター, R. F. 74
南風原朝和 195
バス, B. M. 107
ハストーフ, A. 18
パットナム, R. D. 182
バトソン, C. D. 82
パブロフ, I. 36
ハミルトン, D. L. 27
ハラリー, F. 163
ハリス, V. A. 10
ピットマン, T. S. 66
平松闊 167
ヒルダム, D. 37
広瀬幸雄 190
ファウスト, K. 157, 162
ファジオ, R. 32
フィードラー, F. E. 105
フィスク, S. T. 2, 4, 10, 35
フィッシュホフ, B. 20

フェスティンガー, L. 37, 38, 45, 52, 53, 55
フォア, E. B. 78
フォア, U. G. 78
深田博巳 44
藤島喜嗣 24
フューズマン, L. R. 93
ブラウン, R. 37
プラサド, J. 147
フラッド, M. 116
フリードキン, N. 167
フリーマン, L. 157, 163
ブルーワー, M. B. 2
プルイット, D. G. 95
古川久敬 107
古畑和孝 190
ブレックラー, J. 31
フレンチ, J. 50
フロイト, S. 90
ブロニン, E. 21
ペイン, B. K. 9, 33
ベーカー, W. E. 159
ペティ, R. E. 40
ベネディクト, R. 79
ホーヴァス, W. J. 160
ポストマン, L. J. 147
ホヴランド, C. I. 36, 46, 154
ボルガッティ, S. P. 157

ま
マーカス, H. R. 200
マイルス, R. E. 159
マクドゥーガル, W. 196
マクレ, C. N. 2
マコームズ, M. E. 131
松田光司 171
松信ひろみ 171
マヘスワラン, D. 42
マローン, P. S. 10, 12
ミルグラム, S. 48, 50, 51, 176
ミルコヴィッチ, J. D. 20

村井潤一郎 195
村田光二 190
メドヴェック, V. H. 22, 23
メンツェル, H. 168
モーガン, M. 136
モスコヴィッチ, S. 59, 108

や
安田雪 167, 171
山岸俊男 114, 122, 158, 175, 201
山田一成 190
山田剛史 195

ら
ラーナー, M. J. 14, 16
ラザーズフェルド, P. F. 153, 154, 184
ラタネ, B. 84, 102
ラパポート, A. 160, 166
ラピエール, R. 31
リアリー, M. R. 66, 74
リーヴィット, H. J. 156, 157
リップマン, W. 130
リヒテンシュタイン, S. 20
リン, N. 180
ルール, B. G. 92
レイブン, B. 50
レヴィ, B. 63
レヴィン, K. 104, 124
ローズ, T. L. 27
ロジャーズ, E. M. 171
ロス, E. A. 196
ロス, L. 18-21
ロス, M. 23
ロビンソン, R. J. 21

わ
ワード, A. 18, 21
ワイヤー, R. S. 7
渡辺深 171
渡辺勉 167
ワッサーマン, S. 157, 162
ワッツ, D. J. 178

事項さくいん

あ

- アーリー・アダプター 171
- アーリー・マジョリティ 171
- 哀願 68
- 愛他心 82
- 愛着 74
- アヴァンギャルド 139
- アクセシビリティ 30, 32
  - ――効果 7
- アクセス 7
- アジェンダ 130
- アナグラム課題 24
- アメリカ同時多発テロ事件 146
- アラメダ・スタディ 86
- アルゴリズム 47, 118
- アルファ係数 192
- アンケート 191
- 威嚇 68
- 閾値 172-174
  - ――モデル 172, 175
- 意識的努力 28
- 意思決定 173
- 一般攻撃モデル 90
- 一般互酬関係 115
- イノベーション 168, 170, 171
- イノベーター 171
- 意味ネットワークモデル 7
- 依頼 44
- 因果 192
- 印象形成の連続体モデル 2
- インターネット 147
- インタビュー 168, 190
- インバランス 163
- インフォームドコンセント 195
- 裏切り 116, 117, 121, 202
- うわさ 147, 168
- エゴセントリック・ネットワーク 185
- 援助行動 82
- オペラント条件づけ 36, 37
- オリエンテーション欲求 132

か

- 外集団 112
- 外的要因 10
- 改変効果 154
- 学際的 196
- 確証情報 26
- 確証的カテゴリー化 3
- 確証バイアス 26, 202
- 革新的採用者 171
- 確信度 20
- 仮説 190, 194
  - ――構成概念 30
- 価値表出機能 31
- 活性化 7, 62
  - ――拡散 7
- カテゴリー 2
  - ――依存処理 2
- 過度の正当化 85
- カバーストーリー 194
- 観察法 190
- 簡便法 47
- 危険率 195
- 擬似環境 130
- 希少性の原理 46
- 帰属 10
  - 原因―― 14
  - 責任―― 14, 126
- 期待 26
  - ――の確証 18
- 議題設定機能 130-133
- キティ・ジェノヴィーズ事件 82
- 規範の影響 58
- 基本的帰属のエラー 10
- 究極因 202
- 共感
  - ――性 77
  - ――の正確さ 71
- 強制勢力 50
- 協調行動 163
- 共同体的関係 79
- 共貧 121
- 共有地
  - ――型 121
  - ――の悲劇 120
- 協力 116, 117, 119-122, 202
- 局所ブリッジ 165, 167
- 「拒否したら譲歩」技法 45
- 近接因 202
- 近接中心性 157
- 偶然の誤り 192
- クラスター 163
- クリティカル・マス 174, 175
- グループ・ダイナミクス 197
  - ――研究 124
- 群衆行動 124
- ゲーム理論 117
- 血液型性格診断 26
- 結果依存性 4
- 権威 50, 51
- 原因 193
- 限界質量 175
- 現実的葛藤理論 112
- 顕出性 131, 133
- 限定効果論 131, 154
- 権力 158, 159
- 合意性 43
  - ――推測の誤り 19
- 効果量 195
- 後期多数者 171
- 公共財 183
  - ――型 121
  - ――問題 121
- 攻撃行動 75
- 公正 80
- 構成概念 186, 192
- 公正世界
  - ――仮説 14
  - ――信念 15
- 構造的すきま 167
- 衡平理論 80
- 合理性 120
- 功利的機能 31
- コーダー 127
- 互酬関係
  - 一般―― 115
  - 限定―― 115
- 互酬性の規範 83, 182
- 個人差 173
- 個人心理 197
- 個人的属性 169
- 固定和幻想 96
- 古典的条件づけ 36, 37

孤独死　86
個別化　2
コミュニケーション　171
　　──・ネットワーク　156, 184
　　──の2段階の流れ仮説　153
コンタクト　164
コントロール過程　6

さ

災害時流言　147
再カテゴリー化　3
最少条件集団実験　113
再テスト信頼性　192
作業効率　156, 159
作業満足度　156, 159
サブカテゴリー　3
サマーキャンプ実験　112
参加者　194
3者関係　160, 161
3者閉包　160
　　──バイアス　177
参照勢力　51
3成分説　30, 31
3大ネットワーク　126, 134
散布図　192
サンプリング　191
サンプル　191
自我防衛機能　31
資源問題　120
自己過程　35
自己カテゴリー化理論　114
自己高揚　53, 69
　　──バイアス　145
自己制御　35
自己宣伝　67
自己中心性バイアス　22, 23
自己卑下　69
自己評価　52-55
自信過剰効果　20
次数中心性　157
自然淘汰　202
自尊心　53, 114
実験　121, 122, 190
　　──協力者（サクラ）　195
　　──群　194
　　──室　194
　　──条件　194
　　──法　193
実証研究　190
質的データ　190

視点取得の失敗　18
自動的な過程　6
自動的な特性推論　11
シニシズム　129
示範　67
自滅的行動　76
社会関係資本　163, 180, 184
　　「結束型」の──　183
　　「橋渡し型」の──　183
社会経済的地位　150, 181
社会参加　182
社会的アイデンティティ　60, 114
　　──理論　114, 124
社会的影響　64
社会的葛藤　94
社会的交換　78, 117
社会的孤立　86
社会的自己　66
社会的ジレンマ　120-123
社会的信頼　182
社会的勢力　50, 51
社会的責任規範　83
社会的相互作用理論　92
社会的促進　100
社会的属性　169
社会的手抜き　101
社会的伝播　168, 170
社会的ネットワーク　87
社会的望ましさ　33
社会的排除　25, 75
社会的比較過程理論　52, 55
社会問題　199
尺度　191
　　──化　192
　　──構成　191
集合行動　149, 172, 197
囚人のジレンマ　116-119, 121
　　N人──　121
従属変数　193
集団
　　──意思決定　108
　　──間葛藤　112
　　──間関係研究　124
　　──規範　124
　　──極化　109
　　──行動　197
　　──状況　194
十分閾　41
十分処理　42

周辺
　　──手がかり　40
　　──ルート　40
主流形成　136
上位目標　113
状況　186
　　──即応理論　105
　　──要因　10
少数派　59
情緒的サポート　88
衝動的攻撃　90
情報環境　146, 147
情報源の信頼性　42
情報処理
　　──システム　6
　　──的なアプローチ　35
情報的影響　58
初期カテゴリー化　3
初期採用者　171
所属仮説　74
知られる自己（me）　66
知る自己（I）　66
進化　201
進化心理学　83, 201
新効果論　154
信頼　122, 123, 182
　　──性　192
心理的リアクタンス　46
推移性　162
　　──バイアス　160
　　──閉包　160
数量化　192
スティグマ　60
ステレオタイプ　2, 26, 28, 60
　　職業──　27
　　──脅威　60
スポットライト効果　22
スモールワールド
　　──・ネットワーク　179
　　──問題　176
政治参加　182
政治報道　128
精神的自己　66
精緻化見込みモデル　40
制度　123
正当勢力　51
制度過程分析　134
責任の分散　84
接触

――期間　*167*
――頻度　*165, 166*
説得　*44*
　　――的コミュニケーション研究　*154*
セルフ・ハンディキャッピング　*68*
前期多数者　*171*
全国世論調査　*136*
潜在的
　　――測定　*9*
　　――な態度測定　*30*
潜在連合テスト　*32*
選択的注目　*28*
扇動者的存在　*173*
専門性　*43*
専門勢力　*51*
戦略　*118*
　　しっぺ返し――　*119*
　　応報――　*119*
戦略的攻撃　*90*
相関　*192*
　　正の――　*192*
　　負の――　*192*
相互協調的自己観　*201*
相互選択バイアス　*161*
相互独立的自己観　*201*
操作　*193*
争点　*131*
ソーシャル・サポート　*86*
　　――のストレス緩衝モデル　*88*
　　――の直接効果モデル　*88*
ソーシャルサポートネットワーク　*185*
ソーシャル・ネットワーキング　*184*
ソーシャルネットワーク　*170, 171, 180, 184*
属性要因　*10*
測定の安定性　*192*
ソシオセントリック・ネットワーク　*185*
ソシオメトリー　*184*
組織　*159*
即効理論　*154*
ソフトニュース　*152*
素朴な現実主義　*18*

た

対応バイアス　*10, 21*
第三者効果　*142*
大衆社会　*184*
対称性バイアス　*161*
対人
　　――行動　*197*
　　――認知　*35*
　　――不信感　*135*
態度　*30, 33, 191*
多元的無知　*84*
多数派　*56, 110*
ただ乗り　*202*
　　――問題　*121*
妥当性　*192*
多様性　*173*
単語完成課題　*61*
単純接触効果　*46*
地位　*158*
　　――分化　*158*
小さな政府　*184*
知識機能　*31*
知識ギャップ仮説　*150*
遅滞者　*171*
中心性　*157*
中心ルート　*40*
紐帯　*164*
　　――の強弱　*165*
　　強い――　*165, 166*
　　弱い――　*165, 166, 178, 179*
　　弱い――の強さ　*164-166*
調査
　　質問紙――　*191*
　　パネル――　*132*
　　量的――　*190*
　　――法　*191*
調整の失敗　*101*
「沈黙の螺旋」仮説　*138, 145*
ディセプション　*195*
ティッピング・ポイント　*175*
適応　*35, 201, 202*
適応論　*115*
デジタルデバイド　*152*
デブリーフィング　*5, 51, 194*
デマ　*147*
テレビの影響　*134*
転職　*164*
ドア・イン・ザ・フェイス・テクニック　*45*
動機

自己改善――　*69*
自己確証――　*69*
自己査定――　*69*
動機づけ　*35*
動機づけられた戦術家　*35*
道具的サポート　*88*
同型　*162*
統計的検定　*195*
統制　*194*
　　条件の――　*194*
　　――群　*194*
　　――条件　*22, 62*
　　――的な過程　*6*
同調　*56*
同定　*11*
透明性の錯覚　*72*
同類志向　*177*
特性概念　*7*
匿名性　*121*
独立変数　*193*
閉ざされた一般互酬仮説　*114*
取り入り　*67*
取り付け騒ぎ　*149*

な

内在化　*60*
内集団　*112*
　　――ひいき　*18, 112*
内的要因　*10*
内部一貫性　*192*
内容分析　*126*
ナッシュ均衡　*117*
2過程モデル　*9, 40*
2次的ジレンマ　*123*
2重処理モデル　*2, 95*
認知
　　――資源　*12*
　　――的倹約家　*35, 41*
　　――的新連合理論　*91*
　　――的不協和理論　*37, 38, 45*
ネットワーキング　*184*
ネットワーク　*165, 175*
　　――型組織　*159*
　　――交換理論　*158, 159*
　　――社会　*184*

は

パーソナルコミュニケーション　*147*
パーソナルネットワーク　*185*
ハードコア　*139*

バイアス　35
　　——効果　43
媒介中心性　157
培養分析　135
培養理論　134
場面想定法　24
バランス　163
　　——理論　45
ハロー効果　46
反社会的行動　77
反証情報　26
バンドワゴン効果　173, 174
ピースミール　3
　　——統合　4
非協力　119, 121
非推移性　162
必要分配　81
否定的評価の過大推測　24
ヒューリスティック　41, 47
　　代表性——　41
　　利用可能性——　41, 137
ヒューリスティック-システマティックモデル　41
平等分配　81
標本　191
　　——調査　191
フィードバック　75
フィールドワーク　190
フォールス・コンセンサス効果　19, 140
不確実性　168, 171
普及　168
　　——曲線　169, 170
　　——理論　171
服従　48, 50, 51
物質的自己　66
フット・イン・ザ・ドア・テクニック　45
プライミング　132, 133
　　——効果　7

プライムタイム　135
ブリッジ　165, 167
ブレインストーミング　103
フレーミング効果　126, 128, 133
フレーム
　　エピソード型——　126, 152
　　戦略型——　128
　　争点型——　128
　　テーマ型——　126
文化指標プロジェクト　134
文化心理学　200
文化的自己観　200
分析的思考　201
分配公正　80
ベースレート情報　20
変革型リーダーシップ　107
偏見　2, 26, 60
返報性
　　——規範　79
　　——のルール　44
包括的思考　201
傍観者効果　73, 83
報酬勢力　50
暴動　172
　　ロス——　172
　　ワッツ——　172
補強効果　154
母集団　191
ホワイトカラー労働者　164

ま

マイクロ　174, 187, 197
マイクロ−マクロ関係　125, 187
マクロ　174, 187, 197
マスコミュニケーション　129, 147, 154, 155
　　——効果研究　154
マスメディア　130
メッセージ
　　——システム分析　134, 135
　　——の一面呈示　47

　　——の二面呈示　47
メディアリテラシー　155
目標
　　——概念　9
　　——追求　9
　　——の伝染　9
モデリング　85
モデル　190

や

役割　158
　　——分化　158
有意差　195
友人選択　161
要因　194
抑制　8
世論　175
　　——調査　191
4枚カード問題　202

ら

ラガード　171
リーダーシップ　104
リスキー・シフト　108
リッカート尺度　191
流言　147
流行　168
臨界量　175
倫理　195
レイト・マジョリティ　171
労力を必要とする状況的修正　12
ロジスティック・カーブ　170

A−Z

AMP　32, 33
fMRI　35
GAM　90
give-some 型　121
IAT　32
take-some 型　121
VCM　121

執筆者紹介（氏名／よみがな／生年／現職／業績／執筆担当／社会心理学を学ぶ読者へのメッセージ）　＊は編著者

＊山田一成（やまだ・かずなり／1960年生まれ）
東洋大学社会学部教授
『心理学研究法』（共著，有斐閣，2004年）『個人と社会のインターフェイス』（共著，新曜社，1999年）
V-1　V-6　V-8　Ⅵ-8　Ⅶ-1　Ⅶ-3
ようこそ，社会心理学の世界へ。

＊北村英哉（きたむら・ひでや／1959年生まれ）
東洋大学社会学部教授
『なぜ心理学をするのか』（単著，北大路書房，2006年）
『認知と感情』（単著，ナカニシヤ出版，2003年）
Ⅰ-2　Ⅰ-9　Ⅱ-2　Ⅱ-8　Ⅶ-2
何のための「研究」かを含めて本づくりをしたつもりです。社会心理学研究の意義を感じてもらえたら幸いです。

＊結城雅樹（ゆうき・まさき／1967年生まれ）
北海道大学大学院文学研究科／社会科学実験研究センター教授
『文化行動の社会心理学』（共編著，北大路書房，2005年）
Culture and Group Processes（共編著，Oxford University Press，2013年）
Ⅲ-4　Ⅲ-9　Ⅳ-7　Ⅶ-4
これだけ複雑な社会を作り上げることができる動物は人間だけ。その姿を決めていくのは皆さんです。

佐久間　勲（さくま・いさお／1969年生まれ）
文教大学情報学部教授
『わかりやすいコミュニケーション学』（共著，三和書籍，2004年）『やさしい心理学』（共著，ナカニシヤ出版，2003年）
Ⅰ-1　Ⅰ-3　Ⅰ-4
社会心理学の知識を使って，ふだん不思議に思っている事柄を考えてみて下さい。

藤島喜嗣（ふじしま・よしつぐ／1972年生まれ）
昭和女子大学人間社会学部教授
『最新・こころの科学』（共著，尚学社，2005年）
Ⅰ-5　Ⅰ-6　Ⅰ-7　Ⅱ-7
社会心理学は，社会とこころとの関わりを推理小説のように解き明かします。この面白味を感じてくれれば幸いです。

大久保暢俊（おおくぼ・のぶとし／1978年生まれ）
東洋大学人間科学総合研究所客員研究員
社会的比較による自己評価への影響を検討した研究の動向（単著，東洋大学21世紀ヒューマン・インタラクション・リサーチ・センター研究年報，2005年）
Ⅰ-8　Ⅱ-1　Ⅱ-4　Ⅱ-5
本書をお読みいただいて，1人でも多くの方が社会心理学に関心を持っていただければ幸いに思います。

小林知博（こばやし・ちひろ）
神戸女学院大学人間科学部教授
『認知の社会心理学』（共著，北樹出版，2004年）Implicit-explicit differences in self-enhancement for Americans and Japanese（共著，*Journal of Cross-Cultural Psychology*，2003年）
Ⅱ-3　Ⅲ-1　Ⅲ-3
社会や人間について学び，人や情報に踊らされる「社会のカモ」にならないような力をぜひ付けていって下さい。

大坪庸介（おおつぼ・ようすけ／1971年生まれ）
神戸大学大学院人文学研究科准教授
Understanding world jury systems through social psychological research（共著，Psychology Press，2006年）
『社会心理学の新しいかたち』（共著，誠信書房，2004年）
Ⅱ-6　Ⅲ-2　Ⅳ-1　Ⅳ-2　Ⅳ-3
本書で紹介した研究が，皆さんの知的好奇心を多少なりとも満足させるものであればと思っています。

金児　恵（かねこ・めぐみ／1973年生まれ）
北海道武蔵女子短期大学准教授
『文化行動の社会心理学』（共著，北大路書房，2005年）
『「人と動物の関係」の学び方』（共著，メディカルサイエンス社，2003年）
Ⅲ-5　Ⅲ-6
「人の世話にはなりたくない」との昨今の風潮は望ましいのでしょうか？　助け合いの効果を学び，考えてみて下さい。

福野光輝（ふくの・みつてる／1969年生まれ）
東北学院大学教養学部教授
Social justice in Japan（共著，Tohoku University Press，2007年）Procedural fairness in ultimatum bargaining（共著，*Japanese Psychological Research*，2003年）
Ⅲ-7　Ⅲ-8
社会心理学は世の中をみる3Dめがねです。世の中はそのままみても面白いけど，社会心理学めがねでみるともっと面白いですよ。

横田晋大（よこた・くにひろ／1977年生まれ）
広島修道大学健康科学部教授
The effect of intergroup threat priming on ingroup cooperation in different contexts（共著，the 17th annual meeting of Human Behavior and Evolution Society，2005年）
Ⅳ-4
なぜ人は差別し，偏見を持つか，その原因を追究する重要さが伝われば幸いです。

執筆者紹介 (氏名／よみがな／生年／現職／業績／執筆担当／社会心理学を学ぶ読者へのメッセージ) ＊は編著者

渡部　幹（わたべ・もとき／1968年生まれ）
モナッシュ大学マレーシア校ビジネススクール准教授
『制度からガヴァナンスへ』（共著，東京大学出版会，2006年）『社会心理学の新しいかたち』（共著，誠信書房，2004年）
Ⅳ-5　Ⅳ-6
個人の行動と社会現象との間にある「からくり」を探るのが社会心理学の面白いところです。一緒に探検しましょう。

川端美樹（かわばた・みき／1962年生まれ）
目白大学メディア学部教授
『変容するメディアとニュース報道』（共著，丸善，2001年）『環境メディア論』（共著，中央法規，2001年）
Ⅴ-2　Ⅴ-3
マスコミュニケーションが私たちに与えるさまざまな影響を理解・自覚して，賢い情報の受け手になりましょう。

安野智子（やすの・さとこ／1970年生まれ）
中央大学文学部教授
『重層的な世論形成過程』（単著，東京大学出版会，2006年）
Ⅴ-4　Ⅴ-5
世論調査の裏側を見抜ける人になって下さい。

小林哲郎（こばやし・てつろう／1978年生まれ）
香港城市大学准教授
『政治のリアリティと社会心理』（共著，木鐸社，2007年）『インターネット・コミュニティと日常世界』（共著，誠信書房，2005年）
Ⅴ-7　Ⅵ-6　Ⅵ-7
社会とつながり，そして社会を動かす人のこころの奥深さを堪能していただければと思います。

辻　竜平（つじ・りゅうへい／1968年生まれ）
近畿大学総合社会学部教授
『ネットワーク・ダイナミクス』（共著，勁草書房，2005年）「小さな世界」における信頼関係と社会秩序（共著，理論と方法，2003年）
Ⅵ-1　Ⅵ-2
自然科学から社会科学までの統一理論をめざしながらも，社会科学の発想や考え方を大切にしたいものです。

友知政樹（ともち・まさき／1973年生まれ）
沖縄国際大学経済学部准教授
A consumer-based model of competitive diffusion（共著・*Journal of Evolutionary Economics*, 2005 年）Defectors' niches（単著，*Social Networks*, 2004年）
Ⅵ-3　Ⅵ-4　Ⅵ-5
本書が社会心理学への興味を喚起し，さらに，理解の一助になれば幸いです。

やわらかアカデミズム・〈わかる〉シリーズ
よくわかる社会心理学

| 2007年3月31日 | 初版第1刷発行 | 〈検印省略〉 |
| 2019年3月30日 | 初版第12刷発行 | |

定価はカバーに
表示しています

編著者	山田 一成
	北村 英哉
	結城 雅樹

発行者　杉田 啓三

印刷者　坂本 喜杏

発行所　株式会社　ミネルヴァ書房
607-8494 京都市山科区日ノ岡堤谷町1
電話代表 (075) 581-5191
振替口座 01020-0-8076

©山田・北村・結城, 2007　　冨山房インターナショナル・藤沢製本
ISBN 978-4-623-04812-0
Printed in Japan

やわらかアカデミズム・〈わかる〉シリーズ

よくわかる社会学	宇都宮京子編	本体 2400円
よくわかるメディア・スタディーズ	伊藤 守編	本体 2500円
よくわかる宗教社会学	櫻井義秀・三木 英編	本体 2400円
よくわかる現代家族	神原文子・杉井潤子・竹田美知編	本体 2500円
よくわかる環境社会学	鳥越皓之・帯谷博明編著	本体 2400円
よくわかる文化人類学	綾部恒雄・桑山敬己編	本体 2400円
よくわかるNPO・ボランティア	川口清史・田尾雅夫・新川達郎編	本体 2500円
よくわかる統計学 Ⅰ 基礎編	金子治平・上藤一郎編	本体 2400円
よくわかる統計学 Ⅱ 経済統計編	御園謙吉・良永康平編	本体 2800円
よくわかる憲法	工藤達郎編	本体 2500円
よくわかる刑法	井田良ほか著	本体 2500円
よくわかる会社法	永井和之編	本体 2500円
よくわかる法哲学・法思想	深田三徳・濱真一郎編著	本体 2600円
よくわかる国際法	大森正仁編	本体 2800円
よくわかる労働法	小畑史子著	本体 2500円
よくわかる社会保障	坂口正之・岡田忠克編	本体 2500円
よくわかる公的扶助	杉村 宏・岡部 卓・布川日佐史編	本体 2200円
よくわかる現代経営	「よくわかる現代経営」編集委員会編	本体 2400円
よくわかる学びの技法	田中共子編	本体 2200円
よくわかる卒論の書き方	白井利明・高橋一郎著編	本体 2500円

――― ミネルヴァ書房 ―――
http://www.minervashobo.co.jp/